suhrkamp taschenbuch 3280

Marieluise Fleißer, erfolgreiche Stückeschreiberin in den zwanziger Jahren, Freundin Brechts und Feuchtwangers, faßte nach den Jahren ihres Elends zur Zeit des Nationalsozialismus viele Jahre nicht mehr Fuß im Literatur- und Kulturbetrieb, bis sie in den sechziger Jahren von jungen Dramatikern wie Franz Xaver Kroetz und Rainer Werner Fassbinder wiederentdeckt wurde. Danach wurden ihre Stücke erneut und mit großem Erfolg gespielt, und endlich wurde sie auch als Erzählerin einem größeren Publikum bekannt, obschon bereits früh Walter Benjamin die Prosa der Fleißer als »Kunstmittel ersten Ranges« erkannt und Alfred Kerr ihr Werk schlicht »einen Besitz« genannt hatte.

»Ich wünsche, daß mich vor allem die jungen Menschen hören, sehen und lesen und daß sie durch mich einen Einblick bekommen in das, was hinter der Oberfläche steckt«, resümierte Marieluise Fleißer 1973. Sie »kroch immer in ihre Figuren, die sie darstellte. Sie war innen und außen« (Günther Rühle).

Aus Anlaß ihres 100. Geburtstags am 23. November 2001 erscheint eine von Günther Rühle zusammengestellte Auswahl ihrer Erzählungen in einem Band, Erzählungen über das schwierige Glück und die Nötigungen des Lebens.

Marieluise Fleißer wurde 1901 in Ingolstadt geboren, sie starb 1974 in ihrer Heimatstadt.

Marieluise Fleißer
Erzählungen

Herausgegeben und
mit einem Nachwort versehen
von Günther Rühle

Suhrkamp

2. Auflage 2012

Erste Auflage 2001
suhrkamp taschenbuch 3280
© Suhrkamp Verlag Frankfurt am Main 1972, 1989, 1995, 2001
Suhrkamp Taschenbuch Verlag
Alle Rechte vorbehalten, insbesondere das der Übersetzung,
des öffentlichen Vortrags sowie der Übertragung
durch Rundfunk und Fernsehen, auch einzelner Teile.
Kein Teil des Werkes darf in irgendeiner Form
(durch Fotografie, Mikrofilm oder andere Verfahren)
ohne schriftliche Genehmigung des Verlages reproduziert
oder unter Verwendung elektronischer Systeme
verarbeitet, vervielfältigt oder verbreitet werden.
Satz: Hümmer GmbH, Waldbüttelbrunn
Druck: Books on Demand, Norderstedt
Printed in Germany
Umschlag: Göllner, Michels, Zegarzewski
ISBN 978-3-518-39780-0

Erzählungen

Der Venusberg

Fünf Jahre war ich alt und es war Sonntag und Nachmittag dazu, zum ersten Mal erlebte ich, was ein Theater war. Es kam mir ins Auge, zwar nur von außen, meine Großmutter hielt mich fest an der Hand. Sie zeigte es mir und rief es mit seinem Namen an. Das rätselhafte Wort ging mir seltsam ein, und seit es in meinen Kopf fiel, hat es mich nie ganz verlassen und machte Tumult und nahm mir die Ruhe weg.

Das Theater streckte mir eine große graue Zunge heraus, die von seinem ersten Stock bis hinunter aufs Pflaster reichte. Die Zunge war aus Segeltuch und straff gespannt, die Zunge war eine Rutschbahn, und kreuz und quer, wie es eben kam, rutschten junge Burschen darauf herunter, als täten sie es zur Lust. Sie sprangen aus der Hocke auf und liefen davon, und oben unter dem Dach taten sich andere Fenster auf, Gestalten schwenkten die Arme und rangen um Hilfe und schrien.

Da rannte in den Fallwinkel unten eine Gruppe behelmter Männer hinzu. Sie spannten ein pralles Sprungtuch in Armhöhe aus und wurden davon schon müde und forderten mit Zuruf zum Springen auf. So hoch herunter sprangen aber nur zwei, hübsch nacheinander, wenn das Tuch wieder leer war. Die anderen zogen es vor, sich die Treppe hinunterzuschleichen, als wäre sie nicht abgeriegelt durch Flammen. Der lahme Bürgersinn ließ sich nicht provozieren. Dies war kein Ernstfall. Auch war die Möglichkeit zu springen zweimal schon bewiesen. Dies war die fällige Übung der Feuerwehr, das Stadttheater war nur angenommenes Brandobjekt.

Seitdem gehörten die Feuerwehr und das Theater für mich zusammen, als sähe ich sein Ende im Phosphor schon voraus. Im Theater konnte es brennen, totgetrampelt konnte man werden; trotzdem zog es die Leute in diese Falle hinein.

Daheim schon wurde mein Vater ein anderer Mann und rannte mit einer geheimnisvollen Schnurrbartbinde herum, weiß war sie, gespensterhaft. Er klappte die Türen der Wäschekommode auf und zu. Er konnte es sich nur selber recht machen, ein anderer konnte das nicht, und zielbewußt zog er sich an. Er tupfte einen Tropfen Wohlgeruch in sein Taschentuch wie die Römer, Brillanten blitzten an seiner Schmiedehand, und wenn er die weiße Klappe von den Lippen löste, zeigte sein Schnurrbartbürstchen zärtliche Spitzen, nur küssen durfte ich ihn nicht. Meine Mutter warf sich ins Prachtgewand und einen merkwürdigen Umhang mit Keulenachseln. Der Operngucker gehörte dazu. Noch trug man nicht wie im verfrorenen Krieg sein Scheit Holz hinein.

Zum Stadttheater hatten sie es nicht weit, sie gingen um den Kobold herum, der ein Bräu war, über den Schliffelmarkt weg, an Unterer Pfarr und Rathaus gerade noch vorbei. Sie gingen zu den Zauberern und Feen, zu den Kabalen und Intrigen, zu den schwärmenden Räubern, den vorlauten Zofen, zu den entbrannten Jünglingen und zu den vierzigjährigen Greisen, zu den Buhlerinnen gingen sie, sie gingen noch nicht zu den Dirnen.

Salzstadel und Theater waren dicke Nachbarn, sie konnten sich in die Fenster sehn, der Platz hieß nicht wie heut. Er schrieb sich französisch nach dem Gouvernementgebäude, das ihn flankierte. Damals standen noch verschattete Bäume darauf, damals war er intimer, das freistehende Theater schnitt ihn schon vor der Schuttergasse ab. Man konnte hinter dem Theater herumgehn, und nicht nur die Hunde schnüffelten in den uneingesehenen Winkelgang am Männerklostergarten hinein.

Hier hatten auch die Schauspieler ihren wenig schönen Einlaß. Ich sah sie Rollen lernen im fleckigen Stiegenhaus, die Treppe hinauf und hinunter, fahrende Gesellen mit schmaler Schlafstatt im billigen Hotel. Die Vorderfront gehörte dem Publikum und dem schönen Stil.

Dicht hinter Flügeltüren führte eine steinerne Treppe zum Parkett und himmelsteigend zu den Rängen hinauf. Der Zuschauerraum barg sich dahinter wie ein brausender Korb, die Pforten sparsam wie Fluglöcher in die Wände geschnitten. Hatte man den Zwickzangenmann passiert, wo das Gedränge sich staute, glitt man aus dem durchschauten Alltag in einen magischen Hohlraum hinein. Da schob es einen von selber, so war das Gefälle steil, die Schritte wurden schief am Hang.

Ein Venusberg hatte rot sich aufgetan, beim ersten Mal verschlug es mir den Atem, eine besondere Affinität entstand. Fortuna mit ihrem Füllhorn schwebte auf dem Vorhang nieder, ich glaubte der Verheißung sofort. Ich tat aus Eigenem eine Masse hinzu, nichts hätte mich vor den Kopf gestoßen, hier drinnen war ich auf alles gefaßt.

Der Boden senkte sich unter dem Fuß zum tiefgelegenen Orchester hinab, und selbst das steile Gefälle jagte mir ein Vorgefühl durch den Leib, so einen Sessel mußte man sich verdienen. Ich setzte mich von Hoffnung betäubt.

Alles in diesem Theater war einem so nah. Die Ränge schwangen sich beinah über den Kopf weg, Hufeisen, und alle brachten sie Glück. Die Früchte des Lüsters droben unter der Decke konnte man schier pflücken, die Menschen atmeten sich in den Nacken hinein. Eine Intimität entstand wie zu Serenissimi Zeiten, als Serenissimus noch auf der Bühne saß, direkt am Spiel, um keinen Abstand zu haben von seinen Hübschen, vom Busen und vom Bein. Hoftheaterhaft war das Ding gebaut, wenn auch schon nicht mehr für einen Fürsten. Die Intimität war sein angestrebter Reiz. Da waren alle allen dargeboten, und dafür zog man sich an.

Die Musiker spielten aus dem versenkten Loch vor der Bühne wie aus der Grube herauf. Noch spielten sie nicht, die Instrumente standen schon aufgerichtet in gespenstiger Willfährigkeit.

Auf allen Vieren krochen Männer unter dem Bauch der Bühne wie durch ein Zwergenloch heraus, sie zogen den Kopf ein. Noch schauten sie wie die gewöhnlichen Menschen aus, sie hatten hier ihren täglichen Tag. Die Verwandlung bereitete sich schon.

Da stimmten Eingeweihte ihre Instrumente und erzwangen sich Gehorsam, sie tupften den Nerv an. Verlorene Töne zirpten sie und ließen sie aus der Zwergengrube hüpfen wie blinden Zufall, eine Baßgeige strich barsch. Da hockte der Zuschauer schon dichtgedrängt, da brauste es schon insektenhaft.

Das Licht fiel weg und zweimal hatte es schon geläutet, man schüttelte sich zurecht. Der Taktstock zuckte auf und hatte die Musiker losgelassen, da wurden sie anders. Da enthemmten sie sich und erstrichen sich über die geballten Gemüter Macht. Da wetzten sie in ihrer Vorhölle drunten wie die schürenden Teufel und schürten eine Musik an. An einem lustvoll gelähmten Hörer taten sie, was sie mußten, und der wartete noch darauf. Und war er geviertelt sozusagen und gesotten und hatte sich nicht gewehrt und war ers würdig geworden, ein einzig verlangendes Wesen nur, ein Medium und Verstärker, dann war es heraufbeschworen, den Vorhang konnte man hochziehn, das Eigentliche begann.

Altmodisches Theatererlebnis, gewiß! Theater als Rausch. Das wußte man noch nicht anders. Reizüberflutung wurde noch nicht einmal geahnt, Wünsche erfüllten sich nicht. In kleineren Städten gab es ein bißchen Zirkus einmal im Jahr, kaum ein Kino mit dem abrupten Gezappel, auf Verfolgungsjagden lief es beschämend hinaus. Die Leinwand flimmerte zum Abgewöhnen, die »Weiße Sklavin« wurde noch verschleppt. Nie kann Film Kunst werden, weissagten allwissende Professoren. Da war das Theater ein unersetzliches Ventil.

Längst lernte ich Latein, Chemie, Physik in Regensburg, weil weibliche Schüler das in Ingolstadt nicht durften, noch hielten die Schulen die Geschlechter streng getrennt. Ich mochte wollen oder nicht, zwei Stunden Bahnfahrt entfernt war ich in einem Kloster vergraben, ich kam nicht anders heran ans Studium.

Verwirrung trug ich durch die hallenden Gänge der Tugend und Überdruß. Brustkrägen mit Schleifchen wippten steifleinen um mich her. Kopfschleier zeigten die rasierten Köpfe der Wirklichkeit nie. Hier ließen Frauen freiwillig sich entstellen und wurden einseitig streng und hielten einem Scheuklappen an. Sie trieben auf Fluchtwege, was jung war und weltlich und was sich wehrte.

Nur in den Ferien fand ich ins stark entbehrte Theater hinein. Gefangenschaft trug ich hin als aufzufüllenden Mangel, da war ich ein nur zu williges Publikum. Ich zuckte nicht mit der Wimper, mein jungfräulicher Magen schluckte alles. Ich pumpte mich voll mit einem Kunstgenuß, auch wo er fragwürdig war, vergleichen konnte ich nicht. Heirate mich, Leonhard! ich schlang es hinunter. Und wie wankte der böse Bruder herein im letzten Akt, wie starb die Mutter geisterhaft.

Im innersten Tempel wars nicht so rosig, liefen die Gerüchte. Dort tat man, wie Sklavenhalter tun. Schauspiele lösten sich in reißender Folge ab. Der Darsteller kam aus dem Lernen nicht heraus und aus der Pein, er stopfte Text in sein Gehirn, daß es sich krümmte. Die Gehälter waren ein Trinkgeld.

Für den Direktor war es eine Pfründe. Er mußte billig bleiben, nur so verdarb er es mit seiner Gemeinde nicht. Für Hauptpersonen wurden Prunkstücke entliehn an Garderobe, den Staub noch darauf, und hatten sie im letzten Stück schon gedient, sie waren im neuen Stück darum nicht schlechter und ließen die Umwertung sich gefallen. Die Nebenrollen wurden abgespeist mit zufälligem Fundus und freiwilligen Gaben aus dem Publikum. Da konnte es geschehn, daß die Besucherin aufzuckend ihren allzugrünen

Schleier, den stechendroten Sonnenschirm erkannte, wie er eingeschmolzen war ins täuschend angeleuchtete Bühnenbild und mußte sich reimen.

Die Direktion hatte gelernt sich einzurichten mit der Misere, das machte sie sogar beliebt. Wie im Zirkuswagen wurde Weib eingespannt und Kind, da werkte alles zusammen. Statisten holte man von der Straße weg für ein Freibillett. Schauspieler waren vorzugsweise brünett, was sich für Schurken bewährte. Wo gar nichts half, half immer noch ein Ballett, das mit geschwenkten Armen lämmerhüpfte, man sah nicht viel vom Bein.

Auf Schmieren kann es herrliche Menschen geben, wie man weiß, fernab vom arriviert Erstarrten und vom Ausdrucksbeamtentum. Nur bleiben sie selten wie die Kometen.

Ich unterstelle nicht, ich sei an einen Kometen geraten, die Leuchtkraft sah ich selber hinein. Das Meiste tat mein eigener Überschwang. Mit meinen fünfzehn Jahren konnte ich Steine erweichen, denn ich traute es ihnen zu.

Anfällig war ich für die schöne Gaukelei und als mir auf angestrahlten Brettern ein Blender widerfuhr voll Burschenromantik, wepsigen Studenten und ausweglosen Prinzentragik verwechselte ich den gar nicht so jungen Schauspieler mit seiner Rolle. Mitten im Stück verfiel ich in heftige Liebe zu Karlheinz. Er konnte Käthie sagen wie einen Vogelruf, ich hörte die Nachtigall und weinte. Am nächsten Tag schon wußte ich, wo er wohnte und schrieb ihm in sein Hotel einen Teenagerbrief, ich strebte nicht weniger an als ein Rendezvouz. Die willfährige Antwort fiel in eine argwöhnische Vaterhand.

Als Erstes schlug mir der Ernährer den Buckel voll, ich fühlte mich märtyrerhaft. Den Brief zeigte er mir nur von weitem, ich durfte das seltene Stück nicht einmal lesen.

»Was willst du?« fragte mein Nährvater zornig, »wirst du ihm die Zeche zahlen oder was stellst du dir vor?«

Er sperrte mich über zwei Stiegen ein im oberen Stock, steil sah ich vom Fenster herunter. Er werde sich den Verführer vorknöpfen, drohte er durch die Tür.

Im Hotel Adler mußte ein aufgestörter Schauspieler ihm in die Schmiedehand versprechen, nie werde er mich Gehütete treffen. Er hats versprochen, der Hund, er mied mich wie eine Pest, das fiel ihm nicht weiter schwer. Ich litt in meinem Stolz. Ich litt am Leib. Ich war verraten, verratzt. Nur selten durfte ich zum Essen zu den anderen hinunter. Kein Rabe brachte mir Futter. Ich hatte Hunger, ich schwörs.

»Hättest du den Kerl bloß ohne Schminke und ohne Rampenlicht gesehn! Er sieht schon ganz verlebt aus.«

Ich hielt es für pure Behauptung.

»Verheiratet ist er auch, mit einer Verhärmten«, warf ihn mein Vater noch weiter weg, als sei der Schauspieler schuld und ginge darauf aus, mir die einmalige Jungfernschaft zu stehlen.

Der Umstand knickte die Blüte, obzwar mein Eigensinn noch tobte. Hinter verschlossener Tür grübelte ich viel. Am Montag fuhr ich zurück in die andere Klausur zu den steifleinenen Krägen.

So früh ging dieser Zug, daß nicht einmal die Pferdebahn zum Hauptbahnhof verkehrte. Mein Vater hatte den Verdruß im Kobold hinuntergeschwemmt, spät war er heimgekommen, stand nach wenig Stunden schon wieder auf und nahm mich ernst. Er ließ es sich nicht nehmen, mich persönlich zum Zug zu bringen, die Abfahrt wollte er überwachen und die Endgültigkeit. Ich hätte aussteigen können auf der nächsten Station, umkehren mit dem Gegenzug, so weit dachte er wieder nicht.

Ich schwieg verstockt. Mein Vater fürchtete für meinen Charakter und schwieg. Der Schnee unter unseren Füßen knirschte dazu. Mein Vater sah mich am Abgrund, wenn es mich zum Theater zog, er sah mich schon unten.

Zur Warnung berief er sich auf ein Schauspielerkind, das vor den staunenden Leuten zugab:

»Morgen ist Sonntag, morgen gibt es zu den Kartoffeln Salz!«

Und diesen Freudenschrei eines Kindes hatte mein Vater mit eigenen Ohren gehört.

Ich glaubte es ihm sogar. Die Ungerechtigkeit spürte ich tief. Grimmig fuhr ich den Schulterkrägen entgegen.

Die Dreizehnjährigen

Es fing damit an, daß er eine kleine Tonpfeife aus der Tasche zog und sie anrauchte. Die Kinder standen um ihn herum und waren neidisch. Er hieß Willy Sandner.

»Ich habe noch neunundzwanzig. Sie sind von einem Matrosen«, sagte er und sah zu Olga hinüber. Olga schaute in die schwarze Öffnung der Garnisonskirche.

»Es ist leicht auszudenken«, sagte er, »daß nicht jeder dreißig weiße Pfeifen hat.« Wie unheimlich leer die Kirche immer war, ganz protestantisch. Olga zog die Schultern zusammen. »Protestanten kommen nicht in den Himmel«, sagte sie laut und musterte Erna. Erna wurde dunkelrot.

Sandner sagte: »Ich kann auch welche wegschenken, wenn ich will.« Olga bat nicht. Die Kinder lauerten regungslos nach einer Pfeife.

»Überhaupt tue ich, was mir gefällt«, er lüftete die Lippe ein wenig. Ich dachte, Olga sei dumm, sie hätte sie mir schenken können.

Erna wollte eine haben. »Will vielleicht noch jemand eine?« Er griff in die Tasche, stellte den Kiefer vor, indem er sich bückte. Träumerisch klopfte er die weißen Pfeiflein an seinem Absatz entzwei.

Die Kinder waren gelähmt. Ich höre noch wie heute den Wind in den Kastanien klatschen. Von der Schranne her wehte das Dunkel wie feiner Staub.

Olga zuckte die Achseln. Willy Sandner stand da, als ob er sehr schlecht sei. Erna schimpfte: »Die Rothaarigen kennt man.«

Ich dachte, daß es jetzt Zeit war. Olga sah auch nach der Kirche. Sie sagte, daß er wieder da ist. Alles schrie: »Der Teufel!« und lief davon, was es nur konnte. Olga ging in die Kirche zum Teufel. Aber Sandner ging hinter ihr her. Da sah ich, daß es verpatzt war.

Der dunkle Mann war ein Franziskaner, der ganz hoch an der Wand herumstieg und die oberen Fenster zumachte. Es war kein Kunststück, da war ein Gesimse. Olga hatte es aufgebracht. Olga kam zur Schranne herüber und sagte, es ist heute nicht der Teufel.

Sie stellte sich an die Wand und ärgerte sich. Ein paar Mädchen standen herum. Alle hatten kleine Gesichter. Olga drückte die Ellbogen eng nach innen und ließ ihre Hände hängen. Ich sah, daß sie wieder den Krampf hatte. Sie war dumm gefallen. Erna wollte wissen, wie es war. Olga sagte nichts, es war gescheit. Ihre Augen waren wie eine dunkle Wunde.

Ich war traurig. Ich hatte sie fallen sehn mit gespreizten Beinen. Das war noch im alten Schulhof, dort waren Bänke gestapelt. Von einem hohen Stapel herunter fiel sie genau in eine Schulbanklehne und ritt.

Mir hatte sie gesagt, man merkt gar nicht, daß es weh tut. Es ist unheimlich, das ist alles. Dann wird man ohnmächtig. Erna meinte, es müsse schaden. Erna war immer ein Schaf. Ob wirklich Blut kam?

Sandner und Hugo gingen vorbei. »Rasieren!« rief Hugo. Er sprach von den brandroten Haaren an Sandners Händen. »Nero tat es«, sagte Sandner, »ich lasse sie ruhig stehn.« Sandner sah durchaus nicht her. Olga stand an der Mauer, steif wie ein Stecken, die Arme eingedreht. »Es kam Blut«, flüsterte sie. Die Gasse zischte. Und Olga war interessant. Sandner sah aus, als tue ihm etwas weh.

Als Olga schon heim war, sah ich Sandner am unteren Ende der Schranne. Seine Augen, deren Äpfel mit dumpfem Gelb gefüllt waren, glühten und mit bleichem Lächeln hob er seine Hände in die Höhe seines Mundes, starrte sie an und biß hastig ein rotes Härchen ums andere aus den Gelenken, wobei er leise keuchte.

Pelja sagte später Katastrophe, aber es war alles ganz einfach. Olga war neu. Sandner wollte sie kriegen. Sandner war einzig.

Olga erzählte mir alles haarklein im Bett. Ich wußte, das nahm ein schiefes Ende. Man durfte sich nicht darein mischen. Ich war traurig und stumm. Es ging ganz von selbst.

Ich ging in den Bäckerhof. Die mit den gelben Haaren von der Schutterstraße lief einer Taube nach mit einem so zornigen Gesicht, wie man nicht zornig sein kann über eine Taube. Ich war erstaunt. Ganz hinten, wo es durchgeht zur Brauerei, saß Olga auf je einem Knie von Sandner und Hugo.

Sie hatte die neue geschlossene Hose an mit den Spitzen. Die Spitzen gingen ein bißchen vor wie auf der Fotografie von Tante Luise, die ich nicht leiden kann, weil man nicht das Gesicht anschaut, bloß die Hose. Damals war es Mode.

«Zieh den Rock glatt«, sagte ich zu Olga, »man sieht etwas.« Olga sagte, es sei unmöglich. Ich wollte nicht sagen Hose. Hugo lachte, Sandner war wütend.

Ich zog das Waschhausbrett ein wenig vor aus dem Schuppen, wo es immer steht, damit Mama nicht vom Fenster herübersieht. Ich dachte, ihr wird nicht recht sein, wenn Olga auf dem Schoß von anderer Leute Kindern sitzt. Olga merkt diese Dinge nie.

Die Große mit den gelben Haaren lief her und sagte, wir dürfen es nicht tun. Olga wußte nicht was. Ich fand es stupid. Sandner wollte das Brett vorne haben. Die Große schrie, ob er den Ring wieder will, ihr ist es gleich. Sandner sagte ja, und sie warf den Ring in den Waschhauskanal. »Er war nicht echt«, sagte Sandner. Sie sah wie tot aus.

Sandner schaute ihr fest auf den Bauch und bestellte einen Gruß an den Eisenmannmax. »Es wird interessant«, sagte Olga. Die mit den gelben Haaren drehte sich um und ging steif davon.

Sandner wollte das Taschentuch von Olga. Mir war es nicht recht, weil Mama mich immer schimpft für die vielen Taschentücher, die nicht mehr da sind. Sandner machte sich groß und mir tat er leid, denn für Olga war Sandner ja doch Nebensache.

Am anderen Tag kam Sandner Olga schon von weitem entgegen. Er ging genau auf dem Randstein und sah sie nicht an. »Es muß ein Geheimnis bleiben«, sagte er mürrisch und schob es ihr in die Hand. Ihr Taschentuch. Innen lag klein zusammengefaltet ein Brief. Olga war außer sich. Sie sagte, er hat kein Recht. Der Brief war so:

»Hüte dich und traue niemand. Trau auch der Großen nicht, die den Ring in den Kanal warf. Sie ist eine Schlange. Aber ich werde dich beschützen. Sprich nie ein Wort mit einem Mann. Oder ich ziehe meine Hand zurück. Meine Helfershelfer sind zahlreich. Wenn du mich hintergehst, zünde ich dir den Rock an. Zittere vor meiner Rache und komm bald wieder in den Hof zu deinem treuen Willy Sandner.«

Ich dachte, daß es jetzt aus ist. Aber es gefiel mir. Olga gab Sandner eine Ohrfeige. Es war, als habe sie den Mond geschlagen. »Der Brief ist sehr schön geschrieben für einen Knaben«, sagte Sandner. Da wußte ich, er hat recht. Ich sah ihm nach, wie er den Randstein langsam zurückging. Selbst sein Rücken sah aus, als denke er Unerhörtes.

Am Abend war Olga nicht da. Mama wollte, ich soll sie holen.

Olga hing an den Klinken des Schultors und starrte an unserem Haus vorbei in die Laterne. Sie sah aus wie gekreuzigt. Was sie sich dabei denkt, fragte ich mich. Erst konnte ich gar nicht laut. Es lief mir kalt durch alle Zähne. Ihr Kopf drehte sich hin und her wie durch eine innere Kraft.

Aber Mama war ganz böse und rief uns. »Mama«, sagte ich, »sei still, dort am Tor war der Heilige Geist da.« Mama mußte sich setzen und weinte. Wie damals, als Olga die Nadel hatte und ihr sagte, »dich steche ich in deinen Arm«. Wir haben Mama sehr gern.

In der Nacht langte ein Mann zum Fenster herein und schlug mich auf den Kopf, daß es weh tat. Ich sprang aufs Gesimse und konnte den Mann nicht finden. Eine Sternschnuppe fiel grell hinters Schulhaus. Es war meine größte.

Ich beugte mich weit vor und bemerkte, daß unten im Wohnzimmer Licht war. »Pelja ist gekommen«, sagte Olga von drüben. Sie saß aufrecht in ihrem Bett. Ob man uns holen würde? »Nicht in der Nacht«, sagte Olga und fühlte sich schon ganz erwachsen. Sie wischte mit beiden Beinen über den Boden, wobei sie herschielte. Ich hielt mich still wie eine Kerze. Da lief sie schnell her und weinte mir an den Hals, während ich sie in mein Bett hereinzog wie meine große Puppe.

Es war dasselbe wie schon einmal und ganz gewiß eine Sünde. Ich schaute immer geradeaus. »Olga, geh zum Herrn Katechet.« Aber Olga sagte: »Der Herr Katechet kann auch nicht machen, daß es nicht Sünde ist.« – »Pelja«, tröstete ich, »hat davon doch gar keine Ahnung.« Sie hielt mir den Mund zu. »Sprich nichts«, zischte sie, »ich werde es träumen, es träumen.«

Ich hielt sie fest, wir steckten die Zehen zusammen in stummer Verzweiflung, und sie berührten sich noch, als Mama die Decke zurückschob. »Ich habe Pelja vor einer halben Stunde geweckt«, sagte Mama. »Ihr müßt hinübergehn, damit er nicht vergißt, daß er sich anzieht.« – »Pelja!« rief Olga. Pelja hatte in Sibirien gelebt, das machte ihn zu einem Wunder. Sein Vater hatte eine Fabrik geleitet in Riga, die Familie war hinterher interniert.

Er saß am Bettrand und hielt den einen Strumpf in der Hand. Die Seife zerweichte in der Schüssel. »Sagt doch Ernst und nicht Pelja«, bat er und drehte die Augen her mit den fließend schwarzen Sternen. Dann stand er auf und küßte Olga die Hand, denn so machte mans drüben. Drüben war Rußland, von dem er beibehielt, was ihm gefiel. Pelja gefiel ihm nicht, Pelja heißen Kinder.

Wir stellten uns hin und paßten auf, daß er sich anzog. Er konnte aufhören mittendrin, ganz in sein Denken versunken. »Pelja!« riefen wir dann. Er vergaß immer alles. Zum Frühstück kam er oft erst nach Stunden.

Einmal sah ich ihm zu. Er stand mit nackten Füßen, die Hände im Wasser, wohl eine Stunde und horchte in sich hinein, wobei süße Ruhe in seinen Wangen schwebte. Seine Lippen lagen dumpf aufeinander, als ob sie schliefen. Wenn man ihn anrief, fuhr er in seiner Beschäftigung fort und war nicht einmal erschrocken.

Olga erzählte es ihm von Sandner. Pelja behauptete, daß er ihm das nicht verdenkt. »Aber nicht wahr, er muß es büßen?« fragte Olga mit blutigen Lippen. »Man wird nicht auf die Gasse gehn und sich unter die Kinder mischen«, sagte Pelja, »wenn man einmal darüber hinaus ist. Man muß siegen, indem man sich fernhält.« Er drehte die Hüfte ein wenig, die ganz verboten schlank war. »Du hast aufregende Beine, Olga.« Er ging durch die Tür. Olga erbleichte. Ihre Nase stand regungslos in der Luft wie bei einem Hund.

Dann kam ein Kind, das wir nicht kannten, und richtete aus, daß Olga auf die Straße soll. Ich ging mit hinunter. Vorn bei der Jesuitenkaserne wartete ein Trupp Kinder, auf den gingen wir zu.

Sobald Sandner uns sah, stellte er sich vor die anderen und verschränkte herausfordernd die Arme. Olga verschränkte auch gleich die Arme. Wie die Häuptlinge standen sie da. Alle Kinder hinter ihm starrten sie an.

Beide gingen in ganz gleicher Haltung aufeinander zu. »Das Kriegsbeil ist ausgegraben«, erklärte der Knabe finster. Er verlangte, daß man Olga bestraft, weil sie einen Bürger geschlagen hat ohne triftigen Grund. Ich sagte, er soll am Pfarrhaus nicht so schrein. Olga versprach, wenn er nachts zehn Uhr an die Schwarze Brücke kommt, wird sie draußen sein und ihm etwas geben. Er wurde feuerrot, und ich mußte mich wundern. Aber Olga ging dann nicht hin, es war nie ihre Absicht. Sie hatte sich über ihn lustig gemacht. Und ich hatte Angst und horchte den ganzen Abend zum Fenster hinaus.

Pelja lag auf dem Diwan und rief: »Dumpf brüllte das Nebelhorn-« jedesmal mit anderer Stimme. Er sagte, so muß er wenigstens nicht denken. Er tat es lang. Es war wie ein Lied.

Seine Tür war offen. Olga saß auf dem Fensterbrett. Ich stand schon im Nachthemd. Pelja schaute zu Olga herüber und sagte nichts mehr. Auf einmal sagte Olga ganz hoch, wie man es gar nicht gewohnt ist, »Pelja, ich werde dich beißen.« Seine Augen gingen weit auf. Ich spürte mein Nachthemd in kleinen Falten. Pelja drehte sich um und zog sich in sich zusammen. Und Olga saß da auf dem Brett. Es war furchtbar peinlich. Aber nachher kam Pelja herüber und tat zum erstenmal, als sei Olga richtig erwachsen.

Ich hörte an der Mauer ein Kratzen. Der Mann von der Nacht fiel mir ein. Ich mußte durchaus nach dem Fenster. Da sah man Sandner hängen wie eine Fledermaus. Es war das falsche Fenster. Er richtete das Gesicht nach mir und es war, als ob er sich ärgert. »Sage ihr«, flüsterte er, »sie ist schuld, daß die mit den gelben Haaren ins Wasser ging.« In lautlosem Haß hing er da. Das Sternenlicht zuckte über sein Gesicht. »Aber an die Schwarze Brücke komme ich jeden Abend.« Dann glitt er ins Dunkel. Ich konnte mir nicht denken, wo man sich mit den Zehen eingräbt in unsere Mauer.

»Olga«, sagte ich, »ohne dich wäre die mit den gelben Haaren nicht ins Wasser gegangen.« Olga glaubte es nicht. Am anderen Tag erzählte es schon die Köchin. Aber Pelja machte mir klar, damit hat Olga überhaupt nichts zu tun.

Olga benahm sich wie ein Huhn. Sie ließ sich andichten von Pelja. »Es sei ein Seelenrausch«, sagte er. Die Köchin nannte es dummes Zeug, wie ich von Sandner redete und dieser Gelben. Die Gelbe habe es mit einem Großen gehabt. Und man wisse es ganz genau, sie bekam ein Kind.

Sandner ließ Olga sagen, sie darf nicht mit Margret schaukeln. Margret war ihr Schützling. Olga lief gleich hinunter und setzte sich mit Margret auf den kleinen Leiterwagen, mit dem man wippt. Mama mochte es nicht. Es gab immer Wagenschmiere in die Kleider. »Margret, paß auf«, sagte Olga, »wenn Sandner kommt, tun wir, als sei er Luft.« Margret kam mir anders vor als sonst, ein wenig verstockt.

Dann kamen die Buben um die Ecke. Es war eine Gemeinheit von Sandner. »Sags!« hetzte er und Hugo: »Sags nicht!« Sie vertraten Olga den Weg, daß sie nicht fortkam. Und »Sags nicht! Sags!« Einer rief immer das Gegenteil vom anderen. Das war Taktik, am Ende war es keiner gewesen.

Margret fing an zu brüllen: »Wenn du mir das nicht sagst, bin ich nicht deine Freundin.« Margret wußte nämlich noch nicht, wo die kleinen Kinder herkommen. Aber Olga sagte es ihr nicht. Margret war mit Olga auf ewig verkracht. Sandner nahm Margret mit in den Schuppen und hob ihr den Rock auf.

Olga fragte Pelja: »Was kann man so einem antun?« Pelja wußte nur, wie man in Rußland die Bauern gemartert hatte, aber das war nichts für heut, Pelja erzählte so, als sei er dabei gewesen. »Du siehst so indianisch aus«, sagte Pelja und blies Olga auf den Hals. Das lenkte sie wieder ab.

Am anderen Tag überlegten wir, ob man hinging. Ein Wettkampf mit Speeren war angesagt zwischen Sandner und Hugo. »Das ist so ein Knabe, der sich aufspielen muß«, meinte Pelja. Ich verstand, er wollte nicht weniger sein, er hatte keine Schulen wie wir.

Sie nannten es Speere und nahmen Nadeln dafür. Olga wollte nicht hingehn zur Strafe. Nachher wurde so nichts daraus. Es hieß, Sandner habe seine Nadel vergiftet, da wollte Hugo nicht mehr. Es konnte wahr sein oder nicht.

Die Kinder machten einen Bogen um Sandner. Dann ging es auf einmal sehr schnell. Erna schrie: »Jetzt macht er ihn tot!« und alle liefen in die Brauerei bis zum Heizraum, wo Margrets Vater Sandner mit dem Kopf an das Feuerloch stieß. Der Mann schlug ihn auf die Backen und brüllte, er werde ihn hineinfeuern lebendigen Leibs, wenn er sich nochmal auf seinem Hof blicken läßt. Margret war eben naiv.

Sandner stolperte heraus, käsbleich, das Haar versengt. Er schwur, er wird schon der Frau das seidene Kleid aufschlitzen. Olga ging ihm nach in sein Haus und fragte ihn, warum seine Backe so rot ist. Der Schankraum war leer. Sandner stürzte sich auf sie mit einer Schere und schnitt sie ins Haar, wobei er schluchzte.

Es würgte ihn plötzlich, Sandner übergab sich zum Fenster hinaus. In die Wirtschaft hinein durfte er sich nicht übergeben. Sandner hatte eine Gehirnerschütterung davongetragen, damit durfte er sich daheim nicht verraten.

Olga legte die Schere wieder auf den Sims, wo sie zuerst war, lief zum Friseur und ließ sich die Haare stutzen. Mama war außer sich, weil Olga nicht fragte, bevor sie sich die Haare abschneiden ließ. Pelja sagte »mein schöner Knabe« und Olga war nachdenklich.

Die Köchin erzählte Mama, Sandner hat Margret verführt, ist von ihrem Vater halb verbrannt worden und hat aus Rache ihrer

Mutter Sonntagskleid zerschnitten. Die Polizei ist hinter ihm her, aber man findet ihn nirgends. Wir horchten auf. Mama zankte die Köchin, weil sie das vor den Kindern erzählt.

»Er hat doch etwas von einem Menschen«, sagte Olga. Sandner hatte nie einen Vater, nur eine Mutter, die barsch war. In der verlassenen Wirtschaft ging Olga ein Licht auf.

Wir machten aus, daß wir an diesem Abend, Pelja, Olga und ich, an die Schwarze Brücke gingen. Sie ist ziemlich weit weg von der Stadt, wir mußten zeitig fortgehn. Auf der Straße sagte man uns, daß man Margret sucht.

Wir nahmen den Umweg quer über den Damm, denn durch die Schütt ist es nicht ganz geheuer. Wir hielten uns an der Hand. Es war fast kalt. »Il fait la lune rousse«, sagte Pelja. Ich weiß nicht, wie er es meinte. Aber Olga sah zu ihm auf mit glänzenden Augen.

Kleine Lachen blinkten auf. Die Weiden staken um uns herum mit ihren Stümpfen. Der Mond drehte sich durch die Bäume wie ein Idiot. Dann hörten wir Margret weinen. Sie lagen beide quer über den Damm. Er schlug sie, als hätte er überhaupt keinen Ausweg. Olga wollte nicht, daß wir ihn störten. Aber er hatte uns gehört, setzte sich auf und blickte her wie ein gestelltes Tier.

Also gingen wir hin. Olga sagte, sie müsse wissen, ob er ihre Haare nicht hat liegen lassen, das könne nämlich nicht gut sein. Sandner flüsterte, er hat sie in seiner Tasche. Er konnte zuerst gar nicht laut. Und wieder empfand ich, als seien wir gegen ihn im Unrecht. Er rannte an gegen eine Kluft.

Er saß erschöpft auf seinen Knien, die Hände hatte er flach am Boden liegen. Olga zeigte auf Pelja: »Er sagt, er wird mein Mann, wenn wir groß sind.« Sandners Mund fiel entzwei. Er lächelte eigentümlich, dann klappte sein Kiefer zu und er konnte sprechen. »Es ist gleich«, sagte er mürrisch. »Wenn du nur so tust, wie ich will.« – »Das werde ich nicht tun«, sagte Olga. Wir übersahen ganz, wie Margret dalag mit verdrehten Augen, in deren Äpfeln der Himmel. schwamm wie in Milch.

»Euer Haus kann man anzünden«, drohte Sandner. »Von hinten her geht es, man kann über die Altane.« Olga sagte, Damen täten es wirklich nicht. Sandner sagte, er weiß ein Spiel, wo man sich aufhängt und steht dabei auf einem Stuhl. Dabei kann man sterben. Wenn man den Stuhl umstößt, ist man hin. Wenn er sie erpressen will, sagte Olga, damit jagt er ihr keine Angst ein.

Pelja klopfte ihm auf die Schulter, nannte ihn »junger Mann« und gab eine Zigarette. Dann sagte er, »bei uns in Rußland« und Sandner war still. Ich merkte, daß er sich für Sandner interessiert. Pelja sprach über »die Frau«. Sie darf von Anfang an nicht gefragt werden. Wer fragt, ist schon verloren. Olga machte ein hohes Gesicht. Pelja benahm sich verrückt. Pelja sang: »Ich wandle durch den Abend wie ein steiler Elefant.« Ich hätte es nicht gesagt. Schon weil wir saßen.

»Alles Krampf!« entschied Sandner und wollte noch eine Zigarette. Er schob sich zu Olga hin, die er fixierte. »Seit wann gehst du mit dem Heini?« – »Mein Cousin!« rief Olga. »Heißt das bei dir Cousin?« fragte Sandner, da war nichts zu machen. »Ihr haltet alle zusammen.« Sandner machte eine Miene, als sei er ihrer auf einmal müde. »Er riecht auch nur besser, weil er sich anspritzt mit Kölnisch«, sagte er und stand auf. Pelja war beleidigt.

»Die Haare habe ich ja«, sagte Sandner verdrossen. Er kratzte sich mit den Zehen ein bißchen am Bein, dann lief er schnell weg. Er schaute nicht um. Noch sein Rücken war mir unheimlich, obwohl er lief. Margret mußten wir halb tragen, sie schleifte die Füße nach und wollte nie wieder heim. Wir konnten sie nicht dort lassen, wenn es das war, was sie meinte.

Man fand ihn auf dem Speicher, einen Büschel Haare in seiner Faust. Der Stuhl lag umgestoßen unter seinen Füßen. Er hatte sein Spiel zu Ende gespielt und er hatte es Olga gezeigt. Damit war er allen voraus. Andere konnten nichts tun. Andere konnten ihn höchstens vergessen.

Mama war gleich nervös, was mit ihm war. Mama darf man die Dinge nicht sagen, Mama muß man schonen. Pelja sagte, der Stuhl ist umgefallen durch einen dummen Zufall. Olga hatte Angst, daß jemand merkt, die Haare sind von ihr.

Ich habe es bis jetzt nicht gesagt, sie haben ihn zum Leben erweckt. Wir wollten uns nicht mehr kennen. Sein Weg lief noch weit von uns fort. Später wurde aus ihm ein SA-Mann.

Der Apfel

Da war einmal ein Mädchen, dem ging es schlecht. Das Mädchen war sehr schüchtern, hauptsächlich darum ging es ihm schlecht. Es war ihm nicht immer so gegangen. Zwar war es seit jeher ein verschlossenes Kind und blieb viel allein. Immerhin kamen an bestimmten Tagen Freundinnen von der Sorte, daß sie hinterher beim nächsten Straßeneck stehenbleiben und einen ausrichten. Sie blieben ein bißchen sitzen, jede in einer anderen Haltung, die ihr schön vorkam, tranken Tee, aßen, was man so daheim hat, und niemand machte sich darüber einen Gedanken. Denn wenn der Tee aus war, holte das Mädchen einen neuen von seinem bestimmten Laden und der Kommis dort war auch kein bißchen böse über den Verbrauch, er lächelte freundlich und lief an die Tür. Im stillen hätte er es gerne so gut gehabt wie die gedankenlose Person.

Denn sie war eine gedankenlose Person. Bloß in einem bestimmten Fall machte sie sich ihre Gedanken. Denn wenn die Freundinnen bei ihr im Zimmer saßen und das Gespräch kam auf einen merkwürdigen Menschen, den etwa eine von ihnen kannte, dann hatte die es sehr wichtig und ging im Zimmer hin und her und wußte alles von ihm bis auf seinen Schneider.

Sie aber, von der wir insbesondere reden, hatte einen Freund, und er war merkwürdig in mehr als einer Beziehung. Sein Haar trug er lang. Gallischer Witz funkelte auf seiner Lippe. Kräftig war er und behend, er spielte Fußball und schrieb. Er hatte die Augen von einem hochherzigen Räuber.

Wer ihn kannte, der mochte nicht mehr von ihm weg, so einzigartig war er. Sie dachte, wenn ich anfinge von ihm zu reden, so wäret ihr alle miteinander ganz krank vor Neid und möchtet ihn mir gerne ausspannen. Deswegen redete sie nicht von ihm.

Jeden Tag dachte sie, ist es nicht herrlich, was für einen unvergleichlichen Freund ich habe. Da wurde alles so reich, wenn er kam, und die Einfälle hüpften ihm nur so heraus. Er sprach eine Masse und legte sich hin im Sprechen, wie er sich bei jedermann hinlegte, und sie ließ ihn, wie jedermann ihn ließ und aus ihm ein Wesen machte.

Tat er es mit dem Gang wie ein Panther, mit seinem freien Hals, tat er es mit den Augen, in denen tief ein Rätsel steckte und an ihr ritzte, tat er es mit dem Lächeln, das übersprang? An ihn war sie verloren, es konnte gar kein anderer sein. Nachts liefen sie stundenlang zusammen in den Straßen herum. Eine solche Gewalt war in ihr, und der Mond war so schön, sie hätte den Mond aufessen können.

Aber sie durfte nur weiblichen Umgang haben, einen anderen hatte der Freund ihr verboten. Und so hing es nach einer Seite, denn sie hätte doch immer gern die gescheiten Menschen gekannt. »Eines Tages«, sagte er, »werde ich von dir gehn, dann ist immer noch Zeit für die anderen.« Dann weinte sie. Er sagte es ihr oft vor, denn er dachte, das bin ich meiner genialen Veranlagung schuldig. Und so weit hatte er sie, daß sie solche Reden von ihm ertrug und ihn nicht verließ. Denn dies hatte er ihr eingefleischt, daß sie vor allen Dingen Nachsicht haben mußte mit seinen Schwächen.

Die Zeit verging, die Mark fiel, die Freundinnen blieben aus. Es kam jener Tag, an dem es ihr ging wie vielen, ihr kleines Kapital war nur noch sehr wenig wert. Diesmal z. B. konnte sie nicht mehr daran denken, sich was zum Anziehn zu kaufen. Sie fror im Zimmer, das nicht geheizt war. In der galoppierenden Armut fand sie sich nicht zurecht.

Sie hatte so wenig Wirklichkeitssinn. Sie war wie in einem großen Wald, aus dem sie nicht herausfand. Oder sie war wie ein Taubstummer auf der Straße, und wen sie in der ihr eigentümlichen Sprache ansprach, siehe er ging weiter und machte sich nichts zu wissen von ihren ungelenken Zeichen.

Was sie gelernt hatte, war brotlos. Sie wußte nicht, wie die Menschen sich untereinander bewegen und durch welche geheime Vergünstigung einer es so weit bringt, daß er seiner bestimmten und bezahlten Arbeit nachgeht. In ihrer Unkenntnis stellte sie sich das viel rätselhafter vor, als es in Wirklichkeit war, und da keiner ihr eine Anleitung gab, blieb sie immer verschreckter in ihren vier Wänden sitzen und scheute an den Menschen. Und jetzt war sie richtig ein Mädchen, dem es schlecht ging. Die Mark war schon wieder weniger wert.

Der Freund kam immer noch und tat, als merke er nicht, wie hungrig sie es hatte, so zartfühlend war er, und er rechnete es sich hoch an. Es war eben ein unvergleichlicher Freund, und es wäre nicht angegangen, ihn aus seinen inspirierten Zuständen in ihre Niederungen herabzuziehn, wo es sie auf den Boden preßte. Auch er lebte von der Hand in den Mund, blitzartig konnte er sich dann wieder helfen. Er nahm es nicht genau mit dem Gesetz, aber er zog sie da nicht hinein. Er sagte, »komm, wir gehen einmal wieder miteinander spazieren.«

Dann wußte sie immer eine Ausrede, bald war sie krank, bald war es ein anderer Grund, und jedenfalls mußte sie sich in ihrem Zimmer verhalten. Sie wollte aber nicht, daß er sich an ihrer Seite genieren müsse für ihr altes Kleid. Wenn er mit ihr allein war, sah er von dem ärmlichen Kleid ganz ab, und alles rechnete er sich hoch an.

Da kam an einem merkwürdigen Tag eine frühere Freundin, über die man sich nie was gedacht hatte, und wollte nicht sagen, warum sie kam, sie nahm auch keinen Tee an und als sie ging, lagen auf dem Tisch zwei große, gelblich duftende Äpfel, die hatte sie mitgebracht. Unsere verschreckte Person saß lange da und sah sich ihre zwei Äpfel an, einen ganz roten Kopf hatte sie bekommen. Es überwältigte sie, daß man ihr in der galoppierenden Armut etwas schenkte und nicht einmal etwas dafür verlangte.

Sie roch an dem Apfel, und gerade an einem Apfel hatte sie schon lang nicht mehr gerochen, sie sagte sich vor, daß sie ihn ganz allein aufessen konnte, und aß. Dabei hielt sie ständig den anderen Apfel im Auge, als könne er ihr ungefähr wieder genommen werden. Den wollte sie nämlich für den Freund aufheben, bis er einmal wieder kam.

Sie rieb ihn ab mit zärtlichen Händen, bis er überall einen gleichmäßigen Glanz annahm. Sie legte ihn in eine Schale, und wie er so darinnen lag in Erwartung dessen, für den er bestimmt war, war er für sie noch einmal so schön.

Sie konnte kaum die rinnende Zeit mehr ertragen, bis der Freund erschien. Sie wollte ihm an die Tür entgegengehn und sagen, ich habe lange nichts mehr für dich gehabt, jetzt komm nur schnell herein, heute habe ich was, das darf ich dir geben. In der Nacht sprang sie aus dem Schlaf heraus auf, ihr hatte geträumt, der Apfel war weg. Aber wie sie hinschaute, da lag er noch in seiner Schale, sie schlief gleich wieder ein.

Der Freund blieb lange aus. Sie ging vorsichtig um ihren Apfel herum, kein Hauch durfte ihn treffen, damit er nicht schneller verderbe. Du liebe Zeit, dachte sie, er wird richtig daherkommen, wenn es meinem Apfel schon schlecht geht.

Immer dringender wurde sie in eine törichte Sparsamkeit hineingetrieben. Als wieder einmal die Flasche leer war, hatte sie nicht einmal das Geld, um neuen Brennspiritus zu kaufen. Da gab es kein warmes Getränk mehr in den Leib, und an einem trüben Mittag aß sie einen rohen Suppenwürfel auf, der von früher noch dalag, wie er eingewickelt aus der Fabrik kam, und der Ekel machte sie ganz krank. Aber den Apfel rührte sie nicht an.

In der Nacht befiel den Mann, den sie kannte, ein Bedürfnis, mit ihr zusammen zu sein als mit einem Menschen, bei dem er sich gehen lassen konnte. Im grauenden Morgen warf er an ihr Fenster einen kleinen Stein und schreckte sie aus ihrem Schlaf auf. »Laß mich hinauf«, sagte er über die Straße hin, und als sie ihn unten stehen sah, war es für sie der große Moment. Er ging dann auf ihr Zimmer. Später legte er sich für einige Stunden auf ihr schmales Bett, sagte »ich bin müde.«

Sie stand selber auf, um ihn ungestört ruhen zu lassen, kleidete sich fröstelnd an. Sie stieß an einen Schuh, der da stand. Halbwach warf er sich herum, er verbat sich den Lärm. Gleich darauf versank er. Wie Adam sah er aus in seinem starken, unbekümmerten Schlaf. Sie schlug den Vorhang so über das Fenster, daß kein störendes Licht auf sein Bett fiel. Dabei knarrte der Boden, und sie befürchtete ihn zu wecken.

So blieb sie am Fenster stehn und rührte sich nicht. Wie ein Eindringling stand sie zaghaft in ihrem Eigentum. Sie zog sich auch keinen Stuhl herbei, sie befürchtete dabei ein kleines Geräusch.

Der helle Tag kam sehr stark hinter den Häusern herauf, bald schreckte da und dort ein Vogel auf und sang sich vollends aus dem Schlaf. Etwas später schrie schon eine ganze Schar vieltönig durcheinander. Immer wieder riß sie ihre Augen auf, weil sie ihr blind wurden vor Schlafbedürfnis, und daß sie sich hier mit Anstrengung des Leibes für ihn wach hielt, das war ihr gerade recht. Sie dachte, wie gut, daß mein Apfel noch schön ist.

Als er ausgeschlafen hatte, zog er sich gleich an und wollte ein Frühstück. »Bloß einen einfachen Tee«, sagte er, »daß man was Warmes in den Leib hat« und er rechnete es sich hoch an. Tee wäre noch dagewesen, aber der Spiritus fehlte, und sie hatte für sich selbst nicht einmal ein Stück Brot.

Aber sie lachte mit einer tapferen Nachsicht über die eigenen kleinen Nöte. Sie stellte ihm die Schale mit dem einzigen Apfel hin. Noch freute sie sich daran, daß einem Leib, den sie liebte und der dampfend aus einem Bett stieg, die kühle in den Morgen duftende Frucht hingegeben werde. Erst vor seinem wartenden Blick erblaßte sie. Er wartete eine ganze Weile auf die Zutat, aber sie schloß keinen Kasten auf, ihm zu bereiten, was drinnen war, es lag ja nichts drinnen. Sie hielt die Hände noch so hin in der zagen Erwartung eines guten Wortes, das von ihm zu ihr kam, und eine langsame Röte stieg in ihr Gesicht, weil sie ganz arm war. Nie hätte sie ihm verraten, wie es um sie stand.

Da fing er an zu begreifen, daß er einen kalten Apfel in den nüchternen Magen hineinspeisen werde. Bei dieser Vorstellung fror er und merkte, daß das Fenster offen stand, und es war ihm zuwider. Er stand noch eine Weile herum, erzählte eine unklare Geschichte von einer Schwägerin, bei der es auch nichts gegeben hatte, und sagte es nicht direkt, daß der Apfel auf den leeren Magen für ihn eine Zumutung bedeute. Sie gab für ihr Verhalten keine Erklärung ab. Es war gar nicht so lang her, da hatte er eine Studentin mitgezogen ein ganzes Jahr, er hatte sie genährt und gekleidet, er hatte ihre Bude bezahlt. Das ging ins Auge, er kannte sich damit schon aus. Er würde es nie wiederholen.

Der Freund tat, was er sich vor einigen Minuten vorgenommen hatte, er ging und sagte noch, sie solle keinen Roman daraus machen. Nicht um die Welt hätte sie sich ihm erklären können, aber das Unglück hat ein Gesicht.

Etwas später ging das Mädchen durch dieselbe Tür. Sie hatte einen Apfel bei sich, den wollte sie einem Kind geben, damit wenigstens ein Mensch sich daran freue. Sie war schon so eine Person, die auf empfindsame Zusammenhänge ausging. Sie lief am Trottoir auf und ab mit ihren zerrissenen Schuhen. Aber es kam kein Kind von einer Beschaffenheit, wie man sich ein Kind eben vorstellt.

Bloß ein Junge ging vorbei mit einem häßlichen Ausdruck in seinem käsigen Gesicht, und obendrein war er voller Ausschlag. Am Ende des Trottoirs kehrte er um, ging ein zweites Mal an ihr vorbei und fixierte sie wieder. Sie mochte den Jungen nicht, aber wie sie ihm abermals auf seinen peinlich gemeinen Rücken nachsah, da fühlte sie, die so empfindsam war für die Berührungen der Außenwelt, eine merkwürdige Veranlassung in sich, deren Reiz sie nicht widerstand.

Jetzt war über ihrem Vorhaben schon soviel Zeit vergangen, auf einmal war ihr schon der ganze Apfel gleich, wenn sie ihn nur aus der Hand hatte. Deswegen wollte sie ihm den Apfel geben. Sie lief sogar hinter ihm her in ihrem Unverstand, sie rief ihn an und hielt ihm förmlich bittend den großen Apfel hin, den er ihr mit einer wüsten Gebärde gleich aus der Hand riß, ganz als ob sie gekommen sei, um ihm was zu nehmen. Sie blieb einen Augenblick neben ihm stehen und wunderte sich über ihn.

In eben diesem Augenblick mußte sie es mit ansehn, wie sich der widerwärtige Ausdruck in seinem Gesicht zur gehässigen Bosheit vertiefte. Sie lief vor ihm davon und er ihr nach und zeigte auf ihre Füße und schrie, wie recht es ihr geschehe, wenn sie auch einmal so herumlaufen müsse. Alle Leute sahen hin und merkten erst jetzt, was das Mädchen für schadhafte Schuhe anhatte, aber es konnte keinen Schuster bezahlen. Sie nahm es nicht von der stoischen Seite, als ob sie an diesem Apfel nun einmal keine Freude erleben dürfe. Völlig verlassen setzte sie sich im leeren Zimmer hin und machte sich Vorwürfe und weinte.

Immer hatte sie, wenn sie an den Freund dachte, in einen Glanz gesehn. Immer stand der Gedanke an Hilfe in ihr, wo doch keine Hilfe war. Sie mußte vergessen, wie das mit ihr hätte werden können. Sie mußte ja doch daran glauben. Man nannte erwachsen, wem ein Licht aufgegangen war über die natürliche Feindschaft unter den Menschen. Personen lernten, wie sie die eigene Angst an der Mitperson heimzahlen konnten. Weil sie nicht gefeit waren, traten sie in Furcht nach dem, was ihnen unter die Füße kam. Einer hätte sich ja an ihnen aufrichten, sie dann leichter hinabstoßen können.

Moritat vom Institutfräulein

Als Kind habe ich mir fest vorgenommen, ich muß es einmal ganz recht machen. Wie mein Ludwig mich dann genommen hat, das ist nicht leicht gewesen für ihn. Wenn einer mich um was anging, sagte ich bloß: »Nein, das ist meiner Mama im Himmel nicht recht.« Da konnte keiner mich haben. Das ging so dahin. Nur war ich dann so allein in der fremden Stadt.

Einmal im Kolleg habe ich einen Mann kennen gelernt, das war eigentlich kein Student. Er stellte was vor, ich wußte nur nicht recht was. Ich habe nur so geschaut und es war dann mein Ludwig. Der Mann hat alles mit Gewalt gemacht. Da mußte ich neben ihm denken, wenn ich nur auch was mit Gewalt machen könnte, deswegen hat er soviel bei mir gegolten.

Als die anderen sahen, wie er auf mich aus war, wußten sie was über sein Gesicht, damit ich mir nicht zuviel einbilde. Seine Nase war wie gebrochen. Da mußte ich ihn gleich verteidigen, und ich habe mir doch was eingebildet auf meinen Ludwig. Ich sage, er war auf eine Weise häßlich, daß es schon wieder schön war. Die Weiber liefen ihm nach.

Bei meinem Ludwig war ich gern, er hat sich nie was dabei gedacht. Im Anfang war ich auf seiner Bude ein wenig befangen und gab auf mich Obacht. Aber er hat es selbst gesagt, daß er mich nicht ausnützt, da wußte ich es gewiß. Für mich war er der einzige Mensch, an den wollte ich fest glauben und immer fester.

Ich wollte es nicht wissen vom Ludwig, er fing selber an und erzählte von anderen Mädchen, mit denen er früher zusammen war, denen hat er auch nichts getan. Ich habe dann meinen Ludwig immer besser gekannt und gab nicht mehr soviel auf mich Obacht.

Da war aber der Abend dazwischen, an dem hat es mein Ludwig mit Gewalt gemacht. Zuvor brachte er mich in eine große Verwirrung. Er ging einfach nicht zu mir her, er redete nicht und deutete nicht, ich durfte sagen, was ich nur wollte. Und so lang ging er nicht her, bis es mir von Herzen leid war. Ich dachte, so, jetzt ist mir mein Ludwig auf einmal böse.

Ich fragte ihn, warum er so ist. Er sagte, ich kann mir schon denken warum. Da wußte ich nicht, wie ich mit ihm daran bin und ob es nicht zwischen uns bereits wieder aus ist. Das gab mir einen Stich durch und durch. Ich ging direkt zu meinem Ludwig hin und fragte ihn, wie ich mit ihm daran bin. »Wegbleiben!« fuhr er mich an, aber ich wollte mich auch nicht auf diese Weise simpel entfernen, und vielleicht war für mich der Moment wichtiger wie für ihn. Ich stellte mich doch zu ihm hin und so bei ihm dort hätte ich alles auf der Welt fragen können, er war so gescheit.

An dem Tag hat er mich überrumpelt, und mir fiel kein Satz ein, den einem die Leute bei der Gelegenheit glauben. Ich hätte auf und davon mögen, aber noch mehr zog es mich hin. An einer blinden Kraft kamen wir zu Fall. »Du hast es nicht anders gewollt«, sagte er.

Mein Ludwig sagte: »Du mußt klug sein, dann weiß es kein Mensch.« Ich wußte nicht, wie man klug ist. Ich wußte bloß, daß ich aufgewachsen bin in einem Kloster und daß alles, was ich dort gelernt habe, für mein Leben falsch ist. Ich war erzogen, daß ich gehorchte. Ich war gewöhnt, daß ich mich nicht verriet. Ich war nicht erzogen, daß ich mich wehrte.

Ich glaubte ihm alles, ich konnte das ja nicht vergleichen. Der Anfang war immer schön. Wenn es spät war, ging mein Ludwig weit draußen vom Weg ab und blieb mitten in einer verlassenen Wiese stehn. Er rief mich nicht, ich mußte ihm von selber nachgehn. Wir stiegen immer auf demselben Fleck herum und dachten nach, ob das Gras ist. Mein Ludwig stand dicht vor mir und glühte wie ein Radfahrer, der keine Laterne hat, mit den Augen. Ein Kerl war er wie ein Baum, wir haben nicht wenig gescherzt. Mein Ludwig hat alles mit sich machen lassen und gelacht auf breiten Zähnen.

Aber wenn ich mich genug gerollt und ihn eingefangen hatte, hat mein Ludwig auf einmal nicht mehr gelacht. Er hat mich ganz schön geschunden. Und die Luft nahm er mir weg. So lang nahm er sie weg, daß es mir tobte im Kopf, ich meinte, ich müsse zerspringen. Mein Herz tat einen Satz und ich fürchtete mich. Er hätte es haben können, nur nicht so lang. Ich konnte nicht verstehn, warum andere so danach tun, und einmal nahm ich mir einen Mut und fragte: »Ludwig, muß das sein?« Da hat mein Ludwig mich angeschaut und ist eine Zeitlang auf der Uni nicht mehr zu mir hergegangen.

Ich konnte mir oft nicht mehr helfen. Ach Gott, habe ich zu mir selber gesagt, ich glaube, mir fehlt was. Das wollte ich wegbringen, dafür wollte ich alles tun und ich wollte doch auch wie die Hui-Kerle sein, ich wollte nicht zimperlich sein. Da durfte mir das doch nichts machen. Ich hätte es nie über die Lippen gebracht, da tat er sich leicht. Ich hätte es nie zugegeben vor einem anderen. Die Erfahrung hat mich nicht anders belehrt. Der Liebe war ich es schuldig.

Ich bin aufgewacht in der Nacht, da hat es auf der Straße unten was gegeben. Nachher war es mein Ludwig, der hat einen schweren Stein gehabt und ihn aufs Pflaster hinfallen lassen. Er hat ihn aufgehoben und ihn hinfallen lassen, die ganze Zeit hat er so gemacht. Ich ging zu ihm hinunter. Mein Ludwig mußte sich furchtbar besinnen, was er mit dem Stein eigentlich will. »Den habe ich dir mitgebracht«, sagte er. Dann war er über sich selber ganz starr, weil er so an mich denkt.

Ich habe es gleich gerochen. Mein Ludwig sagte, er muß bloß sein Gesicht an den Stein hinbringen. Mein Ludwig hat sich gebückt und sein Gesicht an den Stein hingebracht, ich hielt ihn fest um seinen Leib, und mein Ludwig war mit dem Kopf ganz am Boden und hat furchtbar gelacht. Auf einmal war er nüchtern. Er lehnte sich mit dem nackten Gesicht an ein Haus und sagte, er kann es nicht mehr machen.

Immer wenn er den Mund auftat, ist neben dem Stein eine ganze Wolke zu mir hergegangen, er drückte sich die Backe an der kalten Wand breit, und ich habe mich so geschämt. Denn das Haus war naß und auf der Backe war ein Flecken und mit dem Flecken hat er gelacht. Weil er mir alles zeigen mußte, habe ich mich geschämt.

»Wenn du es nicht haben kannst«, sagte er, »dann mußt du nicht mit mir gehn.« Ich sagte: »Ludwig, ich kann es haben. Aber wenn wir nicht gleich gehn, bringe ich dich nicht mehr weiter.« Mein Ludwig langte nach meinem Arm und zog sich daran ins Trottoir hinein. Dann ging er nicht mehr von mir weg, so hat es ihm in der Nähe und in der Wärme gefallen. »Bring mich weiter!« verlangte er und hielt den Kopf vor wie gegen eine Kraft.

Wie das Trumm Mannsbild sich von mir ziehn ließ, war schon nicht mehr schön. Auf einmal war ihm damit ernst. Den leibhaften Kerl habe ich von Haus zu Haus weiter gestemmt. Er hing so schwer auf mir und war so bleich und glasig im Gesicht. Wenn ich einmal aussetzen mußte, fuhr er mit dem Kopf auf wie aus einem wüsten Schlaf.

Ich mochte nicht, daß Menschen vorbeikamen und ihn und

mich so sehen. Auf einmal gab es mir einen Stich, denn an dem einen Eck, wo wir hinmußten, ist eine Frau gestanden. Sie drehte sich um, daß sie mir nicht helfen muß. Wenn es gerade die nicht wäre, dachte ich. Denn einmal hat sie als Magd bei uns gedient und ist dann im Streit von uns weg, weil sie gern was gehabt hätte mit meinem Vater. Aber meinem Vater war sie nicht zum Anschauen recht, sie war so ordinär. Nachher lief sie mit einem Spazierstock auf der Straße herum und machte sich freie Zeit. Ich wußte gleich, mit der kann ich noch was erleben. Denn daheim hat doch niemand was von meinem Ludwig gespannt.

Fast hätte ich ihn nicht mehr weitergebracht, mein Herz ist gegangen, und ich hatte fast keine Kraft. Mein Ludwig schaute auf und murrte, warum so lang Aufenthalt ist. Das hat mein Ludwig nicht gern, wenn man selber mit was zu tun hat. Er spürte, daß mich was von ihm abhielt, das machte ihn böse. Das gab ihm Kraft, so böse hat es ihn gemacht. Und weil mein Ludwig eine solche Kraft hatte, darum hat er sich mit aller Kraft auf mich hinfallen lassen. Und wenn ich nach der Seite auswich, wäre mein Ludwig doch so arg in den Zaun gefallen, dazu hat er mich nicht gebracht. Ich mußte ihn jetzt schon gehen lassen und warten, was daraus wird und in mir bitten und beten. Ich war ja blöd, daß ich ihn nicht noch stieß!

Ich soll ihn nicht immer so lieben, schrie er mich an, ihn macht das noch rasend. Da standen die Latten von dem Zaun so schwarz in den Himmel hinauf. Ich konnte mir gar nicht denken, daß mich mein Ludwig noch mag. Ich trat immer ein wenig von ihm weg und er mir nach in einen dunklen Winkel, wo es weich war von Gartenerde und Gras. Da ging ich nieder, ich konnte mir nicht mehr helfen.

Der Himmel wurde weiß. Wenn ich an meinem Gesicht herunterschaute, kam Helligkeit von der Haut. So weh tat mir mein Ludwig, damit er sieht, ob ich mehr werde durch den Schmerz, und meine Hand ist mir so blaß und versagend im Schoß gelegen. Ganz entsetzt habe ich mich, daß ich immer noch mehr werden muß.

Am Zaun stand eine Latte schief. Besonders weil die Latte schief war und ich konnte sie nicht richten, weinte ich geradeheraus. Denn gar nichts konnte ich richten. Eine Verzweiflung war darin, wie wenn uns dieser Leib einmal aufgezwungen wurde durch eine fremde Gewalt.

Mein Ludwig ist auch bloß immer eigensinniger geworden. Da

waren wir miteinander ein Wesen aus Leiden und Tun, und Tun war seines und Leiden war meines. Ich dachte, dem darf einfallen, was er will, ich kann gar nichts machen. Aber wenn ich mir helfen könnte, indem ich aufstünde und von ihm ginge, ich würde nicht aufstehn und von ihm gehn, ich war ja blöd, daß ich nicht konnte. So hart war mir, ich griff hinter mich an den Zaun, damit ich es besser aushalten kann.

Ich wachte auf und hatte den ganzen Himmel in meinem Gesicht. Das tat mir in die Haut hinein weh, daß es hell war. Ich hielt mir alle Finger ins Gesicht mit den Spitzen, und mein Gesicht war nackt und wurde nicht warm. Die Vögel sangen über mich weg in den frühen Morgen hinein, mir hätte nicht ärger sein können. Immer sangen die Vögel, wenn ich nicht gegangen wäre mit meinem Ludwig, müßte ich nicht so sein.

Nicht lang danach hat in meinem Zimmer mein Vater auf mich gewartet. Das ist mir vorgegangen, dachte ich. Mein Vater ließ sich nichts ankennen. Es wird Zeit, sagte er, daß er mich heimnimmt. Auf einmal hat er nach mir gestoßen. »So muß man sich über dich schreiben lassen«, warf er mir vor.

Ich wußte gleich, die Karte war von der Frau, auch wenn der Name nicht dastand, dafür war sie zu feig. Da habe ich schön erfahren, wer ich bin und um die nachtschlafende Zeit bin ich mit einem Kerl für betrunken herumgezogen. »Lustig geht die Welt zugrunde«, war unten hingeschrieben. Ich sagte: »Wenn die Person gemein sein will, kann ich nichts machen.«

Im Zimmer war es still. Mein Vater sagte, zu mir kann man nicht wie zu einem Menschen reden, aber daß ich heroben bin, damit ich herumziehe mit einem Kerl, dafür kommt er nicht auf. Ich sagte, ich kann ihn nicht zwingen. Ich wußte nicht, wer mir die Worte eingibt, eine solche Gewißheit kam in mich, ich kann daran nicht vergehn. Und daß ich mich nicht wegbringen lasse von meinem Geliebten, das ist mir geblieben.

Wenn ich mich auf den Mann verlasse, dann werde ich ihn ja kennen lernen in der nächsten Zeit. Für das eine sind die Herren zu haben, für das andere nicht. Er soll den Ludwig nicht schlecht machen, sagte ich, wenn er ihn nicht einmal kennt. Mein Vater sagte, er will ihn auch gar nicht kennen. Das sind nämlich die Männer, von denen man daheim nichts wissen darf und darauf kann man gehn. Nichts drang in mich ein. Ich konnte gar nicht weinen, es war alles so weit weg.

Ich weiß nicht, ob mein Ludwig was gemerkt hat. Er fing sein Dasein zu bereden an und wie schlecht es ihm selber geht. Da wußte ich, mit mir kann ich ihm nicht auch noch kommen. Ich wollte weniger essen. Ich schrieb heim, ich werde niemand am Hals liegen, ich gehe in Stellung. Aber da waren andere ganz anders ausgebildet und haben auch schon gewartet, die Arbeitslosen waren zuviel. Wo ich es versuchte, war die erste Frage: »Fräulein, haben Sie in der Branche gelernt?«

In einer Versorgungskasse hätte ich zur Not was bekommen da wollte ich wieder nicht, mit rechnen kann man mich jagen. Außerdem fielen die mit der Tür gleich ins Haus: »Bei uns werden Überstunden gemacht, bei uns geht es jede Nacht bis um zehn. Nicht daß Sie sich dann beklagen!« Schon im Anfang stand die Erpressung. Eine Person wie ein Faden folgte mir die Stiege hinunter, sie sprach mich freiwillig an: »Ich kann Sie nur warnen, bei denen bricht eine jede zusammen. Sehen Sie mich an, ich gehe von selber.« Ich erkundigte mich, das Haus war berüchtigt. Eigentlich konnte ich es mir gar nicht leisten, gerade stieß ich mich noch ab von der Schraube.

Das alles war mir so leid, jeden Tag mußte ich wieder losgehn. Ich hätte nie gedacht, wie müd man davon wird. Dann waren die Schuhe durchgelaufen, dann war das Gewand verregnet, dann konnte ich nicht mehr viel in die Wäsche geben. Auf der Bude waschen war mir verboten. Tat ich es heimlich, lag die Wirtin schon auf der Lauer. Ich muß hinaus, wenn sich das wiederholt, sie läßt sich nicht ihre Zimmer verdampfen. Ich schaute abgerissen aus, da ließen sie mich gleich nirgends mehr ein. Mein Ludwig sagte: »Kind, so wirst du nie was finden.« Mir war selber ganz angst, daß ich mich wo in einer Auslage sehe.

Da ist mein Ludwig immer noch in den Lokalen herumgezogen und hat den ganzen Tisch freigehalten, da hat er andere mit dem Taxi herumfahren lassen und vorgetäuscht, was er nicht einmal hatte. Bei mir schimpfte er dann über die Leute, die ihm das Geld wegtragen und sagte, lieber müßte er doch mir was geben statt diesen Fremden. Darin ist mein Ludwig wie vor einer Mauer gestanden. Und bei mir hat ihm das Großtun doch nicht geholfen. Ich mußte mich zusammennehmen, daß ich ihn noch begreife. Wenn ich ihn gar nicht hätte, dachte ich, was wäre ärger? Schon die ganze Zeit war so was Leeres hinter seinen Worten. Wenn ich genau wüßte, wie er ist, meinte er, ich würde vielleicht nicht mehr mit ihm gehn. Allein fragte ich mich, ob ich was von meinem Ludwig nicht weiß und alles war so traurig.

Weil ich so lang keine Stellung fand, hat mir mein Vater ein letztes Mal was geschickt. Mehr, schrieb er, wird nicht herausschaun, er muß an seine anderen Kinder denken. Das Geld wäre mir eine Hilfe gewesen, hätte mich mein Ludwig nicht am gleichen Tag geholt und mir auf dem Weg was gesagt. Ob ich auf ihn warte, wenn er ins Ausland muß? Er kann im Land nicht mehr bleiben. Wie wenn mein Ludwig wem auskommen müßte, so ist er mit starrem Gesicht und immer schneller dahingegangen.

In seinem Zimmer hat eine Kellnerin auf ihn gewartet und ihr Geld verlangt, wofür mein Ludwig das ganze Jahr auf Rechnung gegessen hat. Sie hat gehört, der Herr wäre in ein paar Tagen sowieso weggezogen und sie wird nie wieder auf einen Herrn vertraun. »Sind Sie still«, sagte er, »Sie bekommen Ihr Geld.«

Eine schöne Summe hat sie ihm weggetragen. Mein Ludwig fluchte, das war jetzt das Geld für seine Reise, er muß aber weg. Er wollte nichts wie heraus, da habe ich ihn mitgenommen und ihm das Geld für seine Reise gegeben. Ich trug es ihm auf der Hand hin und sagte, ich habe soviel, mehr nicht. Davon muß er mir dalassen, was er nicht unbedingt braucht, das andere mag er nehmen. Mein Ludwig muß nicht geglaubt haben, daß ich ihm alles bringe, er hat mir das Meiste genommen.

Mein Ludwig ist gerade noch rechtzeitig weg, schon am anderen Tag ist die Frau gekommen. Sie hat gehört, daß der Herr mit mir geht. Wo mein Ludwig hin ist? Sie hat ihm eine große Summe gegeben, die braucht sie wieder, damit sie ihre Mutter ins Irrenhaus einkaufen kann. Wenn sie das Geld wo anders aufbrächte, würde sie es ja nicht verlangen. Mein Ludwig hat es ihr so bestimmt in diesen Tagen versprochen.

Die Frau war die Ärgste nicht, denn jetzt kamen sie nacheinander daher. Alle sagten: »Fräulein, Sie müssen die Adresse doch wissen.« Die Polizei hat sie nicht gewußt und niemand. Da kam es richtig auf, wie mein Ludwig bloß von den anderen gelebt hat und ich habe das nicht geahnt. Ich sagte: »Er ist in seine Heimat, er wird das Geld dann schon schicken.« Aber das haben sie mir nicht geglaubt. Einer fragte: »Fräulein, haben Sie sich denn ganz dumm machen lassen?« Ein paar wurden gleich recht frech auch. »Fräulein«, sagten sie, »dann wird er Ihnen schon was gegeben haben von meinem Geld. Man weiß, wie die Fräuleins es machen. Daß sie hernach dann nicht herhalten wollen, das weiß man wieder.« Ich konnte mich kaum mehr halten. Da war noch ein Frauenzimmer, die tat vor mir groß, daß sie seine Geliebte war, sie hat ihm das Geld für seine Reise gegeben; Ich wußte nicht, was daran gelogen war, ich wußte überhaupt nichts mehr von meinem Ludwig.

Ich wäre heimgegangen, sie haben mich nicht gelassen. Wo das Geld geblieben ist, wenn ich schon nichts mehr habe? Warum ich keine Stelle finde? Die haben gewiß gemeint, ich tue nichts dazu.

Ich habe gewußt, daß andere Mädchen es von den Herren haben und ganz schön leben. Wer bist du denn noch, fragte ich mich, wenn so schon alle auf dich herabsehn? Wenn er dich so hineinreiten mag, bist du für deinen Ludwig auch nichts weiter gewesen. Du hast ihm geglaubt, dumme Geiß, ein Luder wird er aus dir machen, wenn du noch lang an ihn denkst. Das war für mich wie eine Faust, die mich dazu preßt. Der Magen tat mir schon weh, ich wußte nicht, wer gibt mir zu essen? Es gab keinen tieferen Punkt, was sollte ich machen? Ich habe nicht aus und nicht ein gewußt, wirklich. Daß ich keine Mutter hatte, wen ging das was an?

Ich habe mich noch immer gewehrt. Ich legte mich auf mein Bett und nahm mir vor, ich stehe nicht wieder auf. Drei Tage und zwei Nächte bin ich da gelegen ohne die Nahrung, ich hörte die Stunden und konnte nicht schlafen. Am dritten Abend habe ich Wasser getrunken, als es schon dunkel wurde, dann ging ich hinunter.

Ich mußte mich doch immer an der Hausmauer einhalten, das habe ich von der Seite her mit dem Körper verdeckt. Ein Herr hat es doch gemerkt, weil er mir länger nach ist. War ein feiner Mann und hat mir so zugeredet, daß ich das nicht wieder tue. Ich ließ mir den Hunger ankennen, da hatte ich gleich mein Essen. Ich konnte sehn, was alles geht. Der Mann war auf Durchreise hier und nahm mich in sein Hotel mit.

Ich hielt den Kopf auf die Seite, er drehte das Licht aus. Das war das erste fremde Bett für mich, ich merkte, daß ich nicht dafür passe. Ich habe in die Laterne geblickt und gehorcht auf jedes Geräusch, und der Mann war so still und hat gehorcht auf jedes Geräusch. Durch den Blick war ich von dem Mann entfernt, durch das Horchen und die Stille war ich ihm wieder nah. »Mir ist nicht gut«, sagte ich. Der Mann sagte, er hat gleich gemerkt, daß was mit mir ist. Ich soll mich hinlegen und schlafen und er hat ein soziales Interesse.

Ich zog das Bett leise über mich, ich lag lange da mit stillen Augen. Ich paßte auf, daß ich nicht an ihn stoße. Die ganze Zeit mußte ich denken, wie das hier wenig ist, was einmal viel war. Der Mann machte eine Bewegung. Ich merkte, daß er nicht schläft und auch bloß daliegt mit offenen Augen. Dann kam er zu mir herüber und nahm mich unter den Kopf, daß ich nicht wegschauen konnte. Er fragte, warum ich das nicht mache und warum nicht das, seine Stimme war so behutsam und immer Kind hat er mich genannt. Ich wußte nicht einmal, was das ist, wovon er redet. Da hielt ich ihn für eine große Ausnahme unter den Menschen. Verstockt lag ich da. Ich wollte ihm nicht ins Gesicht sagen, ich kann mir nicht denken, wie es bei ihm zugeht. Der Mann merkte was und legte sich weg. In dem Zimmer ist eine Uhr gegangen.

Da war ich an seiner Seite bleich von dem Schrecken und mit nichts zugedeckt als mit einem verlegenen Lächeln. Der Mann redete herüber, die ganze Zeit denkt er über was nach. Aber wenn mein Freund es mir nicht gesagt hat, dann will er mir auch nichts sagen. Ich soll nicht mehr daran denken.

Der Satz fiel in mich wie ein Stein. Denn wenn er nicht die Ausnahme war, dann mußte ich selber die Ausnahme sein und vom Leben der Erwachsenen nichts wissen. Das ist mir von tief innen bis in die Augen gegangen, ich konnte mich nicht rühren. Und was mir da geschah am Leib, daß ich nicht rein bin und doch von nichts was weiß und wie in eine Gasse geführt bin, wo andere nicht hingehn, das hätte mir doch mein Ludwig nicht antun dürfen. Denn er hat mich im Glauben gelassen und nie was gesagt, so daß ich es erfahren mußte durch einen Fremden. Das ist mir wie die größte Beleidigung gewesen.

Wie ich so lag, stand die Zeit in mir still wie an einer Mauer und immer die gleiche Verstocktheit wie ein tiefes Wasser an einer Mauer. Die ganze Nacht habe ich nicht geschlafen und mich immer aufgesetzt und geschaut. Dem fremden Herrn ist auch ganz eigen gewesen.

Die Stunde der Magd

Dem Herrn sein Zimmer lag hinten im Anbau und war von den anderen durch einen kleinen Gang getrennt. Das hat der Herr selber sich so ausgesucht, denn er wollte vor allem Ruhe. Einmal am Abend mußte ich Blumen gießen auf dem Gang. Die Kinder waren schon zum Schlafen hinauf in den oberen Stock. Aber der Herr stand an seinem Fenster und schaute mir lange zu.

Ich brauchte eine gewisse Zeit. Der Herr konnte sich auch nicht gleich entschließen. Auf einmal war er am Gang heraußen und sagte, er weiß nicht, wie er seine Karte schreibt. Das hat er ausgerechnet zu mir sagen müssen.

Jetzt fiel ihm gar das noch ein, er holte sie und las sie mir vor, ob das so recht ist. Ich habe dumm genug gelacht und gesagt: »Das kann ich nicht so wie der Herr selber unterscheiden.« Ganz rot stand ich da mit meinem Mangel an Bildung.

Darauf hat mir der Herr seinen Arm so zartfühlend um die Taille gelegt, damit ich es nicht merke, und in seinem Zimmer hat er mir immer noch den Arm um die Taille gelegt, damit ich es nicht merke. Da war er mir mit einem Male so vertraut und fremd zugleich.

Und wie ein solcher Feind hat er mich vor sich hin auf den Schreibtisch gesetzt und der mir das Ärgste antut, aber ich wäre um alles nicht von dem Feind weggegangen. Dann hat er es mir gezeigt, was ich für eine Schürze anhabe, und dann hat er es mir gezeigt, wie meine Bluse von innen ist, und alles hat er mir immer gezeigt. Da bin ich in allem, wie ich daherkomme, vor ihm bestätigt gewesen und war ihm recht und mir war ich recht.

Nachher war mir schon zum Weinen. Denn er hat immer noch so fremde Augen an sich gehabt und im ganzen Zimmer herumschauen können und ich war im ganzen Zimmer die Magd, die sich verirrte. Er streichelte mich freilich und sagte, »schau, soll es nicht gewesen sein?« Aber ich mochte nichts mehr davon wissen, mit dem Streicheln war mir nicht das Geringste geholfen. Ich war von dem, was ich ihm gegeben, um kein Haar besser und standesgemäß geworden. Darüber blieb mir das Herz still. So genau wußte ich, daß ich ihm von nichts reden darf, daß ich aufstand und leise sagte: »Ja, ich gehe jetzt auf mein Zimmer.« Er begriff mich nicht, warum für heute Schluß sei.

Da stand ich schon ganz im Hinausgehn so blaß in der Tür und wartete erst noch auf was mit den Händen, wie sie da zögernd hingen. Dann habe ich nach dem Türpfosten ja nun doch noch gelangt und ihn gleich wieder ausgelassen. Eigentlich wollte ich nach einem Menschen langen mit dieser Bewegung, und es sollte ein Mensch sein, zu dem ich von jetzt an gehöre. Mit unbeholfenen Schritten ging ich durch den Gang, wo es seinen Anfang nahm. Wie ich mich da umschaute mit verstörtem Gesicht, habe ich es dem Gang nicht verziehn. Die Stiege kam daran und wieder eine Stiege und keine hat mich getröstet. Dann mochte ich in meiner Kammer die Kerze nicht anzünden, die alles sieht und auch mich sieht.

Ich tastete mich im finstern nach meinem Bett. So bin ich mit verstörtem Leib und zunehmend schwerer auf meinem Bett gesessen, einmal in Kleidern gesessen und einmal schon im Hemd. Immer war es dasselbe, wie wenn ich seit Anbeginn dasitze und mich niemals rühre.

Da habe ich es mir gedacht, um was ich vom reichen Herrn gebracht bin in jungen Jahren, dabei kann er mir jederzeit nachsagen, er hat mich zu nichts gezwungen. Immer tiefer in die Nacht hinein und in alle Verlassenheit hinein, die in Nacht liegt, gab es mir einen Stoß, so bin ich an was erschrocken. Wenn es ein Kind wird, was dann? Da war eine hinausgestoßen. Einen Mutterschutz hat es da nicht gegeben.

Die Angst hat mich auf meinem Bett herumgezogen, daß ich mich krümmte. Einmal starrte ich in was Graues, und das Graue war dann hell und hell. Bis ich mich besinne, war es Tag, und ich hielt mir die Augen zu, damit rein mein Spiegel es mir nicht ankennt.

Aber wie der Wecker ablief, bedeutete das, daß das Mensch sich nicht länger hineinflaggen darf und dabei die ganze Arbeit für die Herrschaft versäumen. Ich ließ mir die Augen aufgehn, wo es mich nicht freute. Ich stand im Zimmer herum, ich holte die Waschschüssel wie immer.

Aber auf der Waschschüssel ist es gestanden und am Kasten ist es gestanden und am Tisch war es geschrieben. Alles war anders wie gestern und nicht mehr rein. Ich warf den Kamm weg und lief dem Koffer zu nach einem frischen Hemd, das konnte ich mir mitten in der Woche nicht schnell genug überziehn. Dann lief ich meinen Selbstvorwürfen davon und zum Kaffeemachen hinunter.

An dem Tag schaute ich bei allem, was ich tat, daß es auch genau wird. So ganz besonders und in Bitterkeit wußte ich, was ich für eine Magd bin, damit aber basta! Den Kindern, denen ihre Tassen zu dick waren, wechselte ich die Tassen aus in feine. Ohne Widerrede steckte ich ein, wie oft sie mir das schon gesagt haben. Ich war seltsam befriedigt von den unnützen Gängen.

Der Herr zeigte sich lange nicht. Ich mußte den Kaffee noch einmal wärmen, und der Kaffee war soviel wichtiger wie meine Gefühle. Endlich erschien er. Wir mieden uns mit den Blicken. Aber wie er bei seiner Tasse ungefähr in der Mitte war als ein Gerechter, hielt ich nicht länger an mich. Ich stellte mich vor ihn hin und schaute ihn fest an. Und wie er fast am Ende war als ein Gerechter, wiederholte ich meinen Blick und erwartete wunder was. Gerade dann hat mein Herr seinen Kaffee immer so interessant gefunden, er tauchte förmlich hinein mit starren angewärmten Augen.

Ich machte alles proper, ich ließ mir nichts nachsagen in keiner Beziehung. Aber so fremd wie diesmal waren mir die Sachen schon lange nicht mehr erschienen. Ich paßte auf, nicht daß ich was zerbreche, hinterher wird es mir dann am Lohn abgezogen. Denn das war der Unterschied zwischen mir und anderen Menschen im Haus, ich bekam einen Lohn.

Das ging so weiter, der Herr ließ sich nichts anmerken, die Kinder merkten nichts, der Tag verstrich wie sonst ein Tag im Kalender. Bloß ich wäre durch die Zimmer am liebsten auf den Zehen geschlichen. Einfach schleierhaft war es mir, woher ich früher die Frechheit nahm.

Das hing damit zusammen, daß mir die ganze Welt nicht mehr gleich war. Ich habe dann hinter meinem Herrn soviel gesucht, und es hatte seine Bedeutung für mich. Wenn ich mit der Nadel über seinem Rock war, sah ich nicht mehr den Rock, sondern es war die Taille. Daß ich soviel gröber sein mußte, das drückte mich immer. Ich stieß nur so mit mir herum, wenn ich mit dem Putzlumpen hantierte, und verhöhnte mich, denn das Grobe war es gerade, was für mich paßte.

Denn wie, hätte ich nicht auch wie der Herr einen so feinen Fuß haben können, und warum hat man bei ihm das Geistige an der ganzen Hand gesehn, aber bei mir war dort nichts wie leichtsinniges Fleisch und allenfalls Talg? Da lief es eben darauf hinaus, daß ich das Geistige gar nicht aufweisen durfte, ich war dafür nicht berufen. Ich fuhr hinter meinem Schrubber her mit bösem Gesicht und als eine Gescherte, und über den Putzkübel reichte mein Hennenhirn nicht hinaus. Nach und nach faßte ich einen Entschluß, und ich habe es schon noch einmal, das Geistige!

Ich stand früher auf, ich brauchte länger, bis ich hergerichtet war, damit ich auch einmal Eindruck schinde. Was ich an mir zusammenbrachte, war eine Frisur. Der Herr hat nur so geschaut und sich laut gewundert, wo die Mädel das auf einmal herhaben. Aber ich stand vor dem Spiegel und war immer noch nicht geistig. Außerdem behaupteten die Kinder, es ist nicht einmal recht, wenn man sich das Haar zuviel brennt.

Auf meinen Herrn habe ich dann wieder mehr vertraut. Wenn ich mit ihm zusammen war, ist mir Reue und Leid vergangen. Da ist immer die Frage gewesen, wie ich mich benehme, und ich habe mich dann benommen. Zog der Herr seine Schuhe aus, mußte ich ihm sagen: »Du hast aber da einen vorspringenden Knochen.« Wie der ganze Mensch sein muß, das haben wir überhaupt erst miteinander erfunden, und der Herr hat an seinem Knochen die helle Freude erlebt, so was Vorbildliches war sein Knochen. Wenn es über die Augen ging, fand ich bald heraus, welches tiefer braun ist. Lebhaft interessierte es meinen Herrn, daß er Hundsaugen hat.

Da war bald ein Haken dabei. Weil ich die tieferen Sachen sagen mußte, über Hautfarbe z. B., brachte ich andere, die aufs praktische gehn, nicht so heraus. Andere Mägde sind schon nicht so schüchtern und verlangen alsbald einen Hut! Immer wenn ich von ihm weg war, fiel mir ein, ich stelle mich bei meinem Herrn viel zu wenig auf die Füße. So, sagte ich bei mir, jetzt habe ich immer noch keinen Hut. Das sah meinem Herrn recht ähnlich. Ich merkte, wenn ich was erreichen will, muß ich ihn erst lang dazu schieben.

Da fing ich schon beim Kaffeetrinken von dem an, was mir am meisten abgeht, und wenn ich mit den geputzten Schuhen über den Gang ging, sagte ich es schon auswendig herunter und wurde dabei nicht mehr rot. Das ging so lang, bis der Herr merkte, ich trage mit mir einen Wunsch herum. Es handelte sich nur um einen Hut, aber der Hut wurde von mir vermißt. Dem Herrn wurde siedend heiß wegen seiner Vergeßlichkeit. Da habe ich schon gemeint, Wünschen geht leicht, wenn man einen Verehrer hat. Aber wie ich den Hut einmal hatte, durfte ich wieder lang gar nichts sagen.

Oft war meine Hoffnung von Zweifeln verhängt, im Herzen war mir so bang, ich war meiner nicht sicher. Was bist du wirklich für ihn? stritt es in mir. Das, womit man sich betrügt um die Zeit, wenn sie kommt, wenn sie geht, wenn sie lang ist. Nichts, was nagt an ihm wie an dir, nichts, was dich braucht wie du ihn. Einmal bist du ihm leid und kannst gehn. Wenn eine andere kommt, bist du seine Liebe gewesen.

Die Mutter der verstorbenen Frau hatte die Augen schon lang gestellt, wie wenn sie was merkte. Sie stand in allen Ecken seitdem, man trat auf sie, wo man nur hinging. Dann mußte sie wirklich was wissen, es war schon nicht anders.

Mitten auf der Stiege hatte sie die Auseinandersetzung mit dem Herrn und wich nicht hinauf in den zweiten Stock, wo sie wohnte. Sie tänzelte auf und ab über seinem Gesicht wie ein böser Drachen, lauter Wut auf den Backen, er blickte ratlos hinauf. »Ich vergesse mich bloß nicht gern«, sagte er, »ich will mich bloß nicht vergreifen an einer Frau, die alt ist.«

Mir hielt sie eine Rede wie beim Jüngsten Gericht und sie hieß mich mein Bündel schnüren, ihre Stimme war schrill. Der Herr fragte, ob ich die Magd bin bei ihr. Aber sie setzte sich in den Zug, fuhr bis in meine Heimat hinaus. Sie war schuld, daß mein Vater mich holte.

Meinen Vater sehn und mich auskennen war eins. Mein Vater brachte mehr Verstand mit, als hineinging in meinen Kopf. Ich schaute nach dem Herrn, daß er was sagte, mein Hals schnürte sich zu, ich war ganz ohne Hoffnung. Der Herr konnte auch nicht helfen. Er hätte sich festlegen müssen, davor scheute er zurück wie ein Gaul. Mein Vater schaute ihn kurz an und kalt und schämte sich nicht für sein altes Gewand. Er hat keine zwei Sätze mit ihm gesprochen.

Ich war wieder daheim, früh um zwei stand ich auf und ging mit der Sense zum Mähn, unsere Grundstücke lagen nicht nah. Das müßtest du nicht, dachte ich, wenn es wäre, wie du doch noch geglaubt hast.

Damals bildete ich mir ein, der Herr werde mich besuchen, dort wo ich daheim war. Mich zog es fort, was immer ich tat, und ich brachte es nicht hinter mich, es zog mich zum Herrn in die Stadt. Ich hatte es immer in mir, es müsse was kommen und wäre nicht aus. Ich glaubte einfach nicht daran, daß es aus war. Ich schlief in der Bodenkammer allein, ich hatte ein Handtuch am Nagel hängen für die Nacht, wo der Herr kam. Wenn ich mich aufsetzte in meinem Bett, fiel mein Blick auf das Handtuch.

Ich wartete noch immer gespannt und keiner hätte mir über den Mann ein schiefes Wort sagen dürfen. Doch spürte ich still, daß es sank. Ich gab es nicht zu, konnte aber nicht aufhalten, was da versank, sein Sinken war stärker. In einer Nacht stand ich aus dem Schlaf auf, ich nahm selber das Handtuch weg, ich zog eine Schublade heraus. Ein Vogel weckte mich in der Früh, ich horchte ihm zu ganz allein, ich sah nicht nach dem Handtuch.

Mein Vater sagte es auch, es wäre nicht gut, neben soviel fremden Kindern die Frau sein.

Ein Pfund Orangen

Ein Mädchen lebte allzu ernsthaft in sich hinein, und jeden Tag tat es sich was anderes an, ganz was Schlechtes, und wenn nur was Schweres an sie herantrat, gleich nahm sie sich darum an und hielt das Schwere aufmerksam in der Hand, wie wenn sie gar nicht mehr davon lassen könnte. Man fragte sie, warum sie das tat. Seht ihr nicht, daß mir da was nicht hinausgegangen ist, sagte sie.

Was war ihr denn nicht hinausgegangen? Da hatte sich die junge Person ihr Leben auch ganz anders vorgestellt. Einstweilen wußte sie es ja von sich, daß sie an den Läden, wo es die schönen Sachen gab, immer bloß vorbeigehen mußte. Aber einmal würde sie heiraten, und dann ging eine andere Zeit an. Nach und nach kam sie dann doch noch zu schönen Sachen, und alles auf einmal mußte sie ja gar nicht haben. Wenn sie sich das so vorstellte, wie sie an ihren Bekannten vorbeiging in einem neuen Kleid, was ihr noch dazu stand, dann konnte sie rein nicht mehr stillsitzen und ging spazieren vor lauter Vorfreude.

Viele gingen an ihr vorbei, die schon jetzt schön hergerichtet waren, und wenn man sie so neben den Glänzenden ganz verschwinden sah, konnte man sich wirklich nicht vorstellen, was gerade diese Person auf dem ganzen Weg so vor sich hinzulachen hatte. Bewundernd schaute sie die herrlichen Kleider an und konnte kein bißchen neidisch sein auf solche, die schon im Glück waren. Viele schöne Dinge warten auf mich, dachte sie. Merkwürdig hell wurde sie im Gesicht, wenn sie daran dachte. Das Mädchen wurde immer ein wenig größer, und wenn sie früh anfing, wäre es schon bald Zeit gewesen. Deutlich wuchs sie aus ihren Ärmeln heraus. Doch gingen auf der Straße nicht mehr alle an ihr vorbei wie an einer Fremden, einmal lernte sie da einen Herrn kennen und einmal da; manche die nicht herkamen, sahen ihr wenigstens nach. Daran merkte sie, daß sie nun wirklich unter die Großen gehörte.

Man wußte jetzt allgemein von ihr, daß es ihr nicht eben gut ging. Das war ein merkwürdiger Umstand, so bereitwillig diese Bekannten im Anfang kamen, bei einem jeden kam der Augenblick, wo er doch nach den Ärmeln hinschaute, und das war wahr, das Mädchen paßte nicht mehr recht hinein. Wenn sie ein wenig aufgehört hatten mit reden, dann redeten sie fast ebenso freundlich wieder weiter, aber das Mädchen merkte, daß was dazwischen gekommen war. Was willst du, dachte sie bei sich, du würdest mir das Kleid, mit dem mir geholfen wäre, auch nicht kaufen. So spürte sie immer die Grenze, die den anderen von ihr abhielt. Alle blieben sie gleich weit weg von ihrem Herzen.

Sie wunderte sich, daß allein das schon so schwer war, bis ein Mensch einmal eine Aussicht hatte. So und soviel Zeit, dachte sie, ist schon hin. Dann konnte sie schreckhaft über sich blicken, fast war ihr zum Weinen, und vom einen Tag zum andern wäre sie lieber ein wenig behütet gewesen. Denn sie war und blieb ein großes Kind. Sie staunte andere Mädchen an, die in ihrem Alter doch auch für sich sorgen mußten. So hatte sie immer ein wenig ein schlechtes Gewissen, und in einer Weise war das wieder gut für sie. Denn wenn sie so in die Welt hineinlief und sich nicht bedachte, hätte sie leicht was Hoffärtiges an sich haben können, aber so kam das nicht in ihr herauf. Und wenn sie an einem Menschen gar nichts fand, was ihr gefiel, so fand sie immer noch dies an ihm heraus, daß er sich selber versorgte, und staunte ihn dafür an.

Bloß sie war die unselbständige Person und mußte immer wen hinter sich haben. Aber den hatte sie nicht einmal. Wenn das Wetter trüb war, nahm sie sich das sehr zu Herzen, aber wenn die Sonne schien, tröstete sie sich wieder. Heute oder morgen konnte sie dem einen begegnen, bei dem sie froh sein würde. Der war dann nicht wie die anderen und nahm sich aber auch um sie an. Aber wenn er nun an ihr vorbeiging, woran sollte sie ihn schon von weitem erkennen? Das müßte einer sein, dachte sie, vor dem ich im ersten Schreck am liebsten weglaufen würde.

So ging ihr die Zeit hin im Warten und Glauben. Da hatte sie unter den Mädchen, mit denen sie zur Schule gegangen war, noch ein paar Bekannte, mit denen kam sie immer wieder zusammen. Sie setzten sich an einen Tisch und gaben ihren Bericht ab und ließen dabei ihre neue Frisur sehn mit einer Miene, wie wenn sie die schon lange hätten. Sie bestellten Kakao und redeten immer das Gleiche von der Gegenwart und dachten immer was Neues von der Zukunft. Von einem Tag auf den anderen fiel ihnen was noch Schöneres ein, wie das einmal sein müßte mit ihnen.

Auf einmal war unsere junge Person bei den Zusammenkünften nicht mehr so ganz da. Sie redete kaum mehr mit über die allgemeinen Erwartungen, von denen man einmal spricht und einmal schweigt. Immer wieder sah sie nach der Tür, wie wenn man es gar nicht wissen und wie wenn ein bestimmter Mensch eben überall hinkommen könnte, und alles war gefährlich. Etwas Hilfloses lag in der Art, wie sie nichts mehr sagte. Wenn man sie deswegen aufzog, tat sie rein, wie wenn sie nicht mehr unter die Hoffnungen gehörte. Rätselhaft wie auf Chinesinnen schaute sie auf ihre Freundinnen hin, dann blieb sie ganz weg. Man sah sie nur mehr von weitem öfter auf der Straße mit einem Mann gehn und in eine Ecke abbiegen.

Da hatte es also auch für sie den Mann gegeben, vor dem sie im ersten Schreck am liebsten weglief, und was sie sich nur immer gewünscht hatte, dachte sie jetzt in ihn hinein. Er war fast so, wie sie sich ihn vorgestellt hatte, bloß daß alles Unbestimmte an ihm bestimmt wurde, eigentlich so bestimmt, daß man es beinahe nicht mehr erkannte.

Solche Züge konnten an ihm bis zu einer seltsamen Härte gehn und gegen sie gerichtet sein, aber das wollte sie auch, inzwischen hatte sie dies an sich erfahren. Ganz einfach war es doch nicht für sie, man mußte allerhand umgewöhnen. Statt daß man sie von sich wegbekam, waren die äußeren Umstände zum Beispiel auf einmal übermächtig geworden. Da ging also ihr eigenes Leben ganz so unberaten weiter wie immer, ja sie spürte von Monat zu Monat das Elend tiefer. Jetzt war doch die Zeit, wo es ganz anders hätte werden sollen, und gerade da sah sie das Graue vor sich ins Endlose gehn. Sie wußte selber nicht, wie das vor sich gegangen war. Nun war eben ganz ohne Aussprache und weil ihr Gefallen an ihm so natürlich war, ihr Freund daraus geworden, nicht das Eigentliche für sie und kein Halt.

Wenn sie ihm ins Gesicht sah, konnte sie es ihm schon nicht mehr verdenken, eine solche Gewalt hatte er über sie, und dann war es herrlich, daß es auf der Welt so viel Zeit gab. Doch wenn sie allein war, gab es wieder zuviel Zeit. Je länger sie ihn kannte, desto öfter war sie auf einmal wieder allein. Da sah man, daß ihr das gar nie hätte passieren dürfen, denn dann kam es in ihr herauf. Jeden Tag tat sie sich was anderes an, ganz was Schlechtes, und ihre Gedanken stießen sie nur so hinab, sie konnte kein gutes Haar an sich lassen. Mit versagendem Blick sah sie in die Jahre hinein, die vor ihr lagen, und wurde wirr und irr daran wie an einem vorwurfsvollen Schweigen.

Zu lange hatte sie, wenn sie an diese Zeit dachte, in ein Licht gesehn, und der Weg ging ins Dunkle. Immer stand noch der Gedanke an Hilfe in ihr, wo doch keine Hilfe war, immer schmächtiger lief sie herum. Zum Schluß wußte sie bloß noch, daß sie vergessen mußte, wie das mit ihr hätte werden können. Unbesehen riß sie ihre schweren Stimmungen in eine Tiefe hinunter, wo sie nicht gleich wieder herkommen konnten. So wollte sie sich um ihre eigene Natur betrügen.

Da sie nicht bekam, was ihr vorschwebte, kniete sie sich in das Tägliche hinein, wie sie es nun einmal hatte. Richtig stark wurde sie in den kleinen Umständen, über die andere wegsehn, und in vielen kleinen Freuden. Denn sie mußte sich selber ein Licht werden und das Wenige aus sich bestrahlen, bis es ihr hell schien.

Da gab es immer noch Herrlichkeiten auf der Welt, denen man sich überlassen mußte. Jeden Tag ging sie ins Freie und freute sich an dem unbekümmerten Lärm, den die Vögel machten. Die Sonne schien auch immer wärmer, andere Mädchen ließen ihre Hüte daheim und bekamen hellere Haare, sie schauten auf einmal so frei aus dem Gesicht heraus. Soviel das am Hut lag, konnte sie den ihren nicht eigens daheim lassen, im Winter hatte sie auch keinen gehabt. Aber jetzt mußte sie keine Ausnahme sein, auf einmal hatte sie gleichsam auch einen daheim im Kasten.

Sie wäre in vielem gern keine Ausnahme gewesen. Es war wirklich ein wenig sparsam, wenn man nichts wie ein Lächeln hatte, um zu zeigen, daß man an seinen Freund schon die ganze Zeit dachte. Sie hätte einmal was anderes auf den Leib haben müssen. Sie rechnete hin und her, aber sie lebte so schon fast von einem Nichts. Da war keine von den wöchentlichen Ausgaben, die sie noch hätte unterlassen können. Ratlos machte sie die Kastentür auf und sah in das Innere hinein mit recht gutem Willen, davon allein hätten die Kleider gewiß mehr werden müssen. Die von ganz früher gingen überhaupt nicht mehr. Betrübt nahm sie ihr letztes her und dachte, wieviel schöner es wäre, wenn an seiner Stelle da ein durchaus neues hinge. Sie wollte wenigstens am Kragen was richten. Sie machte ihn fertig, da schaute das Kleid ihr immer noch langweilig darein. Weil sie es wirklich zu oft gesehen hatte, mochte sie gar nicht mehr hinsehn. Die Nadel blieb ihr von selber in der Hand stehn und wollte einfach nicht mehr nähn.

Richtig niedergeschlagen war sie, nicht einmal vom Stuhl mochte sie mehr aufstehn, so arg war ihr schon alles, weil nie was half. Erst mit der lösenden Stimmung kurz vor dem Einschlafen wurde ihr ein wenig leichter. Im Traum kam sie der Gedanke an, daß sie jetzt, wo die kurze Mode war, das Kleid doch abschneiden könnte. Das hätte ich mir auch schon lang richten können, dachte sie und aus dem Schlaf heraus nahm sie sich einen Anlauf.

Am Morgen setzte sie sich hin und glaubte daran, sie schaute nicht mehr auf, bis sie unten am Rock einen breiten Saum eingeschlagen hatte. So war der Stoff nicht einmal abgeschnitten. Wenn die Kleider wieder länger wurden, mußte sie das hier vielleicht immer noch haben. Glücklich hielt sie das Kleid auf Armlänge vor sich hin, der geänderte Kragen half mit dem gekürzten Rock zusammen, es war doch wieder viel besser. Wie sich das nur so in sie hineingesetzt hatte, daß sie ewig gleich herumlaufen mußte!

Sie freute sich auf den nächsten Spaziergang. Wie der Freund kam, zog sie ihn gleich an der Hand auf den Gang hinaus. Da war ihr einziger Gedanke, wenn er nur nicht auf der Stiege schon hinsieht. Auf der Stiege mußte man weitergehn und tun, wie wenn nichts wäre. Nein, am Weg sollte er es auf einmal merken und stehen bleiben. Alles ging auf die rechte Weise vor sich, sie blieben zusammen stehen und sie lachte ihn an und ging weiter mit größeren Schritten. Aber wenn der Rock so kurz war, mußte sie auch feine Strümpfe dazu haben. Wenn man einmal angefangen hat, dachte sie, hört es schon nicht mehr auf.

Da hatte sie Geld für eine Woche zum Leben liegen, und das war heilig. Aber jetzt schien die Sonne so schön, direkt herrliche Strümpfe waren an anderen Mädchen zu sehn, die auch spazierengingen. Ihr eigener Freund schaute genau hin, wie wenn ihm die Mädchen schon halb gehören müßten. Bei einer grüßte er und sie grüßte zurück, weiß Gott, ob da nicht was anging. Und weil er den ganzen Nachmittag zerstreut war, wo man ihn ansah, wollte sie nicht mehr rechnen. Sie kam heim und ging gleich wieder aus und trug richtig das ganze Geld in einen Laden. Das waren aber auch Strümpfe, die sich sehen lassen konnten.

Am Abend wollte sie sie nicht mehr anziehn, so neu kamen sie ihr noch vor. Immer wieder breitete sie sie über die Handfläche aus. Vor Freude konnte sie nicht einmal essen, und das war gut, da hatte sie am andern Tag noch immer das Brot von gestern. Ihr Geld war ausgegeben. Dafür schaute sie ihre Beine an beim Essen. Und weil die Strümpfe wirklich schön waren, wußte sie, daß es ihr schmeckte.

Aber die Woche war lang, den Wecken Brot konnte sie nicht

ewig strecken, er war aufgezehrt. Inzwischen mußte sie die Strümpfe in der Waschschüssel waschen, ganz neu waren sie eigentlich nicht mehr, der Freund hatte sie immer noch nicht gesehn. Er beeilte sich nicht mit seinem Besuch. Da fiel ihr der Leichtsinn aufs Herz, den sie an sich haben konnte. Seit dem vorigen Tag hatte sie nichts gegessen, sie schaute blaß aus. Als sie vor dem Spiegel stand, wußte sie nicht, ob sie den Freund jetzt herwünschen sollte. Da war es nur gut, daß ein kleiner Leichtsinn auch schon früher in ihren Einkäufen war und daß sie von der Gelegenheit her noch einen Lippenstift hatte. Jetzt ließ sich die Blässe ganz gut damit verdecken.

Sie erschrak fast an sich selbst wie immer, wenn sie sich schminkte, dann bekam sie einen verwegenen Mut. Sie wollte den Mann, der keine Zeit fand, in eigener Person aufsuchen und ihn überraschen. Wenn sie einen gemeinsamen Ausflug machten, wäre sie sogar an ein Essen gekommen.

Das mußte natürlich dumm gehn. Gerade wie sie hinkam, tat sich seine Tür von innen auf. Der Mann ließ das Mädchen heraus, mit dem er sich gegrüßt hatte beim letztenmal. Anfangs sah es aus, als ob diese allein weggehn würde. So großartig kam die wieder daher, daß man die unsere, die mit einer kleinen Bewegung am Stiegengeländer stehenblieb, ganz übersah. Das passierte dem Freund selber zwischen den beiden.

Desto schärfer sah die Geputzte nach ihrer Vorgängerin hin und blieb mit ihr auf der gleichen Stufe stehn. »Es war also doch Ihre Freundin«, sagte sie zu dem Mann hinauf. Da merkte unsere Person, daß zwischen den beiden schon einmal von ihr die Rede war, aber der Mann hatte was abgestritten. Aufmerksam sah sie ihn an, sie spürte, daß ihr an ihm bald was sehr weh tun würde. Da blickte der Mann herüber, wie wenn er sie jetzt erst bemerkte und redete sie mit Sie an.

»So gut kennen wir uns gar nicht«, erklärte er der anderen und ging mit einer Entschuldigung an seiner Freundin vorbei. Die Neue begleitete er auf einmal ein Stück weiter. In aller Sicherheit ging er weg und so sehr verließ er sich auf Liebe, daß er die Verwirrte da oben stehenließ und durchaus nicht im Sinn hatte, sie damit zu verlieren. Er war nur eben dem fremden Mädchen nachgekommen aus einer vorläufigen Nachsicht mit ihren Schwächen.

Lang würde die Nachsicht auch hier nicht anhalten, das wußte die unsere, sie wußte viel von ihm. Mit angehaltenem Atem horchte sie, bis die Haustüre ins Schloß fiel, dann ging sie ihnen nach langsam die Stiege hinunter.

Das war nur eine Beobachtung unter vielen, aber wie sie so heimging, stellte sie eben alles zusammen. Er muß mich doch gar nicht lieben, dachte sie und schloß einen Augenblick davor die Augen. Sie richtete es absichtlich so ein, daß sie ihm nicht in den Weg kam.

Und doch stellte er sich wieder in ihrem Zimmer ein, für ihn war es eine Gewohnheit. Diesmal brachte er Blumen mit, dies wäre sonst eine seltsame Freude gewesen. Er mußte die Blumen selber ins Wasser stellen, sie rührte sie nicht einmal an. Aber er war heute wie immer hier zuhause, sprach viel und legte sich hin, immer im Sprechen, wie er sich auf seinen Besuchen bei jedermann hinlegte. Sie ließ ihn, wie jedermann ihn ließ und aus ihm ein Wesen machte.

Sie konnte sich bloß nicht neben ihn setzen, sie ging im Zimmer herum, dann blieb sie am Fenster stehn. Ihr Blick suchte die Linien in seinem Gesicht ab, ganz abgestorben war was in ihr. Und doch stand sie im eigenen Zimmer herum mit großer Vorsicht. Sie kannte sich zu gut, sie führte den Bruch nicht herbei. Sie wußte, daß sie ihm nicht widerstand, wenn er oft genug kam. Schon waren ihre Tage ohne ihn und ohne das Warten auf ihn nicht mehr zu denken. Sie kannte in sich noch kein vielfältiges Leben der Liebe und meinte töricht, nach diesem würde ihr keiner mehr groß was sagen. So leicht war es ihm gemacht. Alle ihre Bewegungen waren niedergehalten von der Gewißheit, daß sie sich nicht zu hoch hinaufstellen durfte. Er spürte, daß sie Angst davor hatte, sie müsse ihn verlieren. Gewalttätig brachte er sie sich wieder nah. Dann ging er und ließ sie zurück in der unbeschreiblichen Verwirrung eines ratlosen Herzens.

Sie entsetzte sich vor ihrem Reagierenmüssen wie vor einem fremden Tier. Sie konnte ihn freiwillig meiden. Sie war nicht gegen ihn gefeit, wenn er kam.

»Ich mußte so tun, sie ist eine reiche Erbin, die ihre Eigenheiten hat«, hatte er ihr hinterher erklärt, sie hörte jetzt noch sein spöttisches Lachen. »Mit der habe ich was vor, weil ich ihr was abknöpfen will. Den einen gebe ich und den anderen knöpfe ich ab. Das ändert nichts zwischen uns.«

Es war eine schlimme Entdeckung. Sie hatte seine Methoden nie so aus der Nähe gesehn. Früher hatte sie davon wenigstens nichts gewußt. Mit gefalteten Händen saß sie vor dem offenen Fenster, in das Dämmerung um Dämmerung mit leichtem Regen einfiel. So würde das mit ihr weiterlaufen, sie müßte sich denn gewaltsam entziehn.

Da ging ihr Blick im Hinsehn groß auf, und daß sie sich aus Freiem wegbringen konnte aus einer Welt, wo man die Wehrlosen mißbraucht, das war doch einmal ein Gedanke. Sie sah sich selber noch vor sich stehn in einem Glanz. Jede Art dazu müßte ihr gleich sein und am wenigsten weit mußte sie gehn, wenn sie aus dem Fenster sprang. Sie wollte bloß noch warten, bis der Regen aufgehört hatte.

Dann fiel ihr ein, daß sie ein Bild von ihm in der Hand halten müßte, wie sie es in der Manteltasche stecken hatte und oft von dort herauszog. Vielleicht würde dieser Umstand ihm das Wahre sagen. Sie fand sein Bild nicht, dafür kam in der Tasche Kleingeld zum Vorschein, das ihr gut getan hätte, wenn sie es gestern fand. Sie legte das Geld auf den Tisch und suchte weiter. Sie mußte das Bild verloren haben, auch das noch.

Sie wußte, daß sie kein zweites von ihm bekam. Sie hatte schon das erste stehlen müssen und ihm den Diebstahl beichten. Er hatte eng geschaut und seine Bilder verräumt, weil er sie für eine Art Geschäftszwecke vorbehielt, nicht für privat. Heftig hatte sie den Besitz verteidigt, jetzt war das Bild weg. Vielleicht hatte er es ihr selber noch herausgenommen. Da war es ganz aus. Sie setzte sich an den Tisch und fing zu weinen an, Vergangenes sah sie an sich vorüberziehn und wie hart er sein konnte. Sie weinte noch mehr. Es war zuviel, daß sie sich nun auch noch ohne Bild umbringen sollte, das Bild war ihr Recht.

Mit dem Ellbogen stieß sie das Geld, das von vorhin noch dalag, hinunter. Sie hob es auf im Weinen und sah es im Weinen an, da umklammerte sie es befriedigt. Sie hatte in diesen Tagen schon recht gewartet auf das nächste Geld. Wenn es wahr wurde mit dem Fenster, warum sollte sie vorher nicht noch was haben? Es mochte reichen für ein Pfund Orangen, ein unnützer Einkauf mußte es durchaus sein.

Sie zog sogar den Mantel an, weil sie nicht naß werden wollte, und ging in den Laden gegenüber. Es machte ein wenig mehr aus im Gewicht, dafür waren die Früchte alle gleich groß, und daheim legte sie sie auf den Tisch hin in einem Kranz. Sie ging ein wenig davon weg wie der Maler von seinem Bild. Und dies tatsächliche Kind hatte sich was antun wollen. Damit war es ganz vorbei, sie war vom Spaziergang in den Regen hinaus lächelnd wiedergekommen.

Sie mochte den schönen gelben Kreis nicht gleich zerstören und weil sie mit sich recht deutlich sein wollte, hielt sie sich vor, wann sie die letzten gegessen hatte. Das war damals, als sie den Freund noch nicht kannte. Dann war die Angst zu groß in ihr geworden. Zu nichts hatte es mehr gereicht, nie war was übriggeblieben. Ein seltsamer Gott nahm ihr das Geld aus der Hand. Ein seltsamer Gott hatte dies Kind nicht anders im Herzen, als daß er es durch Bangen bereitete für seinen Zorn. Wenn ihr lang gar nichts passierte, war die Zeit ihr doch immer ein Bangen, sie wußte es von sich nicht anders. Hatte ihr das wieder einfallen müssen? Sie hätte Orangen gehabt.

Da war das Schwere in ihr wieder ganz körperlich wie ein großer Stein und zog sie nieder. Langsam setzte sie sich auf das Bett, den Kopf drückte es ihr in die Kissen hinein. Wäre sie an den Tisch gegangen, sie hätte Orangen riechen müssen. Sie konnte keine riechen, noch weniger essen, es hielt ihr den Mund weg.

Sie hatte sich einfach abgelebt von den ganzen Umständen, in die sie nicht paßte, recht widerwillig wurde sie sich. Sie kannte das schon an sich. Morgen würde dies reglose Grauen sich wieder einstellen und von da immer öfter. Woran hätte sie es denn merken sollen, wenn nicht an den nichtigen Anlässen, um die herum sich der Ekel sammelt? An den Orangen hatte sie es wieder gemerkt.

Sollte sie wirklich nichts mehr in sich haben wie diese Flucht aus allem, dies Gefühl einer Erstickung? Wenn sie daran dachte, wie das mit ihr stand, war das Fenster noch immer am besten.

Einstweiler war es draußen schon stille Nacht geworden. Dies erbliche Gesicht ohne Zusammenhang der Züge schaute nicht mehr nach dem Regen aus. Der Wind drang um das Fensterkreuz, stieß ins Zimmer vor, da mußte sich gut hineinbegeben sein wie in eine Kraft. Der Wind legte sich in ihre Züge ein wie in Wasser, das er trieb. Da war kein Einzelwille mehr, der in ihr widerstand. Wie alles, was wächst in der Natur, wuchs sie nur noch in dies Fallen hinein, ein Fallen im Wind, sie ging dem Fenster zu wie gezogen.

Kameraden

An einem schönen Abend gingen ein Mann und ein Mädchen mitsammen spazieren. Beide waren sie fremd in der Stadt und hatten sich öfter getroffen und mal was Gescheites zueinander gesagt und mal was Dummes. Das heißt, das Dumme nahm sie, wenn man sie reden hörte, für sich allein in Anspruch und wurde bloß um soviel heller im Gesicht vor lauter Selbstvertrauen, wenn sie wieder einmal auf ihr törichtes Lächeln stieß. Sie konnte kein bißchen ein schlechtes Gewissen haben, wenn sie so lachte aus junger Haut, denn sie fühlte, daß sie über ihre Unerfahrenheit hinaus was galt, und trug ihren Hals frei. Gerade kamen sie an eine Laterne und schauten einander flüchtig an, so lange wie diesmal hatten sie nicht leicht zusammen geschwiegen. Es lag an ihr, da sie nichts sagte. Ja, wenn man auf ihre stumme Meinung was gab, war es ihr so schlecht wie heute noch gar nicht gegangen. Zum ersten Mal war sie mit sich nicht im reinen. Eigentlich war es schon keine Zeit mehr und viel zu spät am Abend, wie der Mann sie holen gekommen war; nach Studentinnengewohnheit ließ sie sich von ihm ans Fenster pfeifen und redete auf die Straße hinunter, mit einem anderen wäre sie so spät nicht mehr fort. Aber wenn sie ihn wieder mit denen verglich, die sie sonst noch kannte, und merkte, wie auffallend er aus den Dutzendköpfen herausschaute, wollte sie einen so ganzen Kerl wie ihn nicht umkehren lassen. Sie setzte keinen Hut auf, weil sie ihm dann leichter ins Gesicht sah, und vor sie es noch recht mit sich ausgemacht hatte, war sie unten an der Haustür. Lebhaft gab er ihr die Hand, heute hatte er die Frisur ein wenig anders, und die Frisur gefiel ihr so ausnehmend, daß sie auch ihre Einwände vergaß, wunderleicht wurde ihr, wenn sie daran dachte, wie er ihr gefiel.

Aber dann war es wirklich ein wenig einfach vor sich gegangen, sie ging bereits mit ihm spazieren, wie wenn es darüber nichts zu reden gäbe. Von selber kam er nicht auf den Gedanken, daß sie seinetwegen eine solide Gewohnheit aufgab. Er war heute schon mit mehr Personen zusammen gewesen und hatte sie bloß zum Herumgehen noch ein wenig mitgenommen. Er fand nichts dabei; diese Männer sahen alles ins Gröbere, weil sie auf einen Blick mehr und schneller sehen mußten. Aber sie nahm ihr weniges wichtiger und stand in ihren Empfindungen lieber ein wenig still, damit sie sie auch recht spürte, und im Hingehen zwischen Laterne und Laterne konnte sie ihm nicht so schnell in sein Gleichgewicht und sein Darüberwegdenken folgen. Sie meinte in ihrem weiblichen Sinn, an diesem Abend müsse was nicht stimmen. Wo gehen wir eigentlich hin, fragte sie, und schaute schnell über den Weg, damit sie ihn nicht ansehen mußte. Er lachte kurz auf und zielte mit einem Stein nach einem Punkt in großer Entfernung, ein wildfliegender Zug war in seinem Gesicht wie eine ganze Schlacht.

Da war es elf Uhr, und fast waren keine anständigen Mädchen mehr auf der Straße, überhaupt nicht viel Menschen. Die Laterne brannte immer ein weites Stück voran, daß man unter dunklem Himmel im Ungewissen ging und leicht über das Trottoir heruntertrat, wenn man an seinen Begleiter nicht anstoßen wollte. Wo gehn Sie denn, Kind, sagte er, und jetzt nahm er sie gar bei der Hand, damit sie nicht immer so von ihm wegfiel, und alle, die vorbeigingen, hielten sie für ein Liebespaar. Sogleich wollte sie ihm die Hand wieder nehmen, aber seine war schön groß und kräftig und ließ nicht aus, was sie einmal hatte. Sie machte ein paar Verlegenheitsschritte, dann fing sie zu reißen an. Er pfiff durch die Zähne und wollte ihr was darauf geben auf ihren Eigensinn, jetzt drückte er ihr das Gelenk schon so zusammen, daß es weh tat. Damit machte er ihr erst recht angst; gerade ging auch niemand an ihnen vorbei, und wenn sie hinaufschaute, war der Himmel viel zu dunkel, als daß ihr davon hätte leicht werden können. Auf einmal wußte sie, daß ihr überall was passieren konnte, und die ganze Welt wartete darauf, daß sie ihr was antat. Jetzt meinte das gute Kind schon viel zu viel und schaute hilflos der nächsten Laterne entgegen, und war dem Weinen nah und gab auf sich Obacht. Ganz gewiß würde er sie von da in einen Graben ziehen, man hatte sie immer vor so was gewarnt. Düster blickte er auf sie nieder, weil soviel Worte anderer Menschen aufstanden in ihr; wie Kleinsein fühlte er es an ihr, daß sie ihm nicht vertraute. Gewaltsam ließ er ihre Hand aus, daß sie in einem großen Bogen zurückschwang. Lauf, was du kannst, fuhr er sie an, ich werde dir schon nicht nachgehen. So war es ihr lieber wie zuvor; feinhörig fand sie den Schmerz heraus in seiner Stimme, und das machte, daß sie zugab und noch ein wenig blieb. Sie wartete mitten auf dem Weg, und er war schon um ein paar Meter voran, da hielt er zweifelnd im Schritt an. Er fühlte, daß sie, wenn er jetzt weiterging, ihm nicht nachlaufen konnte. Sie würde eine kleine Weile dastehen mit sich schließenden Augen wie nach einem Sturz und auf einmal heimgehn, und dann war in der Erde zwischen ihnen wirklich was gerissen. Selber mochte er auch nicht umkehren und sich was vergeben. Da war sein Zögern zu lange gewesen, wie in Abwehr riß sie sich zusammen und in einem stechenden Schmerz. In dieser Zeit mußte unter gleichgültigem Himmel, der das Große sieht wie das Kleine, ein Hund gedankenlos um die Ecke rennen und in ihren Blick, und schon hatte sich aus ihrer aufzuckenden Bewegung zwischen ihr und dem Tier ein kleiner grotesker Zusammenhang ergeben. In seinem Spürsinn für das Bewegte stutzte er an ihr wie an einem Blitz. So andrängend waren vielleicht Tiere vor ihm gestanden, die dann mit ihm kämpften. Gott weiß, welchen tieferen Sinn dies für ihn haben mochte, jedenfalls bezog der Enge in seinem Auffassungsvermögen ihr Wehrhaftes auf sich und stellte sich ihr zum Angriff. Da hatte sie schon ihren kleinen absurden Rückstoß weg, wo sie sich soeben noch kostbar machen wollte. In jenem plötzlichen letzten Warten vor dem Kampf, dem Mensch wie Tier unterworfen sind, rief der Mann ihr zu, daß sie stehen blieb, damit sie im Weglaufen den Hund nicht um so mehr auf sich zog. Wie Schachfiguren waren sie gegeneinander gebannt zu einem beziehungsreichen Bild, und nun kam es darauf an, wer zuerst am Zug war.

Auf einmal dachte sie nicht mehr an sich selbst, sie konnte bloß mehr schauen, wie der Mann langsam und auf eine besondere Weise an den Hund heranging. Sie fühlte das eigentümlich Gesammelte an ihm, das sein besonderes Geheimnis vor Tieren war, auch der Hund stutzte daran wie vor einer Gefahr, er lief davon und der Mann ihm nach, indem er die Arme in einer suggestiven Bewegung auf ihn zu hielt. Da lief der Hund unter dieser Suggestion dahin wie in einem Instinkt und ließ sich in immer engeren Kreisen herumtreiben, wo doch die Straße lang genug zum Flüchten war, bis er, in der Bewegung umkehrend, geradewegs auf den Mann zutrieb, in seine Arme hinein. Sonderbar drängte er sich an ihn, wie wenn auf der Flucht vor ihm wieder nur bei ihm eine Rettung wäre. Der Mann nahm den Hund auf die Arme, er mußte schleppen daran und rief das Mädchen her wie zu einem Geschenk. Sie hatte ihn das Experiment öfter üben sehen mit Katzen und Igeln, aber dieser Hund war so groß und rührte sie, wie er so zu ihr aufschaute aus getrübten Augen und ihr nichts tat, wo er doch bei Feinden war und bloß mehr vor sich hin atmen konnte aus verwirrten zitternden Flanken. Du kannst ihm ruhig über den Rücken streichen, sagte er, und sie faßte zaghaft ins Fell und dann fester. Da war er der Starke und konnte ihr über den Hund weg sagen, daß sie gute Kameraden sein wollten, und daß sie sich wenden mußte an ihn, wenn sie einen Schutz brauchte und etwa Kerls frech waren gegen sie. Ja, das sagte er, und so viel Stärke hatte er übrig. Denn er wollte ihr wirklicher Kamerad sein in einem guten beherrschten Zusammensein, und wie er ihr kerzengerade in die Augen schaute, war er so in sich befreit und ein viel feinerer Kerl, als sie gemeint hatte. Sie reichte ihm die Hand hinüber, dazu konnten sie den Hund nicht mehr brauchen. Der Mann setzte ihn auf die Erde nieder wie ein großer Bruder, klopfte ihn ein wenig, er liebte den Besiegten ganz, weil er so stark war, und ließ ihn freudig laufen. Dann gingen sie als die Kameraden, die sie jetzt waren, noch eine halbe Stunde spazieren und probierten es aus, wer von beiden sich am meisten darüber freute.

Zwischen Schlaf und Schlaf

Sie erwachten von einem klatschenden Geräusch. Sie versuchten sich aufzurichten in ihrem Boot, und erst nach mehrmaligem Ansetzen gelang es, so lag noch der Schlaf oder sonst eine Bedrückung in ihren Gliedern wie eine schwer wegzuschiebende Last. Langsam wie ihre Bewegungen waren ihre Gedanken, und wieder nach einiger Zeit, in der sie auf einem Sitzbänkchen saßen oder hingen mit sehr verworrenem Leib, da rieselte es in ihre dumpfen Gesichter wie ein Erschrecken, das von weither kommt. Sie erkannten, daß dies Erwachen seine Ähnlichkeit hatte mit dem gewohnten unaufdringlichen Übergang von dem unbewußten Zustand in den der Bewußtheit. Hier saßen sie und wälzten an jeder Sinneswahrnehmung wie Riesen an einem Berg, der für lange Zeit außerhalb ihrer Kraft liegt. Welches geheime Erleben hing in den Elementen, für das sie noch keine Organe hatten, um es zu sichten, keinen unterscheidenden Verstand, um es mit einem Namen zu nennen, keine Hilfsmittel, um sich danach einzurichten. Sie blinzelten bedrückt, starrten auf das Bild ihrer Netzhaut hin, ohne zu verstehen. Denn bis sie einmal verstanden hatten, da war schon kein Widerstreben mehr in ihren tauben Leibern; an dies hölzerne Ding, das gemeinhin Boot heißt, waren sie geheftet und nahmen die furchtbare Speise an, die ihnen bereitet war. So still waren sie jetzt, wie der Engel, der sie weckte, indem er von hoch oben in ihr Boot fiel; der lag regungslos, das Gesicht dem Holzboden zugekehrt mit den steifen Augen des Todes. Sie hingen in der Dunkelheit wie am Grund eines Sackes. Ihr Boot gab einen bleifarbenen Schein, in dem aber der Grundcharakter des Hölzernen mit jeder Maserung klar und scharf zu erkennen war. Das Haar der Menschen lag so flach gedrückt wie flach brütend unter ihnen, neben ihnen das weite Wasser lag, eine Platte, und eben jetzt wird sie in eine unwahrscheinliche Tiefe versinken vor der Schwere des Luftdrucks. Die Menschen keuchten, jeder für sich, und waren am Ersticken. Sie holten ihre Luft nicht mehr weg unter der kompakten Windmasse, die sich über ihnen aufschichtete. Da wurde das Wasser von unten herauf, von der Berührungsstelle der Erdrinde an, vom tiefer liegenden Weichkern herauf von einem durchdringenden Zittern erfaßt und ganz und gar einbezogen. Es zitterte mit ungezählten winzigen Spitzen wie steifes Gelee, während ein fernes Grollen sich aus dem Erdinneren preßte. Noch einmal wurde es lähmend still, saugend still, ein einziger anhaltender Atem von allem, was da lebte, während schon das kürzende Ende an diese Stille geheftet war. Nun war wahrlich der Augenblick zur Genüge herangeführt, wo der Zorn der wasserumklammerten Erde sich aufrichtete, durch alle Schichten der See hindurch sein riesiges Haupt hinaufhob bis in angrenzende Luft, in Stößen und abermals in einem Stoß sich Genüge tat. Spalten rissen ein auf dem Meeresgrund, in die sofort das Nasse nachstürzte. So weit der Blick der Menschen reichte, wurde das Wasser allenthalben geschwenkt wie in vielen Schüsseln, ihnen weggerüttelt unterm Boot, daß es hierhin und dahin fiel, wie es so immer Wasser aufsuchen mußte als sein Tragendes oder sein Pferd und sich gleichwohl schnell immer wieder zurechtfand, da die Flüssigkeit nachströmend sogleich sich zu schließen strebte. Erst wie abermals durch einen Stoß ein großes Stück Grund ins Erdinnere hinunterbrach, Wassermassen nach sich riß in einen tiefen Trichter, immer erneut umliegende Gewässer anzog, drehte, knetete, einschlürfte, da war es dem Boot vollends genommen, sich noch länger zu behaupten. Von weither wurde es mit einbezogen in die langsam einkreisende Bewegung, schwamm um den tiefen Punkt eines Abgrunds wie eine kleine bleiche Hand, unwiderruflich an Geschwindigkeit zunehmend bei größerer Nähe, so sah es dem Augenblick entgegen, wo kleines Sterben der Menschen mit dem Bersten ansehnlicher Wassermassen zeitlich zusammenfiel. Die Insassen fanden in sich keinen Widerstand, durch den es etwa Lebewesen verliehen ist, sich zu befreien aus einer allgemeinen Gefahr, sie klammerten sich an das bißchen Holz, das ihrem Leib entwuchs wie die Schale der Schildkröte, so zugehörig war es ihnen, und anderes hatten sie nicht, um damit ihre Blöße zu bedecken. Sie hatten solche Menschenköpfchen und Gliedmaßen an einem riechenden Rumpf von unbegreiflicher Belanglosigkeit; Angst, die sie an das Holz kleben ließ und die Lungen in ihren Hals hinaufstieß, sie war nur irgendein Gefühl, für das außerhalb ihrer Leiber kein Empfänger vorhanden war, um seine Schwankungen durch eine bestimmte Art von Reagenz deutlich zu machen. Unter ihnen aber leckte eine gleichgültige, ungefüg kreiselnde Zunge sie über die Wasser des Erdballs hin, wurde mitten in wieder so einem Anhub aus einem Grunde, der ihren kurzen Sinnen sich verbarg, von einer süßen, lallenden Lähmung befallen, sank in sich zusammen, sowie die Lücke im Meeresgrund sich durch nachschiebende Erdmassen geschlossen, der Trichter sich eingeebnet hatte, kam nicht wieder, schob in einem letzten Schaukeln die Menschen irgendwohin ins stille Wasser ab mit seiner zartesten trägen Spitze, die Menschenleiber noch so verlor, wie nur ein winziges Teilchen verloren werden kann, das einem von ungefähr anhängt und dessen Abgabe keinen Verlust bedeutet. Für solche Insekten freilich bedeutete dies letzte sachte Abschieben immer noch ein Ansehnliches von Gewalt, das sie fast durch die Vorderseite ihres Kahnes stieß. Da lagen sie eng in den Winkel der hölzernen Spitze gepreßt und fingen nach einer Weile des Staunens an zu atmen mit ihrem kleinen selbstsüchtigen Atem und genossen sich im Halbschlaf. Sie hatten wieder ihr Recht als Lebewesen, daß sie eine von sich aus bewegte Form von Existenz darstellen. Wenn sie den Arm hoben, geschah es nicht, ohne die Luft in ihren weiteren Schichten zu erschüttern, während freilich immer noch unsichtbare Kräfte und stärker wie sie diese selbe Luft nach allen Richtungen durchschwangen, unabhängig von einem etwa mechanischen Schwanken der Luftteilchen ihren Weg fortsetzten; sie durchliefen die Menschen als ein Objekt, aber die spürten es nicht mit ihren Sinnen und nannten sich Krone der Schöpfung. Was sie spürten in diesem Augenblick, war, daß sie sich aufrichteten, einander ansahen mit Augen der Kreatur, und die noch so bar waren von Menschenwitz, daß Menschen dafür keinen anderen Namen erfanden als den der Blödheit. Sie stießen unbehilflich aneinander, betasteten sich. Sie redeten sich mit einem Namen an, wobei sie seufzten, und waren gedemütigt voreinander. Allmählich richteten sie sich wieder ein in ihrem Boot wie irgend Lebewesen von kleinerem Kaliber. Sie dachten nicht darüber nach, daß keiner von ihnen das, was er soeben erlitt, in sich aufgenommen hatte mit deutlicher Wahrnehmung, daß keiner den Hergang der Ereignisse auf genaue Fragen hin etwa beschreiben konnte. Schon hatten sie wieder vergessen, wie blind sie waren. Sie befriedigten die Bedürfnisse von Fleischstücken, aus denen der menschliche Leib sich zusammensetzt. Sie betteten diese Dinge, die in einem erprobten Zusammenhang aneinandergefügt waren, auf den Holzboden des Kahns, damit sie durch einen neuerlichen Schlaf sich völlig wieder zurückfänden aus dem Entsetzen und der Erschöpfung des Fleisches. Keinen anderen Weg wußten sie, um die Angst vor den Elementen völlig auszutilgen in ihrem Gedächtnis, keinen als diesen, daß sie sich abermals an eine Naturkraft überlieferten, die ihnen aber etwas Vertrautes hatte durch die Gewohnheit und die sie mit einem üblichen Namen Schlaf nannten. So lagen sie mit gelösten Gliedern und bereiteten ihre Kräfte. Sie träumten, sie sogen an ihrem Selbst, und mit der Zeit gab es ihnen manchen nüchternen Gedanken ein.

Die Ziege

Da war einmal eine Ziege, das heißt soviel wie ein einzelnes Mädchen, neben dem kein Mann mit der wirklichen Liebe steht. Sie wurde natürlich von Männern gekannt und bemerkt, sonst wäre sie ja bloß ein einsames Mädchen und keine Ziege gewesen. Diese tritt nur neben Männern auf, ihr alle habt sie schon einmal laufen sehn. Sie kann sogar unberührt sein, aber sie wird nicht dafür gehalten. Denn in den Männern ist eine Sucht, Personen, mit denen sie umgehn, herabzusetzen, auf diese leichte Art hebt man sich selber hinauf. Und sie ist eine Ziege, das heißt nicht so selbstsicher, wie sie sein sollte, man bemerkt ihren Atem.

Eine falsche Erziehung hing ihr wohl nach. Sie war in Verhältnisse geschleudert worden, mit denen sie nicht umzugehen verstand. Sie hatte es noch nicht gelernt, sich zu wehren. Sie vermochte noch nicht, aus sich herauszustellen, was drinnen war, die Lippe war ihr nicht gelöst. Vor lauter Angst, daß sie es nicht richtig machen könnte, war sie ein wenig fahrig.

Sie hatte ja eine Scheu vor dem eigenen hörbaren Atem in sich entwickelt. Um so mehr fiel er anderen auf, und alles wirkte an ihr wie ein unbedachtes intimes Wesen. Wie die anderen hätte sie es versuchen müssen, dem lieben Nächsten auf den Kopf zu steigen. Statt dessen versah sie sich daran. Das ließ ihn seine Macht erkennen. So ahnungslos war sie im Dschungel. Sie dachte die Wahrheit wie ein Kind.

Da tauchte einer auf und kratzte mit den Augen an ihr herum wie mit Bimsstein und hatte neulich die »Gebrüder Karamasow« gelesen. An diesem merkte sie mit einem harten Stoß, wie fremd er ihr war, und sie wollte es ändern. Machte er es mit dem Gang oder wie er den Hals hielt, von ihm ging was aus. Sie sah ihm momentan ins Gesicht, wie wenn da eine Gnade sein müsse.

Wie sollten zwei zusammenkommen, wenn sie ihn mit Herr und einem Namen anreden mußte? Sie hatte kein wesentliches Auftreten, das ihren Nächsten bestimmt erfaßte, sie war ein wenig verhuscht. Von ihr ging was Auffälliges, aber keine Gewalt aus.

Aber sie kamen zusammen. Da mußte doch was nicht stimmen, wenn es gar so leicht ging. Sie wurde hellsichtig an ihm. Auf einmal lächelte sie in den Wind und hatte das Empfinden, als ob sie das Gras wachsen hörte. Wenn ich das einmal weiß, dachte sie, bin ich ganz.

Sie war niemals ganz. Der Richtige war es wohl nicht gewesen. Was hatte sie wirklich davon, wenn sie mit ihm ging und ihre Zeit vertat? Sie konnte dabei nur verlieren. Wäre sie früher in sein Leben getreten, derselbe Mensch hätte für sie vielleicht mehr werden können.

Doch war zu dieser Zeit von ihm schon viel Wasser abgelaufen. Er hatte Personen krepieren gesehn, als wären sie nichts. Das machte ihn zynisch. Er gab nicht mehr soviel auf die Bindungen und auf die Verantwortung unter den Menschen. Jeder für sich und dann lang gar nichts, das war sein Leitsatz geworden.

Er merkte nicht einmal, wie verheerend er auf sie wirkte. Er brachte ja Haltlosigkeit bei momentaner Verschwendung für einen jeden ohne Ausnahme mit. Man konnte ihn begleiten, man durfte sich nicht auf ihn verlassen. Wie Sand rann er einem davon unter dem Fuß. Er hielt es für sein gutes Recht, daß er allen entschlüpfte.

Was war in wenig Jahren für eine Verhärtung aus ihm geworden, was für ein Wittern nach abenteuerndem Wind! Er hängte seine Nerven nicht länger an die Begleitperson hin. Er konnte wen immer wann immer verlassen. Er suchte was neu war. Er spielte mit dem Gedanken, sich abzusetzen aus diesem Land. Sie konnte bloß noch an ihm zerren und plötzlich erschrocken die Hände wegnehmen. Sein wahres Gesicht hatte sie dann geblendet. In dieser Kerl wie ein Baum hatte sie einmal alle Gnade hineingesehen.

So waren Menschen, wenn sie wie fremd auseinandergingen. Wie man sich nur aus Ungeduld vom Nächsten so in sein eigenes Leben hineingreifen lassen kann! Sie war wieder da, wo andere anfingen. Nicht daß sie nicht zugelernt hatte. Ein Gewaltmensch hatte an eine Frau hingeredet, was nur hineinging.

Was heißt zugelernt? Vielleicht hatte sie sich verrannt. Er war davon ausgegangen, daß das Weib sich hinopfern muß, damit er verherrlicht werde, der Mann. Ja Kuchen! Der Mann möge dem Weib seinen Boden lassen, auf dem es steht, dann kann es sich schon einmal opfern, ohne alles nur schlechter zu machen. Sie hatte alles nur schlechter gemacht. Was war diese Hingabe an Launen für eine Dummheit, welche Verfahrenheit die Selbstaufgabe ohne eine gesunde Hemmung. Sie war aus ihren Ufern getreten und fand nicht mehr zurück. Sie wußte nicht aus noch ein, als er sie nicht mehr brauchte. Eine Verlaufene mehr irrte sie herum im Tal der Tränen.

Großsprecherische Sätze hatte sie in sich eingesogen, sie waren bestimmt nicht zu Ende gedacht, Sätze mit kurzen Beinen. Sie lief damit herum wie eine Glocke. Wegen sich selber darf man nie, tönte sie, man darf immer nur wegen den anderen. Leibhaftiger Unsinn. Es war einfache Diktatur von einem Mann: wenn einer Erleichterung brauchte, durfte man ihm die nämlich geben. Sie selber durfte nichts brauchen. Sonst nichts?

Sie lernte Männer kennen, und einer war wie der andere und hatte für die Mädchen ein System und keine Gnade. Die natürlichen Feinde waren sie ja. Sie war arm, sie hatte darum nicht viel zu sagen. Sie war in diesem Durcheinanderwimmeln von Lebewesen nur eine Wärme, keine Person. Sie hatte nur recht, solang sie wohltat. Was fühlt ihr von mir, dachte sie, was wollt ihr in mich hineinsehn? Ihr schaut doch immer nur selber heraus. Euer Egoismus, der schaut heraus. Sieht mich denn keiner wirklich?

Sie hatte drei Jahre verloren. Da waren neue Köpfe aufgekommen, die hatten ihre Mode in sich. Die Haare trug man jetzt fliehend aus den Wurzeln heraus, das Gesicht hatte keinen Rand mehr. Es kam ganz auf den Umriß der Backenknochen an, ob es wirkte. Da war es eben auch schon bei der Geburt parteiisch zugegangen. Die Frisur sollte leicht aussehn, aber ihr Gesicht machte sie befremdend schwer. Sie dachte, das ist nur, bis man es einmal gewohnt ist.

Verstohlen schaute sie die Genossinnen von der Seite an, sah tiefer hinein in die Züge, sah, was im Anfang schon da war, ehe sie auf den Allerweltsleisten kamen. So mußte man also werden. Aber mußten sie denn nicht schreien in manchen Nächten vor der inneren Leere? Seht ihr nicht, dachte sie, wie nötig sie haben, daß man eine Hand auf sie legt und einen Typ aus ihnen macht? Sie hatten keine Leistung in sich selbst, kein eigenes Gesicht und keine gen Himmel schießende Flamme. Sie stellten sich tief hinein in ihren einzigen Reiz. Ohne einen Gedanken daran, wie sie stehen blieben, wirkten sie frisch. Dann sagten sie, wir haben wenig Jahre gebraucht und sind schon was geworden. Die Zeit hängte ihre Fahne über sie, auf der der Name stand dieser Kreatur: Girl. Die Männer liebten das Girl, gerade weil es nicht dachte.

Denn einer war wie der andere und hatte für die Mädchen ein System und keine Gnade. Solche Männer werden nicht gar, dachte sie, werden sie denn niemals gar? Um die brauchte man sich nicht in Stücke reißen.

Wohin gehörte sie überhaupt? Blieben ihre Gedanken nicht Anfänge und unberaten. Gott der Wille hatte mit ihr wohl nichts Entscheidendes vor. Er legte eine schwache Ahnung in sie und gab ihr den Namen Sehnsucht. Sie rannte mit dem Kopf gegen den Himmel an, wie wenn er zerreißen müßte am gekrümmten Weiß ihres Augs, an der bestürmenden Gebärde ihrer winzigen Hände. Der Himmel wich von ihr zurück, die nach dem Sinn und der Deutlichkeit suchte mit gespreizten Sinnen.

Sie floh zu einem Mann, der für klug galt und für eine öffentliche Person. So einer mußte doch Rat für sie wissen. Er trug seinen Hausanzug wie angewachsenes Fell und gab Wärme von sich und rückte sein Gegenüber zurecht, bis es in dies Zimmer eines Weisen paßte. Er wußte, wie man ein höheres Wesen aus sich machte, und wenn sie es da nicht lernte, konnte sie es überhaupt nicht lernen.

Er fand Zeichen von Begabung bei ihr und machte ein kleines Gesicht wie die festgesogene Mücke, so sehr kam es für ihn darauf an. Er gab ihr einen Doppelnamen, damit er sich leichter einprägen sollte, und ließ sie Fritz Mauthner »Kritik der Sprache« lesen. Er übersah ihre Anspannungen als unwichtig und bemerkte die gewordenen Süchte wie etwas, dem ein Mensch nicht entrann, nannte ihre Versuche zu einer persönlichen Leistung Krampf, gab ihr aber das Recht auf den Krampf, weil sie jung war. Er zersetzte ihren Rest an Selbstvertrauen und hatte seine gesicherte Position, in die er sie nicht hinaufziehen konnte. Er lehrte sie sich selber lieben, aber am Leben verzweifeln, weil sie durch diese Verzweiflung hindurchstoßen mußte. Die Menschen sollte sie ansehn für unmittelbare Mörder, dann wehrte man sich nämlich. »Genauer«, sagte er, »du bist zu wenig genau.« Sie rannte an seinen historischen Blick an wie an eine Wand.

Sie sah sich auf einmal im Spiegel, sie spürte, wie in ihr das Zeitgefühl wuchs, und geriet in eine Selbstbeobachtung hinein. Das kam daher, weil alle, die sie hier kennenlernte, sich auf ein Podium stellten.

Er verstand Einiges vom Lügen, wo es notwendig war, und viel vom Erkennen. Auf seine Weise war er eine Macht. Wenn sie ihm ins Gesicht sah, lernte sie riechen, was eine Stadt war und was

Straßen waren, aus denen überall einer herauskommen konnte mit Absichten, die auf einen zielten. Mit den Zufällen lernte sie rechnen. Und das Tennisrakett seiner Frau war in Amerika hundertunddreiundachtzigmal fotografiert.

Sie selber spielte kein Tennis, sie war auch nicht fotografiert. Neben dem Wust von Popularität mußte eine wie sie verschwinden. Denn wie ein Wust erschien ihr Popularität immer. Jeder wollte ihm ein Gesicht herzerren, wie es ihm persönlich am richtigsten vorkam. Was hat der Mann bloß zu arbeiten, dachte sie, damit er noch was von sich selber weiß! Die Öffentlichkeit war eine Überschwemmung. Überschwemmung ist soviel wie Gefahr.

Er wog jedes Wort ab, weil die Fallstricke lauern im Wort. Sie bekam das Bedürfnis nach einem Abseits, wo sie nicht beobachtet wurde. Es zog sie ins Unbewußte zurück. Sie kannte ihren Himmel nicht wieder, seit sie auf ihn hörte, war nicht mehr eins mit dem Frühwind, der kam, mit dem Tau, der ging, wußte nichts mehr davon, wie Vögel fliegen. Alles war in Frage gestellt. Friß oder stirb!

Sie war als ein Lamm von einem zu vielen, von vielen zu einem Weltweisen gegangen, und noch der Weltweise hatte das Seine genommen und ihr wenig gelassen. Es mochte in der Zukunft liegen, was er ihr gab. Und als er seine Macht an ihr bewiesen hatte, ließ er sie dem Zufall zum Raub. Sie vor sich selber schützen, das mußte sie selber.

Sie kam dahinter, daß es Hilfe vom anderen nicht gab und daß dies ein Schlachtfeld war. Was konnte einer schon tun? Sich dagegen stemmen, damit es nicht über ihn wegging. Es konnte helfen, es konnte nicht helfen, im voraus war das nicht zu wissen. Es war Zufall.

Mußte man gestachelt sein von vielen Wunden, damit man die eigene Angst am Mitmenschen heimzahlen konnte? Lief es darauf hinaus?

Sie hatte nur diese eine Seele und war fast schon hin. Und wenn einer herkam und wenn er aus sich herausging und wollte in sie hinein, wenn sein Blick starr wurde und wenn er sagte: »Ich weiß, was Ihnen fehlt«, – was zum Teufel wollte man ihr denn dann wieder nehmen? Vielleicht hatte er seinen Anfall zum Guten, dann konnte er einer Ungläubigen sagen: »Ihr Umgang waren Halunken.«

Wußte er überhaupt, wer er war? Wußte man, wer man selber war, wenn es hart ging auf hart? Man mußte überleben.

Frigid

»Heiraten«, sagte das ehemals reiche Mädchen und strich mit der Hand über die Tischplatte, »nein, heiraten möchte ich nun nicht mehr. Ich kann mir nicht vorstellen, wen ich heiraten sollte. Meine Freundin, siehst du, ist verlobt, und wenn ich so nebenan sitze, fürchtet sie manchmal, ob sie mich nicht stört und ob sie mir nicht aufdringlich wird mit ihrem Glück. Es stört mich überhaupt nicht, es läßt mich so ruhig.

Was hat das mit mir zu tun, wenn andere kommen und mir den Hof machen wollen? Du tust mir nichts mehr, denke ich. Du strengst dich vergebens an, um aus meinem Herzen den Platz zu machen, auf dem deine Stürme weiden. Wenn du neben mir sitzen willst, bitte. Alles andere ist dein eigener Übergriff, mit dem du nur dich verwundest, nicht mich. Mein Herz ist unverbrennbar geworden. Wenn du gehen willst, guten Tag! Wir haben einander schon zuviel gesagt, ich halte nichts mehr vom Zueinandersagen. Da wo man wirklich für den anderen dasein sollte, tut man es doch zu spät. Ich werde alt, sagt ihr. Vielleicht werde ich alt. Vielleicht ist es auch etwas Anderes, eine Verschwendung, die ihr nicht kennt, die Verschwendung an einen Toten.

Einen von euch heiraten müssen, geht doch, ich lache. Valentin heiraten, ja! Das war etwas anderes. Ihn wollte ich heiraten. Für ihn wollte ich mich verzehren, später einmal, wenn wir erst verheiratet wären. Zuvor wollte ich mein Leben genießen und frei sein. Er aber ist vom ersten Tag an für mich dahingebrannt wie eine Flamme, und als ihr letzter, ihr innerster Kern brannte und sie sich noch einmal reckte, da erlosch sie auch sogleich. Ich war sieben Jahre lang so daran gewöhnt, daß sie für mich da war, daß ich es nicht einmal mehr merkte. Als es mit einem Schlag finster wurde, begriff ich, was ich an ihm verlor. Da begann ich Blumen für ihn zu winden aus meinen Empfindungen, einen Strauß von wildsüßen Rosen, die Rosen für ihn, die Dornen für mich. Ich weiß genau, daß dies Blühen ihn nicht mehr erreicht.

Denkt darüber, wie ihr wollt. Eure Gedanken wären für mich dann wichtig, wenn er noch über mich nachdenken würde. Mit euren Gedanken würde ich ihn, den Lebendigen, quälen. Aber er denkt nicht mehr nach über mich. Er ist meiner Macht entrissen.

Und wo ich sonst ihn beherrschte mit hochmütigen Worten und ihn nach seinem Zorn zu mir zwang mit einem plötzlichen Wechsel, mit einem Versprechen, das ich nicht einhielt, mit Tand aus einem verwöhnten Herzen, wo ich ihn sonst jagte mit meinem Spiel, da ist die Stelle ganz leer.

Ich war ja nicht einmal dabei, als er starb. Wir haben ahnungslose Worte miteinander gesprochen, als wir uns zum letzten Mal sahen, scheinbar war er gesund. Dann kommt die leere Stelle, die immer leer bleibende Stelle, die ich durch die Erzählungen der anderen, die zuletzt bei ihm waren, nicht ausfüllen kann. Was haben die schon gesehn! Einen, der an Angina starb. Sie sahen nicht den tiefen Widerwillen gegen das Land. »Er ist gestorben, wie man eben stirbt, du warst erst vier Tage weg«, haben sie gesagt, nackt und dürr, und haben nichts zu erzählen gewußt, nichts, überhaupt nichts aufgefangen. Es bleibt alles verloren. Sie hatten keinen Schlüssel zu seinem Tod.

Ich habe nur die Erinnerung an sein Grab, da liegt er unter Palmen. Palmen! Es geht mir durch Mark und Bein, wenn ich daran denke. Die Birken waren seine Bäume, die Weiden. Die Stöße der Erdbeben pflügen sein Grab, und die Güsse der Regenzeit waschen darüber hin, schürfen sein Gebein wie ein schiebendes Bett. Jedesmal wenn drüben Regenzeit ist, muß ich daran denken, ob sie ihm die letzte Ruhe lassen, ob sie ihn nicht bloßlegen werden in diesem unbarmherzigen Land.

Um keinen Preis wollte er sterben in dem Land. Da war er noch ganz gesund. Ich hatte von Totenkränzen geträumt in der Nacht unserer Ankunft, das war der Anlaß. »Nein, nur nicht in dem Land sterben müssen«, hat er gesagt. »Nur weg, weg! Das sage ich dir gleich, hier wachsen wir nicht an, hier werden wir nicht alt. Ich will hier wieder raus.« Und hat doch bleiben müssen in den Tropen, er, der es überhaupt nicht drüben aushalten konnte. Und die halbe Erde liegt zwischen mir und seinem Grab. Manchmal wenn ich spazierengehe, denke ich, hier unter deinen Füßen, ganz tief unten auf der anderen Seite des Erdballs, da muß er sein, muß der Rest sein, der von ihm noch da ist.

Sie haben nur einen Umstand behalten: er sah so »deutsch« aus, wie er dort aufgebahrt lag. Es sprach sich herum, und stundenweit kamen die Landsleute herbei, um auf den Mann zu blicken, der auf der Totenbahre aussah wie ein »Deutscher«. Solches Heimweh haben sie drüben in dem unbarmherzigen Land. Er konnte das Land nicht leiden. Zum Schluß ist alles ganz einfach für ihn geworden, er durfte den verhaßten Staub schütteln von seinen Schuhen.

Er hat nach mir nicht gefragt, von deren Wimpernschlag er betroffen sein konnte, daß es unsinnig war, nach mir, die er um alles gefragt hat. Bis ich eintraf von der Hazienda, heruntergeritten vom frischeren Gebirge, da war er schon unter der Erde. Man räumt die Toten schnell weg in den Tropen, wie die Aussätzigen beseitigt man sie. Nichts blieb in meiner Hand von dem Sterben und der Todesangst als die fahle Locke, die man für mich abschnitt. Sie war wohl getränkt von seinem Schweiß, da aber war sie schon trocken. Nicht einmal das Trauerkleid stimmte. Ein ärmelloser, grauer Fetzen und dann weiß, weiß, das war meine Trauer. Sie war fremd wie alles in dem Land.

Damals, als er es verlangte, als er sechsundzwanzig Jahre alt war, da hätte ich ihn heiraten müssen. Aber da wollte ich nicht. »Wir müssen heiraten«, sagte er, »wir kennen uns lang genug.« Ich sagte: »Es ist schöner, so wie es ist. Warum das schon ändern?« Ich ließ mich küssen, mehr nicht. »Ich verstehe dich nicht«, sagte er, »ich werde es leid.«

Es ist wie ein Fieber. Jeder einzelne Abend wird zur Entscheidung. Mein Herz dröhnt, der Schwindel dreht mich, wenn es dann pocht mit jenem unvergleichlichen Pochen, dem zwiefachen, zupackendem, das ich unter Tausenden herauskennen würde. Breche ich in Tränen aus, nun da die Spannung reißt, fliege ich in seinen Arm? Ich verstelle mich voll Quälfreude, verstelle mich wie ein Biest vor seinen bohrenden Augen. »Bist du da?« sage ich ganz kurz und werfe ihn gleichsam weg, »du bist wohl gar nicht zu vertreiben?« Ich werfe ihn weg, und mir ist zumute, als ob ich ein Wild gestellt hätte. Jägerin in einem Traumwald bin ich. Seine Pupille wird eng, sein Blick sekundenlang scharf. Wird er mich auf der Stelle verlassen? Wie eine Wolke zieht es über ihn hin, überfällt ihn mit Trauer und Scham für mich, er schlägt die Augen nieder. Der Atem stockt mir, ist das nun mein Glück?

Er konnte weich sein, siehst du, und doch fest. Er hatte eine grenzenlose Geduld für mich bereit, die immer neue Anspannung. Ich wußte, wenn ich es gar zu toll treibe und stürze, dort ist ein zuverlässiges Netz, das mich auffängt. Deswegen habe ich es doch bloß so toll getrieben. Ich will doch sehn, dachte ich, wie weit so was vorhält. Der Reiz lag im Ungewissen.

Ich sagte nicht ja und nicht nein. Ich war wie ein böses Kind.

Daß er einsam wurde durch mich, damals habe ich es nicht begriffen. Ich trat darauf, absichtlich trat ich auf die glühende Schrift seines Herzens. Vielleicht schmeichelte mir daran der Ernst. Ich war noch zu jung. Es war Huldigung, wenn Männer ernst mit mir sprachen. Ich bog die Huldigung um in den dreisten Triumph meiner Macht. Ich ließ nicht den Ernst mich erreichen. Es hat mich alles erreicht. Als es zu spät war, erreichte es mich, blieb dann eingegraben.

Er hätte eine andere Frau verdient und nicht mich. Aber was half ihm eine andere Frau? Die Schauspielerin? Sie war nur ein Versuch. Er sagte: »Dir soll ich gehören, du aber bist nicht für mich. Ich vertrage das nicht mehr.« – »Du verträgst es nicht. Gut.« – »Wenn du nur mit mir spielst, dann ist Schluß. Es heißt jetzt, die andere oder du. Also wähle.« – »Ich halte dich nicht, du kommst doch zurück. Geh nur, geh schon zu der anderen.«

Ich hätte es nicht geglaubt, daß er ging. Er ließ sich ausnützen von dem Weib durch anderthalb Jahre. Ausgenützt habe ich ihn nie. Zwischen uns drehte es sich niemals um Geld. Frag nicht, ob seine Entscheidung mich traf. Zugeben, nein!

Er war ganz einfach, als er zurückkam. Ich war fast zwei Jahre älter geworden. Mit seinen besten Gefühlen war er so durchsichtig, er machte es einem leicht, ihn zu treffen. Er kam mir am Weg entgegen, als ich durch den Winter spazierenging, er nahm mich an beiden Händen. »Du Eigensinn«, sagte er, »mir kommst du nicht aus.« Ich stampfte und hüpfte im Schnee herum. Ich konnte mich nicht freimachen, er hielt so fest. Wir standen mitten auf einer Promenade. Die Menschen störten ihn nicht. Mein Blick vereiste ihn nicht. Ich war ganz bestürzt. Auf einmal weinte ich, lehnte mich an seine Schulter und weinte mich aus, ich war wohl zwei Jahre älter geworden. Ich wehrte mich nicht mehr, als er sich mit mir verlobte.

Die ersten Wochen waren die besten. Ich spürte genau, mir war was entglitten. Er hatte die Frau von einer anderen Seite kennengelernt. Zuweilen verglich er. Ich hatte ihn nicht mehr so ganz in der Hand. Man soll einen Mann nicht weggeben, nicht an gute Frauen und erst recht nicht an die schlechten. Etwas hängt nach, bleibt zwischen dir und ihm wie fremde Faser, eine gewisse Bewahrung im Mann. Etwas macht ihn überlegen.

Ich gebe zu, ich wollte ihm gefallen in jenen Tagen. Damals hätte er alles von mir verlangen können, innerlich vergab ich mich rasend an ihn. Viel fehlte nicht, daß ich mich ihm an den Hals warf. Dann kam ein Teufel und blies. Ich war, die ich war, wenn auch überrumpelt. Der Funke stand in mir, ein Windstoß genügte, ihn anzufachen. Ich war kein Käthchen.

»Jetzt ist deine Flamme doch froh um dich«, schrieb die Schauspielerin ihm in einem Brief. Die Person, die ihn kaltblütig ausgenützt hatte, hetzte. Er war naiv genug, es mir zu erzählen.

Mußte ich froh um ihn sein? Hatte er mich auf dem Tablett? Bald hatte ich drei Verehrer zur gleichen Zeit. Ich ging täglich aus mit allen dreien. Valentin sollte sehn, daß auch ohne ihn über meine Zeit verfügt war. Ich war nicht das Kind mehr, ich reifte heran, und auch die Reife war den Männern ein Reiz. Es waren bloß andere, die kamen. Valentin hatte seine Revanche in Gestalt eines Briefs. Er konnte sich vorsagen, daß ich um ihn froh sein mußte, das erhob ihn bestimmt. Ich grüßte ihn im Vorbeigehn. Doch war ich kein Käthchen.

Er sagte keinen Ton, als er mich traf, er kannte mich zu genau. Er war ich weiß nicht zu welchen Mädchen gegangen, er wirkte erschöpft. Seine Augen lagen tief in den Höhlen. Ich verjüngte mich wie durch Zauberei. Oh, wie ich mich drehte, wenn er in Sicht kam. Drei Männern tanzte ich auf der Nase herum, das macht wohl jung, verfeindete drei Männer miteinander zur gleichen Zeit. Das Ziel lag wo anders, und jeder Pfeil ging ins Ziel.

Der, den ich meinte, hielt nicht einmal den Schild vor, er sah mich fest an. Die Knochen stachen ihm durch die Wangen gleich weißen Flammen. Abends schüttelte er den Kopf, wenn er mich küßte. Und ich mußte mich küssen lassen, meine Eltern standen dabei. Er sah wohl langsam ein, daß er zu gerade Finger hatte für mich komplizierten Knoten.

Auf seine Weise war er verbohrt. Was half ihm eine andere Frau? Sie war ihm kein echtes Ziel, außer mir keine. Er hatte Auswege gesucht. Er hatte herausgefunden, daß Auswege ihm nicht halfen. Er setzte alles auf eine Karte, indem er nicht aufgab.

Er wurde irr an seinen Mitteln. Er verlor seinen persönlichen Halt. An mir kann ein Mann sich nicht halten. Ich will nichts beschönigen. Ich sehe jetzt vom Ende her da hinein. In den Jahren hat es ihn so verbogen, daß später das andere eintreten durfte, das Unbegreifliche, das, was ihm die Stadt nicht verzieh.

Es war nicht ganz meine Schuld, hörst du mich. In ihm muß was gewesen sein, ein kranker Keim, der dann auswuchs. Vielleicht hätte ich mich ihm hingeben müssen, vielleicht hätte sich dann was gelöst. Das ging doch durch Jahre. Ich wagte nichts für diesen Mann. Wenn ich ihm nicht dauernd in den Rücken gefallen wäre, vielleicht hätte es sich gegeben.

Ich fand Schwierigkeit über Schwierigkeit, ich war es, die ihn verhielt. Wenn ich zurückdenke, scheint mir, daß auch dies mich die Erfüllung hinauszögern ließ: Was wird werden, dachte ich, wenn er mich hat und wenn er plötzlich erkennt, daß ich auch nur eine Frau bin wie andere? Den Vorstellungen, die er sich von mir macht, ist keine gewachsen. Wenn ich auch dreist war, diesen Mut hatte ich nicht.

Ich fürchtete mich vor dem, was auf mich zukam. Ich biß um mich aus dem Gefühl meiner erschütterten Stellung. Meine Launen, meine unerklärliche Macht, Stück um Stück fühlte ich sie mir entgleiten, je mehr ich zweifelte, desto mehr. Ich sah mich schon zahm aus seiner Hand fressen, sah mich. Wenn ich es mir vorstellte, war ich in Angstschweiß gebadet.

Und doch ließ ich ihm keine Ruhe, regte ihn auf. Ich suchte und floh ihn zugleich. Ich zitterte um mich, um eine höhere Tochter mit kleinen Entschlüssen. Um ihn, in dem es unerbittlich sich stemmte und stieß, um ihn, den eine Folgerichtigkeit sprengte, um ihn hätte ich zittern müssen. Ich erfaßte nicht die Gefahr. Aber er hat mich gewarnt. »Ich besitze mich noch«, sagte er, »und du stößt mich zurück. Die Stunde kommt, wo du mich mit Recht zurückstoßen wirst und wo es zu spät ist.«

Ich hatte keine Ausrede mehr, ich mußte mitgehn, die Wohnung suchen. Wir fanden sie nur zu bald. Ein Hindernis schaffen, ein neues! Es war am selben Abend, daß ich mit dürren Worten getrennte Schlafzimmer verlangte. »Ich verstehe nicht«, sagte er. »Ich will dich nicht mehr sehn«, behauptete ich, »wenn du darauf nicht eingehst.« Ich weiß nicht, welche Furcht mich da ritt. Ich schloß mich im Badezimmer ein, wenn er mich besuchte. Einmal erwischte er mich doch. Seine Umarmung war streng. Noch einmal kam ich ihm aus. Er verfolgte mich um Stuhl und Tisch herum. Ich verteidigte mich mit dem Schürhaken, ich war ganz außer mir. Ich betrachtete mich nicht als verlobt. »Wage es nicht, mich zu berühren«, schrie ich, »eher will ich mich töten.« In dem Augenblick glaubte ich selbst, was ich sagte. Eine Ahnung bedrängte mich. Er biß sich tief in die Hand. Ich machte ihn äußerst arm und bedürftig.

Er mied mich durch Wochen, er mied jedermann. Er war abgemagert, als ich ihn sah. Er war so zerstreut, meine Eltern sprachen ihn an. Er zuckte zusammen, als hätten sie seine Gedanken gehört, als hätten sie gehört, wie in ihm die Schakale heulten.

Mein Hochzeitskleid war schon genäht, als Valentin in die Nervenheilanstalt kam. Der Bräutigam mußte seine Hochzeit verschieben. Etwas war vorgefallen, davon spreche ich nicht gern. Seine Sinne waren verwirrt. Er wäre sonst nicht nackt, wie er sich ausgezogen hatte, über den Platz weg zum Rathaus gegangen. Er ließ sich ganz leicht abführen, als die Polizei ihn mitten unter den Leuten bemerkte. Manchmal denke ich, er hat sich an mir gerächt, indem er nackt über den Platz ging.

Jetzt ist er tot, und man hört viel Gutes von ihm. Damals war er der schockierende Fall. Die knappe Minute genügte, um den Geifer kleiner Seelen an ihm zu verspritzen. Zum Freiwild machte sie ihn. Deswegen mußte er ja auch nach drüben.

Mein Leben hat es bewiesen, mir fehlte zu manchem der Mut. Hier war ich mutig. Ich streifte die Nachrede der Menschen von mir wie ein häßliches Kleid. Zum ersten Mal wußte ich, daß ich für ihn einstand. Damals hatte er einen festen Anstellungsvertrag in der Tasche, der Vertrag wurde Papier. Der Arzt riet, mit dem Patienten in ein fernes Land zu gehn, wo völlig neue Verhältnisse an ihn herantraten. Ich warf die Bedenken weg, ich begleitete ihn. Ich verschaffte ihm das Reisegeld von meiner Verwandten, die ein Haus in den Tropen besaß und die selber wieder dorthin zurückging. Wir konnten wohnen in dem Haus. Wir schlossen uns für die Überfahrt an sie an. Du kannst nicht sagen, daß ich nicht mitging, vielleicht stritten wir uns auf dem Schiff.

Wir wußten nicht, daß er übers Meer fuhr, damit er drüben sein Grab fand. Um keinen Preis wollte er sterben in dem Land. Meine Feinde behaupten, ich habe ihn so weit getrieben. Aber so einfach ist es auch wieder nicht. Da muß doch ein Keim gewesen sein in dem Mann. Wer kann sagen, daß man einen Mann, in dem der Keim ist, noch aufhalten kann? Man muß sich wehren. Ich hätte ihn auf dem Hals gehabt oder wir wären geschieden.

Du mußt nicht glauben, daß ich mir was vorlüge oder daß ich ein Rabenaas bin. Ich verstand es nicht besser. Ich war eben unreif. ich wollte mich eben bewahren.«

Das Mädchen Yella

Yella hatte ein bleiches, abweisendes Gesicht, und Augen, mit denen sie ständig an einem vorbeiblickte. Man war wirklich betreten, wenn man mit ihr sprach; sie benahm sich sozusagen indirekt, wie wenn sie ihre Gespräche an eine nicht anwesende Person richte. Drei Dinge wußte man von Yella. Sie war unzugänglich. Wenn sie sich lange abseits gehalten hatte, schloß sie plötzlich impulsive Freundschaften, die sie später brüsk ignorierte: Sie verriet nie, was sie über eine dritte Person wußte. »Es ist bloß Yella«, sagten wir, wenn sie uns bei einem großen Geheimnis überraschte, und was Yella hörte, war so gut, als hätte niemand es gehört. Ich glaube nicht, daß dieser letzte Punkt bei ihr Moral war. Sie liebte es, Experimente der Schweigsamkeit anzustellen, die sie in jedem Fall durchhielt.

Sie war ein Klosterzögling wie wir, das heißt, ihr Lebensraum war auf dieselben wenigen Dinge beschränkt, auf ein schiefes Pult im Arbeitssaal, einen grünen Kleiderkasten mit weißer Ziffer am Gang, ein Fach in der Wäscheabteilung und eine puritanische Bettstelle im Schlafsaal der Großen. Sie gefiel sich in der Kargheit dieser Dinge, sie hatte nicht die kleinen Raritäten wie wir. Auf der Innenseite ihres Kleiderkastens war ein Bild von Nietzsche befestigt, an ihrem Pult ein Franz von Assisi, mehr brauchte sie nicht. Farbe in diesen Umkreis brachte sie selber herein durch ihr Tun. Sie hatte nämlich ein merkwürdiges Bedürfnis, grelle Dinge zu tun, die nicht mit Gründen erklärt werden konnten.

Da war zum Beispiel die große grüne Flasche, die sie wochenlang bei jedem Schritt im Arm mitschleppte. Junge Mädchen, die im Kloster zur Schweigsamkeit verurteilt werden, sind mitunter hysterisch. Aber dann lächeln sie auffällig und sehen wissend aus und versuchen mit gicks und mit gacks die Blicke der anderen auf sich zu lenken. Yella im Gegenteil schien unsere Aufmerksamkeit unangenehm zu sein. Sie hatte eine grüne Flasche im Arm und ging damit an uns vorbei, indem sie uns ignorierte. Wir wußten nichts davon, daß sich hier bereits eine Unzufriedenheit mit sich selbst äußerte, der Trieb, sich ungewöhnlichen Situationen auszusetzen, dem sie später den verhängnisvollen Umschwung ihrer Lebensform verdankte.

Sie war begabt und galt als besonders leistungsfähige, wenn auch nicht gleichmäßige Schülerin. Ihr Fleiß in der Klasse wurde überschätzt; sie war oft ganz woanders mit den Gedanken, gab aber selten Fehlantworten. Sie erriet die richtigen durch Intuition. Sie saß einen Moment still und ließ den Blick des Lehrers auf sich wirken, sie sah ihn dabei nicht an; dann wußte sie, was sie sagen mußte. Im Laufe der Jahre fanden sich immer wieder Lehrer, die eine besondere Arbeitseinstellung zu ihr hatten. Es war ihnen, als ob sie grade für diese Person in der zweiten Bank unterrichten müßten. Sie konnte in ihrer hingewendeten Passivität etwas Zwingendes an sich haben. Nur für die schriftlichen Probearbeiten büffelte sie ernstlich. Ausführliche Abhandlungen konnte sie nicht aus fremden Körpern ziehen. Aber wie konnte in der Tat ein Mensch zufrieden sein, dem es so leicht gemacht wurde? Gegen Ende der Schulzeit begriff ich ihre Geistesabwesenheit schon besser. Sie schien immerzu auf etwas zu warten. Sie horchte auf den zwingenden Befehl aus der Ferne.

Nach dem Abitur wurden wir alle plötzlich sehr feierlich miteinander. Wir wurden ja nun auf dies Leben losgelassen. Wir bildeten uns ein, daß uns dies von Grund auf verändern müsse, und wollten möglichst wenig von unseren Freundinnen sehen, die uns »auf unser Vorleben« festlegen könnten. Mädchen sind darin so anders wie Knaben. So kam es, daß mich nur wenig Mitteilungen über Yella erreichten. Sie, die im Kloster das schwarze Schaf war, wurde in der Welt zunächst ostentativ fromm. Sie stand sehr früh auf, trank Milch, studierte und legte sich um neun Uhr schlafen. Dann schien der Sinn dieser entsagungsvollen Lebenshaltung für sie erschöpft. Nach zwei Jahren gab es wilde Gerüchte. Ebenso ostentativ wechselte sie jetzt die Männer und kümmerte sich um kein Gerede. Die ehemalige Klasse gab sie verloren.

Ich sah sie erst wieder, als ich mit tausend anderen hinging, um ihre Fallschirmabsprünge zu erleben. Ja, unsere Mitschülerin sprang aus so bedeutender Höhe, daß sie ganz großes Publikum hatte. Sie sprang unter anderem Namen, aber es war unsere Yella, war Yella, die sich nichts aus uns machte. Sie stieg dort oben mitten in der Luft aus einem Flugzeug aus. Das war ihr Pensum. Hier konnte sie nicht mogeln mit Intuition. Sie war in Wahrheit auf sich angewiesen, wenn die gerifte Straffheit des Schirmes der einzige Widerstand ihrem hinsausenden Fall war.

Mehr noch, sie bewies, daß ihre Gedanken nicht aussetzten im

Sturz. Sie ließ sich fünfhundert Meter weit überschlagen und brachte dann erst den Fallschirm zur Entfaltung durch einen bewußten Griff. Das war ihr Trick, der den Tausenden unten die Kehle drosselte. War sie denn noch eine Frau in den Sekunden der rasenden Herrschaft über die Nerven, die den Tod übersprang? Ich schwärmte für sie. Wie ein Tropfen, der durch den Himmel fällt, dachte ich ekstatisch. Wie gefährlich leicht muß ihr zumute sein und wie muß sie das hassen, was nachkommt, wenn sie hineinfällt unter die Meute, die den Hals einzieht, wenn sie hart auf den Boden stößt und der Schirm sich hinter ihr herspreitet wie ein Riesengewand. Nun – erstens fiel sie nicht unter die Meute, sondern ziemlich daneben auf abgesperrtes Gelände, und das Riesengewand blieb ein lyrisches Gleichnis, weil der Schirm seine Tücken zeigte und sich in einen Baum verhaspelte. Dafür stimmte die unsanfte Landung kräftig, und Yella war ganz die Alte. Blaß und abweisend ließ sie sich ansehen, blaß und abweisend verteilte sie Autogramme, um blaß und abweisend nach dem Droschkenauto zu hinken.

Warum tat sie es überhaupt? Platte Menschen wußten dafür platte Gründe. Es hieß, sie springe, um Geld zu verdienen und einen bestimmten Mann zu heiraten. Mag sein, daß dies den Anfang gab. Daß es bald Nebensache wurde, weiß ich. Ich habe es aus ihrem eigenen Munde gehört in dem kleinen Hotelzimmer, in das mich ihre Postkarte bestellte. Liebe mußte unwesentlich werden für die Frau, deren eigentliche Erlebnisse sich zwischen Leben und Tod abspielten.

»Weißt du, man muß sich zusammenreißen«, sagte sie. »Man geht ja sonst durchs Leben wie eine Scheintote.«

Ein schwerfälliges Zucken lief durch ihre verwüsteten Züge wie über ein Grab. Da war sie wieder, jene gefährliche Geistesabwesenheit, die nach einem Befehl in der Ferne horchte, es war schon mehr Verstörtheit. Zugleich stand etwas funkelnd Blindes in ihren Augen, eine Art geiziger Triumph. O weh, dachte sie. Sie zählte ihre Veranstaltungen in den verschiedenen Städten her, sie sprach in überstürzten Worten nur von sich selbst. Eine überanstrengte Frau – nein, aus dem Fleisch und Blut, aus dem die Helden sind, war sie nicht. Aber tapfer war sie.

»Du willst heiraten?« fragte ich tastend.

»Ja, natürlich«, unterbrach sie mich ungeduldig. »Wenn das Geld zusammenkommt und, wenn ich den Mann noch so weit bringe, daß er auch springt, und wenn er überhaupt ein Mensch wird.«

Sie schien die Menschen einzuteilen in solche, die Fallschirmabsprünge machen, und in Affen. Und schon sprach sie weiter von Schleißheim, wo sie demnächst starten würde.

Auf dem Heimweg wurde mir erschütternd klar, daß es eine Kühnheit gibt, die die Flucht aus der Verzweiflung ist.

Abenteuer aus dem Englischen Garten

Wie ich beim Maurern gewesen bin, habe ich immer viel Steine heben müssen. Davon habe ich Hände bekommen, wo ich das Feinere nicht mehr damit spürte. Und wenn mir ein Kamerad die Hand gab, habe ich immer nichts in der Hand gehabt. Ich dachte, Emil, jetzt bist du schön der Blamierte, und wenn du an einem Mädel herumlangst und tust ihr weh, dann kennst du es nur am Schreien.

Aber meine Kameraden haben alle eine gehabt und sind abgeholt worden nach der Arbeit vor meinen sehenden Augen. Meine Kameraden haben an mir viel zum Lachen gehabt und gesagt: »Ach, der Emil, das ist ja noch der Kleine!« Aber ich hatte es im Gefühl, daß ich damit nicht richtig beurteilt bin.

Wir haben dann wieder einmal gestreikt, und es war eine höhere Macht für mich. Ich wußte nicht, was ich tue. Ich dachte, ich hole einen Kameraden von mir beim Maffei ab. Ich ging über die Brücke und mit der Zeit bin ich auf einer Landstraße bis in die Nähe vom Maffei gekommen, der Maffei ist auch da noch gestanden. Aber wie ich hinein bin, war mein Kamerad nicht mehr da.

Ich habe gemacht, daß ich wieder hinauskomme, und es war was Merkwürdiges, daß mir immer das, was ich will, nicht hinausgeht. Ich nahm mir vor, von jetzt an gehe ich nicht mehr zum Maffei, aber davon ist dem Maffei auch keine Lokomotive stehen geblieben. Ich bin dann noch recht dumm in den Wiesen herumgestochert, und nirgends hat es mir gepaßt. Da hat der Fankerl ein Mädel an mir vorbeigehn lassen, das war aber ein Mädel! Ich wußte gleich, die kommt mir heut nicht mehr heim ohne mich.

Ich bin immer hinter ihr her gewesen mit Absichten und bin laut aufgetreten, damit sie die betreffenden Absichten merkt. Sie blieb aber nicht stehn und sagte: »Emil, ja weil du nur da bist!« Ich spannte, daß ich selber den Anfang machen muß und es wird sich mit dem Emil erfüllen.

Ich habe hin und her geschaut, dann hat es sich mit dem Emil erfüllt. Ich sagte laut: »Fräulein, ich mache Sie auf was aufmerksam, und Sie haben ein Loch im Strumpf.« Sie schaute an ihren

Fersen herunter und fand nichts. Ich sagte: »Ich bin nur froh, daß ich jetzt auch einmal ein Fräulein angesprochen habe, aber zu meinem Leidwesen ist die für mich zu fein.«

Mein Fräulein sagte nachdenklich, daß sie aber gar nicht so fein ist, da waren wir miteinander im schönsten Zug. Ich ging zur Hauptsache über mit den vorgesehenen Worten: »Fräulein, ich bin so frei, und vielleicht kommen Sie mit mir einmal auf ein Rendezvous.« Wenn nicht, können Sie mich gern haben. Den Nachsatz habe ich mir bloß gedacht. Es stellte sich heraus, mit meinem Vorschlag habe ich ihre geheimsten Gedanken erraten.

Wir machten aus für den folgenden Tag, daß ich mich um sieben Uhr abend an eine bestimmte Brücke stelle, die von den feinen Häusern in den Englischen Garten hinüberführt, dann, hat sie gesagt, kommt sie an mir vorbei und kennt mich. Mein Fräulein hat noch eigens verlangt, daß ich ihr in meinem Arbeiteranzug daherkommen muß genau so wie jetzt.

Ich sagte: »Fräulein, daß wir uns da gleich einigen, Sie werden halt auch bloß ein einziges Gewand haben.« Aber das war es nicht. Es ist aufgekommen, ich habe meinen Vorläufer bei ihr. Da hat sie sich einmal mit einem bestellt, der ist statt in seiner gewöhnlichen Bluse wie ein Krachkavalier mit einem Gocks dahergekommen und mit einer Krawatte so fürchterlich, daß er ihren großen Zorn erweckte.

Ich sagte niedergeschlagen, daß ich schon selber so gescheit bin und nichts gegen mich erwecke. Aber es paßt mir leider gar nicht, daß ich einen Präcedenzfall habe. Vielleicht geht sie bereits neben mir her und stellt Vergleiche an zwischen mir und noch einem.

Mein Fräulein verstand meine Anspielung nicht, sonst hätte sie doch was darüber gesagt. Ich dachte, Emil, das ist schon, wie es ist. Ich wollte es mir auch nicht verderben. Ich lenkte ein: »Fräulein, weil Sie mir das gleich so ehrlich sagen, will ich annehmen, daß damals alles mit rechten Dingen zugegangen ist zwischen Ihnen und dem bewußten Herrn.« Mein Fräulein lachte: »Ach, ein Herr war es gar nicht.« Mein Fräulein war über meinen geistigen Scharfblick erbaut.

Dann war lang gar nichts, auf einmal hat mich mein Fräulein flüchtig gegrüßt, und bis ich mich umschaue, ist sie in einem von den feinsten Häusern verschwunden und hat da gewohnt. Ich machte mir meine Gedanken, inwiefern ich zu der Ehre einer solchen Bekanntschaft komme. Und in meinem Arbeitergewand mußte ich deswegen erscheinen, damit ich mich dadurch von ihrem sonstigen Umgang unterscheide.

Es war eine Blonde. Jetzt wenn mich wer gefragt hätte, dann hätte ich gewußt, was ich sage, und meine Lieblingsfarbe ist blond. Aber wenn ich damals gewußt hätte, an was für eine ich gleich komme, ich wäre zu dem Fräulein nicht einmal hin.

Der Tag ist gekommen, der Tag ist gegangen, ohne daß ich mir was gebrochen habe dabei. Der bewußte Abend nahte heran, der ist dann auch verlaufen. Aber wie er verlaufen ist, da habe ich später viel darüber nachdenken müssen.

Da haben wir also einmal den Emil, außerdem war eine Hauptperson fällig, auf die hat der Emil wie verabredet an der Brücke gewartet. Daß ich so pressant war und mich schon um dreiviertel sieben Uhr wie ein Sterngucker hinstellte und schaute, davon will ich noch gar nicht reden. Aber wie es sieben Uhr schlug, war sie bleich vor Aufregung immer noch nicht angewandelt, da hat er mir schon geraucht. Ich ging ihr langsam entgegen. Vor ihrem Haus mußte ich erst noch lang hinstehn, da hat er mir gestunken.

Angewachsen bin ich inzwischen auch nicht. Deswegen ist meine zurückhaltende Miene bei meinem Fräulein dann auf einen traurigen Leichtsinn gestoßen. Vom Leichtsinn will ich immer noch nichts sagen, wie ist es mir außerdem mit meinem Fräulein gegangen? Gesagt hat sie was über mich und es war nicht richtig, daß ich bis ganz zu ihrem Haus hingegangen bin. Da habe ich es gehabt.

Sie sagte: »Vielleicht hat mich jemand mit Ihnen zusammen gesehen.« Ich konnte die Weisheit nicht entdecken, die in ihrer Bemerkung steckte und ich schluckte daran. Die Tatsache blieb hart, vielleicht hat sie jemand mit mir zusammen gesehen!

Ich fragte mich, ob mein Fräulein so weitermacht und mir gegenüber auf dem ganzen Spaziergang nichts von ihrer großen Liebe bekennt. Das wäre aber von ihr nicht schön gewesen. Ich sagte: »Fräulein! Man läßt nicht gleich einen Kriegszustand aufkommen mit einer fremden Person.« Letztere Empfindung hat sie, wie sich herausstellte, mit mir geteilt.

Auf dem Weg, wo wir hingingen, habe ich immer soviel glotzen müssen vor lauter beleidigter Ehre. Wir nahmen die Straße, die am Kleinhesseloher See vorbei nach hinten in die Hirschau führt. Hier gingen nicht soviel Menschen wie auf der vorderen zum Aumeister hinunter.

Bloß die Radler waren nicht ausgestorben, und es vermehrte meine Leidenschaft für die Radler nicht. Sie fuhren schnell und in dem Bewußtsein, daß sie keine Laterne angesteckt haben, dabei wird es bereits dunkel. Mein Fräulein behauptete, daß ihr das viele Klingeln nichts macht. Es war wieder für lang still zwischen uns. Ich schmeckte immer herum mit meinem Vorsprung, und es schmeckte nach Staub und Abend und bittrem Gebüsch. Diese Tätigkeit erwies sich für die ganze Dauer des Spaziergangs als ungenügend.

Ich mußte bald einmal was sagen, sonst kamen wir miteinander nicht recht in Schuß. Ich sagte: »Im Englischen Garten kann man halt um diese Zeit nie so recht alleinig sein.« Ich wurde rot wie ein Ertappter, ich fürchtete schon, ich habe meine Gefühle verraten. Ich bekam nicht heraus, was sie so allein in dem München treibt. Sie war nicht in Stellung.

Ich begab mich dann mit meinem Fräulein in ein größeres Gespräch über Wald und Flur. Ich sagte: »Beobachten Sie diese Gruppe Pappeln von uns aus dreißig Schritt rechts. Können Sie abschätzen, wieviel Bäume sind es?« Da hat mein Fräulein sich noch nichts ankennen lassen.

Ich sagte: »Das Nadelholz und das Laubholz ist in dieser wilden Anlage ungleichmäßig verteilt. Das Laubholz herrscht vor, hat aber vielfach nur einen niedrigen Stand erreicht.« Da schaute sie mich bereits an, und es hat was bedeutet.

Ich sagte: »Vorne taucht in großer Entfernung eine Gestalt auf, die sich auf der linken Seite der Straße hält. Ich erkenne jetzt, die Gestalt ist weiblich, sie hat einen Rock. Es ist anzunehmen, daß die Gestalt auf uns keine feindlichen Absichten hat.« Da hat mein Fräulein vor Wohlgefallen an mir gelacht.

Ich sagte: »Die Straße, auf der wir gehen, ist auch für Lastkraftwagen geeignet, wird aber auf grund der abwegigen Lage dazu nur selten benutzt.« Da ist mein Fräulein bereits mit mir per Arm gegangen.

Ich sagte: »Auf jener Straße klingeln gleichzeitig drei verschiedene Radler. Der mit dem dunklen Ton ist der letzte und hat bereits ein Licht, aber der mittlere ist schneller wie der vordere gefahren.« Da blieb mein Fräulein neben mir stehn, und bis ich mich umschaue, habe ich meinen Kuß weg ohne zu klagen.

Ich kam zur Erkenntnis, mein Fräulein ist eine Vife. Das habe ich mir nicht zweimal sagen lassen.

Mein Fräulein hat jetzt immer so leichtsinnig gelacht, aber, hat sie gesagt, ich darf mir nichts dabei denken. Per Arm und ein wenig schief sind wir bald rechts und bald links auf der Landstraße dahingeschoben und haben die Radler geärgert. Mein Fräulein sagte, jetzt muß ich sie aber auch einmal anschaun, denn bis dahin habe ich mich von ihr nur anschauen lassen. Leider wurde bei der Ausführung nichts daraus, ich habe halt mein Fräulein so auf Kommando nicht erblicken mögen.

Sie zählte bis zwanzig, damit ich mich sammle. Ich biß mich auf meine Zunge vor Grimm. Mein Fräulein merkte den Grimm nicht, sie lachte über mich, wie ich dastehe mit meinem todernsten Gesicht und muß erst von ihr den Gebrauch meiner Augen erlernen.

Da war es mir aber zu dumm, ich habe es ihr richtig gesagt, was sie für ein Weibsbild ist, dann habe ich ihr meine Augen wie ein Wilder gegeben. Die hat sie dann gehabt, wenn sie was daran hatte, aber ich war ihr inzwischen beleidigt. Unschlüssig gingen wir weiter und blieben ein Stück vorn wieder stehn. Mein Fräulein hat mir im Geiste Abbitte geleistet und ich ließ mich erweichen.

Wir haben uns dann immer so grausam anschauen müssen, sie hat die Augen herausgestreckt wie auf einer Fotografie. Davon war sie auf einmal ernst. Aber wie ich selber ausschaute dabei, das hat kein Auge wie das ihre erspäht, und sie behielt ihre Beobachtung für sich. Jetzt erfolgte lang gar nichts, doch war es die höchste Zeit, und ich hätte meinen Arm um ihre Taille legen müssen, so verloren war sie schon in mein Gesicht. Und den Arm habe ich nicht um ihre Taille gelegt, denn die Taille war mir noch zu fremd. In eine solche Verlegenheit habe ich mein Fräulein gebracht, und wir sind immer noch hingestanden.

Da hat es mein Fräulein vielleicht schon gereut, daß sie nicht gegangen ist mit einem anderen, sondern hat sich die ganze Seligkeit vom Emil erwartet. Das habe ich daran gekannt, weil mein Fräulein so hochdeutsch wurde. Sie ging immer schnell weiter und schaute sich nach mir nicht einmal um. Ich konnte ihr das ja nicht erklären, was ich für ein Langsamer bin. Wenn ich kaum das erste Wort zu ihr sagte, verzog sie schon den Mund, und ich verstummte.

Aber sie durfte alles sagen, und wenn ich mich so benehme, ist sie so frei und will nichts mehr von mir wissen. Ich fragte: »Wie habe ich mich denn benommen?« Darauf schaute sie mich bloß an, und es mußte aus einem wichtigen Grund ihr Geheimnis bleiben. Um mit den Sternen zu sprechen, ich war in der Vernichtung. Ich widersetzte mich: »Wenn ich es nicht weiß, kann ich mich ja nicht verbessern.« Mein Fräulein hat das ihrer Aussage nach von mir gar nicht verlangt.

Bei der Gelegenheit langten wir an dem bewußten Kreuzweg an, wo sich mein Fräulein zum ersten Mal von mir trennen wollte. Und so lang die Nacht war, wenn wieder so ein Abschied kam, habe ich mir jedesmal die Stelle mit bezug auf mein Fräulein gemerkt. Es war hinterher eine ganze Sammlung.

Für diesmal machte sie nicht viel Geschichten mit mir, »adieu!« sagte sie und dann war sie weg. Ich habe ihr von dem Platz aus, wo ich blieb, wie ein sanftes Kamel nachschauen können. Verdrossen setzte ich mich ins Gras. Ich dachte, wenn das alles ist, was mir von dem Abend bleibt, das ist aber wenig, und es war wenig.

Auf einmal hörte ich Schritte, die mußten von einem Fußgänger sein, der sich vorhin entfernte und jetzt kommt er mir wieder nah. Bis ich mich besinne, war sie wieder da und rief mich mit Namen Emil an, das sah ihrem Wankelmut gleich. Anfangs mochte ich gar nicht aufschaun wegen einem Fußgänger oder so wem. Sie bestand darauf, daß sie, wenn sie Emil sagt, damit mich meint und keinen anderen.

Wir erkannten, wie dumm wir sind und machen aus der Zuneigung noch ein Geheimnis. Damit war es vorbei, wir drückten im Gehn unsere Gesichter aneinander. Wir wankten ein wenig im Schritt und Gegenschritt und starrten auf ein bleiches Licht in der Ferne. Die Straße war bleich wie Bein.

Wir ließen Bäume hinter uns und wieder Bäume, wir wären so gern allein gewesen und waren doch nicht allein. Dafür gab es viel zuviel Radler, und wenn man meinte, wie weit der noch von einem weg ist, war der Kerl schon bei einem dort und die Radler sind so frech und schauen einem direkt ins Gesicht.

Wir kamen darauf, daß wir uns abseits vom Weg auf einen Rasen hinsetzen müssen. Sie sagte: »Geh du zuerst!« Da hat es mich aber gerissen. Denn das hat soviel geheißen als wir sind per du. Ich schaute sie an, und wir waren per du.

Ich ging voraus, sie immer hinter mir her mit angehaltenem Atem. Sie wollte sehn, wie weit ich sie führe. Ich setzte mich nicht gar so weit von der Straße hin, da konnte sie über die ausgesuchte Stelle nichts sagen. Sie nahm Platz, und es war eine Enttäuschung für sie, aber sie konnte nichts sagen. Sitzend gelangte ich zu der Erkenntnis, was ich für ein Ochs bin.

Wir warteten auf eine bessere Zukunft, das war der nächste Radler. Der stellte sich ein und beleuchtete uns bereits von weitern bengalisch. Sie sagte: »Siehst du!« Der zweite Radler kam, ich gab immer noch nicht meine Schüchternheit zu als Veranlassung für unkluges Verhalten. Beim fünften Radler wünschte sie mir viel Vergnügen. Die ganze Bitterkeit lag in ihrer Stimme, ein Ortswechsel schien mir begründet.

Ich legte mich mehr ins Gebüsch zurück, damit es sie nicht so in die Augen blendet. Sie blieb sitzen und sah nicht ein, warum das jetzt noch sein muß. Ich habe mich aber von ihr nicht beleidigen lassen. »Damit du nicht umsonst aufgestanden bist«, sagte sie und fühlte sich doch noch zum Nachgeben bewogen.

Das war nicht, wie wenn ich sage, hier ist ein Strich, von hier aus geht der eine Zustand in einen anderen über. Da war lang gar nichts. Dann war doch so was in meinem Kopf, mit dem habe ich wo hoch hinaufstoßen müssen. So ein Stößiger bin ich gewesen und war schon ganz in den Himmel versetzt, so war ich an ihr versunken. Ich habe erst lang hernach wieder was gesehen.

Da war es nicht der heilige Aloysius, der vor meinem inneren Auge stand. Ich habe es mir ankennen lassen, es ist nicht der heilige Aloysius, deswegen darf sie mich jetzt nicht blamieren. Mein Fräulein war so gut und hat mich nicht blamiert. Wir sind dann noch recht einfältig miteinander gewesen. Wir packten uns beim Gesicht, davon mußten wir lächeln, da war eine süße Verklärung, die uns durchdrang.

So habe ich es getrieben und sie auf den Hals geklopft wie eine Stute, die sich dann umschaut. Was meine Stute war in dem Fall, die hat schon von selber gewußt, wer ihr klopfte. In den Bäumen war manchmal ein Knistern, ich stellte keine Betrachtungen darüber an, da habe ich ganz was anderes getan in der Zeit. »Magst mir an mein Herz langen?« habe ich gesagt und so voll ist mir im Hals gewesen, daß ich ihn weggesprengt habe, den Hemdenknopf. Da habe ich ihre Hand geführt an mein Herz, sie hat mein Pumpern gespürt. Bei allem fragte ich sie, ob sie das mag, und trug zum Liebesgespräch meinen natürlichen Teil bei.

Aber wie ich dann ernst machen wollte, da war es ihr noch nicht ernst. Und wie ich abermals ernst machen wollte, war es das gleiche, sie hielt mich hin. Inzwischen war ich verstimmt. Wenn ein anderer an meiner Stelle wäre, fragte ich, ob sie es dem auch so macht? Brenneifersüchtig wurde ich, weil sie für mich allein nicht das richtige Herz hat.

Ich sagte es ihr, meine Stimme überschlug sich dabei, aber verstanden hat sie mich deswegen ganz gut. »Du warst ja doch schon bei einem anderen!« stieß ich heraus, ich war wie von Sinnen. Was mein Fräulein war, die hat gleich recht geschaut. Sie wurde auffallend still seit meinem Ausbruch. Ich stammelte: »Gell, das habe ich gewußt.« Ich mußte ihr zugeben, daß ich noch nicht richtig mit einem Mädel war, ich hatte mich ja doch schon verraten.

Meinem Fräulein sind die Tränen gekommen, weil es mir so mit ihr geht. Alles habe ich gesagt und wie lang ich schon aus bin auf ein Verhältnis, da wird sie mich doch nicht auf diese Weise verachten. Sie wird schaun, was sie aber an mir für eine ewige Treue erleben wird, eine Treue war so ewig überhaupt noch nicht auf der Welt.

Da weinte mein Fräulein erst richtig heraus, und ich hatte ihr doch nichts getan. »Sie, Fräulein!« sagte ich ihr vor und blies sie an, daß sie lachen soll, aber aus ihrem Gesicht war inzwischen der ganze Leichtsinn verschwunden. Mein Fräulein behauptete groß und klein, was sie für eine Schlechte ist, sie hat sich wieder einmal wie so oft bei mir vergessen. Dahin war die Verklärung, aber der Jammer, der war da und was für ein Jammer.

Inzwischen ermannte sich mein tränenüberströmtes Fräulein ein wenig. So blaß war sie und mit einem solchen Beileid trocknete sie sich an ihrem durchweichten Taschentuch ab und ließ dabei solche Blicke über mich hingehn, die von einer schönen Seele sprachen, daß ich mir dachte, sie ist doch die rechte und die oder keine.

Ich legte sie mir in den Arm so zart, wie es nur ging, und atmete und sagte: »Also!« Mein Fräulein fragte, ob es mir wirklich nichts macht, sie muß das schon wissen. Die Frage war mir verdächtig. Ich fragte finster, was mir nichts machen soll? Daß ihr einer wie der andere sein muß, denn sie darf sich an niemand hängen. Bevor sie sich anhängt, muß sie ihn schon verlassen.

»Ja so!« sagte ich. Mit einem tiefen Atemzug wechselte ich in eine andere Haltung hinüber. Meine Wenigkeit war schwer gekränkt. Ich schaute durch die Bäume zum Himmel hinauf mit langem Blick. Wie da die Sterne standen, die vergesse ich in ihrer Stellung mein Lebtag nicht, so tief bohrten sie sich ein in mein

Herz. Was sie mir vormachte, dahinter mußte was stecken, wofür ich als lernender Maurer nicht zuständig war. Nach der Vorgeschichte fühlte ich mich als der Gefoppte.

Inzwischen beging mein Fräulein eine unüberlegte Handlung. Sie tat ihren Kopf auf mein Knie her und bildete sich ein, ich werde sie noch für ihre Schlechtigkeit trösten, die hat sie auch nicht verschuldet. Ich war so frei und stieß das Frauenzimmer von mir weg, da hat das Fräulein aber geschaut.

Wenn es so mit ihr steht, fragte ich, warum ist sie dann überhaupt mit mir gegangen? Hier entschuldigte sich mein Fräulein mit der allgemeinen Gleichgültigkeit und sie möchte meinen, schlimm ist es weniger für die anderen. Schlimm ist es nur für sie selber, aber sie ist da wie in einer Zange. »Halt den Mund!« sagte ich.

So sanft wie sie drüben saß auf ihrem Platz, die hat sich doch alles von mir gemerkt für später, wo sie es einmal wieder anbringt. Der Wind lief durch die kleinen Zweige, die jungen Buchenblätter wehten weich, das Sternenlicht sickerte um uns herum, das half uns alles nichts. Mein Fräulein streifte mit dem Blick über verschiedene Bäume hin, sie rückte an ihrem Kleid. Dann war sie so weit gefaßt und erhob sich als erste. Ich hörte auf zu atmen.

Mit niedergeschlagenen Augen vertraute sie mir an, sie hat kein Recht nicht. Wie es nun einmal ist, trägt sie mir auch nichts nach, wenn wir uns jeder für sich entfernen. Vielleicht finde ich bald eine andere, mit der es mir besser geht wie mit ihr, das wünscht sie von Herzen. So hat mein Fräulein scheidend an meine Gefühle gedacht. Das hat die Sache gelindert.

Wie sie da stand in ihrer Betroffenheit und nichts wie bitteren Abschied über die Lippen brachte, ging es mir schon vor, wie ich sie in ihrer Abwesenheit einmal vermisse. Ich sagte mir, so, jetzt kann ich wie der Ochs, der ich bin, allein im Englischen Garten liegen, und mein Fräulein bleibt freilich in weiblicher Gesellschaft dabei, aber ich schon schön nicht. »Setz dich!« schrie ich, »Kanaille!« Mein Fräulein hat sich danach gerichtet.

Wir haben dann noch miteinander geredet und recht dumm geschaut. Ich habe mir Mut zugesprochen und es wird für mich auch was geben, was hilft, aber suchen müssen die Menschen halt. Dann haben wir es gesucht in Gedanken, Worten und Werken. Unmäßig stierte ich auf sie hin, ich traute mir gar nicht mehr wegschaun vor lauter innerer Fassung. Ich schlang in mich hinein das ganze fremde Geschlecht, und meine Augen hat es mir herausgetrieben von dem vielen Gefühl. Mein Fräulein war so gut und beklagte sich nicht über den ihr gebotenen Anblick.

Ich hatte jetzt den schönsten Anschluß an meinem Fräulein, sie hätte allerhand mit mir anstellen können, damit sie sich von meinem Adam überzeugt, aber sie hat mir kein solches Ansinnen gemacht. Ich konnte ja nicht gut sagen: »Fräulein, du mußt an mich ein Ansinnen stellen.« Der hellichte Jammer ergriff mich, weil sie anscheinend neben mir nicht einmal weiß, was ich für sie tun will.

Da schlug ich in sie hinein wie blind, das hat sie schon besser begriffen, gleich darauf habe ich sie gehabt. Die Sterne schnitten sich mit ihrer Bahn, der Wind tauchte uns ein, in den Bäumen rührte es sich. Das alles habe ich dann wieder gemerkt und meine Beobachtungen von der Natur vervollständigt. Aber dann wollte ich heimgehn.

Ich drängte in sie, daß sie einmal geht, sie konnte sich lang gar nicht fassen. So ein Herrischer war ich dabei und mit »geh« und »geh« ist das Weibsbild endlich gegangen. Ich mußte schon früh auf den Bau.

In meiner Joppe fand ich eine letzte Zigarette. Wie sie angeraucht war und erwies sich als für den meinigen bestimmt, verlangte die neben mir auch eine Zigarette, aber ich konnte ihr keine reichen. Darüber ging mir die Kehrseite der Medaille auf, und es war nicht das gleiche, wie wenn man mit sich selber allein ist und braucht an nichts weiter denken, als was einen persönlich angeht. Ich versprach, in der Stadt kaufe ich ihr eine und war im Geiste bereits so splendid.

Danach wollte ich es mir richten, denn auf ihre Faxen habe ich nichts mehr gegeben. Ich versprach, ich stelle sie bald einmal meinen Kameraden vor. Sie darf mich dann auch wie andere Mädel von der Arbeit abholen und soll nur zuschaun, wie die es machen. Davon wurde mein Fräulein verstockt. Aber wenn das ein Gesicht von ihr war, dann habe ich darauf nichts gegeben, mein Name war Emil.

Wir sind gegangen und gegangen, alles war anders. Wir schickten uns, weil uns ein wenig fror. Ich zog die Hand von meinem Fräulein unter die Achsel, das war alles, was ich noch für sie tat. Ich gab mich immer weniger mit ihr ab. Im Schritt richtete sie sich nach mir.

Die Nacht hing hoch in den Bäumen wie feiner Rauch, ich sagte es meinem Fräulein nicht. Der Wind rührte an meinen bloßen Kopf. Ich ging dahin wie allein und schaukelte im Gang stark mit den Schultern.

Dann ist es langsam Zeit geworden, daß ich mir die Meinige ziehe. Ich machte sie damit bekannt, sie muß mir in allem folgen. Sie schaute bloß vor sich hin, der Blick war mir für einen guten Willen zu schnell. Da wollte ich gerade einmal sehn, wer bei uns Herr im Haus ist.

Mittlerweile kamen wir ganz schön hin an den falschen Weg, ich hatte schon im voraus an den gedacht. Erklärt habe ich es ihr auch, daß wir den jetzt nehmen. Die Erklärung erfolgte wider mein besseres Wissen. Glaubst, mein Fräulein hätte in Reue und Leid ihre bis dahin gehabte irrige Ansicht bekannt? Glaubst, sie hätte sich in überquellender Liebe auf meine Angaben verlassen? Um die Welt nicht. Erklärt hat sie es mir, es geht aber noch eine Zeitlang auf der Hauptstraße zu, und dann kommt erst der Seitenweg rechts. Da war keine Liebe dabei, da hat auch keine Liebe dabei sein sollen.

Ich habe es ihr aber richtig gesagt, was der Weg in Wirklichkeit für einer ist, aber es ist der, den ich im Geiste meine. Sie sagte, in ihren Augen habe ich meine Physiognomie vervollständigt. Ich sagte: »Ich gebe dir schon eine Physiognomie!« Dieses Weib nahm das Wort nicht zurück, wobei sie vor Schreck erbleichte. Direkt einen scharfen Mund nahm sie vor lauter besserem Wissen an, und sie gefiel sich darin, aber mir gefiel sie nicht.

Ich war einfach starr, wie fremd mir mein Fräulein inwendig ist. Aber wie ich ihr ins Gewissen redete, was war das Ende? Da ist mein Fräulein bereits nicht mehr mit mir per Arm gegangen. »Emil, es geht nicht«, sagte sie, und es ist einfach nicht gegangen. Mir stand über mein eigenes Fräulein der Verstand still. Was aber und geht nicht? Daß sie mein Verhältnis ist, sagte mir mein Fräulein ins Gesicht. Anscheinend hatte ich keinen Grund, daß ich mich darüber beklage.

Es muß keine besondere Mitteilung gewesen sein, die sie mir damit machte, und so direkt bei ihr dort wollte ich auch nicht nach meinem Herzen greifen. Bloß ein wenig gehoben hat es mich, und in ein kleines Gehen bin ich gekommen und immer wieder einen strauchelnden Schritt zurück. Mein Fräulein, was es bemerkte, hat mich hilfreich gehalten.

Sie war überhaupt wie eine barmherzige Schwester mit mir, und ich sage, das hat die leicht können! Und so arg schön hat sie meinen Namen genannt und die Hände zusammengelegt, wie wenn sie mich anfleht um Verzeihung, den Tort mir aber doch antut. Nichts wie einen Emil hat sie aus mir gemacht vor lauter Namensnennung, aber so falsch war sie dabei. »Emil, es geht nicht«, das war ihr Refrain, und das ist er geblieben. »Gell, dir war halt was nicht recht«, habe ich gesagt, die Stimme ging mir darüber aus. Es war schon, wie es war, die Schlechtigkeit lag bei meinem Fräulein, ich hatte es zu tragen. So jammervoll war es mit ihrer ewigen Treue bestellt, »Emil, es muß geschieden sein«, hat es geheißen, und dann war sich geschieden.

Aber auf das wenn es ankam, das konnte ich auch und nicht bloß mein Fräulein! Nachher war ich sogar der Erste und habe die Seelenstärke besessen. Mittendrin ließ ich sie stehn, ich lief auf und davon. Jetzt kommt aber das Nette, denn was hat mein Fräulein, was sich von mir trennen wollte, getan? Neben mir hat sie herlaufen müssen, sage ich, denn ohne mich findet sie den Weg nicht im finstern hinaus. Wie habe ich da mein gedankenloses Fräulein verlacht!

Aber selber stieß es mir schmerzlich auf, wie mein Fräulein mich immer noch braucht in der Stunde des Verrats, so unersetzlich ist und bleibt eben der Emil. Ich sah mich nicht um, sie war selber schuld, wenn sie immer noch neben mir herlief.

Mit Fleiß stimmte ich einen frechen Gesang an. Damit zeigte ich ihr, wie wenig ihre Anwesenheit bei wem andere Menschen ergreift. Die Lieder habe ich nicht alle gewußt, ich bin sonst keiner von denen. Da habe ich mir geholfen und unaufhörlich das gleiche gesungen. Mein Zweck war auch damit erreicht, mein Fräulein war rot unter der nächsten Laterne.

So trieb ich sie wie ein Spottvogel heim durch den ganzen Englischen Garten, der heute bereits ohne meine Veranlassung der Schauplatz mancher Schlechtigkeit war. Ich will meinem Fräulein nichts nachsagen, an ihrem Benehmen habe ich bald was gespannt. Mitten im Singsang faßte sie mich an meiner Schulter an, dabei war sich meines Wissens seit vorhin noch immer geschieden. Daran erkannte ich, mein Fräulein hat sich leider für ihre wahren Gefühle ein wenig übereilt ausgesprochen. Ich erbarmte mich aber nicht über sie. Mein Fräulein hat ihren Irrtum gemerkt und die Hand, die ihr fortgelaufen war, mit der Bitte um Entschuldigung schnell wieder an sich gezogen.

An einem Gärtnergrundstück vorbei gingen wir zu den ersten Häusern hinüber. Jetzt hätte mein Fräulein den Weg ja von selber gefunden, aber sie machte von Erdkunde keinen Gebrauch. Wenn ein Mensch sah, was sich da für ein junges Kind schon solche Lieder vorsingen läßt, der hat sich auch seinen Teil über das Mädel gedacht. Vielleicht wollte ich das gerade. Dafür redete ich sie noch saudumm an und fragte, was sie bei mir noch zu tun hat.

Mein Fräulein stand da wie ein Stein. Später weihte sie mich in die Gründe zu ihrem Benehmen ein. Das hätte sie nie von sich gemeint, sagte sie. So wie sie sich heut kennenlernt, kann sie sich nicht einmal auf sich selber verlassen. Und sie kann nicht so von mir weg. Das war kein Grund für mich, daß ich ihr die Ehre ihrer Bekanntschaft mit mir verzieh.

Wieder an einem Eck sagte ich: »Gehn wir einmal dahin«, und wir sind einmal dahin gegangen. Denn an der finstern Ecke, wo die zwei Gartenzäune im schiefen Winkel gegeneinanderlaufen und dahinter ist gleich ein Verschlag, dort stand mein Busenfreund und noch einer daneben. Mein Busenfreund war mit einer Magd da. Bei der hatten sie sich bis dahin auf eine Weise benommen, daß ihr zum Bewußtsein kam, sie ist weit und breit das einzige weibliche Wesen. Die Magd hörten wir schon lachen von weitem, so hat es ihr gepaßt.

Wie ich mit der meinigen hin bin, die immer noch kindlicher dreinschaute vor lauter schlechter Behandlung auf dieser Welt, da waren die drei auf einmal still. Ein Steinchen, was sich ein Kind droben aufgehoben hat, ist irgendwo von einer Latte am Zaun heruntergefallen. Eine Zeitlang hat man nichts gehört als das Steinchen. Mir verschnürte es selber den Hals. Ich sagte: »Servus beisammen!« Ich habe ihnen mein Fräulein gleichsam präsentiert, das war aber auch ein Fräulein! Die Burschen haben meinen festen Blick verstanden. Und ich hatte einen großen Erfolg, das war Balsam auf meinen Zorn. Mein Fräulein, was feiner war, wußte es nicht anders wie mit »guten Abend!« Da waren die zwei strammen Kameraden so frei und brachten ihrerseits einen guten Abend auf hochdeutsch heraus. Bloß die Magd hielt sich nicht daran. Sie starrte mit unbestimmtem Blick wohin, wo kein zweites Fräulein stand. Die Magd hat schön geschaut, wen ich da anbringe, und war weit und breit nicht mehr das einzige weibliche Wesen.

Wir haben dann alle fünf auf was gewartet. Aber mein Fräulein ergriff auch nicht die Initiative in dem beabsichtigten lebhaften Gespräch. Deswegen mußte es dann unterbleiben. Wieder hat sich ein Steinchen gemeldet von dem unbekannten Kind, und das Kind, was gemeint hat, seine sind wunder wie gut aufgehoben, ist nicht im Hemd angelaufen gekommen und hat seine Steinchen gerettet.

Während der ganzen Zeit haben sich die Burschen das Gesicht von meinem Fräulein gemerkt. Einer seufzte und wechselte mit dem Fuß in eine andere Stellung hinüber. Mein Fräulein schaute bei der Magd immer auf die Frisur hin, und die Angelegenheit war dringend. Denn der bläßliche Mittelscheitel, der nie anders gezogen wurde, war bereits zur breiten abgestorbenen Straße geworden, beim Betrachter erweckte er Wehmut. Ich warf meinem Fräulein einen Blick zu. Sie schaute schnell weg und unterdrückte eine naseweise Bemerkung.

Mein Fräulein war dann über das Schweigen, das sie verursacht, noch recht niedergeschlagen. Sie schämte sich neben dem Zaun, weil es nicht mehr schön ist, wie sie mit mir herumzieht. Aber ich sage, das hat meinem Fräulein nicht anders gehört. Vor lauter Verlegenheit entfernte sie sich unvermittelt aus der deften Versammlung, aber der, welcher vorhin seufzte, hat sich aufgeschwungen und beim Abschied hinzugefügt: »Guten Abend – Fräulein!«

Wir gingen so herum, bis sich die Empfindung von Schmach in meinem Fräulein gesetzt hat. Dann standen wir wieder an einem Zaun. Mein Fräulein wußte nicht, was jetzt kommt, ich selber auch nicht. Vor uns zog sich lang eine halbfertige Straße mit Bauplätzen hin. Ein Trambahngeleise war durchgelegt, weit vorn zwinkerte eine Laterne. Ich lehnte am Zaun und sah dem blinkenden Geleise nach, wie es von mir davonlief. In einem Hof hielt ein Herr seinen Hund zurück, weil er den Mond anheulte.

Ich langte nach meinem Fräulein, sie ließ sich gerade nicht stören. Wir berührten uns fast, aber ihre Gedanken gingen keinen was an. Wie sie mit dem Blick am Geleise hing und sich weit hinauszog an den verlaufenden Schienen, als müsse sie flüchten, lag eine Bereitschaft an das Unbekannte darin, die ich nicht verstand. Einer unbändigen Sehnsucht hatte sie sich verschrieben, ich kam da nicht mit.

Damit konnte sie mir zwar nicht imponieren. In gleichmäßigen Abständen stieß ich mit meinem Stiefel nach ihrem Schuh hinüber, daß es klappte. Mein Kopf gab der Pendelbewegung, wenn sie den

Körper durchlief, mit regelmäßigem Zucken nach. Damit hörte ich noch lang nicht auf, einfach so, weil es mir eben Spaß machte, darum. Ich schlug meine Zeit tot und kam mir als ein rechter Hui-Kerl vor. Da hat mein Fräulein auf einmal was gehabt.

Sie lief ein paar Schritt in die Straße hinaus, blieb stehen und schaute zu mir zurück, alles hatte seine Bedeutung. Wie auf der Bühne lief sie wieder ein wenig in die Straße hinein und war beim Geleise. »Magst«, spottete sie, »ich lege meinen Kopf auf die Schiene da. Wir spielen, ich lasse mich von der Trambahn überfahren.« Und wieder kam ich nicht mit.

»Weg mit der Nuß!« sagte ich, aber die Person ließ sich nicht halten. Sie schnitt eine Grimasse, als sie mit suchendem Hals die geschliffene Schiene probierte, und machte verkehrte Welt und setzte den Hals wie an ein Rasiermesser an. Von weitem sang eine mörderische Trambahn heran, ich war wie gebannt.

Sie hielt unsinnig lang aus und rollte nicht weg, der Fahrer warnte schon mit dem Signal. Gerade riß ich sie noch zurück, weil es das nicht brauchte.

Ich trug sie dem Zaun zu, sie machte sich ängstlich leicht. Mir war, als ob sie nach mir horchte. Dies Horchen erbitterte mich. Ich wollte ihr die Faxen schon austreiben und ich fuhr es ihr hin: »Ich gebe dir schon, was du brauchst. Um ein Haar waren wir beide darunter.«

Ich stellte sie nieder und stieß sie gegen den Zaun, sie gab einen kleinen Laut von sich. Der Stoß pflanzte sich durch den Zaun fort. Ich stierte auf das nachzitternde Holz, warf mich weit zum Ausholen zurück und stieß sie wieder hin mit aller Kraft. An meinem Blick, der so ganz von innen kam, mußte sie es begreifen. Sie hatte mich auf eine gemeine Probe gestellt, der Schreck saß mir noch in den Gliedern. Sie versuchte nicht einmal sich zu wehren. Da reute sie mich. Ich packte sie an ihrem Weibsgesicht mit heißem dringlichem Griff beider Hände. In einem Zug fuhr ich ihr über Auge und Nase und Mund, als ob ich wieder wegwischen könnte, was ich da im Zorn mit ihr machte.

Sie rührte sich nicht, sie hielt die Augen geschlossen und lächelte mit unfaßbarem Ausdruck wie ein gestorbenes Kind, so voll Gehorsam und feindseliger Beharrung zugleich, daß es mich überlief. Ich wußte, der werde ich nicht Herr, das kränkte mich tief.

Ich steckte die Hände in die Taschen und nahm sie gleich wieder heraus. Ich trat am Trottoir herum, aber ich trat mir das Kalte, was meine Eigenliebe lähmte, nicht ab. Für einen lernenden Maurer war es zu hoch. Ich lehnte mich an den Zaun und fing nichts mehr an mit meinem Fräulein.

Plötzlich fing sie zu beichten an und fragte, ob ich mir eine Zeit denken kann, wo sie immer schön heimging und keiner konnte ihr an. Ich sagte: »Nein, das kann ich nicht.« – »Siehst du!« sagte mein Fräulein und war mir über. Sie versuchte mir zu erzählen, wie alles kam. Dabei atmete sie schnell und so von oben weg, als hätte sie es auf der Lunge, auch die Worte redete sie immer schnell aneinander vorbei, als ob das, was sie momentan sagt, nicht das Wesentliche wäre, aber zum Wesentlichen kommt sie dann gleich. Ich wurde nicht schlau daraus, aber ich wollte auch nichts verpassen. Gerade als ich anfing die Ohren zu spitzen, sagte mein Fräulein, eigentlich ist sie schon fertig, sagen kann man es doch nicht.

Soviel sah ich, sie ist durch den Ersten, auf den sie alles gesetzt hat, so nebenhinaus gekommen. Durch einen Mann, den sie nicht vergessen kann, bleibt sie für immer von mir geschieden.

Geschaut habe ich, das hat mir alles soviel gemacht, was mir da passiert in jungen Jahren. Bei der, dachte ich, hast du es halt doch nicht herausgerissen. Es übermannte mich wieder, ich wollte ja nicht von ihr lassen. Da war ich mit ihr Gesicht bei Gesicht und ich schnaufte meine Dummheit hinein in ihr Haar. »Schau«, habe ich ihr gesagt, »für mich bist du halt doch keine Schlechte.«

Da hat sie gehorcht und wohin gelacht, wo ich in der Richtung ungefähr war, aber sie war wie in einem ganz anderen Raum, da nahm sie mich nicht mit hinüber. Die Person hatte ihren Stempel schon weg. Ich hätte sie stehn lassen können, mir pressierte es nicht. Nun, ich hätte ganz gern was gelernt. Am ersten Abend wird alles zu einer Erfahrung, man spannt sich unwillkürlich auf mehr. Manchmal ging wer an uns vorbei und wenn es ein Weibsbild war, schaute sie her, aber der Mann schaute meistens weg.

Der Rückschlag, der mußte kommen. Ich starrte in den weiten Himmel hinauf, ich konnte ja doch nichts machen. Ich dachte an das, was mich morgen vielleicht reut, wenn ich es heut unterlasse. Ich stieß sie an und sagte trocken, es ist soweit ganz schön, aber das, worauf ich am meisten aus bin, aus dem ist soviel nicht geworden, ich muß schon darum bitten. Ich habe mich davon nicht abbringen lassen und sie in den Luitpoldpark geführt, wo wir über die niedrige Buchsbaumhecke stiegen. Hier wäre es schon gegangen. Ich stieß meine gewesene Flamme an, da war sie mir störrisch.

Sie hätte sagen können: »Hund dürrer, fall um, wenn du Zeit hast!« Aber nein, sie fand kein erlösendes Wort.

Inzwischen haben wir immer was singen gehört, das war halt gesungen, aber schön war es nicht. Dann sind die Burschen auf den freien Platz herausgekommen, gerade konnte ich mein Fräulein noch an der Hecke herunterreißen. Wir preßten uns eng an den Buchsbaum, damit sie uns nicht schnappen. Das waren mir schon die richtigen Brüder.

Ganz Junge waren darunter, die zum ersten Mal dabei sind und auf die daheim noch eine Tracht Prügel wartet. Die Jungen wurden ganz schön gesteuert. Sie wären nicht auf die Idee gekommen, ihre Lehrmeister kriegen sie noch heut in die Zange und nützen das hinterher aus. Bis jetzt waren sie bei der Sentimentalität angelangt. Mit starren Augen schrien sie ihre unverstandenen Lieder aus nackten wüsten Hälsen und verrieten sich keiner vor dem anderen.

Ich hätte ihnen sagen können, daß es nicht dabei blieb. Die Älteren hätten die Jungen, selbst wenn die wollten, nicht ungerupft wieder heimgehn lassen. Ich wußte Bescheid durch einen Kameraden vom Bau, auf dem Bau hat man uns vor der Luitpoldpark-Bande gewarnt. Mit einem mannbaren Rausch fing es an, ein gefährliches Laster wurde daraus und sogar Kriminelles, weil die Lehrmeister hinterher ihre Verführten erpreßten.

Die Älteren hatten die Jungen in einer Reihe untergefaßt und kommandierten. Die Jungen ließen sich führen wie die Geprellten. Die Zeit floß ihnen verworren dahin, Kälte kroch sie an. Mit Gröhlen übertäubten sie eine unklare Angst vor Schmach. Von allem dachten sie, es müsse so sein und hielten die eigene Haut hin.

Jetzt gingen sie dicht an uns vorbei mit schleifenden Schritten durch den Kies neben der Hecke. Sie waren sich lauter künftige Feinde. Wir zwei Braven stellten uns tot wie die Käfer und lagen im Gras. Ich hätte mich nicht gern aufspüren lassen von einer Bande, weil man da den Kürzeren zieht, alle sind gegen einen.

Sie waren glücklich vorüber, wir zwei Braven atmeten auf. Mein Fräulein suchte mich am Arm mit einer Bewegung. Mit Bitterkeit hielt ich ihr vor, mit mir meint sie es auch nicht besser, als daß ich hingehn muß und mir da einen Anschluß suchen, wo ich ihn finde. Da hat mein Fräulein den Leib, der sie war, mit einer weiten Bewegung ins Gras hinein und wieder ins Gras geschleudert, soviel hat ihr das alles gemacht, wie es hart auf hart geht unter den Menschen. Zwischenhinein hat sie doch was versprochen und nackte Dinge gesagt aus blicklosem Gesicht. Das Haar wehte ihr in die Augen hinein wie eine Flut und gar nicht mehr ausgekannt hat sich mein Fräulein. Da war sie mir zum letzten Mal recht, ich habe mich hingeschoben und sie lange fixiert, bis sie mir klein wurde unter der Hand. Die Wolken waren über uns und unsere Blicke waren in uns.

Ich blieb noch sitzen und schaute den Platz an, denn hier hatte es sich ereignet. Inzwischen war ich schon kühl. Ich war in meinen Gefühlen schon ganz von ihr abgefallen. Der Bau wartete nicht, der Mann muß ja auch einmal schlafen. Die Bande konnte jederzeit wieder herkommen auf ihrer Streife, es war besser, ein halb schon schlafender Mann forderte da nichts heraus.

Ich sagte: »Junge, steh auf!« so war es jetzt. Ich mochte auch nicht so lang wie in dem Fall das Weib die Vergangenheit pflegen. Ohne ein Wort gingen wir quer durch die Wiesen den Arbeiterhäusern zu. Hier habe ich meine verflossene Flamme befremdet.

Denn wenn ich einen Menschen kennenlerne, sage ich, will ich von dem auch ein Andenken haben. Ich deutete es noch schonend an: »Fräulein, wann bekomme ich meinen goldenen Ring?« Mehr wurde da gar nicht verlangt, meine Verflossene wollte mich nicht verstehn, sie beschleunigte ihren Schritt.

Ich war so frei und zog ihre Hände schon selber suchend durch meine Finger. Aber mein Fräulein läßt ihre Ringe daheim, wenn sie Ausgang hat mit einem Bruder, wie ich bin. Gekränkt sagte ich: »Der Karl hat erst neulich von einer einen Ring bekommen.« Mein Fräulein gab mir nicht darauf an. Damit bestätigte sie meinen Verdacht, daß sie mir keinen Ring gibt.

Ich hatte noch was auf dem Herzen, mein Fräulein mußte wieder heran. Ob sie sich auch vor anderen zu mir bekennt und nicht Bitterkeit sich festsetzen läßt in meinem Herzen? »Gewiß«, sagte sie und gab mir hastig die Hand. Dann war meine Hand leer, ich wußte nicht, ob es gewiß ist.

Avantgarde

I

Es war nicht ganz heraus, war sie seine Mitarbeiterin, Freundin, Geliebte oder wurde sie seine Frau. »Das wird meine Frau«, hatte der umstrittene Dichter ganz im Anfang gesagt. Aber was hieß das schon bei ihm, und was galt es bei seinem Verschleiß an Menschen? Er nahm sich die Freiheiten eines Genies, und es war das Genialische, was sie ihm unentrinnbar verband, etwas hatte gezündet. Cilly Ostermeier hätte alles darum gegeben, sie sah sich nicht vor.

Sie selber wollte auch schreiben. Sie war blutjung, eine kleine Studentin, die sich noch nicht kannte, den Kopf vollgesponnen von ihrem Wollen, das einstweilen doch nur anmaßend war. Mit diesem Wollen geriet sie an ihn und wurde ganz stark gebrochen. Der Mann war eine Potenz, er brach sie sofort. Es würde sich zeigen, ob sie es überstand. Wenn nicht, war sie es eben nicht wert.

Schon die Lebensführung wurde gebrochen. Sie schwänzte die Vorlesungen und das Seminar, damit sie zur Hand war, wenn der Dichter sie brauchte. Sie nahm ihm seinen täglichen Kram ab. Seine Zeit war mehr wert, darüber ließ sich nicht einmal streiten.

Die Ostermeier hatte kein gutes Gewissen, dachte sie an ihre eigenen Leute daheim. Die Leute zahlten. Sie hätte selber gern an ihrem Doktor gebaut. »Was hast du vom Doktor?« redete er ihr ein, »schreiben kannst du auch so. Da hilft dir kein Doktor dafür, zuvor mußt du leben. Bleib du nur bei mir, und du hast auch schon deinen Weg. Aus den Zufällen muß man was machen.«

Er war der Mann, der schon was konnte. Sie spürte tief, wie er über ihr stand, und war sie bei ihm, faßte sie doch einen Zipfel vom starken, vom glühenden Leben. Sie machte die ersten Schritte. Sie lernte schreiben an der Art, wie er schrieb. Natürlich war es gefährlich, der Mann saugte sie auf. Sie hätte sich widersetzen müssen, dafür war sie zu jung. Sie grenzte sich noch nicht ab. Ihr war es gegeben mehr zu ahnen, als sie verstand, sie hatte ein inneres Auge.

In der Zeit glaubte sie ihm einfach alles. In der Zeit wußte sie nur, daß sie in die Kunst hineinwuchs, blieb sie ihm nah. Für sie ging es durch diesen Menschen. Sie konnte sich gar nicht mehr vorstellen, daß es ohne ihn ging. Es war ein unbewußtes Drängen im Dunkel, pflanzenhaft und so verletzlich wie Pflanzen.

Sie hungerte sich durch ein paar Jahre, wie nur ein junger Mensch hungern kann, es geht aufs Herz, man sieht ihm nichts an. Er weiß es nicht anders. Sie arbeitet für Fremde zwischenhinein, damit sie für ihn umsonst arbeiten konnte. Sie hielt es nie lange aus, war sie von ihm getrennt, sie mußte an ihn heran.

Dieser Hunger, der sich nicht stillte, machte sie für ihn so brauchbar. Ihr konnte man was auftun, die hielt es schon aus, die hatte sich jetzt schon verbissen. Was wollte der Mann mehr? Sie störte ihn nicht in der Empfängnis seiner Gedanken, sie schnitt ihm den keimenden Einfall nicht ab. Das war die Voraussetzung, es war nicht mehr wie ein Anfang. In seinem Suchen und Werden suchte sie mit, war der gewünschte Fänger für seinen Ball. Er arbeitete nicht ohne Fänger. Die Bälle kamen von ihr nur zurück, sie brauchte sich nichts einzubilden darauf. An ihm war es zu geben. Sie machte sich besser nichts vor, ohne ihn war sie gar nichts.

Er merkte nie, was hart war für eine Frau. Er hielt sie streng am Zügel und hatte sich an sie gewöhnt; machte bloß nichts Legales daraus. Nachgerade fiel es ihr auf. Sie spürte den Abgrund, an dem sie schlafwandlerisch lief. Sie hatte sich zu wenig vorgesehn, bildete sie sich ein. Gleich im Anfang muß man verlangen, das wissen die Kinder der Welt.

Er hatte so was schon einmal gehabt. Sehr stark sogar hatte er es gehabt, und er hatte das Ende gesehn. Er hatte sich schon einmal anbinden lassen. Manches erkannte er und verglich. Er hatte aus der schlichten Erfahrung gelernt, das schuf ihm seinen Vorteil. Es waren nicht nur die paar Jahre voraus, es war das gelebte Wissen, es waren die Narben. Er war nicht mehr so unbedingt wie seinerzeit, inzwischen war er an seine Narben gewöhnt, Häßliches nahm er notgedrungen in Kauf. Er zerbrach sich den Kopf nicht darüber, die Welt war nicht die beste. Wie ein Wachhund verteidigte er seine Freizügigkeit, und da kam ihm keine herum. Darüber mußte man sich wegsetzen bei ihm, er konnte nicht helfen. Nimm es leicht, bloß sei da, wenn man dich braucht!

Sie war in der Liebe ein reiner Tor. Sie hatte sich darauf verlassen, daß sie letzten Endes bekam, worauf sie ausging mit dem Instinkt. Das war wie Atmen für sie, das wurde noch recht, das erzwang sich von selber. Das hatte eine unterschwellige Gewalt.

Aber er hatte das Ende gesehn, diesmal wurde es anders. Er fiel kein zweites Mal so herein. Er war ein gebranntes Kind, zog Folgen daraus.

Ihn einsperren hieß ihn überfordern, es machte ihn lahm. Es ging eben nicht, selbst wenn einer sich zwang. Der Mann gab im Käfig nichts her, das wußte der Mann, der junge Mann mußte laufen. Und wenn er wen brauchte, so wurde kein Käfig daraus, diesmal paßte er auf. Und hatte er es sich nicht ganz schön gerichtet?

Manche sind geboren, daß sie vieles bekommen. Manche sind geboren zum Herrn, es stellt sich mittlerweile heraus. Es läßt sich gar nicht übersehn. Inzwischen ist es schon deutlich.

Der Mann entbehrte nichts, es gab keinen Grund, da was zu verändern. Sie sprachen nicht einmal darüber, es schwang versteckt. Es war gefährlich es zu benennen, sie benannten es lieber nicht. Er war ein solcher Dompteur, für sie war er alles. Sie würde sich hüten ihn anzunageln, wenn sie ihn dadurch verlor. Begegnung mit einem Genie war ergiebig, es war für sich allein schon ein Wert. Vogel friß oder stirb! In der kleinen Stadt, wo sie herkam, hätten Schandmäuler gistichelt, sie sei mit Opfern und Mühen auch nichts weiter wie seine Schlawinerin geworden. Sie konnte sich darüber wegsetzen und doch – es brannte.

Es ging zuvor um die Sache. Der Mensch war so wichtig nicht, der Mensch ließ sich ersetzen. Das sagte er ihr dürr ins Gesicht, ganz bewußt stieß er sie ab. Das waren die Fröste der Freiheit, sie mußte lernen zu frieren. Der Mensch lehnt sich nicht an. Der Mensch läuft auch nicht von einer Aufgabe fort, hat sie ihn einmal berührt. Dort war was im Werden, was man anders gar nicht bekam. So was wirft man nicht weg. Man hat es nicht lieber bequem. Ein rascher Seitenblick streifte sie, sie waren sich doch wohl einig?

Der Mann bestimmte den Abstand. Ihm durfte das nie passieren. Es passierte immer nur den anderen von ihm. Er lernte an Menschen, wie man ihnen Herr wird. Mit Worten schwang er die Peitsche, er machte es einem nicht leicht. Er ragte um einen Schuh über einen hinaus, stand im ganz anderen Raum, man wußte nie, worauf er verfiel. Er war schon zum Fürchten. Er kehrte alle Stacheln nach außen.

Seine Einbildungskraft fand sich rätselhaft gereizt, ohne daß man selber sich dessen versah, er konnte sich mittendrin stoßen, geheimnisvoll war er verletzt. Dann gab es kein Halten für ihn, sofort schlug er zu, und wenn er angriff, traf er empfindlich, es ging auf den Knochen, es schnitt durch in die Substanz. Sie durfte keine Miene verziehn wie der Indianer im Buch. Er spielte verrückt. Es war ihr eigener Schaden, wenn sie das dann nicht vergaß, er hatte es schon vergessen. Er konnte ins Gegenteil umspringen von einem Augenblick auf den anderen, genau so unberechenbar konnte er großzügig sein. Es war mit ihm nicht geheuer. Dabei stand es ihm gut, er konnte es sich anscheinend leisten.

Der Mann erlaubte sich viel, der Mann durfte es sich erlauben, damit fing es überhaupt an. Man mußte es mit angesehen haben, sein Spiel war bestechend, er verfügte über eine Magie. Sein halbes Lächeln war viel, dahinter regte sich Wissen, man hätte es gerne erfahren am Leib. Es entzog sich zu leicht, man wurde versucht ihm zu folgen, schon wieder war es voraus und es trieb. Aber dann war er auch nur ein Mensch, und der Umschwung war hold, und der Knabe war hold. Es machte sie schwach in den Knien, schmolz sein Spott, alles konnte er haben. Es legte sie nur so hin, er mochte tun oder lassen. Er war nicht rasiert, und bei ihm war es kein Mangel, das Licht kam von innen. Es waren ja Flammen. Wie Vogelflug war es vorüber, er hatte sie schon überrascht mit dem scharfen Blitz, was war noch wichtig? Er hatte sich längst erhoben, weil er selber sich diese Eile befahl, sie lag versunken, gefällt. Es störte sie, wie er es zeigte: ein Mann muß weiter, ein Mann ist nun einmal keine Frau.

In der Kunst war er der Mann, der schon was konnte. Seine Kunstmittel waren so einfach, er brauchte dafür nicht einmal viel. Aber wie er es stellte, das saß, es traf eben den Punkt. Wer da Ohren hatte zu hören, der hörte und fand sich tief innen betroffen, daß er ihn nicht mehr vergaß. An einen Menschenfänger war er geraten.

Die Begabung schoß weit über den Charakter hinaus, hier war er ein gieriges Kind. Das Kind war auch noch gebrannt und hatte was hinter sich, was es sich insgeheim merkte, was kein anderer wissen konnte, wenn das Kind nichts verriet, wenn gebranntes Kind sich nicht preisgab. Unschuldig stieß ein anderer wohl einmal dran, stieß an verborgene Wunden. Dann gab es die zu fürchtenden Szenen.

Der Umgang mit ihm war schwer zu verdauen. Seine Fehler zeigte er zynisch. Es kam ihm nicht darauf an, mußten andere fertig werden damit, so sparte er Kraft. Seine Schuhnummer war eben größer, er konnte sich den Fuß nicht abhacken dafür. Seine zugegebenen Schurkenstreiche machte er mittendrin durch einen Geniestreich wieder wett, auf einmal stimmte es wieder. Auf einmal war man nicht mehr auf ihn zornig.

Der Mann unterminierte und der Mann faszinierte. Es war merkwürdig: wer mit ihm brach, würde es nie ganz verwinden. Wer sein Freund war, mußte es bleiben. Mit ihm war es eben doch herrlich, das gab es sonst nirgends. Und wer zu ihm hielt, wer in der besonderen Anschauung lebte von seinem Wesen und Tun, der wußte warum. Der bekam was dafür tief im Kern. Offenbar ging er doch nicht ganz leer aus. Offenbar war es kein Stein, was da Stein zu sein schien. Er erlebte ein Phänomen. Er gewann ein Gespür für Größen. Man bekam so was nicht umsonst. Man mußte bezahlen dafür. Die Sitten waren hier rauh.

Für die Ostermeier war es noch nicht heraus, weil sie wie eine Schlafwandelnde lief. Sie war eine junge Studentin und mußte was werden. Sie hatte auf sein Betreiben keinen Doktor gemacht. Sie wollte schreiben, zuvor mußte sie leben, und umsonst war der Tod. Von daheim bekam sie blutwenig. Die Mühle zwickte, sie erlebte das ganz real.

Mitunter war die Rede von den Prozenten, die sie bekommen sollte, wenn er erst aus dem Gröbsten heraus war. Die Verheißung schwebte vor ihnen, sie äffte. Der Mann hatte nie Geld. Er wurde von ein paar Theatern gespielt, da und dort, immer sporadisch und, wie er behauptete, falsch. Er eckte an, seine Stücke setzte man ab. Durchgestoßen war er noch nicht. Der Mann kam nie aus seinen Schulden heraus; Gab er ihr was ab von seinem Geld, dann zwei Mark fürs Essen, es war eine symbolische Handlung. Die mußte sie noch verlangen, was sie lieber vermied. Sodom und Gomorrha war anders. Sie büßte ihre Sünden schon hier ab.

»Wir fressen uns jetzt durch den Berg«, versprach er. Das war es gerade, sie fraßen sich durch den Berg und was dann? Sie war nicht einmal seine Frau vor dem Gesetz, sie war schön dumm. Da kamen zum Beispiel die Briefe von den Leuten daheim, Briefe, die warnten, Briefe, die sie beschworen aus einer begreiflichen Angst, Briefe, die sich lossagten, gab sie nicht nach. Sie bekam solche Briefe nicht gern. Sie hing an den Leuten daheim, da blieb immer was hängen. Außerdem wollte keiner mehr zahlen, so, da konnte sie fest Luftsprünge machen.

Sie war selber schuld, sie hatte es nicht anders gewollt, sie war doch kein Bürger. Das war aber hart, kein Bürger zu sein. Es wurde nachgerade unmenschlich. Man konnte davon nicht zurück, hatte man es einmal getan. Die letzten Dinge wußte man nie. Es war quälende Unsicherheit im ganz persönlichen Bereich der eigenen Existenz. Es würde sich noch überspitzen. Alles konnte draus werden, sogar der Tod. Es war dem Wesen nach nur Gefahr. So eine setzte einfach alles aufs Spiel. Das konnte sie ihren Leuten daheim nie erklären.

Vielleicht war sie ein dummes junges Ding und sonst nichts. In der Nacht, wo sie wachlag, stieß es ihr auf, was das für ein Hundeleben war auf die eingebildete Zukunft hin und daß ihre Anlaufzeit ihr nicht gehörte und wurde einem doch einmal nur im Leben gegeben, dann nicht mehr, und war die Anlaufzeit einmal vertan, war auch das eigene Leben vertan, man mußte jammervoll hinterdreinhinken, wo andere im nämlichen Alter schon fuhren. Sie fühlte sich ganz umstellt, sie war grausam gefangen, sie sah sich einfach nicht hinaus. Und wenn die Zweifel kamen auf dem schmalen Bett, ob sie wirklich an einem Zukünftigen baute, ob sie nicht vielmehr einriß, weil es sie am Ende betrog, suchte sie die Zweifel doch zu unterdrücken und wollte tapfer sein und machte Fäuste im Schlaf.

So lebte Cilly Ostermeier droben unter dem Dach für den Dichter, der im Kommen war, denn er wurde gespielt. Der Mann nützte sie aus, wahrscheinlich kam es ihm zu, ein begabter Mann hatte sich was genommen. Und wurde sie ausgenutzt, sie lebte in einer genialischen Luft und hatte ihr Schicksal droben unter dem Dach, war darum nicht verloren, noch nicht. Jedes Haar war gezählt, jede Träne fiel in einen Becher. Und geschwängert hatte er sie nicht, dafür konnte sie sich noch bei ihm bedanken.

Schon die Stadt forderte einem ein Schicksal ab, das nötige Senkblei zum inwendigen Halt. Die Stadt war riesengroß, die Häuser zu fremd nebeneinander, zu abweisend die Türen, die Straßen zu lang, die Plätze zu weit, man konnte in all diesen Räumen versaufen. Man wurde hergefegt vor einem unwirtlichen Wind, verklemmt das Gesicht, eiskalt die Hände. Die wildfremden Menschen wichen vor einem nicht aus, man mußte sie schon scharf ansehn, bis die einmal so was taten und auch dann nur im letzten Moment. Lieber drängten sie einen in den Rinnstein hinunter, absichtlich schnitten sie einem den Weg ab, einfach aus dem unguten

Willen heraus. Sie rückten an wie die Kerzen und gaben nicht nach, sie hatten böse Namen schon auf der Zunge, mit denen sie einen Mitmenschen schalten, ungestraft weil nie erkannt. Wer kannte einen schon in so einer Stadt? Das war eine Weltstadt, Abgrund neben Abgrund.

Sie war sehr fremd in die große Stadt gekommen, sie war darin nicht geboren, niemand kümmerte sich darum, was sie trieb. Dann arbeitete sie für den Dichter, den man jetzt schon anderwärts spielte. In letzter Zeit wurde ihr Name genannt, sie blieb nicht mehr verborgen.

Nicht umsonst hatte sie die Antenne nach ihm gedreht. Der Dichter stellte ihre Arbeit großzügig heraus, interessierte die richtigen Männer dafür, man begann von ihr zu wissen. Er verschaffte ihr einen Rentenvertrag bei einem großen Verlag (»Das sind unsere Rennpferde, die lassen wir laufen.«). Selber kaum durchgestoßen, zog er andere schon mit, er war begierig, was daraus wurde.

Sie war öffentlich entdeckt, fast war es zu früh, sie kam mit dem Wachsen nicht nach. Sie war gut angekommen mit ihrem Erstling, da war etwas von ihr drin. Jetzt mußte mehr daraus werden, er fing an, sie zu treiben, das vertrug sie nicht recht, sie wurde eher verstört. Das war schon immer, bei ihr floß es so schwer, sie brauchte mit sich Geduld. Geduld hatte er nicht, er überstürzte sich, darin war er so jung. In seine Entdeckungen war er immer ein wenig verrannt, bald mußte er sie ausschlachten und lieber sofort.

Er hatte seine eigene Vorstellung von ihr, für sie war es ein Befehl, und sie hätte es gerne getan, es war komisch. Aus einem rein äußerlichen Anlaß hatte er ihr ein Thema gestellt, da sollte sie ein Stück drüber schreiben. Sie wäre gar nicht darauf gekommen.

Das war in der Fuggerstadt, wo er geboren war, er war heimgegangen über den Sommer und hatte sie herzitiert aus der Donaustadt, wo sie für einen Sommer daheim war. Den Katzensprung her hatte er sie geholt, sie erzählte: »Bei uns sind die Pioniere da aus Küstrin, da geht es drunter und drüber, die Mädchen haben es wichtig, und eine Brücke wird über ein Altwasser gebaut. Erst habe ich vom Ufer aus zugeschaut, dann hat ein Mann einen Kahn hergerudert vom MTV, der hat mich hineingelassen in seinen Kahn. Da haben wir es viel besser gesehn.« – »Dein Glück«, sagte er, »daß du so scheinheilig aussiehst.« – »Das war doch bloß der Nicki, den kenne ich als Bub schon. Aber wir waren nah dort, wir hatten die Scheinwerfer nur so im Gesicht.« – »Na also!« Sofort fiel ihm das Stück ein, das er loslassen wollte, und sie war ihm das Mittel dafür.

Das war am Stadtgraben, wo die gilbenden Blätter schwammen, die Schwäne im Abendlicht zogen. Auf der Stelle gab er es ihr ein und sprengte sie den Stadtgraben hinauf und hinunter, immer wieder kehrte er um. Hier hatte er selber ein Stück gekritzelt vor Jahren, der Laufweg war für ihn trächtig.

Im Dachzimmer, wo der nasse Schwamm am Fensterkreuz hing, an der Luft sollte er trocknen, hatte er ihr unanständige Lieder vorgelesen, wie er sie machte aus Laune, seinen Frauen las er sie vor, sang er sie vor, krächzend mehr als gesungen. Dazwischen schrie er seiner Marie. Er hatte es mit dem Namen Marie, und wenn sie nicht so hieß, hatte er ihr den Namen gegeben. Denn er hatte ein Dienstmädchen genommen für sich allein, daß es die Wäsche und die beiden Zimmer betreute unter dem Dach. So gab es mit der Haushälterin unten, die nur für den Vater da war, keinen Streit. Sie war ein blutjunges hübsches Ding, das Haar am Kopf fast geschoren, so kurz, und das stand ihr so frech, er hatte Spaß an seinem eigenen Mädchen. »Mariiiie!« brüllte er mit Genuß, er legte den Ton ein wenig ordinär an, er ließ sie das Fenster aufmachen und dann wieder zu, jagte sie herein und hinaus, was sollte sie schon den ganzen Tag tun, die hob sich bei ihm keinen Bruch an. Er karikierte die Herrschaft, die trieb, sie gab ihm mit schnippischen Antworten hinaus, die ihn entzückten, er ließ es sich durchaus gefallen, soviel hatte die bei ihm schon gelernt.

Wie Gott in Frankreich lag er auf seiner Liege, die Füße gegen die Rückwand vom Kleiderkasten gestemmt. Da hatte der Malerfreund den Mann mit dem Gocks lebensgroß auf die hölzerne Rückwand gepinselt, den Städte-Mann, der den verschworenen Knaben-Freunden sinnbildlich war. Die Cilly legte sich ihm genau gegenüber auf die andere Liege, einen breiten Gang dazwischen mit dem Tisch vor dem Fenster, an dem er sonst schrieb. Im Kinderzimmer daheim, wo sie mit den Schwestern schlief, standen die Betten genau so, sagte sie ihm, und dort hatten sie sich ihre Wichtigkeiten erzählt vom lieben Gott, daß er gelb war und was so die kindlichen Vorstellungen sind. Über eine Nase auf einem geistlichen Bild hatten sie einmal bis zum Einschlafen gelacht. »So lachen müssen«, hatte die Schwester gesagt, »ersetzt zwei weiche Eier, das habe ich gelesen, lachen macht satt.«

Hier aber lachte sie zu seinen Versen im Fuhrmannston, in einem wüsten Singsang gekrächzt. Er krächzte ungeniert, wenn die Stimme nicht reichte. Mehr als gewöhnlich ging er aus sich heraus und war so gelöst. »Hier im Haus«, sagte er ihr, »war meine Mutter rebellisch. Sie war der Eindringling in der Familie und der Protestant.« Wie er die Mutter liebte, sagte er nicht. »Große Städte muß man nutzbar machen«, hatte er dann behauptet und irgendeinmal warf er den Begriff »Modegröße« herein, sie redeten Unsinn und Sinn. »Wer ist eine Modegröße?« fragte sie, versponnen an einen Traum und tippte mit dem Bleistift gegen die Wand, er klopfte mit dem Fuß beim Städte-Mann an. »Du wirst eine Modegröße«, sagte er nur. Er stand auf zu seiner eigenen Größe, kam herüber und machte sie glücklich. Es war alles, wie Kinder spielen.

Danach gingen sie in einen Wildwestfilm, er schwärmte für Wildwester. »In den deutschen Filmen geht es dürftig zu und doch kompliziert, hier ist es anders. Sieh nur, wie der Mann hereitet, aus welcher Weite und welcher Luft und wie sparsam die Bewegungen sind, genau auf den Zweck gerichtet. Bei uns macht der Schauspieler zuviel, das ist innere Unsicherheit, dort ist das Können.«

Mit dem Genick lag er tief im Stuhlrand vergraben, die Beine unter den leeren Sitzreihen ganz nach vorne gestreckt, das große Kino war am Nachmittag leer, die Hände hingen gelöst und gelassen und kühl. Danach zeigte er ihr seinen Plärrer, strebte der gewohnten Luftschaukel zu, und sie hutschten in der Schaukel zu den Wolken hinauf, bis der vorfallende Bremsklotz sie zum Aussteigen zwang. Ihr kam es so vor, als habe sie in der Fuggerstadt mehr von ihm als in jeder anderen Stadt, hier war er von seinen Umtrieben fern.

Aber dann mußte sie von der Brücke reden, als sie das Wasser im Stadtgraben sah, und das Stück fiel ihm ein.

»Mir ist wichtig, daß es nicht schwer wird. Das muß improvisiert sein und leicht. Das muß werden wie so ein Karren in Paris, von einem Amateur zusammengebaut aus den Bestandteilen, die er zufällig auftreibt, und wie ein Auto sieht es nicht einmal aus, aber es fahrt halt, es fahrt.«

Er hatte sich für seinen Schmetterling ganz ereifert, er beschrieb ihr ein paar Figuren, er wußte schon, was sie sagten. Sie fuhren herum in seinem Kopf, es konnte Mist sein, er hatte sie gar nicht geprüft, er war nur glücklich damit. Insofern war er gefährlich. Man konnte sich versehn an dem Licht in seinem Gesicht, dies Licht konnte täuschen und hatte schon manchen getäuscht. Unfehlbar war er nicht. Sie hätte gerne geholfen zu seinem Glück.

Es war ein Thema für einen Mann. Sie brachte nicht einmal die Voraussetzung mit, ihr Instinkt war nicht politisch. Ihr träumte. Den Instinkt eben suchte er zu wecken. Als könne man es von einem Tag auf den anderen befehlen.

Samen war es und kein Boden dafür. Das war für ihn kein Kummer, er war ein solcher Dompteur. Mit Schauspielern hatte er seine Schöpferwunder erlebt, die Ostermeier faßte er genau so an. Aber Schauspieler haben eine andere Struktur, sie können sich von Haus aus verwandeln.

Er verlangte ihr ab, was nicht drin war. Sie spürte, da war was falsch, an ihr mußte es liegen oder lag es nicht einmal an ihr? Was ihr ganz zu eigen war, wurde verletzt, gerade das ließ er nicht gelten. Die Atmosphäre strich er heraus, er schien ein für allemal sie zu hassen. Etwas anderes sollte sie vorziehn, was seine eigene Einbildung war und sein kühles Ziel. Die Schrift sollte sie stellen.

Sie hätte es gerne für ihn getan. Sie konnte nicht. Es machte sie unglücklich, sie wußte nicht ein und nicht aus. Es brachte sie ganz durcheinander. Sie reichte ihm nicht das Wasser. Sie stürzte in die Ohnmacht hinab und zur Ohnmacht wachte sie auf. Sie war niemand. Es ließ sich nicht aus ihr zerren.

Sie rettete sich in den Zorn. Genau gesagt war es ein Eingriff. Aber der Mann lebte von Eingriffen. Zuletzt war sie wie ein Maulesel störrisch, das Einzige, was man bei ihm nicht durfte.

Einmal würde sie es erfahren, da waren zwei Wesen, die sich nicht paarten. So weit war es noch nicht, und sie hätte es keinem geglaubt. Sie wäre losgegangen auf den, der es ihr prophezeite. Der Schock schlief noch ganz in der Tiefe, der Schock war noch nicht geweckt. Er durfte nicht wahr werden, nicht von innen durfte er kommen.

Ihr Brett vor dem Hirn kannte sie nicht. Da war das verdammte Stück, an den Haaren herbeigezerrt, sie brachte es ihm an voller Zweifel. Mehr konnte es diesmal nicht sein. Es schaute sie unglücklich an. Sie hatte ja einen Knall. Die Unsicherheit hatte sich darin überschlagen und gab sich schnoddrig, was zu ihr am wenigsten paßte. »Dann schon gleich frech!« sagte er, es war ihm zu leise. Er sagte: »Wir lassen es liegen.«

Alles war ihr recht, mußte sie bloß nichts mehr wissen. Sie hatte es nicht mit dem Stück. Sie lief herum wie verstört. Sie war ihr eigener Feind. Aber was von innen kommt, das kommt bald auch von außen.

Er hatte es ihr abverlangt, er mußte doch sehen, hatte sie überhaupt was getan? Für ihn sah es wieder ganz anders aus. Er war vogelnüchtern, er machte sich kein Urteil zuvor. Alles waren nur Leitern, an denen man übte. Ein paar Sprossen waren schon da, die paar Möglichkeiten sah er sofort, für ihn drehte es sich nur um Regie. Er hatte sich mehr vorgestellt. So wichtig war es auch wieder nicht, weil alles für ihn nur vorläufig war, ein Anlaß für die bessere Arbeit, die immer noch nachkam, war man einmal enttäuscht. Die Werkstatt lief einem nicht fort.

Ihr war es fürs ganze Leben ein Greuel, das wußte sie bloß noch nicht. Das dicke Ende würde noch kommen. Blind war sie und taub, sie merkte nichts. Sie ließ es einfach nicht herein. Sie mußte sich davor schützen, daran lag ihr soviel. In Wirklichkeit war es Alarm, eine innere Zerstörung zeigte sich an.

Zuviel hatte sie gehungert, zu schlecht war sie behandelt, einen Stein hatte die Frau bekommen für Brot. Mit ihr wurde Schlitten gefahren, sie hatte auf den Boden unter den Füßen kein Recht. Zu viel hatte zu lang an ihren Nerven gezerrt. Dabei konnte sie alles dies nicht einmal wirklich sagen, ihr fehlte die Freiheit dazu. Sie stand unter dem Zwang. Die Zerstörung steckte immer noch drin.

Da wußte sie schon von seinen Kindern, die er hatte von seinen verschiedenen Frauen. Sie kannte die Polly schon, die eine Schauspielerin war und die Mutter an seinem jüngsten Sohn, und wußte, die hatte das Kind sich von ihm gewünscht und hatte den Vater sich ausgesucht für das Kind, begabt sollte es werden. Es war noch viel schlimmer, sie hatte die Polly gern. Es war zum Umwerfen, weil sie merkte, wohin es führte.

Die Cilly bekam jetzt viel mehr Begriff. Sie erlebte eine Frau, die gescheit war. Nur die Polly würde es schaffen, wenn es überhaupt eine schaffte. Sie konnte ihr darum nicht einmal neidig sein. Es verbot sich, die hatte sie gern.

»Ich war eine turbulente Person«, sagte die Polly, »bevor ich an ihn kam.« Bei der hatte es was geholfen. Sie erzählte ihr von ihrer Schwangerschaft Dinge, die großartig waren. Die Cilly bekam einen ziemlichen Respekt. Sie konnte sich nicht damit messen.

Die Polly wurde zur Zuflucht. Ohne daß man ihr was sagte, wußte sie viel. »Laß die Männer«, sagte die Polly, »die sind alle schlecht.« Das sagte sie bei einer Frau. Die Cilly ging oft zu ihr hinauf, durfte baden in ihrer Wanne, die Polly hatte ein Bad.

Sie war mit einem hochschwangeren Bauch solang aufs Wohnungsamt gelaufen, bis sie einen Dachboden bekam, den baute sie aus. Da war soviel Raum, keine überflüssigen Dinge darin. Der Malerfreund malte einen übergroßen Städte-Mann an die Wand hinter einem Podest, vor dem Städte-Mann konnte man sitzen. Da war die Atmosphäre gleich da in dem Raum, wo der Text gelernt wurde. Zur Seite führte eine Treppe in den Speicher hinauf, da konnte man noch besser sitzen, in die Straßenschluchten hintersehn, unter dem Fenster liefen viele Straßen zusammen. Man konnte auch proben, wie man hinuntersteigt von Stufe zu Stufe.

Als Kleiderschrank hatte sie in der Dachschräge eine eigene Kammer, in die man hineinging, und man ging nur, wenn man ein Kleid brauchte, hinein. Manchmal suchte sie der Cilly was aus und zog es ihr an.

Der Dichter wohnte einfacher auf seinem Dachboden, niemand hätte dort eine Wohnung vermutet, sie war nicht einmal gemeldet, und das ging ihm eine ganze Weile hinaus. »Von mir hat noch kein Finanzamt eine Steuer verlangt.« Man stieg eine schmale Stiege zwischen Verschlägen wie eine Hühnerleiter hinauf, Brandgefahr war da immer. Da standen in der Dachschräge hinter dem eisernen Bett ganze Batterien von Flaschen gebaut mit dem trinkbaren Stoff. Dem Himmel war man hier nah.

Der Dichter nahm sein Essen bei der Polly, das war seine neue Gewohnheit. Oft war es die einzige Gelegenheit, daß sie ihn sah. Mitunter kam auch die Cilly zum Essen. Dann schaute sie zu, wie er ihn erzog, seinen Sohn. Der kleine Sohn mußte die Mütze bringen, wenn der Vater aufstand zum Gehn, er mußte es merken. Und er merkte es, lief über den langen Gang im Eifer, streckte von weitem schon die Mütze vor in der kleinen Hand, als habe sie die große Bedeutung. »Das ist richtig«, sagte der Vater lapidar, bückte sich, nahm die Mütze entgegen. »Das ist falsch«, sagte er genau so lapidar und so kurz, wenn ihm was nicht gefiel. So erzog er ihn und steckte dem Sohn die Linien, er verschwendete nicht viel Worte daran.

Was man für natürlich hielt, dem wehrte man nicht, hier war dem Sohn alle Freiheit gelassen. Wenn er die Cilly sah, ging er auch schon auf sie los, rannte mit dem Kopf voran durch den Raum, in dem soviel Leere war. Er bohrte ihr den Kopf an das Bein, suchte sie zu greifen unter dem Rock, sie mußte ihn abpflücken mit Gewalt, er hielt sich ein wie ein Zeck, hampelnd und strampelnd. »Soll das genial sein?« sagte sie nur. Die Mutter stand daneben und lachte, sah das Häkchen sich krümmen beizeiten.

Aber dann bekam er ein wehes Ohr, ein Mittel mußte hinein, das brannte gemein, aber es heilte. Da sagte die Mutter: »Tu du doch das Mittel hinein.« Sie hielt den Sohn nur am Kopf, daß er still war. Die Cilly gab ihm das Mittel in das ruhig gehaltene Ohr, er konnte nicht aus. Mit den Füßen stieß er sie fort, am Kopf wurde er verhalten, daß das Mittel nicht wieder heraustroff, es brannte gemein, und er haßte dafür, schielte seitlich zur Cilly hinauf, die Augen empört und wie der Vater so braun. Seitdem mochte er sie nicht mehr und hatte es sich gemerkt, die hatte ihn so gebrannt.

Die Polly war schlau. Nur die Polly würde es schaffen. Die Cilly konnte ihr dafür nicht einmal neidig sein, was zum Umwerfen war. Das war das Vertrackte: niemand vertrieb sie von ihrem Platz. Es gab grundsätzlich Platz neben ihm für die Bestimmten. Er war eine Sonne. Er faßte nach sovielen Seiten. Und der Schock schlief noch immer.

Der Schock durfte nicht wahr werden, nicht von innen durfte er kommen. Es gab Aufregung genug mit den anderen. Die großen Schwierigkeiten zeigten sich an. Der Mann riß sie an sich wie ein Magnet, je mehr er sich entpuppte.

Der Mann war ein Wesen besonderer Art. Im Endziel suchte er den Menschen zu helfen. In der Handhabung war er ein Menschenverächter. Das schluckte man nicht von dem Mann, und er hatte ja nicht die Macht. Neu sollte er sein, aber doch nicht zu neu und der Kern nicht zu hart und die Schale weniger rauh, es mußte schon passen. Er sollte alles in allem nur weniger anstößig sein. Vielleicht mußte man auskommen mit ihm, am liebsten schmolz man ihn ein.

Kräche hatte es immer gegeben mit allem, was er berührte, jetzt häuften sie sich. Die Kräche mußten sich häufen. Der Dichter ließ die Katze aus dem Sack, man sah sie bereits. Es gab Leute, die hielten sie für ein Ungeheuer. Schon auf der Schule hatten sie ihn einen Spinnjockel genannt. Nur die Verrückten gehen herum und suchen, woran sie sich stoßen. Sie treten mit Fleiß nach dem, was immer schon da war.

Mit Gewalt wollte dieser Dichter ein Ärgernis nehmen. Es war seine Sache, wenn er sich wehtat dabei. Vorgeblich war er von einer genauen Vorstellung über sein Theater der Zukunft besessen. Sollte er doch zusehn, wo er in der Gegenwart blieb! Ein Verrückter mußte er sein, er ließ ja nichts gelten.

Gerade das hielt der Dichter für sein schlichtes Recht. Er gab sich gefühlskarg, was ihm eine Hauptsache war. Er untertrieb, er machte den Mangel zur Stärke. Warum sollte er nicht, wenn es gelang, wenn er große Kunst daraus machte? Er hatte sein ganz persönliches Dogma, zugeschnitten auf seinen besonderen Fall und noch in dreißig Jahren modern. Und wenn es galt, war das herkömmliche Theater gesprengt. Er war entschlossen, sein Dogma durchzusetzen, das Theater zu sprengen.

Noch war es phantastisch, wie das Kind im Mann ging er es an. Er stülpte einen schwarzen Gocks auf, mit dem er sich beim Denken ein wenig behalf, der Gocks war den Einfällen nützlich. Im Schneidersitz unter dem Gocks schwebte er auf dem Kopfstück der ärmlichen Liege und stellte es sich vor wie ein Knabe. Zuvor mußte er es dahin bringen, daß viele ihm dienten. Dann hatte er für die Menschen sein eigentliches Geschenk, das sich einmal nicht mehr wegdenken ließ. In seinem Kopf unter dem Gocks war es schon da. Man mußte nur zulassen, daß es auf den Brettern probiert und daß er es zeigte.

Er legte konsequent den eigenen Maßstab an alles, wie es eben stand, da konnte gar nichts passen. Es gab bedeutende Theater in dieser Stadt, der Dichter hielt sie nicht für bedeutend, er sprach ihnen den Ruf ab. Er ging in die Proben der zu spielenden Stücke, um zu lernen, wie man es nicht macht. Wie dawider hätte er sich selber verhalten? Es fiel ihm ein, konnte er an anderen sich reiben. Unten auf dem Stuhl wurde es ihm plötzlich ganz deutlich, er lernte wie ein Schneider und spähte hinauf.

Er war nicht eingeladen, er war aber drin, weil er sich aufs Hineinkommen verstand. Er war wichtiger als die Geladenen. Im Spähen tat er was dazu, nahm den szenischen Vorgängen Maß, stellte sie richtig, wenn auch nur im Kopf. Er würde sie später auf den Zentimeter befehlen. Er verglich und hatte lang schon verworfen, hatte dafür sein eigenes Rezept. Er war der geborene Regisseur und erweckte ihn jetzt.

Am Ärgernis, das er nahm, hielt er die eigene Vorstellung lebendig. Kein Zuschauerraum war vor ihm sicher im grauen Vormittagslicht, keine Schauspielergarderobe am Abend. Versagen mußte noch der gewitzte Portier, der ein Cerberus war. Der Dichter lief herum, sich an der fremden Arbeit zu stoßen, Schauspieler zu beeinflussen, Unzufriedenheit zu säen. Er bemühte sich um einen Spielletervertrag, hatte ihn bald in der Tasche, nie wurde er realisiert. »Die Kräche an meinem Theater mache ich mir allein«, hatte einer von ihm gesagt. Das reine Dynamit war der Mann. Wo er hinlangte, ging auch schon was in die Luft. An einer jungen Versuchsbühne mischte er mit, aber nur um sie dann bald zu schlachten.

Er war aufgefallen. Mit lauter Durchfällen hatte er sich einen Namen angetan wie ein Gewand. Etwas schlug durch, man spürte den kommenden Mann. Sein Stil ließ sich nicht nachvollziehn mit den gewöhnlichen Mitteln, das gab Löcher, in denen sackte er ab. »Also«, sprach er schlicht, »müssen die Mittel sich ändern.«

Seine Lehrsätze verblüfften noch die Gelernten. Sie stürzten einen in die Verzweiflung und, konnte man sich überlassen, führten sie einen aus der Verzweiflung wieder heraus und zwar in gänzlich neues Theater, das grundsätzlich war, es hatte seinen Grundsatz gesetzt. Aber zuvor mußte man über die Grenze mit dem Selbstmörderschritt, man durfte sich davor nicht bergen. Der Dichter untergrub die festen Größen, provozierte die Fachleute. Und so wie er provozierte, wurde er boykottiert.

Gerade das, woraus die Bühnen ihre Wirkung auf den Zuschauer zogen, durfte es nicht mehr geben, ging es nach ihm und war das Theater kein Rauschmittel mehr, wurde es wesentlich neu.

Er wurde der natürliche Feind. Berühmte Theater gaben ihm Hausverbot, sie ließen ihn nicht mehr auf ihre Proben hinein. Die Schauspieler konnte man nicht einsperren. Er schlenderte mit ihnen vor dem Theatereingang herum, in Nachbarstraßen ließ er sich berichten. Infiziert kamen sie wieder herein. Er verbreitete Unsicherheit mit gezielten winzigen Sätzen, gab einen vernichtenden Hinweis unter der Hand, und alles das wirkte fort. Er wußte, sie waren gelehrig. »Schauspieler«, pflegte er zu sagen; »sind Affen.«

Er hatte die große Neugier erregt und verstand sie zu schüren. Einer steckte es dem anderen weiter wie verbotene Ware. Es gab Gespräche am Telefon, die wie Säuren fraßen. Er war schon lang mittendrin, die Theater konnten so schnell gar nicht schaun. Dies war eine city. Seine Minen waren gelegt, seine Pappenheimer kannte er schon.

Die Theater hatten begriffen, sie waren ein alter Hut, gab man diesem Hergelaufenen recht, dem Hereingeschmeckten, dem Neuen. Es hatte sich herumgesprochen, daß da einer war, der den anerkannten Größen das Gesicht nahm, unaufhaltsam ließ er sie altern. Was wollte dieser Rebell? Wie groß durfte er werden? Hatte er vor gar nichts Respekt?

Napoleon hatte ihm einmal vorgeschwebt, dachte er sich ins Unbekannte hinein. Der Knabe hatte seine Maske da hängen, noch eine ganze Weile der Mann. Er hatte unter der Maske geschlafen, geludert, gedacht. Für ihn war es eine Schlacht.

Die Leichen, die rings um ihn fielen, störten ihn nicht. Manche hielt er für komisch, da lachte er schallend, er hatte schon gar kein Gemüt. Und vielleicht stellten solche Leichen sich um, sahen sie erst einmal ein, daß es nichts anderes mehr gab, daß man nicht um das neue Lernen herumkam. Nur wer lernte, war keine Leiche. Wer bei ihm lernte, durfte noch unreif sein, sich tastend versuchen, er durfte verunglücken, das nahm er in Kauf. Er verlangte keinen Meister an ihm. Und vielleicht duldete er neben sich keinen Meister.

Er wurde zum meistbeschrieenen Mann. Unter den jungen wurde er in ihren Schlupfwinkeln zitiert. Es bildete sich ein Gefolge um ihn, das ihn nicht in den letzten Konsequenzen verstand, man hielt sich an das, was entzückte, schockierte. Er war nicht mehr umzubringen, um ihn sproßten ganze Geschichten. Das war schon zu sehen, er würde der Eroberer sein. Seine kalte Leidenschaft würde das Theater verändern.

Er machte es noch seinen Jüngern schwer. Sie durften sich nicht mit ihm auskennen. Er schillerte aus Absicht, er lobte die List. Er gab was her im Gespräch, hellwach war er da. Das durfte einen nicht täuschen. Man kam nicht wirklich an ihn heran. Er unterkühlte, war es einem ernst. Das wurde je näher, so schlimmer. Er hielt sich den Rücken frei, er schleppte nicht an den Menschen. Sie sollten nicht auf ihm sitzen. Hatte er sie einmal, legte er sie wieder ab, beizeiten, ohne Rücksicht, zerstreut. Er erwartete sie vorzufinden am gewohnten Platz, wenn er sich auf sie besann.

Die Ostermeier fühlte sich abgelegt. Er strapazierte ihren Instinkt. In der fühlenden Brust hatte sie mit ihm ihren ganz persönlichen

Krieg. Sie ertrug den Schwarm von Weibern nicht mehr, der um ihn herum war, jede ein Ausbund. Seine Liebschaften hatte er offen, wie machte er es der Polli zum Beispiel! Die Cilly war nicht so gescheit. Ich geh noch weg, flackerte sie, man wird ja irr an sich selber, bestimmt geh ich weg. Man muß seine fünf Sinne nicht haben, läßt man es sich gefallen, ich bin schon gegangen.

Zur Zeit war sie ziemlich unterminiert. Hatte er es nicht immer gesagt, hatte sie es bloß nicht richtig gehört, nicht in der nackten Kälte gewußt? Jetzt hatte es sie eingeholt: der Mensch besitzt nicht den Menschen. Wie Schuppen fiel es ihr von den Augen. Ach was, sie hatte ihn gar nicht gehabt.

Keine glaubt es von selber, streicht man es ihr nicht hinein. Was er an ihr gesucht hatte, war die Begabung zuvor. Die Liebe war nur so mitgenommen, auch nicht zum Verachten. Das war vielleicht zum Lachen! Und sie war so dumm wie der Blitz, es war schon wieder schön, in ihren Knall war sie wie verrannt. Es war die höchste Zeit, daß sie was merkte. Der Begabung hatte er seine Augen gemacht, und so was ändert sich nie. Sie war nie seine Frau. Seine Frau mußte schwarz sein.

Was konnte sie schon für ihn tun, was ihm wirklich geben, das er nicht ebensogut von anderen hatte? Wenn eine bloß gut war zum Schreiben! Es unterschied sich zu wenig. Es war ihm verliehen, die Begabten an sich zu ziehen, das war eben seine Magie. Leute, mit denen er schrieb, fand er immer. Das war nicht so besonders. Es wurde ihm fast schon zu viel.

Schauspielerin mußte man sein, daß er sich unmittelbar durch die Frau ausdrücken konnte. Das war die wahre Ergänzung für so einen Mann, das brauchte er wesentlich. Damit fing er wirklich was an, und das brachte ihn fort, denn dann konnte er sich körperlich sehn. Sie machte es ihm vor, was sich darstellen ließ und was nicht, das Irgendmögliche holte sie ihm zuliebe heraus und konnte auch einmal warnen, bis hierher, nicht weiter! Er tappte dann nicht mehr im Dunklen. Wenn eine bloß schrieb, die war bald abgefieselt, das war kein ewiges Werk. Das machte er sich allein.

Darüber kam sie nicht weg und sie wütete gegen sich jede Stunde. Sie konnte nicht einmal in ihm aufgehn, in ihr begehrte was auf. Das war soviel wie ein Urteil. Langte es nicht dafür, daß sie seinetwegen die Märtyrerin war, dann war es eben zu wenig. Das mußte eine doch einsehn. Für sie gab es immer noch ihr eigenes bockiges Selbst und stärker, je mehr man es drückte.

Sie sah es durchaus nicht ein. Ihre Schuld war es nicht. Er hätte es anders bekommen, hätte er es anders gewollt. Durch dick und dünn wäre sie mit ihm gegangen. Aber nein, sie mußte es abwürgen mit Fleiß. Einen größeren Gefallen konnte sie ihm gar nicht tun. Sie fand sich da nicht mehr zurecht. Sie hatte sich da einen Götzen gemacht, der nicht stimmte.

Was war das bloß für ein Mensch! Er stieß einen zu stark vor den Kopf, er genierte sich da nicht. Man war ausgesetzt neben so einem Kerl. Was blieb denn noch von einem, wenn nicht ein ganz armes Luder? Lieber einen ganz gewöhnlichen Mann, sagte sie sich vor, sich nicht einlassen mit einem Genie. Von einem Genie hat man was aus der sicheren Entfernung, wo die Zerstörung nicht hinbrennt. Man muß weit weg sein, dann kommt man erst in den Genuß.

Sie wollte hartnäckig heim in die kleine Stadt, die sie vor ihm schützte. Sie suchte den Abstand, damit sie sich fing. »Tu, was du nicht lassen kannst«, sagte er spöttisch. Er erkannte es wieder, er fand es bloß nicht sehr klug. Nicht zum ersten Mal passierte es ihm. Offenbar hatte er da was übertrieben. Er hatte nicht im Sinn, daß es aus war, es würde demnach nicht aus sein. Er wurde so liebenswürdig nachmittag um halb zwei, er hielt sich für sie bereit und trug ihr die Koffer zum Taxi. Er war gut im Nehmen.

Es war noch lang nicht aus, er war immer noch wichtig. Wie der Zugvogel mußte sie wieder zurück. Und vielleicht war dies das Geheimnis, man mußte neben ihm ein Zugvogel werden, daß man nicht an ihm zerbrach. Es konnte nur so sich verjüngen.

2

Hätte es dort in der kleinen Stadt nicht Nickl den Schwimmer gegeben, leicht hätte es einen anderen getroffen. Das verweigerte Leben hatte so lang sich zusammengezogen, der tiefe Sturm hatte so schwarz dagestanden über dem Kopf, hatte unaufhaltsam gedroht, er mußte ja ausbrechen, es mußte endlich wen treffen.

Er lief so natürlich ihr über den Weg und ließ es sich ankennen, da traf es eben Nickl vom Laden, traf Nickl, den Letzten, der zu ihr paßte. Denn so hatte der Vater gesagt: »Merkst du nicht, daß er zu dir gar nicht paßt?« – »Man kann doch einen Freund haben, der einmal ganz anders ist«, hatte sie dawidergehalten. Sie ließ es sich nicht verbieten, darin war sie unglaublich, es half nicht.

Und er schwamm doch so gut. Lang im Wasser sein war für sie doch so neu. Und es mußte ja der bare Gegensatz sein, durfte nicht im Traum sie erinnern. Was sie quälte, sie trat es sich weg mit dem Fuß, und das Wasser war gut, schier zu kalt. Es war wie ein guter Schrecken, der heilt. Und der Mann war ein guter Schrecken, auch er mußte heilen.

Wie ein Trainer kam er ihr vor, noch so roh von Gesicht und deutlich von unten herauf, von dort, wo es sich noch nicht sagt, nie sich ausspricht, das war vielleicht seine Kraft. Ein Nickl nah bei den Wurzeln, es nährte. Ein Trainer hat einen unter der Fuchtel, auch wenn das von einem die reine Freiwilligkeit ist. Es ist wie ein stummer Vertrag. Man hängt am Trainer, man kann sich auf ihn verlassen. Sie war mit dem Verhältnis auf Zeit tief zufrieden.

Der Nickl lehrte sie, wie man aus der starken Donau heraussteigt. Die Donau ist stark, das freie Ufer für die nicht geübte Frau nicht gemacht. Hinein, das geht leicht, sie wird mitgenommen vom prallen Geschiebe, aber heraus, das wird die Frau schon einmal prellen, es boxt vor den Magen. Die Strömung wird dann zum Stier, der sie aufs Horn nimmt und gegen die rohgeschichteten Blöcke am Ufer schleudert. Die Cilly hatte dafür den Nickl, der paßte schon auf. Er stellte sich quer zum Strom ein paar Armzüge voraus, damit er sie abfing, verlor sie über sich die Gewalt, zweihundert Meter unten kamen die gefährlichen Wirbel. Noch keiner hatte es für sie getan, es war die reine Freude. Die Freude merkte sie sich. Sie war davon nicht überschüttet.

Der Mann wehrte sich nicht mehr wie vielleicht einen Tag oder zwei, es war ihm vergangen. Vielmehr er hatte sich dran vergangen. Sage keiner, es hätte ihn nicht gewarnt. Denn da war eine innere Warnung, die schnürte den Hals und war wie ein Tabu. Das Tabu hatte er frech überspielt, weil er viel zu neugierig war, das Tabu mischte sich als ein süßer Schauder hinein, jetzt würde er es sogar vermissen. Der Boden war ihm schon fortgezogen unter dem Fuß, seine Bedenken waren verbrannt. »Ich bin verhext«, sagte er selber.

Es war ihm noch nie so passiert. Er riß sich die Jacke herunter, schlug die Cilly ganz darin ein, wenn sie einmal fror nach dem Baden. Die Stimme schlotterte ihm, wenn er sie rieb. Er war so außer sich, daß es sie knisternd berührte, und sie sann der jähen Hingabe nach. Er war vom so Fremden betört. Er wußte nicht, wie es ihr zeigen, am liebsten hätte er es sich herausgerissen das Herz, es lachte und weinte in seinen Grimassen. Er hatte einen Vogel, dem gab er frisches Wasser.

Er fiel in die Sucht sich zu verschönern. An einem Sonntag kam er mit Handschuhn daher und war doch nicht Winter, die Glacélederenen in der Farbe wie Kupfer, die ihm leibeigen waren, hielt er beiläufig und klopfte sich damit in die hohle Hand, daß man sie nicht übersah. Er zog und preßte am Leder, er konnte sie schinden, so würde er auch sie einmal schinden. »Tu weg diese Handschuh!« sagte sie spröd. Er steckte sie weg auf den Wink, ging noch immer auf Wolken, und nichts tat ihm Abbruch. Sein Glück war so breit, er brachte das Maul nicht mehr zusammen. Er schwenkte und wendete sich, trat dahin wie ein Pfau, ja zum Gecken fehlte ihm nur noch ein Hut.

Er gab ihr unheimlich viel vor und er biß nach den anderen. Niemand sonst hatte recht, aber sie hatte recht, er hätte ihr alles erlaubt, ging es nicht gerade um Geld. Er verschwendete sich. In welcher Münze verlangte er es einmal zurück?

Und doch war er ein Schrecken. Denn wenn er nicht schwamm, stand er in einem Laden herum, der seinen Eltern gehörte und, wenn er es nicht mit ihnen verdarb, einmal ihm. Das war die andere Eigenschaft, die sich nicht von ihm trennte, nur lästig war sie noch nicht. Cilly schlug die Eigenschaft in den Wind, so hoch war sie nicht droben. Es mußte ihr doch wohl gefallen. Dem Institutsmädchen, das immer eingesperrt war, zeigte er alle Plätze, die sie nicht wußte, sie streunten.

Schon immer hatte sie es gerne getan, unter dem Regen durchlaufen und gegen den Wind, in den Wald, wo er tief war, an jedes Wasser: Auf einmal gab es diesen Wald und dies Wasser, auf einmal war sie dabei nicht mehr allein. Die Wüste von Stein war nicht mehr, und wer paßte zu wem nicht?

Als Freund war er recht. Als Freund stieg man über die Stufen; die trennten. Man mußte nicht, wenn man es freiwillig tat, man merkte sie gar nicht. Der Fuß war einem noch leicht. Mehr würde ja auch nicht sein. Mehr sollte gar nicht sein.

Sie hatte nicht mit dem Mannsbild in seinem Starrsinn gerechnet. Der Nickl konnte sich gar nicht mehr vorstellen, daß er sie auch einmal wieder ließ, es wurde nur stärker. Außerdem hatte er vor ihrem Vaterhaus den gewissen Respekt. Übers Jahr bekannte er sich dazu, daß er ernst machen wollte, er ließ ihr den Willen nicht mehr.

Gestern hatte sie es noch nicht gewußt, er fuhr auf mit dem schweren Geschütz. Er fegte die Luft rein, bis sie sich auch nur umgeschaut hatte, etwas mußte ihr daran gefallen. Sie bekam den Ring an den Finger gesteckt, er hatte gar nicht lang gefragt. Nein so ein Mannsbild! Sie mußte eingewilligt haben, als er den Sturm lief, ihr den Mund verschloß mit den Küssen, jetzt war sie verlobt. Er hatte sie schwer überrumpelt. Es war die reine Sucht. Aber das war es nicht, was sie sich vorgestellt hatte. Heiraten, das hatte Folgen. Ihn vor den Kopf stoßen, nein, das wollte sie nicht. Denn dann hätte sie lassen müssen von ihm, sie wollte ihn auch nicht lassen. Sie brauchte ihn, weil er der ganz andere war. Er war der Beste, nur zum Heiraten nicht.

Das ging in seinen Kopf nicht hinein. Es mußte ihn umkrempeln von Grund auf, er wollte es gar nicht anders, er hatte sein Tor weit aufgemacht. Der Nickl war reif für einen Wechsel. Daran war sie nicht einmal schuld. Schon das Jahr vor ihr hatte ihm nichts mehr gepaßt. Er war sogar abgefallen beim Schwimmen.

Er schwamm nicht mehr seine zehntausend Meter Training am Tag, wie er früher gewohnt war, er übertrieb es nicht mehr, langsam war er über das Alter hinaus. Sollte der Nachwuchs den Titel sich kaufen. Sein Herz hatte den Knacks schon weg, er gab es nicht zu, mittendrin wurde ihm komisch.

Dann schielte er aus dem Wasser hinauf, wie wenn er dem Steg das Maß nehmen müßte, stieg aus dem Bodenlosen, wie er es so früh gar nicht vorgehabt hatte, kam einem wie ein Sonderling vor, immer nur eine Silbe im Maul und den Kopf von was anderem voll und im Inneren verloren. Ein Mensch muß wissen, wann das Wasser keine Balken mehr für ihn hat und wann er freiwillig abtritt, selbst wenn es ihn reut. Es reute ihn nämlich, er tat es nicht einmal gern.

Er war bekannt wie ein bunter Hund. Die Ohren standen ihm ab, er konnte mit ihnen Theater machen und wackeln. Die Brauen wuchsen ihm über der Nasenwurzel üppig zusammen, fast wild. Sein Köpfchen aus Eisen war für den Körper zu klein, darunter die Armmuskeln wuchtig gepackt, sie schnellten. Er war auf eine zum Lachen reizende Weise ein wenig grotesk, man merkte sich ihn unwillkürlich, auf den ersten Blick fiel er auf. Die Häßlichkeit war wie der letzte Pfiff, als er noch jung war und frisch, alles echt und hingewachsen, er machte sich darüber lustig. Der grinsende Sportler war schon fast eine Marke, ja, man ahmte ihn nach.

Bis ins Fichtelgebirge hinauf und hinein in den Bayerischen Wald hatte ein Betrüger, der sich für ihn ausgab, Geld gepumpt auf seinen Brustschwimmernamen, für die Heimreise, wie er es nannte, die Eltern kamen dann schon dafür auf. Er hatte das Geld sogar bekommen.

Der Nickl hätte sich nicht träumen lassen, wie bekannt er war in dem Land und daß man ihm noch was darauf lieh, dem schlauen Doppelgänger vielmehr, der nachgeholfen hatte und sich für ihn ausgab. Und doch war er vom gemeinen Wohlwollen verwöhnt, schnappte es wie die geziemende Luft. Das hörte alles auf, wenn er abtrat im Verein, wenn er ein für allemal nicht mehr schwamm, er hörte die Englein singen. Die drohende Leere galt es zu füllen. Darum war er auf den Wechsel so scharf. Sein Leben mußte gewaltig sich ändern. Die Englein sangen es ihm im Schlaf, wenn er nichts wußte.

Er stieß sich an allem. Daheim war er doch warm drin wie ein Junges im Nest, mit der Cilly gar kein Vergleich. Die Familie wurlte um ihn herum. Er hatte einen Handel aufgezogen, wie er heimkam als blutjunger Krieger, weil ihm der Schlosser, auf den er drei Jahre gelernt hatte, nicht schmeckte. Aus der Familienkasse hatte er es getan. Da war es am Ende doch die Familie, der der Handel gehörte, er war nicht wenig überrascht, so hatte er es nicht einmal gemeint. Denn was er auch tat, war gehupft wie gesprungen. Er entschied nichts allein. Er fühlte sich gegängelt und unerträglich beschnitten. Einmal ließen sie ihm seinen Lauf, dann zogen sie ihn am Strick wieder her.

Jahrelang hatte er die Alten beklopft im Drang nach dem eigenen Geschäft, das dann sein Leben war innen wie außen, lieber fing er noch einmal von vorn an. Auf dem Ohr waren sie taub. Sie konnten den Sohn selber brauchen. In ihm sträubte sich alles. Beinahe hätte er sich einen Laden in der besten Lage ersteigert, er hatte ihn so gut wie in der Hand. War er toll? Von wem nahm er das Geld? Wie konnte er auftreten, wenn er gar nicht bevollmächtigt war? Mit dem Kopf wollte er durch die Wand. Man mußte ihm nachlaufen, daß er keine Dummheiten machte. Die Eltern sagten ihm nein, da zerschlug es sich in der letzten Minute.

Seine Verehrer im Fichtelgebirg, könnten sie ihr Idol nur so sehn! Man hielt ihn nicht wie ein Idol. Unverhältnismäßig hoch hatte er seine Erwartung geschraubt. Soviel warfen die Eltern nicht aus für den Sohn, er konnte das lang nicht begreifen. Das schönste Mächen hätte er gehabt, durfte er es packen beim Schopf. Er hätte es für selbstverständlich genommen.

Er hatte noch was bei ihnen gut, kam es ihm vor. Sie hatten ihn herumgestoßen genug in der Schulzeit, wo sie die Wirtschaft noch hatten. Als Volksschüler hatte er schon schuften müssen daheim, als Schlosserlehrling noch immer, viele Stunden vor der Lehre, viele Stunden danach, damals kam er fast nicht zum Schlafen. Er hätte sich weigern können, er hatte sich da auch nicht geweigert. Sie hatten ihn ganz schön benützt, er hatte nicht wie die Kameraden seine Freizeit gehabt, und wenn er sie hatte, war sie gestohlen. Ihn hatte die Lust gespornt an dem vielen Geld, von dem für ihn auch was abfallen mußte. Er vergaß, daß er die Augen vor Müdigkeit stellte, der Geldsack klingelte ihm, er lief wie ein Bär und war so gefällig.

Denn sie hatten das Geld geschaufelt im Vierzehnerkrieg. Die ganze Straße hinauf und hinunter waren die Soldaten auf dem Randstein gesessen ums liebe Bier, in der Wirtschaft hatten sie gar nicht mehr Platz, der Nickl war im Laufschritt vom einen zum anderen getrampt.

Bloß war das geschaufelte Geld inzwischen schon wieder verschwunden. So schnell wie es kam, so schnell war es auch einmal wieder weg, die Inflation hatte ihnen davon geholfen. Und das schöne Haus an der Straße zum Bahnhof, den schönen Garten, der Nickl sah sich noch darin graben, den hatte der Vater in der Panik für soundsoviel Paket Zigaretten verschleudert, in dieser Währung rechnete der Nickl es ihm hinterher vor. Nichts war mit dem Geldsack, den trieb man dem Nickl aus. Er mußte es schon einmal bescheidener geben. Er hatte es mit Sport übertäubt. Sogar der ließ ihn im Stich, sogar da biß es aus. Da war er wieder, der immer schon drin war, der Wurm. Der Nickl war nicht zufrieden.

Er fand sich nicht ausreichend bezahlt, seine Arbeit war ihm schon mehr wert. Die Cilly sollte er ausführen, kam es ihm vor. Der Nickl nahm sich nur sein Recht, wie er glaubte. Er tat seinen Griff in die Kasse immer dann, wenn es nicht langte, er spielte sich gern einmal auf.

Aber die Kasse ließ sich das nicht gefallen, sie verriet den Griff.

Sie wurde ja überwacht. Was wußte die Cilly? Sie hielt es für Kundschafttrinken von einem ausgewachsenen Mann, das war es ja auch. Nur tranken sie jetzt zu zweit.

»Hast den Schein du herausgenommen?« fragte die Mutter im Zorn. »Warum nicht?« tat er patzig, er ließ die eigene Auffassung merken. Der Nickl hatte sich bei den Leuten daheim viel zu wenig auf die Fuße gestellt, andere schnitten da besser ab, seine Geschwister zum Beispiel. Die waren ausgezahlt. Die Eltern konnten ihn nicht immer nur auf später vertrösten, wo er einmal das Ganze bekam, wenn er es sich nicht verdarb, vielleicht schmierten sie ihn auch dann wieder aus. Der Nickl fackelte nicht mehr lang. Ans Geld glaubten sie fest. Jetzt packte er sie dort, wo sie es spürten.

Sie hatten immer nur sein Holz verbrannt, immer nur sein Holz, kam es ihm vor, aber er hatte mit dem Holz sich gerauft. Dafür war er zu haben. Um vier Uhr in der Früh war er schon auf, hatte die Fässer gerollt. Sie hatten ganz schön hinter seinem Rücken gesteckt, er wollte nicht sagen faul. In Wirklichkeit war er der Hausel für alles. Und als er was unternommen hatte nach dem Krieg, hatten sie ihm das auch nicht gelassen.

Bis jetzt hatten sie ihn billig gehabt, so billig war er nicht mehr, er verdarb es sich lieber. Er war über das grüne Alter hinaus, wo einer mit sich umspringen ließ, er hatte doch wohl ein Recht auf die eigene Frau, wie lang sollte er noch warten?

Sie hatten eine Fähigkeit hart zu sein auf dem Ohr, es war lang gut gegangen. Die Geschwister waren vorgezogen vor ihm, weil sie besser im Mundwerk waren, er hatte sich nicht gar so gewehrt. Nur konnte das nicht in alle Ewigkeit sein, jetzt kam er daran! Er hatte nur länger gebraucht. Wenn denn gar nichts half, kam er ihnen ruppig.

Da merkten sie, was sie sich an ihm eingebrockt hatten. Sie hatten ihn billig gehabt, jetzt hingen sie ab von einem Räuber. Sie konnten sich helfen zum Glück. Lieber zweigten sie für ihn eine Aussteuer ab, als daß er sie rupfte. Es hielt sich dann in den Grenzen.

Sie schanzten ihm sogar den fremden Laden noch zu, in dem er sich Hals über Kopf einmieten mußte. Sie hatten eine Sintflut vermieden. Der Nickl war Herr über sich selber. Wie stand er da? Aber für die Geschwister war es was wert. Jetzt hatte er es sich nämlich verdorben.

Schnell muß es gehn, daß es überhaupt geht. Es ging nur mit Gewalt, hatte er gemerkt und er kam zu seinem Laden auf die triebhafte Art. Vielleicht mußte er noch einmal dran denken.

Man hatte ihn auf ein Schinderpferd gesetzt, auf ein mageres, damit sollte er rennen. Das mußte ja nicht so bleiben. »Wir haben dem Unseren das Seine gegeben«, platzte die Mutter heraus und wollte hell sein für zwei, »soll der Alte nur auch was tun«, womit sie den Ostermeier, den Zögernden meinte.

Das gerade hielt der Ostermeier für verkehrt. Er wußte nur, daß der Mann sie ernähren mußte, die Frau. Den nämlichen Nachweis hatte er selber erbracht. Sein Vater schon hatte in einer der alten Familien nur anklopfen dürfen, als er ein gemachter Mann war. Das hatte er nie anders läuten gehört. Für Rotzbuben kam er nicht auf.

Erst wenn es daran nicht fehlte, würde er sich nicht mehr sperren. Aber auch dann steckte er, solang er am Leben war, die Mitgift nur in den Hausstand hinein. Die Heirat war ja nicht so groß, die Heirat war klein, nahm man es einmal genau. Er hatte sie freilich anders bekommen, die eigene Frau, da hatte er aber auch was geboten.

Er ließ sich nicht heraustreiben aus seinem Bau. Das war für den Nickl eine arge Enttäuschung, er fraß sie hinunter, vor den Augen sein kurzes Ziel. Das Haar stellte sich auf seinem Kopf, er hätte nie zugegeben, wie ihm grauste. Er hätte nie zugegeben, daß ihm was nicht gelang.

Er poussierte die Geduld, man zwang sie ihm auf. Er raste in seinem engen Käfig wie ein Löwe umher, beherrschte sich wieder. Die Verehrer im Fichtelgebirg, könnten sie ihr Idol nur so sehn. Wie schnell dreht einer die Mark? Das stand ihm bevor, diese bittere Wissenschaft mußte er lernen.

Das Beste an ihm waren die Beine, die waren schön ausgestreckt und zügig vom Schwimmen. Sonst war er schwarz wie die Nacht, im Oberkörper ein wenig kurz und gedrungen. Seine Haut war wie Farnkraut gesprenkelt, wie die genarbte Unterseite von diesem mißfärbigen Kraut und hatte diesen scharfen Geruch vom tiefen gärenden Wald, man hätte ihn gut in den Wald stellen können, bis das Moos auf ihm wuchs, dorthin zu den Pilzen. Er war merkwürdig unrein und wuchernd, vom Kopf bis zum Fuß aus lauter Erde gemacht, seine Augäpfel waren beschlagen von einem gelben wolkigen Hauch. Schwer war seine Hand und sein Haar aus Pech eine Kappe, auch sein Blick war so zäh, er konnte sich an einen hängen, ging dann nicht mehr weg. Es war nicht leicht den Nickl zu scheuchen, er war so roh und glaubte blind an sein Glück. Noch nannte er es Cilly.

Im Anfang schwang er mit ihr mit und sie hielt es für seinen Schwung. Daß er sie liebte, hob ihn über sich selber hinaus. Er konnte sich nicht lang dort halten, dann fiel er zurück mit Gewalt. Das tat einen Plumps in die Lache.

Die Ostermeier war eine edelgebaute Person mit großen Knochen für eine Frau und mit glimmenden Augen, Asche über der Glut. Man mochte meinen, sie hätte sich einen anderen gefunden. Eine Grausamkeit war in ihr gegen sich selbst, sie war ein wenig verrückt. In der großen Stadt hatte ein Mann zu tief sie verwundet, und sie sprach nicht darüber, nie kam es heraus. Sie ging mit dem Nickl, als ob ihr dies zu einem Ganzen noch fehlte.

»Mann ist Mann«, sagte sie einem anderen nach, der es ihr einmal vorgesagt hatte, in ihrer Stimme den Grimm. Sie war schon eigensinnig, die Cilly. Es war ein grotesker Drang, hing zusammen mit Kunst, das wußte sie selbst nicht. Etwas in ihr war zu lang auf der Spitze gestanden, hatte sich dann überschlagen. Sie brauchte dann diesen Erdendreck, es war aus des Chaos Schoß ein Geheimnis. Falsch war nur, wenn der Erdendreck überhandnehmen durfte, sie mit dem Wuchern erstickte.

Was wußte die Cilly? Sie kannte die Freiheit in ihrem Leben, es war die von Räubern und war für die Weiber hart, wenn sie den Männern es gleichtun mußten, und ging nicht gut für sie aus. Etwas Mörderisches war in dieser Freiheit.

Sie hatte Mut gehabt und viel Hunger, die langen Jahre her viel Hunger und Mut, und jetzt war sie erschöpft und jetzt war sie von einem Schlage betäubt. Im Sturz faßte sie nach einem Halt, es war ausgerechnet der Nickl. Mitten auf ihren Weg war er gestellt, von wem wußte man nicht. Sie hielt sich an ihm ein in der Not, das war natürlich im Anfang. Dann aber hielt er sie fest mit dem Griff, der die Schwungfedern lähmt.

Was wußte die Cilly? Sie kannte die Freiheit in ihrem Leben, die Künstler. Ein Mausloch hatte sie nie von innen gesehen, darum ging sie in eines hinein. Kann sein, es war dem ungleichen Paar schon immer bestimmt, daß sie aneinander gerieten. Kann sein, sie waren sich schon begegnet in einem früheren Dasein und hatten einer am anderen getan, was nicht recht war, und waren wieder beisammen, daß sie es besser und daß sie aneinander was gutmachen sollten. Es wurde erst recht nicht gut, und so entrannen die beiden sich nie.

Schon wie sie ein Kind war, hatte er jeden Tag an ihr vorbeigehen müssen, sie hatte ihn angeschaut aus lauter Hoffart und hatte bei sich gedacht, der Bub schaut wie ein Nußknacker aus. Aber er hatte gemacht, daß er wegkam, er konnte sie nämlich nicht leiden.

Bis zum letzten Tag war er sich nicht gewiß, ob sie nicht sich losriß mit bäumenden Flügeln. Er ahnte dunkel, wie nah sie daran war. Hart am Tor spürte sie die Gefahr. Zwei Stimmen waren in ihr, die stritten, sie war müde den Streit.

Als dem Dichter in der großen Stadt der Durchbruch gelang, war sie fort. Er war Hausdichter geworden an einem alten Theater bei einem ganz neuen Mann, der sein Geld gemacht hatte mit Holz, der sein Geld aus dem Holz für ihn wagte. Der neue Mann traute sich einen naiven Aufschwung zu für neues Theater, er begeisterte sich, in die Kunst wollte er sich gerne verlaufen, noch konnte er es sich leisten. So einen suchte der Dichter schon lang. Er suchte den Mann mit dem Mut und mit der geringen Kenntnis von der Gefahr. Er brachte ihm sogar Glück auf den Weg.

Über den Neuling im Theatergeschäft bekam er seinen Serienerfolg, der alle anderen erschlug, es ließ sich nachblättern im Kalender. Man hatte jetzt den Beweis. Die Geschlagenen in der Schlacht stammelten bleich: »Hätten das wir doch gemacht!« Andere Städte spielten ihn nach. Für den Dichter gingen alle Türen gespenstisch auf. Was er sagte, das galt. Bald machte er allein selig.

Und war er durchgestoßen, konnte man es in allen Zeitungen lesen, es freute einen für ihn, es machte für die Cilly nichts anders. Darin täuschte sie sich. Denn als er ihn in die Länge gezogen hatte, den Ruhm, und als eine Lücke entstand, erweckte er ihr begrabenes Stück, brachte es auf den Spielplan in dem alten Theater über den Chefdramaturgen, der auf ihn schwor. Sein Telegramm schreckte sie auf, das in die große Stadt sie befahl, überstürzt mußte sie dort sein. Da war der Dichter doch ihre feste Größe, er brauchte bloß winken. Schon setzte es sie in den Zug, sie ließ alles liegen und stehn.

Und jetzt wäre es dem Stück gut bekommen, wäre es weiter gewachsen, hätte sie es nicht verdrängt. Aber die Fremdkörper wachsen nicht fort, sie haben kein wirkliches Leben, sie lassen sich nur verstümmeln. Sie fuhr in eine zerrende Ungewißheit hinein, etwas lag auf der Lauer.

3

Durch Mitteldeutschland fuhr sie über eine lange Strecke im durchgehenden Wagen allein. Da war es die Flasche, auf die sie sich noch nach vielen Jahren besann, die leere Weinflasche, wie sie vor und zurück unter den gespenstisch leeren Sitzen durchrollte, je nachdem der Wagen sich drehte und neigte, es dämmerte da herin. Die Flasche kam vom anderen Ende daher wie ein Ereignis, nahm eine Dichte mit auf den Weg, sie war keine gewöhnliche Flasche. Natürlich war es eine gewöhnliche Flasche. Es war eine Flasche, nicht mehr. Jemand, der vorher noch da war, hatte die ausgetrunkene einfach auf den schmutzigen Boden gelegt, sie rollte beharrlich über die ganze Länge des Wagens hinweg, wie der stoßende Zug sie bewegte, blieb hängen an einem Metallfuß, verstummte, kam dann wieder frei.

Die Cilly sah die grüne noch blinken, sah sie schon wieder nicht mehr, hörte sie weiter. Das- Rollen war außer dem Zuggeräusch der einzige Ton in dem Wagen, das Rollen sagte ihr beharrlich was vor, nur daß sie es nicht verstand. Die Flasche war ihr nun einmal nicht geheuer. Ach was, machte die Cilly, das steckt doch nur in mir selber.

Aber was steckte in ihr, wollte aus dem Unterbewußtsein herauf? Ihr wurde unheimlich, daß so gar niemand hereinkam, nicht einmal der Kontrolleur. In andere Wägen stiegen die Leute doch ein auf den trübseligen Stationen, ihr Wagen blieb ausgespart. Und kam einer herein und war es nur einer, wurde es darum nicht besser. Stundenlang konnte einer wen umbringen da herin und wurde dabei nicht gestört.

Der Nickl wurde ihr schon zum Problem. Sie mußte mit dem Juden über ihn sprechen dort in der großen Stadt, mit dem weisen Mann ihrer Bekanntschaft. Durch ihn hatte sie den Dichter einmal kennen gelernt, er war sein Anhang oder war der Dichter sein Anhang, sie standen von gleich auf gleich. Er wußte soviel, mit ihm konnte man reden, nur über den Dichter nicht, dem tat er nicht weh. Mit dem Juden mußte sie reden über den Ring, sie hatte ihn hier am Finger.

Schon daß sie zum Juden ging, zeigte es auf, was sie wollen mußte und wollte, nur fürchtete sie sich davor. Sie hatte den Nickl doch gern. Ihr verlangte nach einem unbefangenen Auge. Der Jude ließ sie gelten mit dem inwendigen Streben, mit dem, was an ihr das Besondere war, nie wieder durch einen anderen war, mit der persönlichen Berufung. Das erlösende Wort hatte er dafür. Der Unterschied war frappant. Auf einmal konnte sie atmen.

Für den Juden war sie eine Person, für den Nickl nicht. Für den Nickl war sie ein Besitz. Der stellte sie einmal in den Laden. Der gab nichts auf Kunst. Er haßte sie nicht gerade, so weit war es noch nicht, so weh hatte ihm die Kunst nie getan. Wenn er die Cilly wollte, wollte der Nickl im Grunde sich selber. Was ihm wohltat, wollte er nur.

»Mann ist Mann« war eine Lüge, ein Schlachtruf vielleicht. Darüber war die Cilly mit dem Juden schon einig, hatte es bloß nicht im Griff. »Der gibt mich nicht her, das tut der nicht, der kriegt mich doch wieder herum.« – »Du mußt nicht warten, bis du dort bist«, sagte der Jude der Schülerin ein, wie auf der Schule war sie bei ihm. »Du mußt ihn herkommen lassen, wo er die Berührung mit seinem Boden verliert. Du darfst da nicht wieder hin. Du mußt dich hier von ihm trennen. Nur hier wird er dir glauben.«

Es war eine richtige Operation. Er war ein Gewitzter, er hatte soviel gelernt. Die Gewitzten finden den Schnitt. Den Bürger herkommen lassen, nie wäre sie darauf verfallen, sie hielt die beiden Welten getrennt.

Sie wußte jetzt, wie sie es packte. Ihr Herz tat nicht mit. Das Herz gab ihn nicht her. Wie unvernünftig es sich wehrte! Wie war er nur hineingekommen so tief? Es machte ihr schwer zu schaffen.

Man kann sich nicht schonend lösen, wird man gar so heftig umklammert. Sich freikämpfen kann man nur hart. Sie zuckte davor zurück, mußte es doch einmal tun. Sie hatte den Mann gern. Dann gibt man doch nicht einen Tritt. Wenn es sein muß, gibt man sogar dann einen Tritt, der tut einem genau so weh. Der Mann schnitt ihr den einzigen Weg ab, er nahm ihr die Kunst. Für sich wollte er sie haben, sie nützen für seinen kleineren Zweck. Nie könnte sie sich bescheiden. Sie mußte es tun für die Kunst. Das war eine Not. Sie schob es noch immer.

Der Dichter verlangte Änderungen an dem Stück, die Proben liefen. Die setzten ihr nach auf dem Fuß, wo es ihr doch nur langsam geriet, schnell überhaupt nicht geriet. Da war das alte Leid, das Stück gab ihr nichts her. Sie turnte im Kopf und machte nichts besser, nur anders. Der Winter war streng gewesen, die Schneewälle waren den Randstein entlanggebaut noch im April, alles machten sie kalt. Sie streifte beunruhigt diese Wälle entlang. Immer wenn der Schnee sich so türmte, passierte ihr was, das sie auf gar keine Weise vermied. Sie machte immer noch das Stück nicht besser, nur anders. Sie hatte einmal nicht die Gabe dafür.

Und als es zertrümmert war und verworfen und als es nicht stand, war sie auch schon abgelaufen, die Uhr, den übernächsten Tag mußte der Vorhang schon steigen. Der Schluß war im Text noch nicht fertig, wie sollte er fertig werden im Spiel? Sie wurde von der Unmöglichkeit verfolgt und geschunden. Da drehte sie durch, einfach durch. Sie konnte nichts mehr hinschreiben, nicht einmal ihren Namen. Ihr versagte sich jedes einzige Wort. Man durfte ihr gar nichts mehr wollen. Das Dunkel schlug über ihr zusammen.

Das Unerhörte traute sie sich, am Vorabend vor der Generalprobe blieb sie weg von der Probe, wo man nur verlangte, was sie nicht einmal hatte. Der Hahn war überdreht und leierte sich, es war aus. Blieb von der Probe weg, die Person, wo der Schluß nicht einmal stand, ließ sich nicht finden! Das wurde ihr lang nicht verziehn, das wußte sie schon. Sie konnte nicht helfen. Sie war einfach fertig.

Das war offener Aufstand im ungeeigneten Moment gegen einen Allmächtigen sogar und ihren persönlichen Herrn, wenn nicht den Schöpfer. Nicht umsonst hatte sie so was gewagt, sich empört, gegen wen eigentlich, gegen ihr schlechtes Stück, an dem sie doch schuld war, andere plagten sich ab? Was glaubte sie eigentlich?

Hier ging es nicht zu wie in den anderen Häusern, wo man sich an einen Text hielt, der war hier nicht interessant. Den Text schmiß man hier durcheinander von vornherein und dann noch einmal durcheinander, bis man ihn nicht mehr kannte. Hier war das Lernen Methode, hier fiel man nicht vom Himmel, man probierte was aus. Die ausgetretene Bahn galt hier nicht, mit Wissen nämlich und Willen. Ein Text wurde gar nie fertig, das war seine vornehmste Eigenschaft und das merke sie sich, ein Text war Rohstoff und ein Autor der Letzte, jeder Schauspieler galt mehr beim Theater.

Und man zeigte es ihr, was man machen konnte beim Theater, wie man mit jemand umspringt, der nicht einmal zu den Proben erscheint und der sich nicht wehrt. Die Regie streute ganz zum Schluß noch wüsten Pfeffer hinein, ließ die verhängte Kiste wackeln und in der Kiste drin war das Paar. Den Skandal zog man an den Haaren herbei, ging sogar auf ihn aus. Das Stück war zu leise, ließ man ihn weg. Aber durchfallen durfte es nicht, fünfzigtausend Mark steckten drin, und da drehte die Gans durch, im Theater hatte die nichts zu suchen, die hatte nicht die Nerven dafür, der fiel zu wenig ein im letzten Moment. Das Theater verwünschte sich. Man probierte immer noch an dem Stück, als der Vorhang schon aufging.

Die Cilly war unmöglich, das wußte sie, und das Stück machte sie krank. Sie wußte nicht genau, woran sie sich entsetzte. Man schluckte es ärger von anderen, zuckte nicht mit der Wimper, war was in sich gefügt, war es fest. Das Stück war gar nicht so schlimm, schaute man es genau an, seine Situationen waren nicht einmal kraß. Nur waren die Worte nicht glücklich gestellt auf der Suche nach dem untertreibenden Stil, nur griff es gern ein wenig daneben, das kratzte. Die Schauspieler hatten zu wenig zu tun, sie verlangten nach Pfeffer, der die Langeweile vertrieb. Ein paar optische Kühnheiten waren darauf gesetzt. Und das Stück reichte nicht an sein Thema hinauf, das spürte die Cilly. Was wußte sie schon von Soldaten? Warum ging sie dem Dichter bloß auf den Leim?

Da es sich um Soldaten handelte, wenn sie in die Stadt einfallen wie die Wespen, nahm man folgerichtig den Namen der Stadt mit in den Titel hinein, womit man der Autorin Unvorhergesehenes auftat. Sie hatte nicht über die Tugend der Soldaten geschrieben und nicht über typische Eigenschaften der Stadt, sie hatte es für keine Geheimsache gehalten, was zwischen Soldaten und Mädchen passiert in allen Städten, sie hatte mit zwei Dienstmädchen nicht die weibliche Bevölkerung gebrandmarkt, auch nicht die Dienstmädchen als Stand. Aber hinterher machte man ganze Geschichten.

Die Cilly lernte die Spielregeln kennen, und wer mit wem umging, das badete sie aus. Auf das Stück schlug man, meinte noch mehr die Hintermänner damit. Der Kampf gegen das Theater stand bei gewissen Parteien schon auf dem Programm. Sein Erfolg war zu groß, zu lang hatte er gedauert, der Unternehmer war Jude, der Hausdichter linksextrem und hier war eine Blöße.

Die Zeit hatte ihre besondere Schärfe, sie war schon mit dem aufgeladen, was hinterher kam. Man wollte das Ärgernis nehmen. Den Tag zuvor war schon angesagt, daß man Hausschlüssel mitbringen mußte, man würde sie brauchen. Die Presse ging hin mit dem Wissen. Der Skandal war organisiert, nicht spontan, die Störtrupps waren über das Haus nach der größtmöglichen Wirkung verteilt. Die großen Unbekannten, in Wahrheit Bekannten, ließen sich den Hexensabbath was kosten.

Die Cilly hatte es nicht ganz erfaßt, als sie sich nach der Vorstellung zeigte. »Sie lacht noch«, hörte sie aus der vorderen Reihe wen sagen, dann war was gefällig. Die Einsatzleute pfiffen schrill auf den Schlüsseln, von den Rängen brandete es herab, die Entschlossenen klatschten dagegen. Es wurde ein hochgezüchteter Theaterskandal. In einer Orgie kämpften alle gegen alle. Die Cilly, ihren Strauß Veilchen in der Hand, stand vor einem tobenden Haus. Sie war bleich und hielt sich gerade, etwas in ihr stellte sich auf.

Und weil er nicht aufhörte, der Lärm, ging es die Polizei an. Der Polizeipräfekt verlangte Striche. Der Pfeffer, den man mühsam hereingetan hatte, mußte wieder heraus. Das geschwächte Stück durfte bleiben.

Ein Kritiker, dem die Erstschrift bekannt war, suchte die Cilly auf der Straße, packte sie gerade noch am Auto, mit dem die Polli sie vorsorglich wegfuhr. »Aber das ist doch nicht das Stück«, beteuerte er und wollte Umstände durchblicken lassen in seiner Zeitung. »Es ist das Stück«, sagte die Cilly, sie fiel niemand in den Rücken. Sie hatte es schon geschluckt, sie ließ sich nicht lumpen.

Bei der wiederholten Premiere gab es keinen Skandal. Die Kiste bewegte sich nicht mehr und die Grabsteine waren heraus. Für ein Stelldichein in der Nacht hatte sie »Platz am Friedhof« geschrieben, ganz naiv. Sie brauchte eben einen verlassenen Platz. Es zeigte sich, daß auf der Bühne die Grabsteine dann direkt hinter dem Liebespaar standen. Der Tod gleich hinter der Todsünde, die Kulisse ließ man sich doch nicht entgehn. Die ganze Friedhofszene wurde gestrichen.

Die Reaktion der Presse stand zum Anlaß in gar keinem Verhältns und war noch mehr auf die Hintermänner gemünzt. Ein Teil der Zeitungen schäumte, zerfetzte das Stück, zerfetzte mehr noch die Cilly, stellte falsche Behauptungen auf über die Person. Man erlaubte sich alles, besonders wo es um eine Frau ging. Aber die Blätter, die was auf sie hielten, kreideten es ihr nicht an, jetzt nicht und nie.

Die großen Zeitungen hatten ihren Krieg schon lang. Was irgend politisch sich hinbiegen ließ, das schlachteten sie mit Übertreibung, entweder von rechts oder von links, man war davor nicht geschützt, es gab keine Inseln. Die eine Seite schlachtete immer.

Das Stück war nicht durchgefallen, das Stück war umstritten. Und es war nicht dies Stück, an dem der gewesene Händler mit Holz sein Geld wieder verlor, der Mutige hatte noch Frist. Die Aufführung hielt sich über eine ganze Strecke weg, das Interessante war die Regie. Der Dichter stand selber dahinter. Die Lenja hatte ihren größten Theatererfolg wie nie mehr danach.

Der Titel war schön, es reichte nur nicht für den Titel. Die Cilly merkte zu spät, der Titel war ein Programm. Der Titel war schön, denn der Name der Stadt war schön, sie liebte den Namen. Die Stadt faßte es anders auf und sah sich im schiefen Licht, sie meinte, ihr ungeratenes Kind habe sich an dem ehrwürdigen Namen vergriffen. Der Bürgermeister geriet in Panik durch die breite Publizität, die so plötzlich hereinbrach aber im Guten nicht. Er tat was für seine Stadt und wollte sie schützen.

In Kunst nicht bewandert, in völliger Unkenntnis ihrer Gefahr für den Jünger, war er noch jung, hatte er sein Handwerk noch nicht gelernt, unterstellte der Beamte, was nicht einmal war, die böse Absicht schrieb er ihr zu und tat genau das, was er ihr unterstellte, er verunglimpfte sie. Vor dem deutschen Städtetag protestierte er gegen »das gemeine Machwerk, das Schmähstück und Schandstück«. Alle deutschen Zeitungen druckten es nach und im Ausland die meisten.

Das war eine Stimme, die sehr viel weiter als ihre eigene drang, das läutete ihr die Schande ein über alle Städte hinweg und nahm ihr den Ruf. Das war ernst und das nahm sie nicht leicht. Sie würde es nicht auf sich sitzen lassen, wußte sie nur, denn das schlug bei ihr ein, es war eine Verheerung. Der Dichter hatte gut reden, man muß sich eine dicke Haut zulegen beim Theater. Sie war eine dröhnende Membran, in unerträgliche Schwingungen versetzt.

Und daheim in der kleinen Stadt ging ihre Schwester auf die Parade mit Fleiß, ließ die vielen Blicke sie spießen in einem Hochgefühl, daß sie ganz unschuldig war. Und daheim rottete der Mob sich an der Straßenecke zusammen, ihr Vaterhaus keine fünf Steinwürfe entfernt. Eine herzklopfende Weile lauerten die Burschen herum, hatten die Steine schon in der Hand. Sie schoben sich vor, waren Haufen, die nur darauf warteten, daß der erste es wagte. Man war weggegangen von den vorderen Zimmern in den rückwärtigen Teil, hatte die Haustür verriegelt. Aber dann fanden Nachbarn ein vernünftiges Wort, wie weit weg doch die Ursache war von dem Zorn, dann verliefen sie sich.

Die Cilly war eine dröhnende Membran, in unerträgliche Schwingungen versetzt, sie ging nicht zum Dichter hinauf. Sie hatte es noch nicht mit sich ausgemacht. Ein einziger falscher Tritt konnte alles verderben. Da rief er von sich aus an. »Eine Menge Post liegt da«, sagte er mit der Stimme dünn wie die Peitsche. Denn sie hatte daheim die Anschrift des Dichters als Daueranschrift gegeben, so felsenfest war sie im Glauben, dorthin kam sie immer. Sie war schon im Hingehn erschüttert. Das war ihr zu früh. Sie stand nicht für sich ein.

Daß sie ihn im Stich gelassen hatte, war nicht vorbei, er ließ es sie merken. Und sie hatte ihm auch nichts gesagt über seine gute Regie, es kam ihr nicht einmal zum Bewußtsein, daß sie damit was versäumte, sie war randvoll. Wie Pfänder händigte er ihr die Briefe aus, stand vier Schritte entfernt und machte sich nichts zu wissen von dem Skandal, der ging nur sie an, vorweg schnitt er alles ab. Ungreifbar stand er dort und überhaupt nicht berührt, er war ein so großes Tier. Seine Taschenuhr hing am Bindfaden von der Decke, tickte ihr beim Lesen in die Ohren hinein. Der Vater schrieb und verbot ihr sein Haus, den Brief las sie als ersten. »Du darfst nicht herkommen«, schrieb selbst der Nickl, »die arbeiten dich auf und mich.« Ihr völlig unbekannte Menschen spuckten sie an mit Gift und bekannte. Die Cilly las eine Stunde daran.

Eine widerwärtige Flut von übelriechendem Schlamm stieg aus dem Geschriebenen und dem Gedruckten; schlecht konnte einem werden. Sie fetzte Ausschnitte der Heimatzeitungen zu Boden, die überhaupt keine Hemmungen kannten, hinter ihre großen Brüder sicher gesteckt. Sie hatte genug gesehn, die meisten schleuderten Dreck. Bis zur Morddrohung verstieg sich eine Zeitung und druckte es hin, man breche ihr das Kreuz ab, lasse sie sich in der Stadt je wieder blicken. In einem Ton, wie der fränkische »Stürmer« ihn pflegte, vergriff man sich an der jungen Person. Da war es nur gut, daß das eine das andere wieder erschlug, es härtete ab. In ihr vollzog sich was. Mit solchen Menschen war sie fertig.

Hätte sie halb so schändlich geschrieben, wie man schändlich über sie schrieb, sie hätte es ja verstanden. Sie nämlich wunderte sich und konnte die Natur des Menschen studieren, seine böse Natur.

Sie schaute den Dichter nicht an, das schob sie mit Absicht hinaus. Er rührte sich nicht von seinem Fleck, was ein wenig unheimlich war. Was machte er dort, lernte er daran? Was überlegte er sich? In ihr lud sich langsam was auf. Als sie fertig war mit dem Schmutz und dem Leid, hob sie den Kopf mit dem Entschluß und hatte sich vorbereitet, doch traf es sie über alle Erwartung.

Sie schaute in eine Pupille voll satanischem Glanz. Was war los? Gönnte er ihr den Schaden? Sie wußte nicht, welcher Oberteufel ihn ritt, sie war so erregt, kein Wort kam ihr aus, bei dem er einhaken konnte, sie wußte, jetzt brauchte er einen Grund, beherrschen wollte sie sich. Er sollte nicht sagen, er habe sie zum Weinen gebracht. Wahrscheinlich ließ er wenigstens gelten, daß sie nicht sein Hund war.

Sie hatte ihn im Stich gelassen, aber die Strafe war dem auf dem Fuße gefolgt. Er kostete es aus. Er hatte die unvergleichlich gute Position, so hoch war er droben, sie stand vor ihm so geschunden, er ersparte ihr nichts, sein Blick ließ sie nicht aus. Er war ein solcher Dompteur. Sie sollte nur durchmachen, wie das war, zog man auf sich einen so großen Skandal.

Kein Wort kam ihr aus, sie gab ihm nicht den kleinsten Anlaß zu seinem Ausbruch, der fix und fertig schon in ihm war. Er wartete ja nur darauf, das sah sie ihm an. Dann war sie verloren in jedem Fall, dann gab es keine Verteidigung mehr. Sie war jetzt schon verloren.

Wenn er was verfolgte mit dem, was er aufzog, wenn es nicht Lust war am Bösen schlechthin, dann verstand sie nicht, worauf es hinauslief und gehorchte ihm hier nicht mehr. Sie empfand es als unglaublich. Der Schock hatte sie gerade erreicht.

Sein Blick war ein Messer, es tötete in ihr im kritischen Moment. Gerade bei ihm war sie empfänglich dafür. Sie hatte soviel verloren in dem Moment, durch ihn doch auch, ohne ihn war es nie. Sie war dazu gekommen wie die Jungfer zum Kind. Sie habe was gegeben, bildete sie sich ein, was der Mensch doch nicht so leicht gibt, und mußte sich die Schande einläuten lassen. Sie konnte ein Wort erwarten und wenn es ein einziges war, konnte erwarten, daß dort nicht ein Roboter stand, die Gefühlskälte gewollt. Er durfte nicht jetzt damit kommen. Wenn er jetzt damit kam, trieb er sie weg.

Ein Zorn stieg in ihr hoch, das war kein gewöhnlicher Zorn und der hatte Folgen. Mit dem Zorn ging sie sich selber ans Leben, schnitt mit dem Zorn sich ins eigene Fleisch. Wie der Skorpion, der keinen Ausweg sieht aus dem Feuer, den Stachel gegen sich selber kehrt, so tat sie es sich an. Sie wollte ihm nichts mehr, das war aus. Und mußte sie es wie eine Kette durch alle Zukunft schleppen.

Sie trug die Haut nicht mehr auf seinen Markt. Das spürt einer nur selber, wie lang es geht, wenn es überhaupt geht. Aber wenn sie ihm blieb, ging sie drauf. Sie sah es plötzlich ganz nüchtern. Sie sagte ihm den Gehorsam auf, ganz bewußt. Sie mußte ohne ihn sein, vielleicht nicht leer von ihm sein. Auskommen ohne ihn mußte sie lernen, der Weg lief anders ab heut. Sie hatte ihr persönliches Leben und wenn nicht in seinem Glanz, dann ohne den Glanz.

Sie war ausgesetzt neben ihm. Man mußte schon viel mehr können, daß einem bei ihm nichts passierte. Oder man mußte einen Schutz haben durch einen Mann, der wachte. Er hatte so tief in ihr Leben gegriffen, davon gab es kein Zurück. Es wurde nie mehr wie zuvor. Er nahm ihr die kleine Stadt, an der sie hing, er nahm ihr den Ruf, an dem ihr gelegen war, und als er ihr beides genommen hatte und als ihr die Schande eingeläutet war, wurde sie stolz. Sie ging hinaus durch die Tür mit allen Briefen, sie kam nicht wieder herein durch die Tür. Die beiden hatten sich kein Wort mehr gesagt.

Sie hatte geschluckt und geschluckt, man konnte bei so einem Mann nicht zimperlich sein, man mußte ihm was vorgeben und man gab ihm was vor. Das alles hatte nicht geholfen. Sie hatte den Blick nicht verdient. Hatte er was für sie getan, der Blick nahm es wieder zurück. Um den Blick kam sie nicht mehr herum. Er verstellte ihr den Weg nach vorn, es ging nicht mehr nach vorn.

Die Anschauung von einem Genie würde sie nicht mehr haben. Und wollte sie mit jeder Faser zurück, fiel es ihr wieder ein, daß es sie schon vertrieb. Es ließ sich nicht mehr ändern. Da war eben was passiert. Vielleicht war sie empfindlich.

Sie war sich selber ihr größter Feind. Etwas Abscheuliches hatte sie erwischt, sie begann zu spinnen über dem Stück. Ein paar Tage lief sie noch herum, dann wurde sie krank. Die Seele spie sie sich aus dem Magen, sie kotzte ihr Innenleben heraus. Stand sie auf, drehte sich alles. Legte sie sich hin, hockte im Zwerchfell die Angst. Das Fieber wurde hoch, sie phantasierte. Daß ihr niemand zuhörte, war am besten, so Schreckliches flüsterte sie, für immer war sie damit allein, der Engel war schon geflohen. Die Gerechtigkeit würde es nicht geben und nie.

Das Bett rollte mit ihr stundenlang, als hätte sie einen Rausch, dabei hatte sie keinen Tropfen im Magen. Die Wände zogen sich undeutlich um sie zusammen, buchteten undeutlich wieder aus. Die Wände hatten es abgesehen auf sie. Die Wände waren nicht fest ihr zum Hohn. Alles wankte und schwankte. Sie ließ es über sich weggehn, was konnte sie machen? Den Hinterkopf grub sie zurück, als müsse sie durch das Kopfkissen in den Boden hinein und tiefer, ihre Kehle lag offen, gestreckt. Dorthin würde ihr gleich einer boxen. Immer noch rollte mit dem Boden das Bett, rumpelte in ungenauen Ellipsen, fuhr rückwärts ein Stück und schon wieder nach vorn, setzte auch einmal aus. Das Aussetzen war das Schlimmste, das Aussetzen machte so bang. Es war über ihr zusammengeschlagen, am liebsten löschte sie sich aus. Das Fieber stieg und fiel, stieg wieder an. Es hängte sich ein. Aber dann war es fort. Nach Wochen stand sie wieder auf. Bloß das Zittern hängte sich ein. Sie zwang sich zum Essen. Sie würde so schwach nicht bleiben. Sie hatte Verschiedenes völlig vergessen. Es war in den rüttelnden Fiebern verbrannt. Sie rührte nicht mehr daran.

Daß der Anruf noch kam, berührte sie wie eine Farce. Mit vier getippten Exemplaren der Urschrift war sie in die große Stadt gekommen, drei blieben im Lauf der Proben hängen an einem anderen Ort, das vierte gab sie nicht her, weil es ihr eigenes war. Hier verlangte man ihr auch das vierte ab in seinem Namen, und ihr war es gleich, laß fahren dahin, es ließ sie so kalt. Die Autorin hatte ihre Urschrift nicht mehr, vielleicht war es gewollt, sie wußte es nicht, vielleicht hatte man sich als Weltkind gesichert.

Aber wenn es gewollt war und gewitzt war es zu weltklug geplant. Denn das hätte es gar nicht gebraucht. Sie hätte nichts unternommen. Immer noch verdankte sie viel. Sie hatte es geschluckt und würde es schlucken. Sie wollte nur nichts mehr zu tun haben mit dem verdammten Stück, das brannte sich ein.

4

Sie hatte sich befreit von dem Genie. Aber sie konnte nicht zum Nickl zurück, der der ganz andere war. Sie schickte ihm den Ring und machte ihm klar, daß er hochkommen müsse dort in der Stadt und das niemals könne, hinge er mit ihr zusammen. Wenn er herfahren wolle, sie sehn, mit ihr reden, das ließe sich machen. Wenn er einen Abschied verlange, er könne jeden Abschied von ihr haben, wie er ihn brauche, sie werde sich ihm stellen, sie habe ihn immer gern. Nur den Ring, den müsse er nehmen.

Mit dem Abschied nahm sie der Nickl beim Wort. Er kam an einem Sonntag und hatte bis Montag mittag Zeit, länger nicht. In die Zeit wollte er hineinpressen, was er schuldlos entbehrte, alles auf einmal mußte es sein. In einer einzigen Nacht würde er ihr den Abschied austreiben oder sich rächen, und noch die Rache würde ein Liebesakt sein.

Hätte er wenigstens kämpfen können mit einem Mann! Hätte er den Finger darauf legen können, der hat sie mir genommen! Mit einem gewöhnlichen Mann wurde er schon noch fertig. Das machte er mit der kurzen Faust. Er hatte zwar nicht boxen gelernt, sein Arm war anders trainiert, sein Arm war doch auf den Muskel trainiert. So einen haute er freihändig zusammen. Wäre es nur ein gewöhnlicher Mann! Und hätte es sich um eine so gewöhnliche Sache wie eine Frau wegnehmen gehandelt! Der, den er meinte, hielt die Frau nämlich nicht einmal fest, das wußte er von der Cilly. Das war alles viel zu kompliziert. Die Cilly wurde zum unbegreiflichen Geschöpf.

Der Dichter, das war die höhere Gewalt. An den Dichter rührte er nicht. Hier war eine Unmöglichkeit. Das ging über die Kraft. Der kam gleich nach dem Zauberer. Er hob die Hand, das viele Geld regnete nur so herab. Der Dichter im zarten Körper war wie der Himalaja für ihn, er hatte nun einmal von der Cilly gelernt, es mit ihren Augen zu sehn, er hatte es noch nicht wieder verlernt. Er konnte sich einzig und allein an die Cilly halten. Er schüttelte nur immer wieder den Kopf. Die Cilly mußte er umstimmen und hatte so wenig Zeit. Morgen wußte er es schon, ob es gelang, oder er brauchte es nicht mehr wissen, dafür würde er sorgen.

Er hatte sich den Wannsee vorgestellt, dort gab es Fremdenzimmer genug, und es mußte ein spezielles Zimmer sein, das er sich ausgemalt hatte. Er schaute sich Zimmer zum Überdruß an, endlich hatte er was gefunden für den Zweck, der in ihm schwelte.

Das große Zimmer lag abseits am Ende von einem Gang, es konnte nicht besser sein, niemand würde ihn hören. Ein großer Alkoven war darin, Dinge zu tun, wie man sie nicht jeden Tag tut. Er stand in der Tür, seine Augen liefen in jeden Winkel, er schätzte die Entfernung von der Straße über den Vorgarten weg, er dachte an alles. Er verhandelte und zahlte voraus. Dann holte er die Cilly von der Straßenecke unter dem Baum, sie ging ihm nicht in sämtliche Häuser hinein. Im Abendlicht suchten sie eine Gaststätte auf. »Du mußt essen«, ermunterte er sie.

Danach breitete er seine Erwartungen aus. Gewiß war sie schon reich. Die Leute daheim rechneten ihr den hohen Eintrittspreis nach, multipliziert mit soundsoviel. Sie flüsterten, das ganze Geld sei das ihre, sie mußte ja ein Vermögen verdient haben mit so einem Stück, das sich schon solange hielt. Das Vermögen machte Verschiedenes gut. Er zum Beispiel war ihr nicht einmal böse wegen dem Stück.

»Du mußt der Stadt ein Hallenbad baun, dann wird dir die Stadt schon wieder verzeihn, das bringe ich dann schon wieder hin. Ein Hallenbad brauchen die nötig, die können sonst nie im Winter trainieren, im Winter kommen sie aus der Übung, dann hängen natürlich die anderen sie ab. Ein Hallenbad fehlt da schon lang.«

Das war sein größerer Wunsch. Er selber war schon mit einem Trainingsanzug zufrieden, den sie ihm zu schicken versprach, weil er immer wieder auf diesen Trainingsanzug zurückkam. Er konnte sich ja einen kaufen, aber das war nicht das gleiche, der war dann nicht von ihr.

Für die Zukunft war er zu vielem bereit. Er wollte mit ihr fortgehn in eine andere Stadt, wo man nicht auf sie böse war und wo er wieder hochkommen konnte. Das Geld dafür hatten sie ja von dem Stück, das Stück erschien ihm als eine unerschöpfliche Quelle, und wieder rechnete er es aus, all die Plätze, die Karten für soundsoviel, ein Bekannter war dort gewesen, der hatte eigens die Plätze ausgerechnet und sich die teuren Preise gemerkt. Der Nickl machte sich nichts daraus, wenn er wegging von allem, worin er leibte und lebte, eine Grimasse riß durch sein Gesicht. »Ach, Nickl!«

Sie nahm ihm seine Illusionen über das Geld, das nur die Verlagsrente abzahlte, die sie bis dahin bekam, sie hatte immer schon darauf gelebt. Der ganze Profit war, die Rente lief weiter. Er schaute auf einmal sparsam, gab sich doch nicht geschlagen. Das war gar nicht so schlecht. Sicher konnte man einen Kredit darauf nehmen, hatte man schon einmal was mit dem Schreiben verdient. Außerdem verkaufte er ja sein Geschäft. Wieder riß die Grimasse durch sein Gesicht. In Wirklichkeit war er verzweifelt. »Ach, Nickl!«

Er täuschte eine Gefaßtheit vor, die sie ihm nicht zugetraut hätte, und war doch zerstreut, er horchte verloren. Er war hinter einem Gedankengang her, den er nicht verriet, manchmal lächelte er sie abbittend an, heut war er ganz blaß, die Tüpfelchen waren weg. Danach schlief er mit ihr, scheinbar war er wie immer.

Er war noch lang danach wach, sie hörte ihn schnaufen, den Atemstoß kurz, unverhältnismäßig lang die Pause danach, als ob er zwischenhinein was bedenke, zu dem er sich noch nicht entschloß. Sie starrte in das opalene Dämmern über dem Bett und konnte nicht helfen.

Eine entfernte Straßenlaterne warf ein sickerndes Licht herein, so daß man eben noch sah, die Laterne schwankte im Wind. Davon war hier im Zimmer eine schwache Bewegung, das Licht sah sie schwingen. Immer noch starrte sie nach der Decke hinauf.

Verstohlen langte er nach dem Kästchen neben dem Bett, er suchte in dem Stilleben herum, das er dort immer machte, dabei war er so leise. »Was suchst du?« wollte sie sagen, dann trommelte schon ihr Herz. Denn dann hatte er es, dann sah sie es blitzen. Sofort hatte er ihr den Schenkel über die Schenkel gelegt, hielt sie nieder wie ein Sack Zement, sie konnte gar nichts machen. Mit dem Arm, gegen den sie nicht aufkam, drückte er sie oben herunter. Sie hielten beide die Luft an.

Gegen das Licht sah sie nur seinen Kopf, nicht das Gesicht. Aus dem dunklen Kopf kam die Stimme: »Steckst du den Ring wieder an?« Er setzte ihr das Messer an auf der nackten Brust über dem Herzen, hart bohrte die Spitze, in das Gebohrte würde er stoßen. Sie sah dem dunklen Kopf an, daß er es tat. Die Kraft lag auf der Lauer, wann würde sie schnellen?

Grausam wurden seine Sinne verwirrt, in der Falle waren die zwei. In der Falle sah sie auf einmal ganz hell, sie mußte denken für zwei. Sie wußte, dies war ein Mann, von der Liebe geschlagen. Sie wollte sich fürchten, verhielt aber die Furcht.

Hätte sie sich ihm im kleinsten entzogen, hätte sie es ohnmächtig auch nur versucht, sie wäre schon tot. Sie mußte denken für zwei. Er hielt ihr nicht einmal den Mund zu, wofür? Bis die Leute kamen, war schon alles vorbei, erstechen geht schnell. Was hinterher kam, kümmerte ihn nicht, er wollte es ja nicht überleben. Sie kam nicht einmal auf die Idee, daß sie schrie. Dies mußte ausgehandelt werden von ihnen allein.

Sie ließ ihm die Brust ungeschützt, lag unter ihm als das Lamm. Nie war die Stimme so sanft, nie gab der Körper so nach. Sie redete ihn mit seinem Namen an, daß er sich wieder kannte. Sie schmiegte Gesicht zu Gesicht, als wäre kostbar das arme, als wäre das arme vertraut. Sie war zärtlich zu ihm, war er doch so verirrt und hatte nur sie. Er hatte in Wahrheit nur sie, daß sie half. Sie tat ihm gut und sie strömte den Frieden.

Das Messer legte er erst wieder weg, als sie den Ring sich anstekken ließ. Ihre Hand zuckte nicht fort, sie ließ ihn schweigend gewähren. Er streichelte sie dafür, sagte kein Wort, daran schauderte sie. Sie verhielt den Schauder, ließ ihn nicht darin lesen. Er hatte nur sie, daß sie half. Sie betrog ihn natürlich. Selbst wenn sie betrog, er brauchte ihren Schutz vor der grausamen Macht, die ihm sein ganzes Leben zerstörte. Das ging jetzt schon vor. Außerdem wollte sie leben.

Die ganze Nacht sagte er kein Wort mehr zu ihr. Nach einer Zeit legte er sich ordentlich hin, jetzt konnte er schlafen. Der Ring war wieder dort.

Am Morgen litt es ihn nicht in dem Zimmer. Er mußte aus diesem Zimmer heraus. Er wünschte sich die riesigen Weinfässer zu sehn in dem Kaufhaus, von dem er wußte durch einen Vertreter. (»Wenn Sie einmal hinkommen, versäumen Sie es nicht.«) Sie ahrte nicht einmal, in welchem Kaufhaus das war. Obwohl er ein Neuling war in der Stadt, führte er sie doch hin, so beflissen hatte er den beschriebenen Weg sich gemerkt, und jetzt erfüllte er sich den Wunsch. An seinem letzten Vormittag mit ihr zusammen gingen sie von Faß zu Faß in den hallenden Räumen, hier nahm er vom Wein eine winzige Probe und dort, rollte ihn auf der Zunge, er biß den Wein, aß ein wenig Brot dazwischen, er holte sich Käse. Wie ein Fachkundiger trat er auf und wurde respektiert. Nach einer Stunde hatte er von den Fässern genug.

Noch einmal gingen sie in ihr eigenes Zimmer hinauf. Er nahm sie auf den Schoß, hatte sie im Arm, aber er konnte nicht mehr, die Aufregungen waren zu stark. An den Ring glaubte er auf einmal nicht mehr. Er ließ sie aus mit dem Arm, schüttelte grimmig den Kopf, über das gebeugt, was er nicht für wahr halten konnte und doch wurde es wahr, durch sein Gesicht ging der Riß. Er zog sie heran, stieß sie wieder fort, schüttelte den Kopf in der gleichen stummen Verzweiflung. Dann ermannte er sich zu einem Gedanken.

»Ja«, sagte er, »ich habe dir Vollmacht erteilt bei meiner Bank, wenn es dir einmal schlecht geht, damit du dann was abheben kannst.« Er kramte einen Bankzettel hervor, daß sie ihn unterschrieb, damit seine Bank ihre Unterschrift kannte. Und dann schluchzte er auf, weil dies sein Äußerstes war, mehr konnte er in Wahrheit nicht bieten. Sie hörte hin und wollte vergehn. Sie sah, dieser Mann war von der Liebe geschlagen. Wieder zog er sie auf den Schoß, und nichts sättigte ihn.

Ich sitze auf dem Schoß von einem verhinderten Mörder, fiel es ihr ein. Er hatte ihr Vollmacht erteilt, bevor er wegfuhr daheim, war dann hergefahren mit einem Messer, umbringen wollte er sie, und hatte es geplant, nicht umsonst hatte er sein Messer so gut versteckt. Er hatte ihr Vollmacht erteilt bei seiner Bank, gleichzeitig wollte er ihr ans Geld, das sie doch verdient haben mußte mit diesem Stück, und brachte mein und dein immer durcheinander.

»Ich komme überhaupt nicht mehr heim«, stieß er heraus. »Ich werfe mich noch hier vor den Zug.« – »Nein«, sagte sie, »du wirfst dich nicht vor den Zug, ich bringe dich hin. Ich bleibe mit dir sitzen bis zum letzten Moment. Wenn der Zug anfährt, springe ich erst ab.« – »Ja«, sagte er, »das mußt du schon tun.«

Alles miteinander, dachte sie, alles miteinander! Und nicht nur Furcht wandelte sie an, sie mußte ihn herzen. Die ganze Zeit saßen sie auf dem einen Stuhl, bis er fortmußte zum Bahnhof. Und er machte mit seinen Ohren Theater, grinste unversehens sie an, es war nicht männlich, immer nur weinen.

Da wußte sie nicht, ob es richtig war, daß sie ihn herkommen ließ, aber vielleicht hätte er es ihr sonst nicht geglaubt. Bedrückt ging sie herum, sie suchte seine Briefe heraus, die sie als einzige mitgenommen hatte auf ihre Reise. Wie Wertstücke hielt sie die Briefe.

Seine Schrift war die schrägste, die sie je sah, die Buchstaben fielen in den Reihen durcheinander, die Unterlängen hörten gar nicht mehr auf, Rufzeichen standen mitten im Satz und waren gleich drei, er betonte ein Wort aus einem unerfindlichen Grund, der ihm aber wichtig sein mußte, das Kleine war großgeschrieben, das Große klein, er hatte ja nicht so gut auf der Schule gelernt. Er hatte immer nur die Fässer gerollt, die Gläser geschwenkt, sich die Zechen gemerkt, darin war er gut. Er brachte sich um in der Wirtschaft, in der Schule paßte er zu wenig auf, soviel Verworrenes steckte in seinem Kopf und war aus eigenem nahrhaft. »Begabt, aber gehemmt«, hatte der Lehrer in seinem Zeugnis vermerkt. Oft hatte er auch die Schule geschwänzt und heimlich gefischt, Krebse gefangen oder im Wald getan, was ihn freute, und nach der vorgeblichen Schule war er mit dem Fahrrad rechtzeitig wieder daheim. Wie wäre er sonst zu seinen Freuden gekommen?

Sie behielt den Ring noch, nahm ihn oft in die Hand, mußte ihn halten, als wäre ihm damit geholfen, als ein Miststück kam sie sich vor. Sie konnte daran doch nichts ändern. Sie kämpfte noch manche Woche, dann war er über das Gröbste weg, spürte sie. Noch einmal schickte sie ihm den Ring.

Sie war wieder frei, vogelfrei sogar. Und doch mußte sie Schutz haben durch einen Mann. Etwas Merkwürdiges geschah. Da man einen Mann nicht gerade suchen kann, man muß ihn schon finden, und da sie bald einen fand, gab sie die Freiheit bald wieder auf. Es war derselbe Sog noch immer und aus dem nämlichen Grund, eine Wirklichkeit mußte sie haben, es litt sie nicht mehr ohne den Menschen. Nur konnte sie mit der Wahl niemals vorsichtig sein und badete es hinterher aus.

Der Jude hätte sich wohl entsetzt, wenn er es wüßte, nur ging sie nicht mehr zum Juden, weil sie nicht mehr zum Dichter ging. Er hätte sie hier nicht verstanden. Denn da hatte er ihr den einen wegoperiert, damit sie gleich wieder an einen anderen die unersetzliche Freiheit verlor, es war offenbar übermächtig. Ohne einen festen Mann konnte sie anscheinend gar nicht mehr sein. Und doch war es verheerend für eine Frau, wenn sie schreibt, sie durfte das gar nicht wirklich wollen.

Der Mann stand noch dazu rechts, sicher wurde das schwierig, eine Zeitung hatte es gleich heraus. Sie berichtete von der Verlobung mit einem Bild »Hugenberg und Ullstein verbrüdern sich«, stand darunter, und zwei Riesenschornsteine sanken im Kreuz sich entgegen.

Sich verloben war verheerend für eine Frau, wenn sie schreibt.

Aber wie kam eine da herum und wie kam sie sonst an ein Leben mit Senkblei heran? Sie mußte eben hoffen, daß sie es überstand. Ja, das mußte sie hoffen.

Das Erwachen der Penelope

Auf meiner letzten Reise nach Nürnberg traf ich im Germanischen Museum eine gewisse Henriette L., heutige klinische Assistentin, die mit mir im nämlichen Kloster erzogen wurde, wo wir sie scherzhafterweise und, aus welchem Grunde ist mir nicht mehr gegenwärtig, Penelope nannten. Schon wollte ich sie verlassen, denn sie war nicht allein, wurde vielmehr von einem Herrn, dessen Name für mich ein fremder Begriff war, über die Besonderheiten einer kostbaren kleinen Skulptur unterrichtet, die den Drachentöter Georg auf einem Rößlein von unnachahmlich schmucker und dabei feuriger Haltung zeigt. Sie hielt mich jedoch so angelegentlich mit den Augen fest, daß ich mich um die Verstimmung ihres Begleiters wenig kümmerte und mit den beiden von Bild zu Bild schritt, bis wir uns vor den Dürerschen Evangelisten angekommen fanden, wo Henriette so schauensmüde geworden war, daß sie vorschlug, das Museum zu verlassen.

Da sie schon ein zweites Mal sagte, daß sie mir allerhand zu erzählen habe, verabschiedete sich ihr Begleiter von ihr mit einer Miene, die sein Antlitz mit der jähen Düsternis derer überschattete, die nicht erlöst werden dürfen. Ich fragte Henriette, ob es ihr nicht leid täte, meinetwegen den Bekannten vor den Kopf gestoßen zu haben. Sie sagte, nein, da er zu denen gehöre, die ein überhebliches Benehmen gegenüber einer Frau an den Tag legten, wenn sie erst ihrer Zuneigung sicher seien. Sie habe Gelegenheit gehabt, ihn in der Weise an einer anderen zu beobachten, und habe sich durch sein schlechtes Betragen gegen eine Dritte weder geschmeichelt gefühlt noch sei sie gesonnen, ihn dafür zu belohnen. Sie habe ihn übrigens rein zufällig getroffen.

Ich erwiderte erstaunt, daß sie früher nicht so abschließend in ihren Urteilen gewesen sei. Ich hatte dies kaum ausgesprochen, als ein Kampf in ihrem Gesicht aufstand, der mich durch sein unvermutetes Vortreten, so als habe er die ganze Zeit unter dieser Miene bereit gelegen, bestürzt und zum ersten Mal auf ihre Augen aufmerksam machte. Sie waren um gut sieben Jahre älter geworden, während es deren noch keine vier her waren, daß ich sie zuletzt sah, und ihr erwartungsvoll schweifender Ausdruck hatte sich zu prüfender Überlegung verknappt. Sonst sah sie frischer aus als in der Berliner Zeit, wo ihr Mann ohne Arbeit war. Ihre Bewegungen waren bestimmter.

Ich hatte bisher nicht von Theo gesprochen, da sie ihn mit keiner Silbe erwähnte, und ich nicht an Umstände rühren wollte, die wahrscheinlich schmerzlich und in ihrer Besonderheit mir nicht bekannt waren. Denn mir war schon immer um diese Ehe bange gewesen. Eben wurde mir bewußt, daß ich die ganze Stunde, seitdem ich Henriette sah, doch auch an ihren Mann gedacht hatte, an die innere Hilflosigkeit seines Lächelns, wenn er Unheil gestiftet hatte, und die ganze Besonderheit seiner knabenhaft schmalen Erscheinung, an den hochmütig geschnittenen Mund, an die blumenhafte Verträumtheit seiner bernsteinfarbenen sehr hellen Augen, mit denen er indessen, wenn er gereizt war, Blicke stechender Bosheit aussenden konnte – und er war aus unkontrollierbaren Gründen häufig gereizt.

Damals waren sein Steckenpferd irgendwelche nationalökonomischen Statistiken, die ihm keinen Pfennig Geld einbrachten und von denen er behauptete, daß sie ihn berühmt machen würden. Er war nicht dazu zu bewegen, nach Brot zu arbeiten, verließ sich vielmehr ganz auf das, was seine Frau nach Hause brachte, und hatte Freunden gegenüber geradezu bemerkt, daß sonst ja keine Heirat nötig gewesen wäre. Ohne darüber nachzudenken, daß Henriette ihre Freiheit ebenso hingegeben hatte, hielt er die seinige für etwas Besonderes, dessen Verlust ihm seine Frau mit Geld aufwiegen mußte. Mit ihrer Hilfe befriedigte er luxuriöse Bedürfnisse und stellte mitunter die unsinnigsten Forderungen an sie. Henriette hatte studiert und verdiente für eine Frau nicht schlecht, hatte jedoch damals keinen Pfennig in der Tasche, wenn man sie traf. Sie wurde von ihm an jedem Ersten buchstäblich ausgeräubert. Ihr Leben fristeten sie mit dem, was sie in einer Molkerei auf Kredit bekamen. Je mehr Theo sie in die Enge trieb, desto törichter schränkte Henriette sich ein, und je törichter sie sich einschränkte, desto extravaganter wurden seine Forderungen, desto weniger achtete er sie aber auch. Denn sie war nur mehr ein verschüchtertes, ärmlich gekleidetes Wesen, indes er in erlesenen Anzügen herumging und vor ihren Augen fremde Frauen küssen durfte, wogegen sie sich schon nicht mehr auflehnte. Sie dachte wohl, man könne einmal eine Ausnahme machen, aber er tat es leider zu oft und wenn ihm gerade der Sinn danach stand. Trotzdem entschuldigte sie seine Fehler immer wieder, da diese Ehe von ihrer Seite im

Himmel geschlossen worden war. Einige aus unserem Bekanntenkreis hatten sie wie eine Schlafwandlerin aufzurütteln versucht, aber alles war umsonst.

Ich war einige Minuten schweigend neben Henriette hergegangen und, als hätte auch sie in diesen Minuten an ihn gedacht oder den Grund meines Schweigens erraten, auch ihn auf keine andere Weise ins Gespräch einführend, als daß sie einfach dort laut weiterredete, wo ihr stummer Gedankengang stehen geblieben war, erzählte sie, indem sie mich unwillkürlich am Arm faßte und in eine stille, neben trägem Wasser verlaufende Straße zog:

»Ich konnte nicht anders. Niemand, der es nicht durchgemacht hat, glaubt, wie schwer es ist, wenn man einen Mann über alles liebt und sich über diesen Mann, den man mit den Augen der Liebe und wohl auch eines plötzlichen Hasses gesehen hat, in aller Ruhe klar werden soll. Das kann man sich ja nicht vorstellen, wie tief drinnen man in der persönlichen Befangenheit steckt und mit welchen Einbildungen und Wünschen man sich selbst immer wieder den Weg zu einer vernünftigen Betrachtungsweise verbaut. Denn wenn es schiefgeht, das kettet ja nur um so fester, und was man stündlich hat verteidigen müssen, das darf einem bitter weh tun, man wird immer zuerst in sich selbst die Gründe suchen, warum es bitter weh tun mußte, man wird sagen, ich bin nicht schön genug, ich bin nicht reich genug, ich kann ihm keine Protektion verschaffen, und eine Frau, die das alles vermöchte, würde ihn ganz anders vorwärts bringen, sie müßte sich vielleicht weniger anstrengen dabei Oft sind es nur die Kleinigkeiten, die etwas plötzlich schneidend und brutal ans Licht bringen, so daß man nicht mehr darüber wegkommt, und Berechnung wie innerste Herzenskälte können etwas so Haarfeines sein, daß man sie nur durch einen Zufall stellen kann.

Siehst du, das ist wie bei einem Krug, der langsam vollläuft. Man hat soviel Bitteres fassen müssen, und erst der letzte Tropfen tut es, daß mans nicht mehr bei sich bergen kann. An einem Abend, mußt du wissen, es sind jetzt drei Jahre her, waren wir wie schon öfter mit Theos Freunden im Berliner Westen zusammen. Die Freunde waren gut gelaunt. Sie haben da zusammen irgendein Nachschlagewerk herausgebracht, das von den Bibliotheken bestellt werden mußte. Der Herausgeber war mit meinem Mann nicht weniger intim als mit anderen, er hätte ihn gut in die Arbeit hereinnehmen können, mein Mann hat was von der Materie verstanden. Er hat es aber nicht getan, weil er beruflich nichts mit ihm zu tun haben wollte, wahrscheinlich aus Furcht vor Szenen. Ich habe mich damals richtig gegrämt über diese Art Freundschaft, wir hätten das Geld so nötig gebraucht. Sie müssen ihm aber viel Süßholz geraspelt haben, denn Theo hat es zuerst ganz nebensächlich genommen und gesagt, er habe es doch nicht nötig, da mitzutun und für diese Bezahlung sei es eine elende Schufterei. An dem Abend, als das Werk schon herausgebracht war und gefeiert werden sollte, hat es ihn doch gewurmt. Er war schon in der Untergrundbahn so gereizt, und nachdem er zum Essen noch getrunken hatte, hat er auf das scharfsinnigste einen Abschnitt nach dem anderen heruntergesetzt und die Fehler bemängelt, auch ziemlich unverblümt gesagt, sie hätten sich die Blamage erspart, wenn sie ihn in die Arbeit hereingelassen hätten, er hätte es besser verstanden wie sie.

Zuerst war ein Fremder beleidigt, der auch beigezogen war. Weil er sich empfehlen wollte, hat der Gastgeber den Fremden ostentativ in Schutz genommen, ein Wort gab das andere, und nach allem kam ein Geraufe heraus, dabei wurde eine Schreibmaschine heruntergeworfen. Theo verlangte, daß ein anderer die Schreibmaschine aufheben solle, er hatte Schaum im Mund und war der kategorische Imperativ in Person, alle redeten heftig durcheinander, alle maßen sich mit drohenden Blicken, und ich war gar nicht so sicher, was dabei herauskommen würde. Ich zitterte vom Kopf bis zum Fuß. Ich stürzte in der Aufregung und ohne mir dessen bewußt zu werden ein Glas Wein in einem Zug hinunter. Wenn es Tinte gewesen wäre, hätte ich sie auch getrunken. Es war das Nächste, das in Reichweite war. Dann fiel mir ein, daß die streitenden Hähne sich vielleicht rascher vertrügen, wenn keine Dame zugegen war, ich ging aus dem Zimmer und zog meinen Mantel an.

Ich bin ein paar Minuten auf dem Gang gestanden, dann kam erst einer, dann kamen sie alle und die noch einen klaren Kopf hatten, entschuldigten sich bei mir. Drunten vor der Haustüre redeten sie schon wieder ganz vernünftig und waren scheinbar versöhnt. Wir taten vor den anderen so, als ob wir nach der Trambahnhaltestelle wollten, aber wir mußten aus dem Westen zu Fuß durch Moabit gehn, es war wieder einmal kein Geld da. Wir hatten einen Weg von drei Stunden vor uns.

Nun mußt du wissen, daß ich, wenn mein Mann ins Trinken kam, sonst immer nüchtern blieb und auf mich acht gab. Theo war es von mir nicht anders gewöhnt. Diesmal war der Schein gegen mich. Ich hatte, wie gesagt, den Wein so schnell hineingetrunken. Es war wohl auch der Schock, der mir noch in den Gliedern saß, ich wurde über die Maßen erregt, mein Herz klopfte wie wild. Es war mir unbeschreiblich zuwider, in der Nacht um drei Uhr durch Moabit zu wandern und daß trotzdem immer fortgegangen sein mußte, daß wir nicht zu Hause bleiben konnten wie andere, wenn das Geld fehlte. Ich war dessen so müde, daß ich dauernd solchen Dingen ausgesetzt wurde und daß das alles sich wie hinter einer Wand abspielen mußte, aus der kein Laut vordringen durfte. Ich kam mir vor wie eine Attrappe, die überall vorgeschoben wird, damit was ein Gesicht hat, und die keine einzige eigene Bewegung tun darf.

Die Nacht brachte ja nichts Neues und nichts Entscheidendes, verstehe mich recht. Was sie brachte, war immer schon da. Ich hatte es schon immer geahnt und vor einer Drohung gezittert, die ich nicht übersah. Es gab nur einen Riß im Dunkel, so daß ich plötzlich erkannte, was sich hinter all dem Unbegreiflichen barg. Ich weiß nicht, ob ich dir jemals nahe bringe, wie mir in jener Stunde zumute war. Ich war verloren auf dieser Welt, in der Weise verloren, daß ich auch nicht für mich einstehen durfte, sondern daß mir meine Bewegungen grauenhaft vorgeschrieben waren, ich war eine Puppe, war schlimmer daran als sie, weil ich samt jener würgenden Fessel, die nur die vorgeschriebenen Bewegungen gestattete, doch für einen Menschen mit eigener Verantwortung gelten mußte. Einmal würde man Rechenschaft von mir fordern für meinen Wandel, wie sollte ich dann bestehn? Ich arbeitete, aber hatte nicht das Recht auf ein tägliches Brot. Ich war verheiratet, aber hatte nicht das Recht auf ein Kind. Der meine Stütze sein sollte, war in seinen reißenden Trieben so, daß er selber der erste Wolf in der Hürde war. Ich weiß, daß Gebundenheit gut ist. Aber wenn sie zum Egoismus, zur Willkür des anderen ausartet, verkehrt sie ihren Sinn.

Ich ging da per Arm mit meinem Mann durch Moabit, ich dachte in einem fort, neben dir habe ich keine Stätte, wo ich mein Haupt hinlegen kann, und plötzlich sagte ich es auch laut, ich sagte noch anderes und sagte so viel. Ich will Kinder haben, schrie ich, aber ich kann es ja nicht verantworten, sie dir auszuliefern, du machst sie mir krumm, du machst sie zu Krüppeln. Kinder müssen atmen und ich auch, hörst du, ich auch! Es stürzte wie aufgestaute Flut aus mir heraus. Ihm kam es so überraschend, daß er stumm blieb wie ein Stock. Er hielt mich für betrunken. Doch weiß ich, es war nur Schein. Ich war trunken von meinem Leid. Wir gingen ja schon seit zwei Stunden. Ich war außer mir, ich hatte keine Empfindung mehr für Dimensionen. Es ging mir wie jemand, der die Hand in Augenhöhe heben will und statt dessen den Arm emporreißt und sich noch dazu streckt.

Das, was ich vorbrachte, war wohl von Einbildung verzerrt, mußte ja übertrieben sein, denn ich war in der Folter, ich war nicht mehr normal, ich war mit Gewalt verbogen. Und doch lag ein unantastbarer Kern darinnen, jenes Etwas in unserer Ehe, das von Anfang an todbringend gewesen war und das nur meine Liebe so gut und erfinderisch versteckt hatte, daß man es oft nicht mehr sah. Vergebens, es schlug doch durch alle Hüllen. Denn er rechnete mit mir nicht anders wie mit dem Wild, das in die Falle gegangen ist, er hob den Arm nicht anders nach mir, als um mich zu verwunden, und ich erkannte, daß er solches oft beweinen, niemals es abstellen würde.

Wir waren eben an einem Stand mit warmen Würstchen vorübergegangen, und daran, daß die Leute den Kopf wendeten, erkannte ich, daß ich schrie. Noch heute sehe ich die weiße Schürze von dem Wurstmann rechts von mir blinken, sehe zuerst seinen fetten Bauch, so wie es mir für alle Zeiten eingeprägt ist, denn mein Blick irrt über den Boden, sehe dann gleich darüber das neugierige Gesicht, denn mein Mann hat mir einen Ruck gegeben, der mich aufschreckt. Es ist möglich, daß Theo sich vor dem Wurstmann genierte. Er beschleunigte seinen Schritt, er zog mich schier im Laufschritt in eine öde Nebenstraße, auf deren anderer Seite ein Zaun war. Seine Miene drohte mir, und als wir auf einmal so laufen mußten, schwebte mir irgend etwas Verrücktes vor, das er mir antun würde, alles in mir überspannt und von hinten her, wo wir die anderen gelassen hatten, von denen wir uns absichtlich entfernten, überfiel mich eine kreischende Angst. Sie faßte nach mir mit eisigem Arm, daß ich mit einem Ruck den Kopf gen Himmel werfen mußte, wo hinter dem rötlichen Dunstschein der Stadt ein paar Wolken zogen und so hastig, als ob ich Theo um jeden Preis zuvorkommen müßte, ihm ein schreckliches Wort vom Himmel dort oben zurief, der alles mit angesehen habe und ein unbestechlicher Rächer sei. Oh, ich glaubte zu wachsen, indem ich so den Himmel aufrief, ich deutete nach ihm, ich fürchtete mich nicht mehr, ich war in gewaltiger Hut.

An ihm aber, den es anging, fraß ein mythischer Schrecken und machte ihn nackt in einem Nu, er duckte sich ein klein wenig, sein Gesicht war von Schuld beschrieben, ich vergesse es nie. Noch im gleichen Augenblick verließ mich die Kraft, als ich in sein entzaubertes Antlitz sah, die Füße wankten, ich stürzte wie gelähmt auf das Pflaster nieder. Ich konnte es nicht ertragen, daß ich die Larve von den geliebten Zügen gerissen. Wie einen Talismann hielt ich den untersten Knopf von seinem Mantel umklammert, mit stummer Bitte, flüchtend vor mir selbst zu ihm, zu wem sonst als zu ihm. Er bückte sich nicht nach mir, hob mich nicht auf, er stand ganz reglos. Dann trat er mit einem heftigen Schritt von mir weg, daß der Knopf in meiner Hand blieb, trat weit von mir weg in die Straße hinein, er riß sich los. Seine Gangart war elastisch, in unwahrscheinlich kurzer Zeit bog er um die Ecke. Er war ganz unbesorgt um mich in Moabit. Es gab kein Zurück.

Es gab kein Zurück. Ich dachte stumpf, er hoffe vielleicht, daß ich nicht heimkommen würde. In der Nähe sang eintönig eine Laterne, es fiel mir auf, sie brannte mit Gas. Ich hörte entfernte Schritte. Noch war es nicht diese Straße, und es war auch gleichgültig, wenn wer vorbeikam. Ich wähnte zu träumen. Ich hielt bloß etwas Hartes, den Knopf, den ich abgerissen hatte, fest in der Hand. Eine wohltätige Starre hielt mich umfangen. Dann hörte ich den Schritten an, daß sie in die Straße wollten und stand mechanisch auf. Ich klopfte den Mantel aus. Ich wendete mich ab vor dem Fremden, der um die Ecke trat und sogleich unverkennbar auf mich zuhielt, dann aber unsicher wurde und sich mit gemurmelten Worten trollte. Ich empfand keinen Schmerz wegen Theo, der Schmerz kam erst später.

Ich kannte den Weg nicht durch Moabit, ich wußte nur, daß er dauernd im Zickzack lief. Mein Mann, ja, der ging ihn im Schlaf. Ich war im Morgengrauen schon da gegangen, immer nur so, daß ich bereits todmüde war, ich hatte mir die Straßenecken nicht gemerkt. Ich zerbrach mir den Kopf nicht darüber. Ich mußte nur rasch gehn, immerzu rasch gehn, das war die Hauptsache. Es war mir gleichgültig, wo ich herauskam. Irgendeinmal würde es heller Tag werden und irgendeinmal würde ich in einer breiten Straße stehen, die ich erkannte.

Ich war vogelnüchtern. Es kam mir vor, als ob die Leute von der Straßenreinigung mich alle so merkwürdig ansähen, als trüge ich das Schicksal auf meiner Stirn. Vielleicht bildete ich mir das auch ein. Es waren wohl bloß die Augen, die so fremd und unbewegt unter dem Hut vorschauten, es war das Kräutlein Rührtmichnichtan. Ich kam an einer anderen Stelle heraus als sonst. Der Himmel war noch nicht sehr hell.

Ich sah bloß nach, ob Theos Mantel da hing, dann ging ich in mein Zimmer. Ich schlief nicht ein und weinte auch nicht, ich war wie mit Blei ausgegossen. Die Gedanken, die ich dachte, schienen nicht in meinem Hirn zu entstehen, sie schienen mich in einiger Entfernung zu umkreisen. Sie flüsterten, es hätte freilich mehr Kraft wie zum Weglaufen dazu gehört, um dich in jener Stunde zu ertragen. Sie flüsterten, er hätte dich nicht so im Stich lassen dürfen. Er hätte dir etwas von der Geduld, die du so oft mit ihm haben mußtest, zurückgeben müssen. Jetzt kam es ja darauf an. Sie flüsterten, es war nur seinetwegen, daß du in diesem Zustand warst. Sie flüsterten, er hat durch sein Weggehn über dich das Urteil wie über eine Säuferin gesprochen. Sie flüsterten, vielleicht hast du ihn nie so sehr wie dort an dem Zaun gebraucht, wo alles in dir voll Angst war. Sie flüsterten, die Ehe ist eine Waage: was auf der einen Seite zuviel getan wird, auf der anderen wird es zu wenig getan. Sie flüsterten, du mußt lernen, dir nicht das nehmen zu lassen, was der Boden unter deinen Füßen ist. Nur wer fest steht, kann auf die Dauer tragen.

Von da an habe ich es anders gemacht und ihm nicht mehr mein Herz auf den Händen zugetragen. Von da an waren wir zwei. Ich ließ mich suchen. Und wenn ich schwach wurde und wenn ich einmal nicht mehr glauben konnte, daß es so notwendig war, dann habe ich bloß den Kopf in die Hand nehmen müssen. Theo hat ihn nie von mir verlangt.«

Wir waren im Schlendern bei der Lorenzkirche herausgekommen, und weil mir einfiel, ob es nicht am Ende Henriettes große Liebe war, die der Mann nicht vertrug, so daß er sich durchaus wie ein Halbgott benehmen mußte, und weil ein Sturz vom hohen Roß schon manchen auf einen bescheideneren Sattel gesetzt hat, wo er sich nachher geschickter zum Reiten erwies als zuvor, weil kurz und gut Frauen die Hoffnung nicht so leicht aufgeben werden, wenn ein Mann aussieht wie Theo, warf ich die Frage hin: »Arbeitet er denn wieder?« – »Ich habe ihm klargemacht, daß ich das von ihm erwarten muß.« – »Und du bist bei ihm geblieben?«

Henriette bekam ein sehr frauliches Gesicht, als sie mich lange ansah, und nickte.

Heimkehr

In einem mittelgroßen Marktflecken geschah es, daß ein gewisser Tobias, seines Zeichens ein aufstrebender junger Weinhändler, an einer gewissen Therese zu Fall kam, die aus verarmter, wenn auch rechtschaffener Familie war. Wie immer dies geworden, genug, er kam an ihr zu Fall und sie an ihm. Binnen kurzem liebten sie sich über die Maßen.

Wenn Tobias zum Kundschafttrinken ausging und etwa beim Kartenspielen solche fand, die ihn rupften, lachte er gleichwohl über das ganze Gesicht, weil er seine Gedanken ganz woanders hatte. Und wenn Therese nach dem Abspülen die Teller trocken rieb, pfiff sie aus vollen Backen und spiegelte sich verliebt in den eiweißen Tellern, die so rechtschaffen in die Runde glänzten und überhaupt so vollkommen in die schöne Welt paßten, daß man es gar nicht sagen konnte. Wenn aber die beiderseitigen Eltern, die weitersahen, ihnen einen Vorwurf machten und zur Umkehr mahnten, schüttelten sie den Kopf, und jedem, dem um sie angst und bange war, erzählten sie, daß sie einander Gutes und keinem Dritten was zuleide täten.

Sonntags nach dem Mittagessen kam er ihr am Burgtor entgegen. Dann gingen sie schnurstracks in die Sonne hinein, und wenn andere Spaziergänger schon lange nicht mehr mitmachten, gingen sie lieber noch ein gutes Stück weiter. Tobias war unerhört aufmerksam gegen seine Therese, und wenn ihm eine Wiese zur Rast gefiel, lobte wiederum Therese seinen Geschmack. Tobias war auch nicht der Letzte und zückte einen Rucksack, aus dem zum mindesten Tomaten, Schweizerkäse und Rettich lachten.

Gab es einen prächtigeren Zeitvertreib, als wenn Tobias sich auf seinen Ellbogen aufstützte und der Abwechslung halber erwähnte, daß dem Michel sein Fahrrad abhanden gekommen war, der hohe Karren, und daß andererseits Karl solange gejammert und auf sein Geschäft draufgezahlt hatte, bis er sich ein kleines Haus kaufen konnte, daß aber der Hätschelknabe des Männerturnvereins, der vielversprechende, den sie am liebsten unter einen Glassturz gestellt hätten, schon nichts mehr taugt, er wird zu weich.

»Wir erfahren ja nichts, wenn ihr es uns nicht sagt«, sprach dann Therese voll Dank, und Tobias schnaubte in beklommener

Rührung. Er sorgte wahrlich für seine Wabe wie die Biene, die tagsüber von Blume zu Blume eilt und an den Füßen Honig sammelt. Oder gab es Leiseres wie den tastenden Tritt des ersten Sternes durch die Himmelsritze? »Da ist er«, flüsterte Therese, und Tobias schlug mit dem Fuß aus wie ein Hengst, er tat es zum Gruß. Wenn sie dann heimwärts zogen, hatten sie ein so gutes Gewissen wie die Heidenkinder, die noch nie was vom wahren Glauben vernommen haben.

Im Marktflecken schüttelte man den Kopf über ihre Verblendung. Ärgernis war es, daß, wo andere sich vorsehen mußten, diese beiden, die doch auch Bürgerskinder waren, aus der Sitte sich ausnehmen durften und der Sündenfall um sie gleich einem Geschmeide glänzte.

»Wir werden ihnen schon Mores beibringen«, sagten die Wächter der Ehrbarkeit und wußten, daß ihre Zeit jedenfalls kommen würde. Wie ein stillschweigendes Einverständnis war es unter ihnen und keine Erfindung gehörte zu den Mitteln, mit denen sie einem der Ihren was handgreiflich machten. Tobias war der Ihre und merkte es im Geschäft. Die Kunden blieben aus. Auf einmal konnte er hören. »Auch darüber wird Gras wachsen«, hoffte er, »wenn wir uns die Warnung zu Herzen nehmen.«

Was war zu tun? Mit beiden Füßen waren sie hineingesprungen und hatten angefangen mit dem, womit sie rechtens in der Ehe fortfahren durften. Besser wußten sie es nicht und hatten sich von vornherein die Tür aufgemacht, so weit es nur ging. Ja, nun mußten sie wohl oder übel mit Arbeit und Mühe hinter der Liebe dreinlaufen und die Ausreißerin einholen, damit es wieder in Ordnung kam. Schon hatte Tobias, der seine Therese um nichts in der Welt missen wollte, ein offenes Wort gesprochen. »Wir werden uns saumäßig einschränken müssen«, sagte er, »aber keine Angst, es wird schon gehn. Und wenn ich vielleicht kein solcher Prachtkerl bin, daß ich spare wie ein Schneider, ohne mich darüber zu beschweren, und wenn ich hin und wieder zu dir sogar unausstehlich werden sollte, so bleibst du mir doch die Liebste und daß dir der Kopf bei mir nicht abgerissen wird, dafür stehe ich gut.« Schon schaffte Therese sich Vorhänge und Bettbezüge an und machte sich mit ihren Pflichten in seinem Laden vertraut, und es hätte eine Ehe wie manche andere daraus werden können, wenn nicht die Macht von außen eingriff und, an einem Tag erbaut, plötzlich die Mauer dastand, an der sich grade Herzen scheiden.

Die Mutter des Zukünftigen stattete den Eltern der Braut einen Besuch ab. Sie ließ sich die Betten und Vorhänge zeigen. »Ich als die Mutter muß mich drum kümmern«, sprach sie von der Leber weg, »mein Sohn ist ja so dumm, daß er brummt.« Und als sie vernahm, daß dies das Äußerste sei, was Theresens Vater geben konnte, und daß die jungen Leute sich auf Jahre hinaus mit Teilen aus dem überkommenen Hausrat der Eltern behelfen sollten, bis einmal die Schulden weniger drückend seien, nahm sie wahrlich kein Blatt vor den Mund, und ihrem Sohn stand die freudlose Fron eines Sträflings bevor, wenn man sie hörte. »Es ist traurig, daß Ihre Tochter den Mut gehabt hat, sich mit einem hoffnungsvollen jungen Mann einzulassen, aber man kennt ja die Mädchen, die auf anständige Art zu keinem Mann kommen und es darum mit der Schlechtigkeit versuchen.« Nachdem dies gesagt war, stand fest, daß eine arme aber anständige Familie mit Tobias nie im Leben verwandt werden wollte. Die Tochter mußte nun eben die Folgen der Pflichtvergessenheit tragen.

Therese gehorchte und schrieb ihrem Tobias ab. »Das kann ich nicht annehmen«, schrieb Tobias zurück, »du bist wohl nicht bei Trost.« Aber Therese schämte sich, einem Manne, der anderswo gewiß nicht vergebens anklopfen würde, ein Leben des Gehemmtseins an allen Ecken und Enden zu bereiten. Sie drängte ihre Mutter, ihr mit Hilfe des Klosters eine Stellung zu besorgen und ging nach Berlin in Dienst. Etwas jedoch schleifte sie unzerrissen mit sich, nahm es mit hinein in die Trennung, das Würzlein Treue.

Die feindliche Mutter hetzte unentwegt weiter gegen jene Therese, die einmal die Ordnung der Dinge so wenig verstand, daß sie für ihren Leichtsinn offenbar noch belohnt werden wollte. Ein alter Weinhändler stieß am Stammtisch ins gleiche Horn; wenn Therese noch die Frau des Konkurrenten werden sollte, war es immer gut, ihr was am Zeug zu flicken. Die Mütter, die sich auf Tobias als Schwiegersohn spitzten, halfen mit. Kurz und gut, der Marktflecken ging nicht darüber zur Tagesordnung über und Theresens Ruf wurde unwiderbringlich zerrupft. »Ich rate dir dringend, komm nicht her. Mir geht es gut«, schrieb sogar Tobias.

Der gute Tobias. Wo er ging und stand, mußte er Schimpfreden einstecken über das, was ihm das Teuerste war. Auf einige ging er los, aber er konnte nicht einen ganzen Marktflecken zum Teufel jagen. Lieber war es ihm, sie hätten über ihn selbst hergezogen. Man versuchte ihn mit Fleiß, versprach ihm goldene Berge im Geschäft, wenn er nur von der ließ, die in der Leute Mundwerk war. Er hätte sein Schäflein scheren können und etwas zuckte unwillkürlich im Nerv des Kaufmanns, doch himmelweit wies er den Gedanken zurück. Was doch die Leute ihren Mitmenschen plagen konnten. Mitgegangen; mitgefangen, hieß es nun. Absichtlich hängte man ihm den Brotkorb hoch. Der Laden stand verfemt und die Spesen liefen. Er richtete sich zugrunde für Therese; mehr konnte er nicht für sie tun. Geschunden verbarg er seinen Zustand in den Briefen an sie, lebte herrlich und in Freuden, solange er schrieb. Die Schrift indes war verwischt von Tränenspuren.

Dies war der düstere Posten in der harten Rechnung, daß der Standhafte für sie büßen mußte. Wie bitter schmeckte nun das Würzlein Treue. In jener Zeit war ihr Gesicht von Gram und Zweifeln ganz nach innen gefallen. Weder vertrug sie Speise noch Trank, weder kannte sie Schlaf noch Ruhe. Gegen einen Felsblock schlug sie unentwegt mit dem Hammer und zitterte doch davor, daß die Last, die ihr Halt war, sich bewegen könnte.

»Laß uns in eine größere Stadt ziehn«, schrieb Tobias. »Hier werden wir hin.« So weit war es schon. Er wußte nicht, worum er bat. Denn wer war Tobias, der Heimverwachsene, in der Fremde? Was war das für ein trauriger Mut, daß sie das Unglück seines Lebens werden wollte? Weiß Gott, er konnte nur hochkommen, wenn sie ihn wegjagte wie einen Hund.

Mit eisernem Zahn, um nicht schwach zu werden, kämmte sie ihr liebstes Wollen und riß die Wurzel aus. »Ich habe mich mit einem Lehrer verlobt«, log sie. »Hier hast du deine Fotografie zurück.« Ach, Tobias glaubte es nicht. Mit Ruten mußte sie ihn aus dem Tempel peitschen. Danach war ihr zumute, als ob sie einen Berg versetzt hätte; sie schwankte. Alles an ihr stockte vor Taubheit. Wiege des Schicksals, wo war sie nun? Die Welt war leer. Torheit, zu glauben, daß die Rettung mit dem Akt des Schneidens vollbracht war. Ein ganzes Leben lang mußte sie sie vollbringen. Da lernte sie beten aus zugebissenen Zähnen, eine Bitte, scharf wie eine Säge: »Zeige mir, Gott, deinen Weg!« Fortan, wenn sie unter Menschen ging, war es, als ob sie einen Rock aus Flicken trage. Sie aber lernte den geflickten Rock in Ehren tragen und die Blicke kreuzen. Straff schloß sie den Mund. Bäuerlich streng wurde ihr Gesicht.

Ein geheimnisvoller Weiser in ihr strebte weg von dem Ort, wo sie ging oder stand. Unentwegt war ein inneres Auge aufgeschlagen nach jenem Tobias in der Ferne. Welche Kreise mochte er ziehn, wohin der Hunger der Liebe ihn stoßen, der an anderen nicht gestillt werden konnte? Mütterlichkeit war in diesem steten Blicken, und es war so, als ob sie jeden einzigen Tag dies Angedenken erschaffen müsse, wie je ein Schaffer sein Werk. So wurde Tobias der Ihre immerdar. Wegjagen konnte sie ihn zwar, aber sie konnte ihn nicht in sich verraten. Die Trennung, die nur ein Scheinbild war, schwand wie Dunst vor der Liebe, die ewig erkannte.

Tobias nun – seine Bahn war ein einziges Fallen von Betäubung zu Betäubung, wo doch die tobende Leere an nichts erfüllt werden konnte. Mit schmerzlicher Befriedigung fühlte er sich zum Knecht der Begierden werden, wenn er zuvor Herr der frohgemuten und spendenden Laune war. Ja, weggeworfen, wie er sich wähnte, zerrte er sich mit Fleiß durch den Dreck und glaubte in verkehrter Sucht damit der Treulosen förmlich einen letzten Dienst zu erweisen. Wegschwemmen mußte er, was je in ihm kindlich war, niederreißen das Jauchzende, bis kein Stein auf dem andern blieb. Wofür aber, Herrgott? Längst war ihm zugetragen, daß man Therese stets nur allein sah. So war jener Lehrer die Taube auf dem Dach, für die sie den Spatz in der Hand losgelassen hatte. Sie sollte nur nicht etwa kommen. Sie stand vielleicht da oben in ihrer Dachkammer und krümmte sich vor Entschlüssen. Einpacken sollte sie damit, grollte Tobias. Allein Therese kam nicht.

Mählich floß der Strom ruhiger, und die Scham schüttelte ihn am unwiderruflich Preisgegebenen und Versäumten. Er warf einen Damm auf gegen die zerstörende Flut, seine Arbeit. Und wenn er auch jene Höhe der Unschuld nicht wieder gewann, auf der er einst wie im Paradiese lebte, stand er doch bald auf einem anderen Hügel der Reife, der sich langsam unter ihm hob. »Sie hätte ein Kind haben müssen«, sagte er grübelnd.

Vieles wurde anders. Das Geschäft kam in Schwung. Doch die Mutter wurde krank und legte sich hin. Es sah aus, als ob sie genau so resolut, wie sie gelebt, hinübersterben würde. Noch einmal ging es vorbei. Doch als sie endlich im Stuhl aufsaß, wußte man, daß sie nie wieder die Alte sein würde. Sie war gleichgültig gegen den Alltag und eigensinnig nach innen gewandt. Alles mögliche fuhr ihr durch den Kopf. Hatte sie es damals um dreiviertel elf recht gemacht und an jenem andern Spätnachmittag falsch? Wenn man wie sie schon die Engel durchs offene Tor singen hörte, wußte man unerbittlich, daß einmal Rechenschaft über jeden Umstand abzulegen war. »Eines tut not«, sagte auch der Herr Pfarrer, der die immer noch Kränkelnde besuchte. Wohlan. Doch Tobias kam mittags mit hungrigem Magen heim, und auf dem Tisch stand kein Essen. »Wozu kochen?« sprach die Mutter verrätselt. »Im Wirtshaus wird sowieso gekocht; es ist einfacher, du läßt von dort etwas holen.« Und doch war es Tobias nicht an der Wiege gesungen, daß er von der gesunden Hausmannskost abgehen mußte. Ja, die Mutter hatte ausgelassen. Jetzt fehlte freilich die Schwiegertochter, die das Haus zusammenhielt, an allen Ecken und Enden. »Ich bin alt«, sprach die Mutter. »Du solltest endlich ans Heiraten denken.« – »Da es nicht Therese werden konnte, wird es niemand.« – »Ich hätte euch nicht im Wege stehen sollen.«

Die Mutter schickte den Herrn Pfarrer zu Theresens Eltern, man möge um Gottes willen die Tochter, die wahrlich das Herz auf dem rechten Fleck habe, heimkommen lassen. Dort war es nicht unerwünscht, daß Therese die Genugtuung widerfuhr. Aber nach Aussage des Vaters hatte sie ihren eigenen Willen, in den ihr niemand mehr hineinreden wollte. Immerhin schrieb er, und schrieb vielleicht so, daß Therese nein sagte. Denn das tat sie.

Nach diesem Nein konnte sie es fast nicht mehr aushalten in der Fremde. Wollte sie denn alt werden in der Großstadt, bis man sie nicht mehr brauchen konnte? Wie überdrüssig dehnte sich jeder Tag. Die Vögel sangen nicht wunderschön. Der Morgen war ohne Adel. Die Menschen sprangen nicht an ihre Arbeit wie eifrig bellende Hunde, und die Werkstätte war nicht ihr Erdenfleck, in der sie Herr über ihrer Hände Werk waren; beargwöhnt und beaufsichtigt hackten sie ihr Pensum herunter in hetzender fremder Fron. Selbst der ehemals vertraute Himmel war hier von Kaminen verstellt.

Die Mutter wartete mit Ungeduld. Dann fiel ihr ein, daß es vielleicht nicht richtig war, es durch den Herrn Pfarrer zu machen. Diesmal fand sie eigene Worte, es rührte sich was. Ja, wenn man den Brief so ohne Vorbereitung las, sah er einem Notschrei zum Verwechseln gleich, so daß selbst die stolze Therese nicht länger stolz bleiben wollte. Sie schrieb zurück: »Ich müßte mich ja Sünden fürchten, wenn ich Tobias verkommen ließe.«

Zurückhaltend und doch erlöst erschien sie den Ihren. Eine tiefe Freude krönte sie, wenn sie durch die Gassen ging, in denen niemand sie mehr vertrieb, und im Vaterhause die Dienste tat, die ihr keiner verwehrte. Wie arm war sie gewesen, und wie reich waren die Menschen hier! Die alten Stuben waren etwas Gewachsenes, nicht sonstwie Entstandenes, die ihre Bewohner wie das Kind im Mutterleib bargen. Die Stiegen summten unter den Tritten der Eilenden wie willige Leitern zur von alters her gewollten Ordnung. In der Mitte senkten sie sich leise zu einer rührenden Mulde. Hier hatten sie unter der Sohle der Jahrzehnte nachgegeben, und Therese blieb daran wie vor einer Liebkosung stehen. Schwielen an der Hand der Mutter können nicht heiliger sein. Sie fühlte es wie eine Würde.

Wenn bloß Tobias, der Patzer, nicht diesen harten Schädel aufgehabt hätte! Mit seiner Störrischkeit machte er wahrhaftig wieder das, was die Mutter für ihn baute, zuschanden. »So glaube es endlich, daß der Lehrer damals erfunden und erlogen war. Sie wollte dir bloß nicht schaden.« Ho, für Tobias büßte dadurch ein Lehrer, an den er lange Zeit geglaubt hatte, nichts an Wirklichkeit ein. Therese wäre wohl oder übel einschichtig geblieben, wenn nicht der Zeltenbeck und die Meisterschaftstorte waren. Und das kam so: Tobias hatte dereinst bei einer Meisterschaftsaustragung auf Langstrecke so vorzüglich geschwommen, daß der sportbegeisterte Zeltenbeck sich getrieben fühlte, ihm eine Torte zu stiften. »Ich nehme sie unter der Bedingung an«, sprach Tobias, »daß sie mir gut bleibt, bis ich sie einmal brauche.« Auf dies Abkommen berief sich die Mutter und ließ kurzerhand den längst gestifteten und natürlich frischgebackenen Ehrenpreis an Therese schicken, so daß der Zeltenbeck doch noch um seine Torte kam.

Tobias geriet ins schönste Schwitzen, als er brühwarm die Geschichte von seinem angeblichen Auftrag erfuhr. Nun mußte ja jedes Kind sehen, wie es um den Flunkerer Tobias stand, der zwei Jahre lang eine Torte für Therese aufgehoben hatte. Und das Schönste war, daß der schwerfällige Liebhaber eben diese Absicht seit zwei Jahren in seiner innersten Herzkammer verwahrte. Nun einmal das Unglück passiert, hätte er Therese einen Tort angetan, wenn er nicht schnurstracks an ihrem Haus vorbeigegangen wäre, und Therese wäre direkt undankbar für die Torte gewesen, wenn sie ihm nicht vor aller Leute Augen um den Hals gefallen wäre.

»Aber weißt du, für deine Verstocktheit müßte man dich an den Ohren ziehn«, sagte sie in einer Atempause, und Tobias glänzte wie ein neuer Pfennig vor Wonne, weil er endlich über seinen Schatten sprang.

Des Staates gute Bürgerin

Neun Kinder hatte die Großmutter zur Welt gebracht, acht davon waren ihr frühzeitig gestorben, die einen schon bei der Geburt, durch Unfall oder Krankheit die anderen, sie begriff es nie, warum ihr alle wegsterben mußten. Bloß die Tochter war ihr geblieben. Die hatte sie, als sie groß war, an einen Mann hergeben müssen, der sie selber zur Großmutter machte, die Kinder starben nicht weg, Gott sei Dank. Sie hatte viel Platz gebraucht in ihrem Leben und in einer Ehe, wo der Mann auf sie stolz war, ganz ungeniert kommandiert. Der Mann war es zufrieden und blies am Sonntagvormittag seine Flöte.

Bloß der Schwiegersohn war so ungerecht mit der Frau. »Von neun Kindern sind acht gestorben, und das neunte ist mehr krank wie gesund, das muß schon am Blut liegen«, sagte er ihr ins Gesicht. Er konnte die Schwiegermutter mit nichts stärker erbosen. Sie war ihr Lebtag nicht krank gewesen, wenn das vielleicht schlechtes Blut war! Aber was wußte ein Mann von der Infektion in jenen vergangenen Jahren und wie wenig Zeit man für seine Kinder hatte. Die Menschen hatten noch arbeiten müssen seinerzeit und waren nicht wie der Schwiegersohn zum Frühschoppen nach München und zum Kaffeetrinken nach Eichstätt gefahren.

»Wenn acht Kinder sterben, muß doch was schuld sein«, fing er schon wieder an. »Gefressen habe ich sie nicht«, sagte sie, den Tränen nah, weil sie sich so vor dem Menschen verteidigen mußte. »Nein, aber zu stark geschnürt.« Wie denn das bißchen Schnüren? Das wollten die Männer so haben zu ihrer Zeit, sie hatte sonst einen fülligen Leib. Sie lief beleidigt fort in allem Ernst, ging aber doch wieder hin zu dem Mann, sie konnte ihn auch nicht lassen. Nie zerstritt sie sich ganz mit dem Mann, der so reich war und wie ein Gewitter in seiner Pracht. Sie hatte an ihn einen Aberglauben.

Hätte er sich bloß nicht in einem fort an ihr gerieben! Mit seinem Geld aber konnte er ruhig mehr tun für seine Frau. »Wenn er mit dir bloß nach Salzburg fahren kann«, redete sie ihrer Tochter ein, »mußt du ihn nicht allein nach Italien lassen. Das täte ich nicht.« – »Was täte ich in Italien?« sagte die Tochter. »Er soll dort seine Lungenentzündung ausheilen.« – »Und wer heilt dich aus?« – »Ach, mich!« – Manchen Menschen war nicht zu helfen.

Der Schwiegersohn brachte einen Panamahut aus Italien mit heim, den er selber waschen konnte, wie er sagte, ohne daß er seine Form verlor. Er war ein schöner Mann, wenn man ihn nach so langer Zeit wieder sah, einen Kopf größer als die Schwiegermutter sogar, sie verschlang ihn mit den Augen. Aber er hatte sich, um zwei Damen zu gefallen, für einen Kunstmaler ausgegeben da drunten, er hatte seine Rolle so täuschend vor ihnen gespielt, daß die jetzt nach München fuhren und sein Atelier dort suchten. Das erzählte er noch seiner Frau und darüber konnte er lachen! Da war ihr Heinrich ein anderer Mann und hatte Augen bloß für seine Frau, die er bekommen hatte, sie war noch kaum sechzehn, die Hochzeit ein Wagnis, und das vergaß ihr der Mann nie und das hatte ihn immer bewegt. Bis zum letzten Tag hackte er das Holz für sie klein. Er war zwanzig Jahre älter als sie, hätte sich aber geschämt, wenn er ihr das Beil hätte geben müssen.

Er war ihr ein und alles, der Heinrich. Er war so brauchbar, auf seine Erfindungen war ein Verlaß. Er holte die Akazientrauben vom Baum, er sammelte die Hagebutten vom Strauch. Aus reiner Gefälligkeit zog er Kindern die wackelnden Milchzähne aus, indem er feinsten Spagat um den lockeren Zahn band, ihn nach einem sinnreichen System um die Türangel spannte und dann einfach, den Spagat treu in der Hand, hinausging zur Tür, wobei die Kinder freilich nicht mitlaufen durften, vielmehr aus Leibeskräften sich am Kanapee einhalten mußten.

Sie war gut gehalten, die Frau. Der Heinrich zog sie wohl einmal auf, wenn sich einer in den Laden vergaffte, aber die Herrin meinte vom Laden. Wenn sie einen Löffel aus der Schublade hob, machte sie eine ganze Geschichte daraus.

Sie lud auch manch einen ein auf ein Glas, wenn er im Laden zu lang bei ihr blieb, sich gar nicht trennen konnte, der Herr Pfisterer zum Beispiel. Da war aber der Heinrich dabei. Sie glaubte dem auch, der ihr schöntat in ihr Gesicht, die Vertreter müssen das tun. Die Sonne schien auf sie ganz unverdient, sie wurde in all dem Glanz so siegesgewiß. Sie war so frei und nahm sich was heraus. Aber über den Heinrich ging gar nichts.

Vierzig Jahre lang lebte sie mit ihm, bis er eines Tages sich legte und nicht mehr aufstehn wollte, wenn man ihn hörte. Er konnte doch nicht auf einmal gehn und sie dalassen, der Heinrich. Er hatte sich was zugezogen an der Donau im schneidenden Wind, wo er viel zu lang den Pionieren zuschaute bei dem, was er selber getan hatte einmal und was ihn zurückversetzte in den Siebzigerkrieg, darüber ließ sich schon ein Winter vergessen.

Dafür vergaß der Winter nicht ihn und faßte ihm eisig in seine Lunge hinein. Und das hatte er schon gestern gespürt, wo er noch auf war, er hatte es bloß der Frau nicht gesagt. Seine Flöte aber durfte sie nie hergeben, selbst wenn niemand mehr auf ihr spielte.

Sie pflegte und rannte und zog einen zweiten Doktor herbei, beim Heinrich wurde die Nase schon spitzig. Einen ganzen Wachsstock brannte sie ab vor der Schuttermutter, dem wundertätigen Bild, das einmal stromaufwärts die Schutter hinaufschwamm. Sturm liefen ihre Gedanken, die Selbstsucht betete mit. So wurde die Großmutter fromm und bildete sich noch ein, ihr würde am Stühlchen gesessen.

Der Heinrich wußte es besser und starb, und das wußte man schon in der Nacht. Da saß sie auf ihrem Bett wie allein und heulte ganz laut und wußte es schon. Er zog an der Luft vor seinem Mund wie an einem gar strengen Strang, mit dem er sich raufte, er gab kein Zeichen mehr, daß er was hörte.

Danach war ihre größte Sorge, ob man ihn nicht scheintot eingegraben habe, den Mann. So wenig konnte sie an seinen Tod in Wirklichkeit glauben. »Aber er hatte ja im Rücken schon Flekken«, sagte die Seelenfrau ihr zum Trost.

Eine Zeitlang irrte die abgeschiedene Seele noch um sie herum, wie ihr schien. Ein Luftzug traf die Kerze, mit der sie zum Schlafen in die obere Stube hinaufging, sie spürte ihn nahe zum Greifen, eine Welle schlug in ihr hoch. Dann wurde das Haus leer, er kam nicht mehr zurück.

»Dein Leben lang hast du gespart«, redete ihr die Tochter ein, »brauchst nicht mehr aufs Verdienen aus sein.« Das hörte die Frau gern, daß sie nicht die Nächstbeste war und es ganz anders haben konnte, wenn sie sich darauf verlegte. Sie gab aber den Laden nicht auf.

Ohne Mann war ein Verfall darin, wie sich zeigte. Nichts war wie früher, und es gab keine Roßkur dafür, die Gewalt machte es nicht und nicht die Geduld. Seitdem die Frau niemand mehr hatte, der zu ihr ja sagen konnte, machte sie es sich nicht mehr recht.

Die Familie versuchte dies und das mit ihr, weil man doch einmal zusammengehörte. In den langen Nächten, die kamen; ließ man ein Kind bei ihr schlafen, daß die Frau sich nicht so wehmütig allein fühlen sollte. Vierzig Jahre lang hatte da jemand geatmet, wenn die Frau selber mir Atmen aufhörte und horchte. »Gell, du fürchtest dich nicht in dem Bett, weil dein Großvater darin gestorben ist«, sagte sie zu dem Kind, und nun stellte das Kind sich diesen Umstand erst recht vor.

Am Tag kam dem Kind die große Angst, daß wer von hinten bei der Küchentür eindrang. Da war ein Riegel, der von selber zurücksprang, wenn man die Tür anhob und es wußte. Mit klopfendem Herzen schob das Kind den Riegel doch wieder vor, hatte die Frau schon einmal darauf vergessen.

Die Großmutter ließ den Riegel nicht richten und das Fenster in den Hof hinaus nicht vergittern. Wenn sie sich so mit wissendem Gesicht im ganzen Zimmer umschaute, hatte sie eine Atmosphäre von Schutz um sich, wie eine Henne an sich glaubt, wenn sie die Jungen unter sich hat. Aber jetzt war sie fort und es wurde dunkel und es klopfte an der hinteren Tür, wo es sich nicht gehörte.

Das Kind schlich von der Stube in die Küche hinaus. Es hatte soviel Schlechtigkeit auf der Welt in der Zeitung gelesen und starrte die Tür an und machte beileibe nicht auf.

»Ich bin doch hier nicht ganz fremd«, sagte der Mann, der auf einmal herin war, »ich kenne die Tür. Wo ist die Großmutter?« »Nicht da«, sagte das Kind und wich ein wenig zurück. »Dein Großvater ist doch gestorben?« – »Nein«, widersprach das Kind aus der Ecke und kam sich schlau vor mit der Lüge, die eine Notlüge war. »Das mußt du doch wissen.« – »Die Großmutter kommt gleich«, sagte das Kind.

Der Mann ging in die Wohnstube vor, er kannte sich aus. Er betrachtete die Bauernrose im Glas und wartete ziemlich lang. Das Kind wartete auch, ob es nun umgebracht würde.

Es traute sich nicht durch den langen Hausgang bis nach vorn auf die Gasse laufen, sicher ließ der Mann dann die Verstellung fallen und schnitt ihm den Hals ab. Der Mann schrieb einen Zettel, den legte er auf den Tisch, er nahm die Bauernrose aus ihrem Glas. »Das erlaubt die Großmutter schon«, sagte der Mann und ging fort mit der Rose.

Man konnte nicht unbewegter als die Großmutter einen Zettel studieren. »Das war der Herr Pfisterer«, sagte sie bloß. «Die Rose hat er auch mitgenommen.« Geschmeichelt schaute sie nach dem Glas, in dem an einem abgerissenen Stiel noch drei Blätter schwammen. Der Herr Pfisterer war nicht von hier. Der Herr Pfisterer kam einmal im Jahr und vertrat eine Firma, die groß war. Eine Rose hatte er sonst nie mitgenommen.

Er traf sie am anderen Tag, und die Frau fiel nicht aus der Gewohnheit, sie lud ihn ein auf ein Glas. Er schmückte an ihr herum im Gespräch und war blumig wie die Chinesen. Was wollte der Mann bloß? Er vergab sich nichts, soviel stand fest. Sie vergab sich erst recht nichts.

Zu guter Letzt kam es auf, daß ihn das Reisen so recht nicht mehr freute, daß er eine Veränderung wünschte nach dem Seßhaften hin, eine Frau noch voranbringen würde in ihrem Geschäft und das ganz anders aufziehn, eben modern, sie müßte sich ihm bloß mit Haut und Haar überlassen. Wer eine glückliche Ehe hinter sich hat, den bringt man nach aller Erfahrung wohl auch an die zweite Ehe heran. Auf die glückliche Ehe hin läßt sich das auch viel leichter wagen.

Sie war wohl nicht mehr so groß, seine Firma, der Herr Pfisterer nicht mehr so jung, er wollte abspringen, solang es noch Zeit war. Er war so uneben auch wieder nicht, einmal war sie ihm doch ziemlich nah. Aber sollte das nun herkommen nach einer ewigen Zeit, was stimmte da nicht? Warum hatte er sein Geld nicht beisammengehalten, daß er jetzt noch am Ende sie brauchte, daß er aus war auf einen Stall? Er hatte doch verdient, so ein Mann.

Man soll nicht umkehren, dachte die Frau und blickte eine Spur stutzig darein, da rückte er seine Vorzüge schnell noch besser ins Licht, gelernt ist gelernt. Der Herr Pfisterer traute sich denn doch zuviel zu.

»Nichts gegen den Heinrich«, nahm er sich zu sagen heraus. »Aber war er nicht ein wenig ruhig?« – »Auf den Heinrich lasse ich nichts kommen.« Wenn sie nicht das Haus gehabt hätte, dann hätte sie jetzt nicht gedacht, es sei ihm bloß um das Haus. Aber das Haus war einmal für die Kinder. Und dann war der Heinrich noch gar nicht so lange gestorben. Sie tauchte weg wie eine Ente.

Zur Tochter hätte sie es besser gar nicht gesagt. Sie brachte es nicht über sich, daß sie den Herrn Pfisterer verschwieg. Andere würden sich was einbilden darauf. Daß sie in dem Alter noch einen Antrag hatte, machte sie platzen, die Frau.

»So – der!« wußte die Tochter nur und ließ sich darüber nicht aus. »Das Kind wäre mir beinahe gestorben vor Angst. Überhaupt ist das nichts, das Kind mit dem Laden allein, ich mache das nicht mehr mit. Und daß du dir den Laden noch auftust!«

Konnte die Frau nicht mehr ausgehn, wie sie wollte, würde man sie doch einmal ganz wegbringen aus dem Laden. Der Laden war die Gefahr. Die Frau wollte auf ihre alten Tage doch nicht zum Honig werden für solche, die Honig rauben, und hinterher, wenn es einmal zu spät war, das Nachsehn haben? Das wäre denn doch das Letzte!

Die Großmutter witterte es, daß man ihr ganz im geheimen was schwer machen wollte. Mißtrauisch blickte sie der Tochter ins Gesicht, eine Stille hing in der Stube, und die Uhr fing zu schlagen an, dann redete die Großmutter weiter, wie wenn nichts wäre. Gar nicht nachgeben konnte sie. Wollte sie ewig in den alten Wänden bleiben, mit der Vergangenheit leben?

Die Wochen gingen ins Land, die Tochter rückte jetzt schon energisch mit der Sprache heraus. War nicht in ihrem eigenen Haus der obere Stock lang genug leer gestanden, hatte nur auf die Großmutter gewartet? Sie mußte sich jetzt schon entscheiden, ob sie ihr Haus verkaufte und zu ihnen zog. Man mußte sonst andere Mieter hereinsetzen, man konnte es ihr nicht minzen.

Die Großmutter schaute geschreckt. Es war wahr, sie hatte schon immer diese Stuben im Sinn, aber für eine spätere Zeit, wo sie einmal krank war und nicht mehr auf dem Damm. Ihr fehlte noch gar nichts. Der obere Stock hatte leerstehn können so manches Jahr. Warum sie bedrängen?

»Nein, mein Mann wartet nicht mehr. Wenn du darauf reflektierst, es ist höchste Zeit. Sind die Zimmer einmal vergeben, kann man das nicht mehr rückgängig machen.« Sie konnte sehr bestimmt sein, die Tochter.

Alles gab die Großmutter zu, sie rang in der Seele und keuchte. Das alte Haus ließ sie nicht los, und sie konnte nicht weg aus dem Haus, sie hätte es denn zuvor verkauft. Aber dann konnte sie nie mehr zurück, wenn es einmal verkauft war.

»Ich habe ja für das Haus keinen Käufer«, sagte sie bitter. – »Den Käufer bringt man dir zu.« – »Ach, nicht so bald«, bat verzweifelt die Frau, sie bat wie um ihr Leben. »Hier bin ich mit dem Heinrich gewesen.«

Die Tochter verließ sie verstimmt. Der Vorschlag war ihnen allen zum besten. Man konnte nicht zuschaun, bis sich was braute. Ihr eigener Mann hatte sie auf den dummen Gedanken gebracht, was alles daherkommen konnte. »Die Frau fühlt sich gar nicht so alt«, hatte er wie die Vorsehung selber gesagt, »paß auf, die heiratet den Pfisterer noch, wenn wir da lang zuschaun.« Die Tochter holte tief Atem. »Das wird sie uns doch nicht antun.«

Es ist was anderes, jemand haben und jemand verlieren. Die Frau, auf die der Schwiegersohn immer ein wenig herabgeschaut hatte, war nicht unbedingt sein Trabant, wie sich zeigte. Sie konnte ihren eigenen Weg gehn, der sie unwiderruflich entfernte, dazu hatte sie auf einmal das Recht. Eine merkwürdige Freiheit war das für eine Frau, von der sie unter Umständen den falschen Gebrauch machen konnte, hereinlegen konnte sie ihn. Man sollte Witwen verbrennen. Nicht daß er ihr Hab und Gut für die Kinder einmal notwendig brauchte. Aber er hatte immer schon alles zusammengeerbt, er hatte es immer schon zu dem Seinen geschlagen.

Die Frau tat ihm den Gefallen, sie verkaufte das Haus. Sie riß sich selber mit der Wurzel heraus. Sie zog zur Tochter in den oberen Stock. Nie hätte sie dem Schwiegersohn Widerstand geleistet auf Lebenszeit, es hätte sie untergraben.

Sie ließ sich schon ankennen, was sie für die Familie tat, sie versteckte nicht das Gewicht. Es war schon eine Aufgabe mit der Frau. Die taten es ja nicht umsonst. »Ist ja doch alles für euch, wenn ich einmal nicht mehr bin«, versprach sie.

Mit dem Tod war gut winken. Was nach dem Tod kam, spürte man nicht. Dafür erwartete sie die Aufmerksamkeit immergrün, erwartete einen Dienst wie an einer Geliebten.

Was man oft anfassen muß, greift sich ab. Müssen andere was für einen tun, das wird leck und wird lahm. Die Frau war nicht so aufgenommen in die Familie, wie sie sich wünschte. Sie verlangte zuviel. Schon bald verfiel sie in Reue.

Lebte sie nicht wie der letzte Hund und hatte keinen um sich herum? Nun, das war übertrieben. Sie holte die Kinder zu sich hinauf und fragte sie aus nach ihrem wichtigen Tag. Die sprangen ihr an den Hals und küßten sie auf die Backe, was die Mutter eigens angeschafft hatte, auf einen heißen Stein war es ein Tropfen. Die Kinder erzählten ja gern, was sie wußten, dann waren sie fertig. Die Großmutter fing erst an, wenn man sie ließ.

Alles mußte sie genau wissen, jeden Tag fragte sie einen das gleiche. »Neben wem sitzt du denn in der Klasse?« – »Das habe ich dir schon so oft gesagt.« Die Kinder blieben nicht lang bei der Frau, die eine fressende Leere hatte im Leib. Sie wollten nicht stillsitzen, sie wollten nicht alles hundertmal sagen. »Geh nur, jetzt bist du erlöst«, schluckte sie, »lauf nur zu deinem Sandhaufen hinunter.«

Was die Frau sich angetan hatte, wer denn dankte es ihr? Sie schöpfte nicht mehr, sie brachte bloß den leeren Eimer herauf. Sie irrte an einem Zaun entlang in der unerklärlichen Scheu vor einem Gesetz, ja vor welchem Gesetz, konnte nicht in die warme Erde hinein, war geschreckt, ließ sich nicht mehr verpflanzen. »Wenn der Heinrich nicht hätte gehn müssen«, meinte sie, »müßte viel nicht sein.«

Ihr Mutterboden war wohl die Art von Macht, die sie hier nicht mehr hatte. Vierzig Jahre lang Macht, das streift so leicht keiner ab, und wenn er sie abstreift, fühlt er sich nackt. Aber was können denn da die anderen dafür? Es gehörte sich nicht, wie sie ihnen hineintappte in die Gewohnheit. Sie trug nicht das Ganze, die wußten das immer.

Beleidigt verzog sie sich in die beiden Zimmer hinauf, wo sie alles aufgestellt hatte so wie daheim. Sie lief auch droben wie die Ameise herum, der man den Weg verstellt hat, stand bald in dem einen Eck, bald in dem anderen, setzte sich ewig nicht hin. Sie hörte von drunten den Hammer herauf, den Klingklang vom Amboß. Der Schwiegersohn war zuletzt wieder in seine Werkstatt gegangen, nachdem sie zehn Jahre lang verpachtet war an einen Fremden. Das kraftvolle Tun am Amboß ging ihm auf die Dauer doch ab. Er ließ sich nicht mehr irr machen von seinem Geld. Seiner Gesundheit war er was schuldig.

Die Frau hatte es immer noch schön, wußte es gar nicht, daß sie bei der Tochter sein konnte, bei dem eigenen Blut, und noch konnte wachsen die Stätte, wo man sein Haupt daraufpflegen kann.

Die Tochter dafür wußte nicht, wo nahm sie nur die Zeit her? Sie kam bald nicht mehr nach mit den Kindern übereinander und mit Haus und Geschäft, mit dem Krieg vor der Tür und all den Soldaten, blumengeschmückt und mit dem Gewehr, wie sie nach der Donau hinzogen zum Tor. Mit den jauchzenden zuerst und dann mit den stummen im dumpf erregenden Schritt, alles ging ihr so nah, und jetzt holten sie gar schon die Jungen, so daß sie weinte beim Hinsehn, die waren auch nicht mehr mit Blumen besteckt. Es gab keine Blumen, ums Gemüse mußte man froh sein. Die Tochter hatte das Ganze am Hals und schnitt schon in aller Früh den Brotlaib für fünf hungrige Kinder vor, gab ihr eigenes Stück noch dazu her, gab immer wieder das eigene Stück her. Was wissen schon Kinder, daß andere auch essen müssen?

Sie weinte auf einmal so leicht, die Kraft ließ auch nach, kam es ihr vor. Sie verstand sich nicht mehr, daß alles so schwer war. Sie war im Kreis wie gefangen und ihre Last war von der unseligen Art, von der man keinem anderen was abgeben kann. Nie konnte sie sich helfen lassen, so kam es ihr vor, andere brachten es bloß durcheinander.

Dann kehrte in einer Nacht ihr Mann spät aus München zurück, er hatte in der spanischen Weinhalle seine sechs guten Schoppen getrunken. Das warf ihn beileibe nicht um, bloß tat er alles mit unnötig viel Kraft. Die Haustüre schlug er so gewaltig zurück, daß er sie aus der Angel hob. Jetzt hing die Tür schief da und konnte nicht zugesperrt werden. Er war gut aufgelegt, eine Seele von einem Mann, er begriff nicht, daß die Tür es abgesehen hatte auf ihn. Er hustete aus seiner mächtigen Lunge, dann sang er ein wenig. Singend ging er die Stiege hinauf. Er holte seine Frau aus dem Schlaf, weil er die Magd nicht um den Schlaf bringen wollte. Sie mußte ihm helfen, die Tür wieder einhängen, das wäre noch schöner.

Seine Frau war ein schmächtiges Ding mit einem Unterleib, den sie ein wenig vorstreckte nach den vielen Geburten, die Haustüre war schwer. Ächzend hoben sie die schwankende Tür, der Mann rutschte mit dem Schuh ab und lachte. Die Tür hatte es wirklich abgesehen auf den Mann. Wenn es oben stimmte, fuhr der Ring unten leer vorbei an dem Dorn, soviel hatte der Mann gar nicht getrunken. Aufgebracht ließ er einen Augenblick los, die Frau fing die schwere Tür ab. Sie spürte, daß etwas in ihr riß, sie gab nicht weiter obacht. Dann hatten sie die Tür wieder drin.

Die Frau ging hinauf in ihr Bett, sie hatte drunten gefroren, bloß das Hemd unter dem Mantel, jetzt noch schauderte sie, die Nase lief, sie schneuzte sich heftig, das gab einen scharfen Stich in der Leiste, unwillkürlich faßte sie hin.

Die Tür war schuld, daß die Frau so krank wurde nach der unseligen Nacht. Die Tür war schuld, daß die Frau operiert werden mußte. Und wenn die Frau im Krankenhaus lag, war das immer eine Sache auf Leben und Tod.

Sie kam aber nochmal heraus nach der Operation. Sechs Wochen hatte man sie drin behalten, weil der Doktor dem Frieden nicht traute. Das Hauswesen streckte die Fangarme schon aus nach der schmächtigen Frau. Es war ein ganzer Sog, der die kaum Genesene empfing. Die Magd war ein junges Ding, das mit Lernen gerade anfing, die Mägde standen in den Fabriken. Ein Doktor hatte gut reden.

Den Kindern blieb von der Zeit danach bloß soviel, daß die Mutter ganz unberechenbar wurde und soviel weinte. Sie zitterte am ganzen Leib, das hatte sie sonst nicht getan, ihr Blick war gehetzt. Wenn sie die Kinder anschrie, war die Stimme rauh wie ein Bellen, und warum mußte die Mutter denn schrein? Die Kinder waren nicht gar so weit weg, sie drängten trotz der fremden Stimme heran, warum war sie eine Mutter geworden? Sie hingen schon wieder dran an der Frau, die ihnen wehrte vor lauter Erschöpfung. Sie war aufgezehrt und konnte die Kraft nicht ersetzen. Die große Grippe im nämlichen Jahr nahm sie mit.

Sie lag schon im letzten Bett, aufstehn würde sie nimmer. Die Kinder wollten die letzte Liebe ihr geben und tauchten ein Tüchlein fleißig in Tee, ihr die Lippen zu feuchten. Sie zog das Tuch zwischen die Zähne mit einem lechzenden Laut, schlürfte daran mit einer Gier, daß ihnen ganz angst war. Ihre Lippen waren wie Baumrinde borkig und braun vom Durst, den nichts löschte. Sie mußten den Fetzen auch einmal wieder tränken, wie nur brachten die Kinder ihr aus dem Mund den Fetzen heraus? Sie mußten ihn ihr mit Gewalt aus den Zähnen zerren, die sie verklemmte. Immer wieder glitt die Hand der Kranken nach oben, als ob sie vom Kopf was wegnehmen müsse, ihre Augen hatten keinen Verstand mehr.

Dann wieder haschte sie aus dem Bett heraus nach einem Kind, nahms bei der Hand, seufzte tief und mit unseliger Ahnung und nannte es mit klarer Stimme beim Namen. Sie war aber gleich wieder verhangen.

Die Mutter machte es noch einen Tag, von soviel Kindern weg stirbt es sich schwer. Soviel Kinder standen herum um das Bett und beteten mit halblauten Stimmen. Der Sohn warf sich auf den Fußboden in seinem Jammer und schlug mit den Füßen aus wie ein Pferd. Sie drehten den Kopf nach ihm hin, den sie so nicht kannten.

Ein großer Hund hatte ihn einmal auf der Straße glatt umgerannt, er ging Hunden seitdem aus dem Weg. Das war soviele Jahre nicht her, ein Kind war er noch immer. Aber soviel begriff er schon, was es heißt, seine Mutter verlieren. Der Vater kümmerte sich auch noch um ihn und hob ihn auf, daß er still war. Die Großmutter klagte auf einmal ganz laut.

»Schwiegermutter, wir bleiben zusammen«, tröstete er sie, daß ein kalter Schauder sie überlief. Dann schaute er wieder hin nach den Kerzen und dem Kopf seiner Frau. In seinen Augen steckte ein starrer Glanz wie von Tränen, die sich nicht weinen, an seinem Gesicht zehrte Blässe.

Seine Frau lag kaum unter der Erde, da packte den Mann ein schwerer Herzanfall drunten im Hausgang, er hatte nicht soviel Zeit, daß er die Stiege hinauffand. Todesangst faßte ihn an. Er war auf die Knie gesunken, so allein auf den rotgelben Fliesen, und hielt sich auch auf den Knien nicht mehr, es gab einen armseligen kleinen Schlag, seine Stirn stieß auf den Boden. Immer richtete er sich wieder auf, er rief den Namen Gottes und seiner Frau. Es sah aus, als ob er unaufhörlich sich vor einem Mächtigen bücke, den kein anderer sah in dem Hausgang, ihn bloß konnte man sehn, wenn er da wie ein Ertrinkender rang, seine Tochter sah ihn.

Sie kam an dem Sonntag von der Straße herein und fing seinen Kopf auf in den Knien, sie flog zu ihm hin, sie umfaßte ihn wie das Liebste auf Erden. Alle anderen waren fort und niemand im Haus. Sie schleppte den schweren Mann ganz allein nach oben, in der Aufregung brachte sie ihn da hinauf.

Er war so weiß wie eine Wand und kein Blut mehr in ihm. Ein Schüttelfrost warf ihn hoch, den dunkelgewittrigen Mann, sie hörte immerzu seine Zähne klirren. Sie wollte das Klirren nicht mehr, sie warf sich der Länge nach auf den fliegenden Leib, sie wußte nur, daß der Vater warm werden mußte. Er stieß sie weg, sie wußte jäh, daß sie kein Kind war. »Ich weiß schon, wie du es gemeint hast.« Dann kam der Anfall wieder und dann kam wieder die Angst.

Der Mann hatte sich schon gefaßt gemacht, daß seine Frau ihn holte. Doch sein Körper trennte sich von ihr in diesen Stunden. Das nahm ihn so her und er fror, einen halben Höllensturz lang fror der Mann. Sein Puls setzte aus und tickte unendlich schwach weiter. Schließlich suchte er seinen Puls mit der Hand, er beobachtete sich auf einmal. Er verstand nicht mehr, daß er noch da war. Er ging herum wie betäubt. Von jetzt an suchte er sich zu erhalten.

Die Großmutter störte ihn ungemein. Als lasse sie eine Tote nicht aus dem Haus, die doch schon im kalten Grab lag, so zog sie mit jedem Wort die Tochter herbei, vermählte sie mit dem Mann wohl zehnmal am Tag, das nannte sie Trauer.

Traurig sind die Menschen von selbst. Traurig dürfen Menschen nicht sein, die gesund werden müssen. Der Mann wollte wieder gesund sein, so stark trieb es ihn wieder hinauf. Er war wie viele Männer vielleicht. Er hatte an seiner Frau gar wohl im Leben gehangen, sie war weggerufen worden von ihm. Was half es da noch, an ihr ziehn, damit sie ihn selber noch wegzog?

Er suchte nicht seinen Tod, instinktiv ließ er los. Daran rührte er besser nicht mehr, es war ja entschieden. Die Trauer war für später, war für eine gelinderte Zeit, dann mochte sie kommen. Jetzt war sie nicht gut für den Mann, war auch nicht gut für die Frau ganz gewiß, er hätte ihr schon erklären können warum. Er litt die schwarzen Kleider nicht an seinen Kindern, die bloß ihre Knospe erschreckten, hatten alle diese Menschen kein Herz? Die Toten brauchen die Lebendigen nicht. Die Toten müssen sich lösen. Wer sie ans Vergangene kettet, verlängert bloß ihre Qual.

Das glaubte die Großmutter nicht, weil sie ganz in der Tochter aufging, in der Tochter lebte sie weiter. Daß der Schwiegersohn krank wurde um seine Frau, hatte sie gepackt wie ein Glück. Die Tochter ging solang nicht fort ganz gewiß, sie selber war keine Fremde im Haus. Er sollte noch lang um die Tochter leiden.

Was der Tochter zustand, gab sie nicht freiwillig her, und sie wurde nicht krank davon, eher wurde sie davon jung. Wen hatten die Kinder denn sonst, der so nestwarm an ihnen hing? Man durfte sich nicht verlassen auf eine Magd, was wußte schon so ein Mann? Das fünfte Rad war sie einmal, jetzt mußte sie ihre Schäflein hüten. Sie hatte auf einmal die Macht. Sie konnte noch einmal im Leben die Hauptperson sein. Sie setzte sich auf ihren Schatz als ein Drachen.

Sie war nicht vom Fleisch gefallen zu jener Zeit, man konnte ihr gut fünfzehn Jahre weniger geben. In der Tochter lebte sie weiter. Etwas Ungehöriges schlich sich ein. Ihre Augen verfolgten den Mann. Wenn sie ihn bloß angaffen konnte, war ihr schon wohl. Sie bekam rote Bäckchen in jener Zeit, als hätte sie Rechte. Sie war eine alte Wachtel, Gott sei es geklagt, aber das nahm die Frau nicht so genau. Sie horchte auf seinen Schritt, wie wenn er der Hochzeiter wäre im Haus, hielt den Kopf schief wie ein Vogel, der sogleich singt. Ihre Züge wurden liebreich und weich, es war schon ein Jammer. Von einem späten Frühling grausam beglänzt wollte sie ihm ja aber gar nichts. Er mußte bloß dasein.

Ein Jahr ging darüber hin und ein zweites, ein drittes. Sie hatte über die Ehre der Toten gewacht. Sie hatte den Schwiegersohn in die Enge getrieben und auf ihre Art geherrscht in dem Haus. Der Schwiegersohn hatte aufbegehrt zur rechten Zeit, es aber im ganzen gelassen. Er schnickte es weg mit dem Finger. Es paßte ja auch.

Es konnte nicht ewig passen. Unmerklich fing er dann an und drängte dagegen. Die Frau mußte ihm noch daran glauben, es zeichnete sich schon ab. Die Frau nahm sich zuviel heraus, er gab ihr das zu verstehn, er wurde recht deutlich. Auf dem Ohr war sie taub. Sie krallte sich ein, bevor ihre Welt unterging.

Die Gnadenfrist war vorbei. Der Spatz wußte es auf dem Dach, ihre Zeit war gewesen. Das Endgültige zog sich heran wie eine Wand. Die Kinder wußten es auch, ohne daß ihnen wer was sagte. Sie waren im Aufstand. Sie waren nur zu bereit sich zu schneiden ins eigene Fleisch, wo die Frau doch bloß kämpfte für sie. Die Kinder verstanden das gar nicht. Der Vater galt alles.

Es beiden recht machen, konnte man nicht. Der eine zog hin und die andere zog her. Der Vater war der Interessante, die Kinder hätten nicht sagen können warum. Ob er im Lederschurz vor dem Amboß stand, ob er nach München sie in den Glaspalast mitnahm, ob er von was Ausgefallenem schwärmte, wovon er als junger Mensch einmal angetan war, so daß er es nie mehr vergaß, von Elektra zum Beispiel. Der Vater war an ihrem Herzen der Nächste, konnte machen gottweißwas und machte es recht. Bei der Frau war es den Kindern zu eng, im Kopf war sie so zäh, mit der neuen Zeit kam sie nicht mit. Die neue Freiheit lag in der Luft und machte sie wild, schon diese Kinder. Die Ärmel wurden ihnen zu kurz, sie ließen sich nichts mehr sagen. Sie konnten auf und davon laufen, wenn es sie packte. Die reinsten Gassenbesen waren sie bald. Sie lernten auf der Gasse das Glück.

Der Vater, der war tolerant, solang er sein Geld noch hatte, solang er es konnte. Er versuchte sich darin, weil ihm die neue Rolle gefiel. Er schaute auf seine Töchter wie auf ein Bild, das beschrieb er ihnen genau. Er zeigte sich mit ihnen gern, sie wurden malerisch, fand er, die Racker.

Der Vater war für seine Kinder ein großer Herr, gar nicht wie andere Väter in anderen Familien; die sich nach der Decke strekken. Es ging mit ihm durch. Der Vater konnte noch geben mit der leichten Hand, so mittendrin, es fiel stürmisch ihn an aus lauter Glück. Er kaufte Rosen für ein ganzes Lokal, für die Damen. Die

Kinder waren dann stolz, von den Tischen schaute man her. Er konnte so locker werden vom Wein, für Kinder herrlich. Der Vater schlug ganz gern einmal über die Stränge.

Das würde der Vater bald nicht mehr können. Der freie Mann würde er bald nicht mehr sein, und eben darum! Mit dem Geld ging was ganz und gar Unheimliches vor, im Geld war die Hex und machte, daß es einschrumpfte in seinem Wert. Für sein Geld konnte man bald bloß den vierten Teil mehr kaufen, den sechsten später, den zehnten. Es rieselte schon. Es würde noch ein Wolkenbruch werden.

Das machte am meisten der Großmutter angst, weil ihr das Leben nichts mehr ersetzte. Wer kam noch mit in so einer Zeit? Doch nur solche, die im Verdienen drinstanden, denen noch immer was nachwuchs. Betrogen wurden sie alle. Bloß für die Alten brachte es ewige Ohnmacht mit, dann schon lieber den Tod. Gab es denn gar keinen Schutz? Ach was, man wurde ganz einfach ausgestohlen! Die Großmutter mochte es nicht wahrhaben im Anfang. Das ließ sich nicht einmal denken, Vertrauen doch gegen Vertrauen, der Staat fraß doch seine guten Kinder nicht auf.

Würde es kommen, mußte sie noch das Gnadenbrot essen, wenn ein gütiger Himmel zum Sterben nicht half, ihr die größte Gnade erwies, bevor sie einmal gar nichts mehr hatte? Sonst war sie geliefert. So was ließ sich nicht einmal träumen. Das ganze Geld stahl man ihr weg, jetzt wo sie alt war, schrie das nicht bis zum Herrgott hinauf? Und war doch ein gutes Geld von der langsamen Art, wo mit dem langen Weg die Kraft darin steckte, und war ein Leben lang zusammengetragen, damit man im Alter sich wehrte.

Zu allem Unglück kam dazu, daß der Schwiegersohn wieder heiraten wollte. Es hob sie aus den Angeln, als man ihr hinterbrachte, er werde der ersten Frau die Nachfolgerin geben. Und das mußte sie von wildfremden Menschen in einem Laden erfahren, sie sank beinahe um. Der Mann hatte ihr keinen Schnaufer gesagt. Maria hilf, wie würde das mit der zweiten Frau werden, fünf Kinder von der ersten im Haus und keine Löwin da, die ihre Jungen verteidigt, wenn sie es nicht selber noch tat?

Sie entsetzte sich daran, je mehr sie es bedachte. Eine zweite Frau im Haus, sie dafür immer noch ärmer, konnte bald die Miete nicht zahlen, mußte sich anschaun lassen fürs Brot. Man hatte seine Beispiele dafür, die Stadt würde sie denen schon auf den Hals packen, weil sie die einzigen Angehörigen waren. Es drückte ihr noch das Herz ab, nur zu. Und nicht konnte man sich wehren, alles machte der Staat, dem ließ sich nicht an die Gurgel fahren. Der allein durfte es machen und schämte sich nicht, hatte dafür gar keinen Grund, mit welchem Herzen auch und mit welchem Kopf? Hätte sie das Haus nur, den Laden behalten, sie hätte sich helfen können allein! An die Häuser rührte man seinerzeit nicht. Es mußte doch aber, es mußte sich noch einmal aufhalten lassen.

»Der Herr ist im Badezimmer«, sagte die Magd ein wenig dumm, als die Schwiegermutter ganz verstört nach ihm fragte. Da trug der Sturm sie auch schon hinein. Der nackte Mann fuhr herum, das wurde immer noch schöner, mußte er zuriegeln in seinem Haus? Er wusch sich am Abend, wenn er aus der Werkstatt heraufkam, den angeflogenen Eisenstaub ab, das konnte die Frau langsam wissen.

Er hatte eine Freude in seinen Augen gehabt, als wolle er pfeifen, so wie er als ganz junger Mensch einmal pfiff. Jetzt verlöschte in seinen Zügen das Licht. Warum sagte sie denn aber nichts, wenn sie es schon so notwendig hatte?

Aus ihrem Mund drang ein ächzender Laut wie der Stoß einer Quelle. Er konnte ihr immer noch an. Er war immer noch jung in der Brust, der Tochtermann, es verschlug ihr die Rede. Die Frau stand aus dem vorigen Jahrhundert noch da, das machte der Mann sich nicht klar. Und wenn es zum Lachen war, die Frau mußte sich erst wieder fangen.

Aus einer tiefen Versunkenheit tauchte sie auf, weiblich und liebreich die Wange, ein hilfloses Winken im Aug und eine vergrabene Not, und half das nicht, wenn man noch so tief und noch so verschwiegen sie eingrub? Der Mann verstand die Frau nicht, daß sie hereinlaufen mußte, aber dies verstand er recht gut und drohte ihr mit dem Blick, der so viel Jüngere, der sich empörte. Er fuhr in sein Hemd.

»So gehn Sie doch hinaus«, sagte er scharf. »Sehn Sie nicht, daß ich mich wasche?« Gehn war leicht gesagt, wenn man nicht gehn kann, sie mußte die Kraft erst wieder haben.

»Sie werden das doch nicht tun«, brachte sie mit rauher Stimme heraus, »fünf Kindern die Stiefmutter geben und noch so eine junge. Die Kinder sind ja nicht älter wie sie. Ihre Frau muß sich ja im Grabe herumdrehn.«

Sie hoffte noch immer, daß er es abstreiten werde, der Mann

stand wie festgewurzelt. Er suchte nach der Antwort, die traf und die allem ein Ende machte, was ihm schon lang nicht paßte.

Es war schon eine Not mit der Frau, seine Ruhe mußte er haben. Der Mann wußte, daß er sich nicht mit ihr verständigen konnte, jedes Zureden war da verloren. Sie stellte ein für allemal sich dagegen, der Frau ging es nie in den Kopf.

Er konnte eine Seele sein von einem Mann, wenn man ihn zu nehmen verstand, ihr war das nie gegeben. Er konnte nicht helfen, die Frau mußte man brechen. Die Frau forderte es einem ab, riß einem bei lebendigem Leibe die Härte heraus. Zerren mußte sie, bis es wehtat.

So war es gar nicht schön, was er dann sagte. Wie zum Fangstich trat er an sie heran, es machte sie schwach in den Knien. Sie spürte, der Mann wird ihr gleich was versetzen, wovor eine sich besser bewahrt. Weil sie sich dem gern entzogen hätte, aber nicht konnte, der Mensch packte sie ja am Arm, kniff sie in ohnmächtiger Abwehr die Augenlider zusammen, ganz fest. Sie hätte sich gern dahinter verborgen, verbarg sich aber nicht vor dem Mann, sie stand da wie am Pranger.

»Im Grab muß Ihre Tochter sich umdrehn«, sagte er haargenau, »weil Sie selber noch ein Aug auf mich haben.« Ihr Gehirn faßte es mit einem Schlag.

Grausam flammt so ein jähes Licht, wenn sich die Verzweiflung erkennt. Verzweifelnde schreien manchmal oder laufen weg von einem Ort, wo man ungestraft sie verwüsten darf, es hat eingeschlagen.

Getragen von ihrem eigenen Wert fand die Frau durch die Tür. Er riegelte ab hinter ihr, das Blut schoß ihr nach dem Herzen. Und sie konnte nicht im Fluchtweg die Stiege hinauf, die Füße trugen ja nicht, sie hing da am Geländer. Die Nacht war für immer. Vor ihr war es hohl wie ein Grab.

Ein Mann freut sich nicht, wenn er im Kampf sein Böses entdeckt, und wird nicht stolz darauf sein. Und doch stellt er sich über einen anderen Menschen hinauf, der muß es nun haben.

In der Stille draußen verriet die Frau sich mit nichts. Nicht ein Seufzer kam zu ihm zurück, geschweige die Stimme, die Klage. Nicht einmal Atem und Warten. Auf nichts wartet so eine Frau mehr.

Sie hatte neun Kinder geboren und hatte kein einziges mehr und wußte nicht mit der Liebe wohin. Die Enkel, die würden gehn ganz von selber, das sah sie schon kommen, die hatten vom Vater ein Teil.

Der Mann war froh, daß die Tür zu war zwischen ihm und der älteren Frau. Er hätte sie nicht gern angeschaut, grausam wie das schon war. Er hatte ein Weibchen verletzt in der Scham. Ob jung, ob alt, die Alten tragen schwerer daran, ihnen wird nichts widerrufen. Und sie mußte ja noch weiter da wohnen, ihm auf der Stiege begegnen manchmal, hier nun gestrauchelt und hier nun gefangen. Da war es gut, wenn sie dem Jäger nicht in sein Weißes sah, als er mit Vorbedacht schoß, wenn sie die Wunde empfing wie im Traum, darum war der Mann froh.

Wenn sie die Wunde empfing wie im Traum, verhangen die Lider, von der Stimme bloß, die man vergißt und die man im Schlaf wohl gehört hat. Man wacht auf, findet Kissen verweint und weint hoffnungslos weiter, denn es ist aus. Aber es nagt sich doch fort wie im Schlaf. Was allein sich nicht täuscht, das Auge war nicht getroffen, der Seelenwächter.

Schlagschatten Kleist

Heinrich Distl, Sohn eines Bräumeisters und mit natürlicher Neigung den schönen Künsten verbunden, in denen er mit jäher Eingebung herumluderte als in einem wesensverwandten Element, vom Handwerk aber verdrossen war und mehr in der guten Stunde schwelgte, Heinrich hatte einer gewissen Zenta Vonficht schon viele Bildchen gezeichnet, daß sie als Schmeichelbriefe mit feinem Widerhaken sich in ihr festsetzen sollten.

In der Wirklichkeit hatten sie sich nur ein paar Tage lang gesehen. Aber er war auf halbem Weg, die Nachwirkung einer katastrophalen Verlobung, an der sie immer noch krankte, durch seinen Aufwand an Geist und ironischer Werbung zu übertäuben, das alles aber im Brief. Er war Lehrer auf einem Dorf. Sie lebte drei Fahrstunden entfernt in einer nicht gar so großen Stadt. Bei Verwandten lebte sie, unter der Fuchtel und gemieden aus dem politischen Grund. Denn es war die braune, es war die gefährliche Zeit.

Da fügte es sich, daß er ein zweites Mal auf sie stieß, oder es wurde gefügt.

Jene Lehrerin nämlich, der er die Bekanntschaft mit Zenta verdankte, lud beide auf ein Landhaus ein, das aber nicht ihr, sondern einem Kirchenmaler und Holzschnitzer gehörte, der es aus verschiedenen Altarbildern, Madonnen und Madönnchen erbaut hatte, aus dem Erlös dafür nämlich, und das in einem abgeschiedenen Städtchen frei auf einem Berg stand.

Dort wollten sie Bilder ansehn, vom nicht Alltäglichen reden und über die Hügel der gewellten Landschaft streifen.

Vielleicht tat die Lehrerin dem Kirchenmaler einen Gefallen, weil ihm seine Mutter gestorben war, weil er sich im unbeweibten Haus ganz verloren fühlte, in der ländlichen Umgebung aber nicht die richtige Frau fand.

Dies war der Fallstrick, den man ihr spannte, die Vonficht wußte von nichts. Heinrich Distl aber vertraute auf seinen Vorsprung.

Dem Hausherrn stand eine von Vernunft gedämpfte Erwartung ins Gesicht geschrieben. Die Vonficht wollte er sich einmal anschaun. Flüchtig schoß ihm durch den Kopf, die kuppelnde Lehrerin hätte als dritten Gast auch einen anderen aussuchen können.

Aber die Vonficht wäre ja dann nicht gekommen. Schon einmal hatte Distl ihm ein Mädchen weggenommen. Sie war beim Skifahren nach einem Streit mit Distl, wobei er sie stehen ließ, auf einem falschen Weg in eine Lawine geraten und daran gestorben. Da waren sie noch halbe Buben, inzwischen hatte er es lang vergessen. Auf einmal fiel es ihm wieder ein. Unter Männern konnte sich so was wiederholen.

Beide Männer hatten die Vonficht abgeholt in Distls altem Wagen und kamen oben an auf dem Berg. Da mußte durch einen Brief im Kasten die Lehrerin absagen, welche geheime Teufel sie dabei nun ritt. Auf einem wildfremden Mädchen mit einem Mann, der sein Rivale war, blieb der Kirchenmaler nun sitzen.

Die Vonficht, scheinbar burschikoses Wesen mit früher Schwermut im Blick unter verstrubeltem Haar, hatte Distl schon immer an einen bestimmten Engel auf einem gotischen Bild erinnert. Er hatte den Kunstband eigens mitgenommen und wollte ihr den Engel zeigen.

Sie war von dem ihr zugemuteten Konterfei eher niedergeschlagen. »Ich weiß schon, daß meine Nase zu lang ist«, sagte sie spröd.

»Wäre sie kürzer, hätte sie nicht so viel Charakter«, widersprach Distl plötzlich befeuert. »Sie werden lachen, für mich ist der Engel schön. Vergessen Sie nicht, daß diese frühen Meister von unseren Gesichtern mehr wußten als die Gleichmacher heut. Hier ist soviel Hingebung drin, dabei lebt dies Gesicht ganz nach innen.« Er verstummte und schaute sie scharf an.

An dem Abend machte Distl ein Wesen um die Vonficht, daß es schon komisch wurde. Er rückte ihr Gegenstände zurecht, überbrückte wunde Punkte im Gespräch, wenn sie unvorsichtig war, und hörte nicht auf, ihr ein Ritter zu sein, wie wenn er die hereingebrochene schlimme Zeit an ihr gutmachen müsse. Seltsam war nur, daß sie sich eher entzog. Alle Munterkeit spielte sie dem Gastgeber zu.

Der Maler ging auf wie der Pfannkuchen, den Aschenhans nicht einfangen konnte. Er erzählte schmunzelnde Pfiffigkeiten von Holland, Italien und der Mutter Ey. Von seinen Sonnenblumen erzählte er ihr, wie sie willkürlich wachsend herumstanden in seinem Garten, weil die Vögel die Kerne vertrugen. Wie sie ihn an Wuchs überragten und wie er mit ihren riesigen Häuptern, die sich schwer über ihn beugten, redete wie mit Menschen. Er rauchte ihr zur Gesellschaft sogar eine Zigarette, seine zweite im Jahr, und stäubte die Asche durch den Fensterschlitz in seinen Garten hinaus.

Im blauen Bauernkittel fühlte er sich auf seiner Truhe so wohl und drückte seine Augen wie die Brombeeren heraus. Batzelaugen hatten sie es an der Uni genannt. Der Ofen in der Ecke brummte wie ein Bär, die Abende wurden schon kalt. Durch unbekleidete Glasscheiben glänzte der mondbeschienene Garten herein, hinter dem der Berg weiter anstieg, singend fast in dem unwirklichen Licht.

Ob Zenta Kinder möchte, wenn sie verheiratet wäre, fragte der Maler schon. Bei den Kameraden aus der Kunstschule hatte er sich genug gesehn.

»Kinder müssen her, sonst ist kein Zusammenstand da, und wegen dem Zusammenstand heiratet man bloß. Ich hab doch auch eine Mutter gehabt und bin nicht vom Himmel gefallen.« Seine Augen funkelten schlau. »Das muß ich doch weitergeben, was die an mir getan hat. Mögens nachher die Mutter sehn?«

Mit einer Kerze leuchtete er die Wand hinauf, wo die klare Holzmaske einer gefühlswarmen Frau hing, liebliche Güte im alten abgeschafften Gesicht. Für ihn war es eine Beschwörung. »Da stellens Ihnen her, da sehn Sies am besten.«

Etwas vor der Sonne, die auf seinem Berg lag, war in der Maske eingefangen und war so anders als seine letzten Arbeiten, an denen roch man Ohnmacht und Schweiß.

»Das war eine Gute«, sagte er schlau, »so eine heißts finden. Meinen Sie, ich hätte das Haus, wenn dortmals nicht die Mutter am Leben war? Ihr habe ich halt die Freude gemacht. Seitdem bin ich angenagelt am Berg und kann gar nimmer weg. So weit heroben muß man zu zweit sein.«

Das war ein guter Mensch spürte sie, wenn man sich abrackern wollte in der Einöde auf dem steinigen Berg, immer die Wege mit den schweren Taschen hinauf: Andere ließ er wachsen wie seine Sonnenblumen, wenn sie halt ihr Gesicht nach ihm drehn konnten wie nach einer Sonne.

»So, Sie haben die Mutter gesehn«, schnitt der Kirchenmaler es ab wie ein Bauer, der seine Gnaden verteilt hat, und machte es sich ein wenig einfach vielleicht. Dem Distl in seiner Ecke huschte ein Lächeln wie aus ganz schmalem Spalt durch die Miene. Um hundert Ecken herum gebrochen zeigte er nichts.

Als aber der Maler immer mehr von sich eingenommen und ganz schön munter wurde, glitt vor soviel Überhebung ein gewisses mürrisches Wesen über ihn hin, Distl machte eine dicke Lippe. Die Vonficht sah es ihm an und mußte nicht fragen warum. Geschmeidig gab er den Blick zurück, und alles gehörte zu seinem Spiel. Mochte sie zündeln mit so einem Maler, nur weil er selber neben ihr saß und sie erweckte, sie hatte Distl doch verstohlen im Aug, er war doch ihr bestes Stück, Distl täuschte sich da nicht.

Im feierlichen Umzug wurde ihr Bett, das tagsüber im Lehnstuhl der Männer kauerte, ins ebenerdige Atelier, wo sie schlief, hinuntergetragen. Voran schritt Heinrich Distl mit dem Kopfkissen und dem Kerzenlicht. Die Vonficht zwängte kunstvoll das dicke Bauernbett durch die schmale Tür. Der Maler nahm sich um Leintuch und Decke an, denn sie sollte bei ihm nicht frieren. So zogen sie unter dem Abgesang eines Chorals, den Distl aus dem Stegreif zauberte, die kleine rohgefügte Holztreppe hinunter.

Derweil der Mann für Sonnenblumen die Tür zu seinem Garten aufstieß und den Sternenhimmel anlachte, so hoch gingen die Wogen seines Gefühls, half Distl drinnen mit stummer Beflissenheit das Lager bereiten. Er fuhr noch einmal glättend über das Leintuch, gab gesenkten Lides auch dem Federbett einen winzigen Schlag, ihr selber galt wohl der Schlag, und wie leicht war seine Hand, gleichwohl kräftig, sie konnte scherzen.

Und wie lächelte die Vonficht, war nur mehr für ihn da, sie waren endlich zu zweit. Er wollte reden, die Stimme nicht laut, für sie laut genug, da stand der Maler in der offenen Tür, sie machten ihm da schon zu lang.

Die Männer verdrückten sich ohne großen Eifer, sie sahen noch nicht ihren Schlaf. Sie flüsterten draußen und hoben den Deckel zur Truhe, sie kramten, mehrmals ging eine Tür. Als die Vonficht schon lichtgebadet unter dem Fenster lag, Glas gab es viel, der Mond ließ einen nicht schlafen, pumperte es mit drei dumpfen Schlägen an der Stiegentür. Mit Grabesstimme begehrten sie Einlaß als »zwei Waisen im Sturme der Zeit«.

Um einen Spaß mußte es sich handeln. Sie rief hinaus, daß sie die Kerze gleich mitbringen müßten, sie sei schon im Bett und rühre sich nicht mehr. Sie setzte sich doch noch auf und machte große Augen, indem sie das Bett an den Busen raffte.

Denn der mit Ausfallschritten hereintanzende Bauernmaler war nackt bis zum Nabel, nur mit einer winzigen Badehose bekleidet, einen schwarzen Zylinder balancierte er über aufgeblasenen Bakken, und die ganze Provinz stolzierte mit ihm herein.

Er schaute sie an wie ein Wilder, probierte einen weiten Sprung auf sie zu, daß sie vor ihm wich, tat im Drehn einen Sprung von ihr weg, einen Sprung nach ihr hin und immer um sie herum im Kreis, in dem er sie fixierte. Jetzt ging er in die Kniebeuge, wuchs schleifend wieder hinauf. Er klopfte sich die Brust wie eine Trommel, rasende Schläge mit hintenübergelegtem Kopf, sodaß er seinen Zylinder verlor, trat an Ort und Stelle sodann, den Absatz setzte er wie einen Sporn, er lupfte die Arme wie Flügel und ruckte. Er war aus seiner Haut gefahren. Er zeigte überdeutlich auf sich in seinem Liebestanz, und das alles von einem Mann, der ein Nichttänzer war.

Begehrend hielt er sich selbst für begehrt. Er ließ sie nicht aus seinem Blick bei seinem Drehn und den Sprüngen. Die Vonficht hörte ihn gehn, ihr war nicht zum Lachen. Und ob es nicht sein Glück war, sie schämte sich für den einfachen Mann.

Vielleicht hatte er nur von Heinrich Distl, der gern die Parallelen aus dem Tierleben zog, sich hineinhetzen lassen. Es war seltsam, gesagt wurde nicht ein einziges Wort. Sie hätte lachen müssen wie ein Luder, in die Hände klatschen. Es war aber zum Verzweifeln, die Vonficht wurde zornig und bockte.

Heinrich Distl hatte mit mehr Geschmack sich ausstaffiert, wie er denn nicht leicht was tat, was ihm nicht zu Gesicht stand, dafür hatte er sich schon zu lieb. Im lichtgrauen Schlafanzug trug er einen Schlapphut groß wie ein Rad, der ihm ein verwegen Räubermäßiges gab. Dazu barg er in der Geste des Jugendstils einen antiken Wasserkrug im Arm und war sich durch seinen gespielten Weltschmerz verkleidet genug. Weit in der ausgestreckten Rechten hielt er wie eine Blume die böse Kerze, von der ihm der Unschlitt auf den Finger rann. Nachdem ohne Worte viel gesagt war, verschwanden sie wie eine Erscheinung.

Die Vonficht tat in der Nacht kein Auge zu, sie dachte an Heinrich. Zu allen Stunden verwandelte er sich vor ihrem inneren Blick, entschlüpfte ihr und winkte ihr wieder. Ihr wurde bald heiß und bald kalt. Soviel ging ihr durch den Kopf. Das politische Pech fühlte sie an sich kleben, er würde zuletzt sich fürchten.

Sie kam von der Fuchtel und ging zur Fuchtel zurück. Ihre einzige Freiheit lag hier. Aus der Haut fahren können, das wünschte sie sich. Und doch konnte es für sie nur ein Luftschnappen sein. Sogar ein Luftschnappen wurde wichtig.

Am Morgen ließ sich Distl nicht blicken, im Bett schrieb er einen Brief. Der Maler hackte im offenen Verschlag Holz klein, während die Vonficht sich in der Küche wusch. Er kam erst herein, nachdem er gehustet und sie vorbereitet hatte, und fragte nach ihrem Schlaf. Sie sagte trocken, sie habe gut geschlafen. Eigentlich habe sie kein Auge zugetan, berichtigte sie gleich darauf. Distl habe auch schlecht geschlafen, verriet ihr der Maler, sie könnten anscheinend beide seinen holländischen Tee nicht vertragen.

Als Distl wortkarg hereintrat, ritt der Maler darauf herum, sein holländischer Tee werde an diesem Abend nicht mehr getrunken. Die Vonficht und Distl blickten still für sich hin. Vom Spuk in der Nacht redeten sie wie auf Verabredung nicht.

Der Maler war im Atelier an seine Arbeit gegangen. Weil die Vonficht sich von Distl die Titel der Bücher angeben ließ, die er hauptsächlich las – es handelte sich um die Romantiker – lief der Maler durch die offene Treppentür alle Augenblicke herauf und notierte die Titel mit. Die Enge, in die er sie einkeilte, wurde Distl auf die Länge zu dumm, er schwenkte seinen Brief und nahm die Vonficht mit an den Briefkasten der Ortschaft hinunter.

Bergab kam sie an einer bereiften Wurzel ins Straucheln und hielt sich mit unwillkürlicher Drehung an Heinrich fest, der sogleich nach ihr faßte, er hatte sie jetzt gerade vor sich.

Heinrich drängte den Arm um sie, als ob er sie danach nicht mehr loslassen wolle, seine Brust wuchs dabei empor, und auch sie schien an ihm sich zu heben. Seine Augen waren mit gespannter Frage in die ihren geheftet, durch die mittendrin ein Bruch ging wie Angst. Er küßte sie gleich darauf.

Als ob etwas an seinem Kuß ihre Seele verstoßen habe, schauerte sie zusammen und strebte, sich zu lösen. Er gab sie sofort frei, eine trübe Wolke glitt über sein Gesicht.

»Ich habe mir ein Versprechen gegeben«, sagte er bloß.

Ihr fiel ein, wie wenig sie von ihm wußte. Immer hatte er sich hinter seine Zeichnungen gesteckt, mit denen er sie bombardierte. Der Mann dahinter war nicht zu greifen, Distl hätte sie schon aufklären können warum.

Für ihn war es Jagd.

Er hatte seinen sicheren Schlupf, von dem aus er die Jagd unternahm. Er wußte schon, wen er heiraten würde, schwarze Katz, süße, verruchte. Auf seine Weise war Distl ihr hörig. Daneben hatte er immer das Bedürfnis nach einem Schwarm, an dem er sich ausließ. Der Umschwung war seine zweite Natur und sein Element. Er nahm es sich eben heraus.

Bloß der Umschwung machte, daß ihm was einfiel. Und er mußte ja sich was einfallen lassen, weil es anders einfach nicht zum Aushalten war. Aber wenn die Weiber es merkten, wurden sie störrisch, Distl kannte sich aus. Da wollte eine jede die Hauptperson sein.

Den Honig immer im Anfang, das war sein Rezept, und so beschwatzte er sie wieder.

Zum Essen trafen sie den Maler herunten im Ort. Seine Eßkumpane waren zwei junge Kapläne, die machten sich schon bald aus dem Wirtshaus davon. Der Maler hing von den schwarzen Vögeln ab, das war nun sein Stigma in dieser braunen Zeit, seine Aufträge kamen nur mehr über die Pfarrer herein.

Die schwarzen Vögel waren freiwillig gegangen. Der Maler spielte auf einen Reim an von »jeder Kellnerin, die einen Schließbeutel hatte, aber er hatte nichts«. Ein ungerührter Distl erbat sich den ganzen Text und daß der Maler daheim ihn für seine Sammlung aufschreiben solle. Der Maler hatte mit Absicht zitiert. Mit Absicht wurde er nicht verstanden. Er trug es auf seinen verlassenen Berg hinauf.

Sie selber dehnten es aus und stiegen lieber am Ortsausgang noch auf einem Kreuzweg nach oben, der war nicht so steil wie der direkte Anstieg zum Maler. Für einen Spaziergang konnte er gelten und wurde an jeder kleinen Plattform von einer Leidensstation unterbrochen.

Sie stiegen da nicht zum Beten hinauf und nicht wegen der Kunst, dafür waren die Bilder zu einfältig gepinselt, die Farben verwaschen und roh, der ganze Kreuzweg verwittert, und hatte schon seinerzeit nicht viel kosten dürfen. Am händewaschenden Pontius Pilatus blieb die Vonficht entgeistert stehn. Sie schaute zweimal hin für einmal, sie war so verblüfft. Heinrich folgte dem ungläubigen Blick nach dem Felsengärtlein, mit dem die fromme Station unterbaut war.

»Ach!« machte er überrascht, es war aber auch seltsam. Unter anderen Blumen im rechten Hintergrund stand da ein Greuel von einer Vase, ein nachgemachtes winziges Wasserclosett mit höchst unschuldigen Vergißmeinnicht darin, doch wohl für die Andacht gepflückt.

»Menschen gibt es!« rief die Vonficht erstaunt.

Der Lehrer wußte es besser. »Sie müssen nicht glauben, daß das hier eine Gotteslästerung oder auch nur die Absicht von Beleidigung ist. Die Vase war übrig, man wollte sie wegräumen vielleicht und auch wieder nicht ganz wegschmeißen, geizig wie man schon war, sie erfüllt hier noch als Vase den Zweck. Ein altes Weiblein trug sie vielleicht da herauf, der ihr Sohn die Vase einmal von der Dult mitgebracht hatte oder wo kauft man so was, trug aus reinem Unverstand die Vase hinauf und betete noch vor dem Bild.

Oder eine vielbeschäftigte Wirtin schickte einen Buben damit und hatte für langes Zartsein gar keine Zeit und rief ihm nach: »Tu aber auch Blumen hinein!« Solche Vergißmeinnicht sind ja zum Schmücken, sie brauchen ihr Wasser, man gräbt sie nicht, wenn sie schon abgeschnitten sind, in die Erde hinein. Und der Greuel steht da nun für eine Gabe, solang bis einmal ein schwarzer Vogel heraufsteigt, vorausgesetzt er schaut heraus aus seinem Brevier. Uns fällt das nun auf, den Leuten offenbar nicht. Aber wir müssen heim. Den Berg hinauf wird es spät.«

Oben stand schon der ewige Maler in der offenen Tür. Die Vonficht hatte wieder nur wenig erfahren von Heinrich, mit dem Persönlichen ging er nicht aus sich heraus. Nicht einmal wann er geboren war, wußte sie und fragte danach. Er sei, sagte Distl, drei Tage hinter Nietzsche geboren und am selben Datum wie Heinrich von Kleist.

Der Kirchenmaler hatte bis jetzt an sich gehalten. Sie waren ihm zu lang drunten geblieben. Ausgeschlossen war es nicht, daß der Genußmensch und Blender dem Fräulein besser gefiel, man hatte seine Beispiele dafür. Auch wühlte seit der vorigen Nacht eine dumpfe Beschämung in ihm, die er gleichfalls diesem Eindringling als dem Anstifter verdankte. Viel zu weit hatte er sich von ihm vorlocken lassen. Jetzt verlor er die Geduld.

Sollte er stumm dasitzen, wenn der Nebenbuhler sich aufspielte und sogar aus der Sternenstunde seiner Geburt eine besondere geistige Verwandtschaft herleitete?

»Du wirst dich nicht wegen dem Datum«, stichelte er, »mit solchen berühmten Namen verwechseln. Es hört sich ja an, als sei mit deinem Geborensein schon was vollbracht.«

»Vielleicht habe ich bestimmte Eigenschaften mit den Männern gemeinsam«, Distl tarnte sich mit seinem üblichen Spott. »Die Sterne wirken nämlich durch ihr Gewicht.«

Laut lachte der Maler auf. »Wer dich nicht kennt, bei dem magst du Eindruck schinden, bei mir nicht, weil ich zu lang dir zugeschaut habe. Mir tun bloß die leid, die an dir hängen bleiben. Ohne wen hätte Tessy sich nicht verfahren und wäre nicht unter die Lawine gekommen?«

Er tastete da bei Distl an eine Stelle, die nicht geschützt war.

Er lasse sich nicht jeden Zufall anhängen, schrie Distl vor Wut. Ohne ihn wäre es genau so passiert. Jeder andere hätte das Mädchen stehenlassen, wenn sie auf ihrer falschen Abweichung bestand, er konnte ja nicht mitfahren, wenn er den Weg für falsch hielt, er konnte sie auch nicht tragen.

Der Maler reizte weiter und Distl ging noch ganz anders aus sich heraus. Ein jeder müsse sehn, wo er bleibe, die Frauen auch. Er sei keine Lebensversicherung. Und wie er das schon gestrichen habe, auf zehn Jahre in die Zukunft sehn, wo doch alle wüßten, im Leben werde kein Honig geleckt. Er komme für nichts auf, für niemand.

Der Maler schaute der Vonficht mitten ins Gesicht. Endlich mußte sie merken, was sie sich da für einen Kerl zuzog, wenn sie nicht rechtzeitig absprang. Sie lief in die Küche und setzte die Tür hart ins Schloß.

Die Vonficht glaubte dem Maler kein Wort, weil aus ihm bloß die Eifersucht sprach. Und doch hörte es sich nicht gut an von Heinrich. Wenn er nur an sich dachte und wenn ihm an ihr nichts lag, warum dann die vielen Zeichnungen und alles? Ach, etwas an ihm hatte sie erbebend berührt, als sie ihn zum erstenmal sah. Etwas in ihr war ihm über alle Hügel und Wälder entgegengeflogen, ganze Monate hatte sie ihren Götzen aus ihm gemacht. Es konnte doch nicht nur Einbildung sein.

Sie heulte lang, eine uneingestandene Süße drang in ihre Tränen. Sie war verliebt wie eine Kuh, auch wenn man es ihr so machte. Mit dem Taschentuch wischte sie die Tränen wie den Rotz ab. Immer wieder faltete sie ihr Schneuzfetzlein zusammen und blickte das gefaltete Läppchen mit verschwollenen Augen und so hingebungsvoll an, als ob sie ihren ganzen Schreck da hineingewickelt habe.

»Du wirst ihr ein gutes Wort geben«, verlangte der Maler, »am Ende vertreibst du sie noch.«

Distl murmelte, er könne ja so tun, als ob er sich aufs Kreuz legen lasse und dabei das Gegenteil denken. Wenn er besser mit ihr bekannt wäre, täte er es zwar nicht.

Die Männer stießen die Küchentür auf. Weil der Berg schon finster machte, lief der Maler um Zündhölzer zurück. Distl blieb stehen und hörte die Vonficht schlucken. In der höhlenhaften Düsternis des Raums ging eine große Verstocktheit zwischen ihnen hin und her. Dann kam der Maler mit der Kerze und beleuchtete eine Szene, die sich Distl noch zuvor nicht hätte träumen lassen. Wie der von ihm gezeichnete Ochse, mit dem er sich einmal ausgespottet hatte, schob er sich mit gezwungener Masse heran, er war über sich selbst ganz betroffen. Dabei warf er die Lippen auf und blies einen gewölbten Atem von sich, als ob die scheinbare Ergebung pure Herablassung wäre.

Während seine Augen im Raum irrten, um nicht gerade an der Vonficht zu haften, baute er ihr einen Zugang. Mit den Behauptungen habe er nur ausdrücken wollen, jedes Wachstum tue nämlich weh. Nachdem er es glücklich herumgedreht hatte, ein Luder blieb er, streckte Distl ihr die Rechte entgegen, der Maler hob die Kerze höher, die Vonficht legte eine Hand in Distls Hand und flüsterte, daß es gut sei, sie konnte zuerst gar nicht laut. Sofort machte Distl ein Gesicht, als ob man ihn tödlich beleidigt hätte. Wahrscheinlich verlangte er, daß sie ihm um den Hals fiel.

Vom Weinen hatte die Vonficht Hunger bekommen, der Maler wollte sie füttern drunten im Ort. Sie konnten ebensogut mit Distls Wagen die nächste Ortschaft aufsuchen, wo man einen Jahrmarkt beging. Dort sei mehr Leben, erinnerte Distl und berief sich auf die Anreise, wo er im Schritt fahren und wie ein Verrückter habe hupen müssen, um den Bauern, die getrunken hatten und sich unverletzlich fühlten, nicht in den Rücken zu fahren.

Die Vonficht wurde in die Mitte des Zweisitzers gepackt, wo Distl fortgesetzt ihren Arm streifte, der Maler kam halb auf sie zu liegen. Er hatte einen Lodenkragen umgeworfen, dessen Weite er römisch um die Schulter raffte. Er freute sich diebisch, weil es so eng herging und ließ die Augen wie Tollkirschen locken in dem naiven Gesicht, das durch die Kapuze noch pausbäckiger wirkte.

Distl fuhr mit der unterbewußten Aufmerksamkeit, die an den Leichtsinn des Geübten grenzt. Auf dem Jahrmarkt wurden die Buden soeben geschlossen, ein paar Funzeln brannten noch trübselig, die meisten Bauern gingen schon heim. Sie konnten sich nur mehr warme Würstchen einbilden und bekamen die letzten, hungrig fuhren sie wieder zurück.

Die Landschaft schweifte unwirklich vor ihnen. Im Freien war kein Mensch unterwegs. Die Vonficht blinzelte mit Willen, daß alles noch unwirklicher wurde.

Der Wagen holperte über Bahnübergänge, weil die vielgewundene Straße die Schienen reichlich kreuzte. Distl stimmte die Moritat vom Mann ohne Hinterkopf an, denn den mochten alle drei nicht. Wie ein Druck lag er über ihnen allen. Mit scheinbar einfältigem Schall brachte Distl sein despotisches Wirken auf die Formel der Karikatur. Er gab die nächste Strophe dem Maler weiter, der schlecht und recht improvisierte. So wechselten sie miteinander ab und plärrten mit hurtig umherturnenden Augen eine zerdehnte Schauermär und mußten sich nie die Schwäche des Absetzens geben.

Distl lenkte den Wagen nur mehr mit übertriebenen Gebärden und gefiel sich darin, daß es lebensgefährlich wurde. Er glaubte, daß seine Hände und Füße ihn schon nicht im Stich lassen würden, seine Mitfahrer mußten es ebenso glauben. Hoch über ihren Häupten irrten die Sterne mit. Distl schwenkte zur Grausamkeit über, die ja auch zum Stoff der Moritat gehört, und verwilderte in eine gewisse Blutrünstigkeit hinein, die mit ironischer Distanz zuweilen seine Schmierblättchen füllte. Sie mußte daran denken, wie es da von abgehackten Füßen herumwimmelte, die andererseits wieder an den richtigen Stellen herauswuchsen und nirgends fehlten, sodaß die abgehackten alle zuviel herumliefen, der Spötter spottete eben gern. Wie das Chamäleon begann er zu schillern in vielen Farben. Etwas zuckte da herauf, als schäume versteckter Irrsinn heran. Aber man glaubt es ja nicht von einem, wenn er noch deutlich reden kann und genau. Die Vonficht schauderte und fühlte sich an Dinge erinnert, wie sie höchstens im Schlaf einem träumen. Wortkarg stiegen sie den Berg hinauf und schliefen wie die Erschöpften.

Am anderen Tag verpaßte er ihr die Vorgeschichte zu dem Unfall, mit dem der Maler ihn verfolgte.

Damals sei er im März schon barfuß im bunten Fahrtenkittel und kurzer Hose herumgelaufen. Dieser Aufzug sei ihm als der einzig wahre vorgekommen. Ganz bewußt habe er sich von anderen abgesetzt, als sei notwendig eine Gemeinheit im Bürgerlichen versteckt.

Die Mädchen, mit denen sie musizierten, hätten kein Geschlecht gehabt. Sie seien Kameraden gewesen, vor denen sie laut dachten und in langen verzückten Gesprächen sich selber genossen. Im Haus hinter dem Wald hätten sie eine blaue Stube gehabt, in der sie die freien Stunden, beide Geschlechter zusammen, verbrachten. Die Stube sei ein Seelenraum für sie gewesen. Sie hätten, ohne sich was zu denken, im Fluß nackt voreinander gebadet. Damals seien sie noch unberührt und trotz verderbter Worte, die für männlich galten, unberührbar gewesen, junge Menschen mit durchlüftetem Blut.

Eine einzige von den Mädchen habe nie mit ihnen gebadet und sich im Busch abgesondert, weil sie fünf Jahre vor ihnen voraus hatte. Das sei die gewesen, für die er später in Begierde entbrannte.

Im Haus hinter dem Wald habe er, ohne ihr vorher zu schreiben, vierzehn Tage auf sie gewartet. Er habe sie mit seiner ganzen Not über den Raum weg gerufen, etwas in ihm habe befohlen, sie müsse es spüren. Das Geld sei ihm schon am Anfang ausgegangen, vierzehn Tage habe er nur von Schwarzbeeren gelebt. Die Post habe ihm zwanzig Mark gebracht. Er habe immer noch daran geglaubt, daß sein Verlangen sie herbeiziehen müsse, sei aber fortgewandert, weil es ihn nicht mehr zwischen den Wänden litt.

Er habe sich eine entfernte Stadt zum Ziel der Wanderung genommen. Auf den Hochflächen habe er noch lang den Höhenrücken gesehn, an dessen Südhang das verlassene Haus stand. Er habe sich eingebildet, er müsse sie, wenn sie kam, im weißen Kleid über die Entfernung weg sehn. Er habe niemand gesehn und habe nicht umkehren müssen.

Wie ein Durchbohrter habe er sich vier Tage hin und vier Tage zurück über glühende Erde geschleppt, da sei nicht viel Schatten vor der Sonne gewesen. In einer feuchten Waldschlucht sei er lang zwischen den wuchernden Pflanzen gelegen, vorsätzlich habe er sich in die Himbeeren gestürzt, damit ihn die Dornen verletzten. Gegen die Felsen habe er ihren Namen geschrieen, das Echo habe ihn viele Male geäfft.

Am Ziel der Wanderung sei er nur die Nacht über geblieben, es habe ihn nach dem Haus zurückgescheucht. Jetzt habe er nur mehr gefürchtet, daß sie dort vor ihm ankam. In der letzten Nacht habe er keine Rast eingelegt. Im Lichtnetz, das der Mond zwischen die

Bäume war, seien seine Schritte ein traumhaftes Fallen nach vorne gewesen. Im schwachen Frühschimmer sei er vor verschlossenen Fensterläden und einer verlassenen Stube gestanden. Alles war wie beim Weggang, niemand war hier gewesen, es sei denn sein eigenes Phantom.

Die nächste Post habe ihren Brief aus Schlesien gebracht, wohin sie plötzlich abgereist war. Da habe er gewußt, daß sie seinen Ruf bloß als Warnung empfand. Seine Wünsche hätten sie weit von ihm fortgetrieben. Jetzt erst habe er ein schlechtes Gewissen gehabt und sie dafür gehaßt.

Er habe sie nur in Gegenwart anderer wiedergesehen und sich durch ein unflätiges Benehmen an ihr gerächt, ihre Nähe habe ihn fast erstickt. Kaltes Herz und verletzenden Hohn habe sie an ihm gefunden, sodaß sie vor der Zeit wegging, die Kameraden hätten ihm Vorwürfe deswegen gemacht. Er habe sich zwar geschämt, sei aber befriedigt gewesen wie nach einem Gewitter.

Von anderen habe er erfahren, sie habe ihn vor ihnen ausgespottet und gesagt, seine Winkelzüge vermöchten nicht ihn zu verbergen. Er habe die Seele nicht mehr auf Reisen geschickt, er habe seine Tür zugemacht.

Es habe sich dann nicht mehr gefügt, daß sie mit ihm sprach. Erst im Herbst habe er ihr draußen ein Haberfeld zeigen müssen, der Haber sei wie bleiches Haar auf dem Feld gestanden. Von den Ähren habe sie sich einen ganzen Armvoll abgeschnitten für einen Kranz. Er habe sie für die Roheit gehaßt, er habe ihr auf die Hand geschaut. Wenn sie mehr von ihm gewußt hätte, hätte sie es gespürt.

Sie sei nach vollbrachter Untat aus dem Haberfeld getreten, da habe er sich vorgestellt, daß er sie hineinwarf und nahm. Sie habe nichts davon gewußt, er habe sie angestarrt. In einer Rocktasche habe sie noch das Schnappmesser verschwinden lassen, mit dem sie den Haber geköpft habe, und das sei um so niederträchtiger gewesen, weil er als Mann überhaupt kein anderes Messer benutzte außer dem Tischmesser und dieses kaum. Das Brot habe er gebrochen, Fleisch nicht gegessen, Früchte nicht geschält.

Auf dem Heimweg habe sie ihm sein schlechtes Betragen vorgeworfen und sich mit jedem Wort in ihm umgebracht, er habe nichts mehr für sie empfunden. Sein Schweigen habe sie für Reue genommen, er habe sie darüber nicht aufgeklärt. Sie habe einen dummen Mut gefaßt, weil er sich nicht wehrte, auf einmal sei sie mit ihm stehengeblieben. Den Arm habe sie um seine Schulter gelegt und noch vertraut getan. Er habe gespürt, daß sie von ihm geküßt sein wollte, das sei wie ein sausender Schlag und wie ein fallender Stern gewesen. Er habe ihr aber nicht den Willen getan.

»Damals war es schon drin, nie durfte es gut gehn«, schloß er verblüffend. »Hätte ich ihr nachgegeben im Winter, die Lawine hätte mich genauso begraben.«

Auf der Skihütte sei er mit ihr allein gewesen durch einen Zufall. Inzwischen hatte er schon mit verschiedenen Frauen geschlafen. Er habe trotzdem geglaubt, sie der Zahl seiner Besiegten einverleiben zu müssen. Die bitter entschlossene Frau habe sich in einem Kampf, der lange dauerte, gegen sein Ansinnen gewehrt. Am nächsten Vormittag sei sie schon tot gewesen.

»Sie war eigensinnig und glaubte mir nicht, da ließ ich sie eben stehn. Woran soll ich eigentlich schuld sein?«

Der Maler behauptete unfreundlich, Distl habe ihm die Ziehharmonika unbrauchbar gemacht, jetzt müsse er sie wieder richten. Distl mußte mit der Häkelnadel an den Eingeweiden der Harmonika ziehn. Zwei Männer, die sich mit Bemerkungen spickten, schielten bald mit dem einen, bald mit dem anderen Auge in den Leib der Harmonika hinein.

Der Maler ließ sich ankennen, wer auf dem Berg zuviel war.

Distl schimpfte, daß er den Wagen drunten im Ort bei einem Milchbauern einstellen mußte, auf den blöden Berg bringe er ihn ja nicht herauf.

»Der Berg ist deswegen steil«, gab ihm der Maler hinaus, »damit die Menschen wie du nicht kommen.«

Distl kündigte für den folgenden Tag die Abreise an, es konnte die Vonficht nicht plötzlicher treffen.

Für den späten Nachmittag schlug Distl einen letzten Abstecher nach dem Benediktinerkloster vor, dessen erleuchteten Speisesaal sie jeden Abend vom Berg aus sahen. Der Maler war im Ort mit einem Ofensetzer verabredet, und als sie erst einmal unten waren, hatte Distl die Vonficht für sich allein. Sie gab ihm aber nicht an, weil sie unglücklich war. Sie rückte im Wagen so weit wie möglich nach rechts, fast fiel sie ihm schon durch die Tür.

Distl spottete, daß jemand ein flammendes Schwert zwischen sie gelegt habe. Weil sie keine Antwort gab, bockte er auch. Mit der Wichtigkeit von eigensinnigen Kindern saßen sie weit auseinander.

»Wir benehmen uns wie ein richtiges Liebespaar«, bemerkte er, als sie vor dem Kloster ausstiegen, versöhnlich.

In der Kirche war es schon zu dunkel, um noch was Rechtes zu sehen. Besonders auf den Bildern, die den Fremden herzogen und die unterhalb des Chors zu riesigen dunklen Tafeln zusammengesetzt waren, ließ sich nicht mehr viel unterscheiden.

Auf der Rückfahrt fürchtete sie nichts mehr, als daß sie sich unter den Augen des Malers bewegen mußte, bevor es zu einer wirklichen Aussprache gekommen war. Aber Heinrich ging nicht mehr aus sich heraus. Mit einem verlegenen Auflachen warf sie den Kopf auf seine Schulter hinüber. »Fahr nicht«, flüsterte sie als die Gefangene, die sie war. Statt der Antwort lenkte er sogleich den Wagen auf die Seite und hielt an.

Sein bewußt gegebener Kuß konnte ihr nicht viel helfen. Als ob sie den ungreifbaren Himmel mit all seinen Wolken und mit seinem Wind zum Geliebten habe, so verloren warf sie sich zurück. Gleichsam weggeschleudert fühlte sie sich und hielt sich an seiner Hand ein bloß wie an einem Anker, um nicht ins Uferlose gerissen zu werden.

Die Lust schlang mit der Furcht einen seltsamen Reigen in seinem Blick.

Hechel, paß auf! sprach eine Stimme in ihm. Nur zu leicht brannte bei ihm die Sicherung durch, Distl kannte sich selber. So einfach war es für ihn auch wieder nicht, sie nahm es zu tief. Es würde bekannt werden, es würde sich längen. Das politische Pech fühlte er an ihr kleben.

Wahrscheinlich konnte er es sich gar nicht leisten. In der Gesellschaft, wie sie nun einmal seit ein paar Jahren war, gehörte sie zu jenen, an denen man auf der Straße am liebsten vorbeischlich. Es lief darauf hinaus, daß man ihn mit ihr sah. Seine Stellung konnte es kosten, hängte einer ihn hin.

»Ich bin nämlich ein Hase«, raunte er fast verlegen. »Ich gehöre zu der nichtswürdigen Gattung, die davonläuft, sobald es gefährlich wird.«

Schmerzlich lächelnd verlangte sie weiterzufahren.

»Sei nicht traurig, ich bin das gar nicht wert«, tröstete er sie. Im Fahren sich plötzlich hinüberbeugend und sie suchend schwur er, noch nie so zwischen Himmel und Erde gewesen zu sein wie bei ihr. Sogleich schwächte er ab:

»Und wie du mich dabei ansiehst, wenn ich so was sage, und wie du mir alles glaubst!«

Die gelben Scheibchen seiner Pupillen liefen hin und her wie gefangene Wölfe hinter einem Gitter.

In den letzten Stunden hatte den Maler eine Geschäftigkeit erfaßt, die das etwa Versäumte um jeden Preis hereinholen wollte. Er schleppte Zeichnungen und Bilder herbei, rannte im Atelier hin und wieder, nahm die gegen Stühle gestellten Bilder weg und rückte andere ins Licht. Die Vonficht kämpfte mit dem Schlaf.

Heinrich Distl, der neben ihr auf der Truhe saß, beobachtete gerührt, wie ihr die Augen zufielen, sie hatte offenbar zu wenig geschlafen. Träumerisch zupfte er sie und spielte mit den Fingern prickelnd an ihrem Arm. Als sie ihn rosig erglühend wie aus dem Lämmerwölkchen anlächelte, merkte sie, daß sie in wenig Augenblicken einen Umschwung verschlafen hatte und daß er sich knabenhaft auf was freute.

Bald danach trieb Heinrich Distl zu Bett. Die Vonficht saß am Bettrand und wollte schon die Kerze auslöschen, da trat, wie wenn es so sein müsse, derselbe Heinrich geschwind noch einmal herein. Er lief auf sie zu und rollte sie rücklings in die Kissen, wie Kinder balgen. Nachdem er sie übertrieben eingewickelt und die Decke überall untergestopft hatte, hielt er sie an beiden Armen fest und setzte sich nah zu ihr hin.

»Nun sage mir, Mädchen, ob es meinetwegen ist, daß du nicht geschlafen hast«, fragte er mit liebenswürdigem Eifer. Sie sah ihn lange an und gab es ihm ehrlich zu. Er scherzte, sie bekomme als Fleißaufgabe, daß sie heute gleich einschlafen müsse. Weil sie lachte, wie wenn sie das nicht versprechen könne, redete er auf sie ein wie ein Schalk, welches Wort auch Knecht bedeutet, und drohte, wenn sie wieder nicht einschlafe, müsse sie ein Betthupferl kriegen, doch war alles nur wie zum Spaß.

Sie zitterte vom Kopf bis zum Fuß und hob sich ihm mit dem Oberkörper entgegen, sie lachte in erregten Stößen und atmete dies Lachen, schließlich rannen ihr die hellen Tränen über die Bakken hinunter. Seine Stimme schlug wie mit Flügeln, er redete in einem fort, seine Stirn wölbte sich so hoch und er hielt sie so stürmisch umschlossen, daß sie mit ihm zu fliegen glaubte. Sie mußte sich aber dann zusammennehmen, weil es nun auch der Maler für notwendig hielt, sich nach ihr umzutun wie nach einer Kranken.

Heinrich hielt sie noch an den Armen fest, der Druck seiner

Hände versprach. Sein Gutnacht nahm auch den Maler mit. Alleingelassen begriff die Vonficht, daß die Erfüllung der genossenen Minute eine vollkommene war.

Alle Frage in ihr war verstummt, und das Glück umsummte sie wie eine Biene. Indem die Liebesrose ihr über die Wangen bis in den Busen niederblühte, ahnte sie sich zauberisch ergriffen vom Knaben, der das Röslein bricht. Vom Gipfel der Erwartung weg schlief sie ein und erwachte mit dem lieblichsten Schrecken in seinem pulsenden Arm.

Noch in der nämlichen Nacht mußte Heinrich Distl, ein Mann, wie er von sich sagte, am Strande eines Standes und einer Zeit geboren und zum Triebe den Witz fügend, nachdem er Stunde um Stunde sie völlig erfüllt hatte, die Ahnungslose völlig verstören. Wo schon alles gut war, verlangte ihn, sich noch ganz anders zu steigern. Seine alte Lust wandelte ihn an, zu stoßen, was da verletzlich war, und der junge Mann gab ihr mit schamloser Neigung nach.

Ein Messer in seinem Lächeln neigte er sich über sie und zog sie in seinen wüsten Reigen hinein, weil man angeblich jedes Ding auf Erden einfach umdrehn müsse, damit es auch stimme, und verlangte, wie die Freudenmädchen müsse sie immer lachen, wenn er mit ihr schlafe, weinen dürfe sie bloß vor Lust. Das graue Auge des dämmernden Morgens machte ihn böse, und da die süße Lust ausgekostet war, erschuf er die Qual.

Die Vonficht wußte nicht, wie ihr war. Seine unter blonder Wimper vorsprühenden Blicke taten ihr auf einmal zu nah, und Heinrich erinnerte sie mit der funkelnden Lippe der Lust, es stünde schon bei der Marquise von O. geschrieben, daß kein Mann einer Frau Teufel sein könne, der nicht zuvor ihr leibhaftiger Engel gewesen. Eben wieder feuchtete er, wie er oft tat, mit der Zunge die Oberlippe an wie einer, den sein angeborener Durst versengt.

Da war er noch in seinen Sündenfall vernarrt wie in sich selbst. Auf der Kippe wippend und im Witz der Deutung sich bespiegelnd sang er: »Auf den Wolf, soviel ich weiß, ist ein Preis gesetzet. Wo er immer hungerheiß naht, wird er gehetzet.«

Nun hetzte ihn zwar keiner außer ihm selbst, aber sein Mädchen hatte er vom Gipfel in den Abgrund gesprengt. Da war es kein Wunder, wenn ein sogenanntes Wasserwürgen sie dann öfter in den Garten hinaustrieb, wozu Heinrich großzügig bemerkte, daß eine Hochzeiterin sich so benehmen müsse. Die geschwinden Anfälle stellten sie barfuß in den gefallenen Reif, ihr war gar nicht gut.

Oben hatte überdies der Maler Licht in seinem Schlafzimmer. Er war über dem Wegbleiben Heinrichs erwacht und ließ das Licht mit verbohrter Hartnäckigkeit und, wie sich noch zeigen sollte, stundenlang brennen. Mein Gott, was habe ich getan! dachte die Vonficht, weil ihr der Maler ganz aus dem Kopf gefallen war und jetzt schrie er sie an mit dem Licht.

Heinrich war inzwischen wieder manierlich geworden. Er rückte so weit wie möglich zur Wand, um sie in der Unpäßlichkeit nicht zu behindern. Sie wollte nur mehr mit abgekehrtem Gesicht bei ihm liegen und zog seine Hand weg, die auf ihrer Schulter ruhte. Er dürfe sie ja nicht berühren, bei der geringsten Annäherung fühle sie ein körperliches Übelsein in sie treten.

Abgewendeten Blickes duldete sie ihn doch an ihrer Seite und löffelte es aus, was sie sich eingebrockt hatte, und drückte im grauen Morgen einen großen Kummer ans Herz. Die Spur des Durchgemachten stand gleich einem Fußstapfen still in ihrem Gesicht. Der musische Heinrich, der ein halber Romantiker war, blieb auf den Ellbogen gestützt und betrachtete lange, was er da angerichtet hatte.

Die Hunde hatte er losgelassen. Schneiden war da schon besser. Es führte früher oder später zum Schnitt.

Um acht Uhr brachte er sie mit dem Wagen an ihren Wohnort zurück, er fuhr in einem Zug mit ihr durch. Der Maler hatte sich mit einem unbeschreiblichen Blick von der Vonficht verabschiedet, sie hatte schamvoll die Augen gesenkt. Es müsse wohl an ihr liegen, hätte sie am liebsten gesagt, daß sie mit so einfachen Herzen nicht gestillt sein konnte, dafür sei sie nicht genug ruhig. So müsse sie es denn haben, wie sie es auf sich zog. Es schien ihr dann besser, alles unausgesprochen zu lassen.

Heinrich Distl war auf der Fahrt sehr behutsam. Es hätte auch nichts genützt, wenn er viel gesagt hätte, etwas in ihr stieß dagegen und stieß. Oh nein, nein! dachte sie. Dies würde sich nie wiederholen.

Noch sträubte sie sich gegen den Gedanken, daß er der Schmarotzer war an einer Situation.

Die Versuchung des Neptun

Im Herbstmonde des Jahres neunzehnhundertundzweiundzwanzig ereignete es sich, daß im Württembergischen ein, sagen wir, Hilfslehrer namens Bastian Wagner in der Gewehrkammer eines ihm befreundeten Försters im Scherz und mit den Worten: »Jetzt erschieße ich dich!« auf eine gewisse Ottilie Sinzinger, damalige Lehramtskandidatin und einzige Hoffnung ihrer kranken Mutter einen Flobertstutzen anlegte und in der für den Lehrer doppelt leichtfertigen Annahme, er sei nicht geladen, abdrückte, so daß er der schwarzhaarigen hübschen Person das rechte Auge ausschoß. Die Sinzinger, die bis dahin zwar nicht an Heirat gedacht hatte, der es nun aber einkam, daß sie durch ihre Verunstaltung nur schwer einen Mann finden würde, drohte mit der Anhängung eines gerichtlichen Verfahrens. Um einen Skandal zu verhüten und sie zum Schweigen zu bringen, versprach Wagner ihr die Eingehung einer späteren Ehe, wenn sie ihm vorerst nur ein wenig Luft und Freiheit lasse.

Ottilie, die den Mann von keiner anderen Seite als von der Bastians her kannte und in ihm ein gewissermaßen notwendiges Übel sah, war es damit zufrieden, auf ihn zu warten. Inzwischen setzte sie mit einer bewunderungswerten Zähigkeit und auch Liebenswürdigkeit durch, daß ihr aus der Verletzung, die sie durch ein künstliches Auge von ziemlicher Naturtreue verbarg, kein Hindernis im Beruf erwuchs, indem man sie, deren Leistung sich durch eine gewaltige Anstrengung eher noch verbesserte und der außerdem der Umstand eines hochgestellten Gönners im Schulwesen zustatten kam, mit Berücksichtigung ihrer alten Mutter so behandelte, als ob ihr dies nicht zugestoßen wäre, und sie ihren natürlichen Weg machen ließ, auf dem sie im Laufe der Zeit eine fest angestellte Lehrerin wurde. Der Sorge um das tägliche Brot enthoben, mahnte sie Bastian lange nicht an sein Versprechen. Ebensowenig aber hatte sie es vergessen.

Bastian nämlich besaß bei manchen geheimen Nachteilen eines ungeordneten Trieblebens vieles, das für ihn sprach, Geschicklichkeit im Beruf, ein einnehmendes Wesen, das ihn in einem großen Bekanntenkreis beliebt machte, ungewöhnliche Belesenheit und den inneren Antrieb zu fortlaufenden Studien musischer Art, die seinen Gesichtskreis erweiterten. Nicht groß an Wuchs war er vom venusischen Planeten mit glänzenden Augen, frischer Hautfarbe und dem schönen ein wenig fleischlichen Ebenmaß gesunder Glieder begabt, so daß er für einen im Irdischen wandelnden Engel gelten konnte, wenn nicht dem geschärften Auge ein versteckt lauernder Satanismus das ansprechende Bild seiner Züge verdarb. Er war einer der Männer, an denen Frauen auf den ersten Blick Gefallen finden, um bei längerer Bekanntschaft die voreilig vergeudeten Gefühle ihrer Zuneigung in Abwehr und Haß zu verwandeln, da sie sich als das bloße Mittel seiner Begierde befanden und Bastian vor jeder Verantwortung auswich, wobei er sich hinter das Ottilien gegebene Versprechen zu verschanzen verstand.

Schließlich kam die Zeit, wo Ottilie, mit dem Wachstum der Seele sich festigend, nicht länger den Mantel nach dem Wind hängen wollte und ihn auf einem gemeinsamen nächtlichen Spaziergang daran gemahnte, daß sie ihr Versprechen gehalten und ihm den verlangten Spielraum gegeben habe, um aus kindischen Schuhen in jene des Erwachsenen zu treten, daß er weiter, wenn er bisher nicht gelernt habe, sich zu beschränken, es von sich aus überhaupt nicht mehr lernen werde, vielmehr eines festen Halts bedürfe, den sie willens sei, ihm zu bieten, daß sie kurz und gut nicht länger zuschauen werde und er jetzt auch sein ihr gegebenes Versprechen einlösen müsse.

Da waren sie an einer Bank vor einem tiefen Teich angekommen, und der Jünger der irdischen Venus, dem die Knie wankten, als jenes gegebene Wort, das er mittlerweils zu einem bloßen Galgenhumor herabgewürdigt hatte, ihm mit seiner ganzen Schwere aufs Gemüt fiel, setzte sich und starrte düster ins Wasser nieder, das in seiner Trübe nicht einmal die Sterne spiegelte. Flüchtig schoß es ihm durch den Kopf, ob er sich nicht unter dem Vorwande eines mittlerweile an ihr entdeckten Fehlers von der eingegangenen Verpflichtung befreien könne. Er verwarf den Gedanken sogleich, denn wenn etwas auf der Welt, so scheute er die Zähigkeit Ottiliens. Auch hätte er in diesem Fall auf manche häusliche Verwöhnung, die sie ihm schon vorher verschafft hatte, verzichten müssen, ein Faktor, den er infolge einer gewissen Neigung zur Üppigkeit nicht gering anschlug.

Bastian, in welchem so nahe der gesetzten Beschränkung eine zügellose Gier hochloderte und in dem alle Lebensgeister sich zu einem einzigen blinden Wunsche vereinigten, der ihm dann, wie er wähnte, für die Erfüllung alles dessen gelten sollte, was ihm später verlorenging, sagte heiser, er sehe ja ein, daß er mit seinem Treiben Schluß machen müsse. Indessen sei er so unglücklich daran, daß er gerade jetzt sich eine Frau in den Kopf gesetzt habe und nicht wisse, wie er weiterleben solle, wenn sie ihm nicht Liebe gewähre. Als Ottilie über seine Leidenschaft betroffen und nach einigem Nachdenken erwiderte, daß sie sich, obwohl widerstrebend, ein letztes Mal zurückziehen werde, indem ihm danach keine Ausrede mehr verbleibe, und er sie sonst ein Leben lang damit peinigen würde, war er ihr schon hart in die neu bezogene Stellung gefolgt und, ihr wiederum keinen Raum mehr lassend, gebärdete er sich wie ein Verzweifelter, das sei es gerade, daß er an diese Frau nie und nimmer ohne andere Hilfe herankomme. Er habe dies schon verschiedentlich versucht und sei von seinen vergeblichen Bemühungen schon halb wahnsinnig, während sie davon nicht im geringsten berührt sei und ihm eine solche Ferne zeige, daß er sie von ihrem Piedestal herunterreißen müsse, koste es, was es wolle, und gehe dabei in Trümmer, wer wolle.

Als Ottilie, nun schon ernster beunruhigt, ihm seine törichte Leidenschaft ausreden wollte, fiel er ihr zähneknirschend und in einem regelrechten Anfall von Bosheit ins Wort, daß sie ja in allem recht habe, daß es also gut sein und er es dabei bewenden lassen müsse, daß ihm gleichwohl dann nach dem Gesetz seiner Person, mit welch hochfahrendem Anspruch er sich ausdrückte, nichts anderes übrig bleibe, als sich sofort oder ganz gewiß noch in dieser Nacht und mit gebundenen Armen, weil er unseligerweise schwimmen könne, ins Wasser, das da zu seinen Füßen liege, zu stürzen und sich als der Verdammte, der er sei, zu ersäufen.

Dabei blieb er, ob sie ihn beschwor oder verspottete und, anstatt einfach ihres Weges zu gehen, so daß ihm der Zuschauer fehlte, ihn mit allem, was sie tat und sagte, wahrscheinlich herausforderte, so daß ihm seine Rolle nunmehr gefiel. Er ließ sich weder weglocken durch List noch fortziehen durch Gewalt. Den Blick vom Wasser gefesselt, von dem sie wußte, daß es auf sein Gemüt eine seltsame Anziehungskraft ausübte, wollte er dem allen, wie er sagte, in dem Pfuhl, vor den sein Teufel ihn geführt habe, ein Ende bereiten. Als er gar noch mit dem Seil, das er geflissentlich in der Tasche herumtrug, weil er oft und gern mit seinen zusammengewachsenen Augenbrauen als der Vorbedeutung eines Selbstmordes prahlte, sich die Arme zusammenband und, indem sie sich weigerte, den

Knoten mit den Zähnen fest anzog, auch mit ersticktem Lebewohl jäh auffahrend nach dem Wasser hinunterlief, so daß er sich zu einem ganzen Narren machen mußte, wenn er es sich jetzt noch reuen ließ und umkehrte, hängte sich die Unglückliche, fürchtend, daß seine Verranntheit das Äußerste durchführen mochte, bloß um was zu gelten – hängte sich mit dem ganzen Gewicht, das er nach dem Wasser hinunterschleifte, in seinen Arm und schrie, während aus dem angstentstellten Gesicht ihr gläsernes Auge ihn mit entsetzlicher Starrheit anfunkelte, sie werde alles tun, um ihm diese Frau, mit der sie eine Bekannte gemeinsam habe, zuzuführen. Bastian, den Blick in ihr Antlitz wie in einen Dämon, der plötzlich Fleisch angenommen hat, wich langsam vom Wasser. Sie wieder zur Bank führend und der Entfesselung nicht länger wehrend, stammelte er die süßesten Namen, drückte die Weinende unter seinem Mantel an sich und herzte sie in einer so närrischen Weise, daß ihr vor dem, den sie doch lieben gelernt hatte, grauste.

Als am Morgen die Überspannung der Nerven sie verließ und es hell wurde, sah Bastian erst, in welchem trüben Pfuhle er sein letztes Bad hatte nehmen wollen, und konnte darüber scherzen. An das Übrige rührte er mit keinem Wort, verließ sich vielmehr so ganz auf Ottilie, daß er sich ihren Ratschlägen in allem fügte und Wachs wurde in ihrer Hand.

Bald darauf hatte sie in der Tat die Bekanntschaft jener Valentine Maaß, um die es sich handelte, zu machen verstanden. Diese, erstmalig über den Sonntag zu einer Reise in Bastians Wagen eingeladen, hatte zwar aus einem unbestimmten Widerstand heraus die Zusage verzögert. Etliche Wochen danach fuhr sie dann doch mit den beiden durch das schwarzerdige Donauries, vorbei an satten Feldern, unansehnlichen aber reichen Höfen in jene schöne Landschaft des nordwestlichen Bayern, die von dem abgeplatteten Zuckerhütchen des Gipf bestimmt wird.

Es war eine burschikose Fracht dreier junger Menschen in einem winzigen Wagen, der tapfer die Steigungen hinaufkeuchte und je nachdem von seinem Herrn begütigend in die Flanke geklopft wurde wie ein Pferd, verhätschelt wurde wie ein Kind und beschimpft wurde, wie nur wirklich gute Kameraden beschimpft werden dürfen, mit jener ungeschminkten Grobheit nämlich, die eine Art großzügiger Liebeserklärung ist. Einen Tag lang waren sie nichts anderes denn Uhlands »Schifflein Brüder«, und der Abend brachte nach einem munteren Durcheinander der Genüsse von kalten, jedoch dünnen Würstchen, Ochsenmaulsalat, Schokolade, Keksen und Kirschen ein paar Stunden unbefangener Unterhaltung zwischen Valentine und Bastian, indes zwischen ihnen Bastians vermutliche Braut wie das Lamm in der Hürde schlief.

Man verbrachte die Nacht im Hause eines Kollegen, um Herbergsgelder zu sparen. Der Kollege, der selber über Land fuhr, hatte den Damen seine beiden Zimmer zur Verfügung gestellt, und Wagner ging um drei Uhr weg ins Wirtshaus. Er hatte seine Wiederkehr für die achte Morgenstunde angesagt, und alle miteinander wollten schnell schlafen.

Nach einem guten, durch oftmaliges Erwachen nur für Augenblicke unterbrochenen Schlummer wurde Valentine im Morgengrauen geweckt. Wie sie noch später daran festhielt, erwachte sie nicht auf die natürliche Weise, sondern wurde geweckt, augenscheinlich durch eine Berührung am Kopf, obwohl niemand im Zimmer war, wurde geweckt in jener besonderen Art, die bereits einmal der Fünfjährigen widerfuhr, da sie, die Hand an den Kopf pressend und wie im Zwange eines Befehls, sogleich an das offene Fenster lief, um im nämlichen Augenblick den sie tief erregenden Fall eines über jede Beschreibung glühenden Riesenmeteors zu erleben. In späteren Jahren hatte sie für jenes besondere Erwachen den Ausdruck geprägt, »die Sterne hätten sie gepackt«.

Auch jetzt fuhr sie sogleich hoch, daß sie schon im Bette kniete, bevor sie richtig klar war. »Mein Gott, mein Gott!« flüsterte sie und preßte sich die Stirn in irgendeinem namenlosen Schrecken. Dann erst trat eine winzige Beobachtung des Vorabends sinnfällig vor sie hin. Da hatte Bastian von der verschlafen daliegenden Ottilie ein Eingeständnis weiblicher Schwäche gefordert und sich, ihr das Geständnis entlockend sowie ihren Blick suchend, mit aufgebäumter Brust kurz über sie geworfen. Der Vorgang war für Valentine dadurch erklärt, daß dies ein Liebespaar war, und ihr gleich wieder entglitten. Jetzt begriff sie und wurde inne, daß Bastian sie in einem doppelten Spiel in seine Absicht einbezogen und sich willentlich vor ihr produziert hatte. Rückschauend sah sie ihn auch wieder mit dem sonderbaren Blick wuchernder Wildnis neben dem Ofen sitzen und auf sie herstarren. Dies und anderes, welches sie von ihrem Innern ferngehalten hatte, nahm nach so vielen Stunden den Charakter eines fast leiblichen Überfalls an, mit solcher Wirkung, daß sie verwirrt nachschaute, ob die Tür auch abgeschlossen war, als ob sie zu der Zeit, da draußen eben die Hähne krähten, einen unerwarteten Besuch befürchten müsse.

Da hart neben ihrem Kopf ein Fenster in den offenen Dachraum hinausführte, unter dessen vorspringendem Gebälk sich zuweilen Schwalben einfanden, mag ein verfrühter Vogel mit dem Schnabel an die Scheibe geklopft haben. Dies nimmt nichts weg von Valentinens subjektivem Gefühl, das sich herausgefordert wußte und wohl auch war, weil in der Tat Bastian schon um die siebente Stunde Einlaß zum Waschen begehrte. Von der vertrauten Ottilie in die Enge getrieben, gab er an, daß er es in seiner Dachkammer, auf welcher den ganzen Tag die Sonne gelegen, vor Schwüle nicht mehr aushalten konnte. Nach Valentinens flüchtiger Erkenntnis schien die Braut irgendwelche unbeherrschten Eigenschaften bei Bastian als gegeben zu betrachten. Sie erzählte später, als ob dies ein Kuriosum wäre und ihn notwendigerweise in den Seelenzustand eines Tantalus habe versetzen müssen, es sei ihm vor einigen Tagen passiert, daß er die Verlobte seines Freundes mit dem Wagen heimbringen mußte.

Valentinens Unbehagen verflog wie ein Gespenst vor dem blauen Tag. Erst in der Kirche der nahen Stadt, wo sie, von einem ziegenbärtigen dürren Mesner geführt, die Bilder besichtigten, streifte es mit dem Schatten der Erinnerung über sie hin, weil es anscheinend Wagner ganz unmöglich war, ein öfteres Gähnen zu unterdrücken. Da sie eben wegen der Kirschenmündchen eines Altarbildes in Streit gerieten und Ottilie dessen Entstehung in eine andere Zeit versetzen wollte, als Bastian angab, der Mesner aber erklärte, daß darüber sogar die Professoren nicht einig würden und man jetzt das nicht mehr sagen dürfe, was er bis vor einem Jahr in seiner Erklärung stets gesagt habe, so daß er lieber schweige, fragte Valentine, warum die gelben Rohrstühle im Presbyterium stünden. Der Mesner sagte, er habe heute schon eine Hochzeit gehabt und die Brautleute mit ihrem Anhang wollten am liebsten auf den Rohrstühlen sitzen. Auf Valentinens Meinung, es sitze sich wahrlich romantischer in den geschnitzten Seitenstühlen des Presbyteriums, antwortete der Mesner, sie vergesse, daß Brautleute an diesem Tag der Kirchengemeinde etwas voraushaben wollten. Die Stühle gehörten zwar mit dem Teppich nur für die Hochzeiten erster Klasse. Er meine aber, daß vor unserem Herrgott es keiner schöner zu haben brauche als der andere, und er persönlich habe das seit dem neuen Pfarrer so eingeführt, daß er auch bei den Hochzeiten zweiter Klasse die Stühle wie den Teppich gebe.

Bastian fragte belustigt, ob er sich denn mit den Damen einen Augenblick auf die bedeutsamen Stühle niedersetzen dürfe. Der Mesner erlaubte es mit der kichernden Einschränkung: »Falls Sie verheiratet sind, ja. Sonst ist es gefährlich.« Bastian heuchelte, daß er das schon überstanden habe. Valentine aber, die er bei gespielter Vertrautheit neben sich auf den Stuhl niederziehen wollte, entfloh auf eine geschnitzte Bank des Kirchenschiffs.

Als sie nach dem im Schwäbischen gelegenen Kapuzinerkloster Neresheim weiterfuhren, spendete der Himmel eine jener Stunden, die keinen Mißton aufkommen lassen. Die scheinbar wunschlose Ottilie rühmte Bastian mit jedem Wort, das sie nur für ihn konnte, der kurzärmelige Bastian gab Valentinen alle Zeichen einer kecken Hingerissenheit, und Valentinens einsames Herz schwang sich empor wie die graue Lerche, die jubelt, sobald sie den Erdboden verläßt. Sie, der Mangel und Entbehrung die Grillen waren, die sie jeden Abend in den Schlaf zirpten, verließ ihren strengen Zirkel und verjüngte sich, indem sie ihn verließ. Die Straße mit den Steigungen und Senkungen gewellter Landschaft schwoll und fiel unter dem entfesselten Wagen mit dem Schwingen einer natürlichen Schaukel. Mit gewaltiger Verneigung stürzten die anliegenden Wälder herein und traten in feierlichem Rhythmus wieder zurück. Valentine richtete sich jedesmal hoch auf, wenn sie in die Tiefe sausten. Sie schaute durch den Wagenspiegel Bastian in die Augen und fand ihn mit dem zusammengerissenen Gesicht eines jungen Mars, denn auch ihn trug es über sich selbst hinaus. Sein Kinnteil bekam die Geschlossenheit eines Visiers. Seine dichten Brauen schoben sich trutzig über der Stirn zusammen und sammelten das grüne Gefunkel seiner Augen zu einem wilden Leuchten. Tyrsos schüttelte seinen Stab, und sie feierten ein unbewußtes Fest.

Es würde zu weit führen, wollte man im einzelnen berichten, wie Ottilie im Fahren einschlief und erst erwachte, als Bastian dicht an das hochgelegene Kloster herangefahren war, wo er den Wagen querstellte, damit er nicht abrutsche, wie also dieser, der mit seinem Wagen sanfter umzugehen pflegte als mit den begleitenden Personen, ihr heute so wenig schonte, daß er damit den ziemlich langen steilen Berg erklomm, und wie nun Ottilie eiferte, weil er sie kürzlich trotz einer leichten Unpäßlichkeit gezwungen hatte, zu

Fuß berganzusteigen, um, wie er sagte, die Bremse nicht unnötig zu strapazieren, wie Bastian bloß mit dem Lächeln des Verschwenders antwortete, das auf Valentinen ruhte und wie Ottilie ärgerlich damit herausplatzte: »Ach, wenn er Sie einmal sieben Jahre lang kennt, fährt er Sie auch nicht mehr den Berg hinauf.«

Valentinens Überschwang fühlte sich wunderbar überhöht durch das rauschende Barock der unvergleichlichen Kathedrale, in deren Grundriß mehrere Kirchen zu einer vereinigt sind, so daß sich dem langsam Voranschreitenden viele Male die Dynamik eines neuen Raumes auftut. Die goldenen, mit unnachahmlicher Anmut geschwungenen Bänder der Friese, deren gedehnte oder leicht gedrückte Bögen keiner geometrischen Figur entnommen sind, führten ihr Auge in zarter Schwebe, und sie überließ sich willig Bastians Erklärungen, daß der Bau ein architektonisches Wunderwerk sei, in dem die Gesetze der Schwerkraft aufgehoben schienen. Sie sei übrigens erst nach dem Tode des »deutschen Michelangelo« entsprechend seinen Plänen und entgegen seinem Willen aus Holz gebaut worden, da man befürchtete, der Stein der Decke werde eines Tages herunterkrachen. Bastian ging wie auf Wolken und zog bei der Abfahrt die Bremse mit der Gebärde eines Mannes an, der sein Königreich verschenkt. Er war untröstlich, weil er Valentine mit dem Wagen nur auf den halben Weg bringen konnte, und verabschiedete sich von ihr, die an einen anderen Ort verzogen war und in den Zug einsteigen mußte, mit so kindischer Trauer, daß Ottilie, um ihre Bestürzung nicht merken zu lassen, ihr Gesicht hinter dem Bahnhofsbriefkasten versteckte.

Valentine, die jenen Tag anderen Erinnerungen einzugliedern gedachte, welche wohl ein Gefühl stillen Dankes, aber keinen Wunsch besitzergreifender Nähe zurücklassen, war nicht wenig überrascht, als sie schon nach einigen Tagen ein von Bastian schriftlich überreichtes und ihr nicht bekanntes Opus von Johann Wolfgang Goethe in Händen hielt, das im Sonderdruck zu Basel erschienen und in dem der Satz: »Die Krankheit erst bewähret den Gesunden.« dick unterstrichen war – zumal Bastian vorne in das Büchlein ein Bild hineingezeichnet hatte, das sie selbdritt dem schwäbischen Gipf entgegenfahrend zeigte, und wo als die offenbare Hauptsache Bastian mit Valentine in schmeichelhafter Art behandelt war, während die viel kleiner hingestrichelte und schier aus dem Wagen sinkende Ottilie ziemlich lieblos in eine unbeträchtliche Nebenrolle hineingedrängt werden zu sollen schien.

Die ehrliche Valentine fand sich in die Verlegenheit einer Frau versetzt, die weibliches Vergnügen über einen persönlichen Erfolg nicht ganz unterdrücken kann, trotzdem ihr die an einer Dritten verübte Ungerechtigkeit durchaus gegenwärtig bleibt.

Nachdem sie sich für die genossene Gastfreundschaft und das Buch mit einigen gehaltenen Zeilen bedankt hatte, flogen ihr hartnäckige Briefe ins Haus, erst ein paar die Woche, dann ein täglicher Gruß zum Erwachen, an manchen Tagen wurden es zwei und drei, und immer stand etwas darin, worauf sie am wenigsten gefaßt war. Der Taktiker der Liebe umwarb sie mit ebensoviel Leidenschaft als Geist, mit ebensoviel empfindsamer Zartheit als fast kindischem Eigensinn. Es war, als ob die schweifende Gewalt jener Mannesseele ihr eine magische Besitzergreifung spürbar machen wolle. Ihre Verwirrung stieg, als Bastian sie als Vogel und sich als Baum darstellte, der das dazugehörige Nest in verzweigter Hand hält, und dazu schrieb, Ottilie habe ihre aus einem allzu zarten Gewissen herrührende Schweigsamkeit nicht verstanden, Ottilie sei seiner Freundschaft mit Valentine keineswegs abhold, versuche vielmehr aus einem tieferen Grunde sie zu fördern. Sie hoffe, Valentine in Bälde als Gast bei sich zu erblicken und lasse ihr jedenfalls sagen, daß ihr durch Valentinens Freundschaft mit Bastian nichts weggenommen werde – welche erstaunlichen Behauptungen die Empfängerin kaum ernst genommen hätte, wenn nicht Ottilie ihre Bedeutung durch einen unten hingekritzelten Gruß unterstrich. Valentine, die des langen und breiten darüber nachdachte und an solche selbstlose Großmut nicht glauben wollte, kam zu dem Schluß, daß das Mißverständnis bei ihr liege, daß Ottilie sich aus einem ihr unbekannten Grunde auf eine andere Hoffnung zurückgezogen habe und Bastian nur hin und wieder aus der Erinnerung einer alten Neigung treffe.

Also stichelte der Wunsch, jene geschwellte Empfindung zu behalten, die sie in den Stunden gefährlicher Empfänglichkeit wie eine süße Last trug. Als er gar nach dem Goethewort »nachts einen lieben Teufel« und »tags einen spitzen Zweifel« illustrierte, brach sie ihr Schweigen und gab zu verstehen, daß ihr an einem Wiedersehen, das Klarheit bringen sollte, gelegen war. Sei es nun, daß Bastian gerade jene von ihr erstrebte Klarheit fürchtete und zuvor noch weiter auf sie Einfluß nehmen wollte oder wirklich, wie er angab, gewisser finanzieller Widrigkeiten nicht so bald Herr werden konnte, genug, er vertröstete sie auf einen späteren Zeitpunkt, dessen grausame Entferntheit sie nach seiner bestimmten Hoffnung durch einen nunmehr zweiseitigen Briefwechsel weniger fühlbar machen würden.

Damit begann eine der sonderbarsten Schreibereien, die Valentine in ihrem Leben geübt hatte, Briefe, in denen die realen Vorkommnisse gänzlich in den Hintergrund gedrängt waren, während sie einander über die nebelhaftesten Stimmungen Rechenschaft ablegten, Briefe, wie sie anscheinend Bastian zur zweiten Natur geworden waren, wohingegen Valentine immer wieder durch persönliche Anstrengungen, die freilich nicht verstanden zu werden schienen, der rein im Gefühlsmäßigen schwelgenden Seelenfreundschaft einen verbindlicheren Charakter zu geben trachtete. Ihn nach eigenem Maße messend und daran verhindert, ihre Vorstellung durch die Wirklichkeit zu berichten, befand sie sich in einem verhängnisvollen Irrtum über seine Natur und sein Wesen. Als sie ihn beispielsweise fragte, ob er ihre Briefe denn auch niemand zeige, zeichnete er in Erwiderung darauf sich selbst, den Mund völlig mit Pflastern zugeklebt und mit bedeutendem Ernst über ein Blatt Papier wegsehend, auf dem ein Totenkopf eine Nelke in gebleckten Zähnen hält, und schrieb darunter »die Verschwiegenheit«. »Bis ins Grab« las sie das Bild auf ihre Art und wußte in keinem Augenblick so sicher wie in diesem, daß sie ihm vertraute. Er hatte aber in letzter Minute jene Pflaster mit bleigeschriebenen Mitteilungen an sie versehen, durch welchen spitzfindigen Witz er das Versprechen, noch bevor es empfangen war, wieder aufzuheben glaubte.

In der Zeit stand die chaotische Verwirrung der Gefühle als ernste Gefahr neben ihrem Wachen und Schlaf. Sie sah Zeichen und Wunder in allem, was ihr widerfuhr und schien auch durch ihre Aura gleich einem Sammelfeld, worin überirdische Einflüsse sich verdichtet haben, merkwürdige Vorkommnisse auszulösen, indem in ihrer Umgebung Ereignisse gänzlich unvorhergesehener Natur sich häuften. Sie übte auf Tiere eine sonst nie in dem Maße bemerkte Anziehungskraft aus, so daß ihr entflogene Vögel, die anderswohin gehörten, von fremder Hand ins Haus getragen wurden, oder Katzen des Nachts durch das offene Fenster ins Schlafzimmer drangen und sich nicht mehr vertreiben ließen, ja, ein Pferd, das während eines Spazierganges an ihr vorbeigeführt wurde, äußerte seine Zuneigung in so heftiger Art, daß es ihr durch die niedrige Tür in den Hausgang hinein zu folgen versuchte.

Sie stand im Reiche der Einbildung schon ganz oben auf der Leiter und nannte Bastian bei sich nur mehr den fernen Knappen mit dem geschlossenen Visier. »Dies Herz muß wohl fliegen können«, schrieb sie an ihn. »Denn indem etwas mich zurückspannt wie einen Bogen, stößt es von mir ab, wirft sich in die unbekannte Tiefe des Himmels hinein. In wenigen Sekunden durchmißt es Täler und streift über Hügel weg, indes hienieden meine Sinne gleichsam dünn werden wie das dünnste Sausen fernen Windes und die Sekunden nicht mehr zählen. Schon aber nach den Sekunden, die nicht gezählt sind, braust es beflügelt wieder in meine Dämmerung hinein, stürzt pfeilgeschwind in die klaffende Herzhöhle zurück. Doch wo ists in der Zwischenzeit gewesen, daß es nun mahnend an mir rüttelt? Wessen Blut hat es getrunken, das mir in allen kreisenden Bahnen scharlachen funkelt? Weh der Sterblichen! Ein Wunschbild wippt mir in den Augen und macht mich kühn. Eine Melodie dreht meinen Schritt und macht ihn tanzen...« und Bastians musische Hand hatte sie unterdessen zum Mythos der Nacht erhoben, auf welcher Zeichnung das blitzblasse Funkeln der Venus und des Jupiter die Augensterne ersetzte und keine geringere Figur als die dünne Mondsichel verwandt wurde, um die majestätische Wölbung der Hüfte abzugrenzen, während er sich selber auf einem Hügel sitzend und sehr winzig dargestellt hatte. In einem folgenden Bilde aber, wo sie im Knie schon wieder zu neuem Schritt ausfiel und den Arm mit so bewahrend feierlicher Gebärde um die Brust schwang, als sei jede ihrer Bewegungen Religion, war er gar kraft seiner irdischen Begierde zur Himmelshöhe ihres Mundes emporgeschwebt und hing dort vor ihrem Gesicht wie irgendein Maskenfetzen, um sie zu küssen. Er hatte darunter geschrieben: »Ihr braucht nicht Menschen fragen, um zu wissen. Doch um glücklich zu sein, dazu müssen auch euch Menschen küssen.«

Bastian schien weiterhin mit Ottilie zusammenzukommen, und da sie in einem Briefe ihre Ereiferung darob nicht verleugnete, stempelte seine Tuschfeder sie zu einer großen schönen Fliege, die sich vor Wut den Kopf abzureißen versucht, und sich zu einem ebenso bestürzten wie machtlos zuschauenden Daumenlutscher, den die Fliegen umschwirren und dem eine auf dem Kopf herumkrabbelt. Sie war von dem Bildchen, das eine saubere Entscheidung vermissen ließ, enttäuscht und entsann sich später deutlich, daß bei dieser Gelegenheit ihr innerster Instinkt zum ersten Mal hinter seiner ins Liebenswürdige gesteigerten Erscheinung den Pferdefuß kratzen hörte. Sie traute aber dem leisen Scharren ohnmächtiger Lahmheit und Linksfüßigkeit nicht und blieb in ihrer hohen Meinung von ihm unerschüttert bis zu dem Tag, da ein wahrhaft erstaunliches Machwerk in ihren Besitz gelangte, auf dem er zwar das andere Geschlecht, die Frau, in Gottvaters Hände hineinlobte, das eigene Geschlecht aber, den Mann, als Wasserleiche darstellen zu müssen glaubte und die Ekelhaftigkeit sowie das Minderwertigkeitsgefühl seines Vorwurfs durch eine entsprechende Unterschrift noch betonte.

Valentine wollte ihn darum von Angesicht zu Angesicht stellen. In einem richtigen Gefühl schlußfolgerte sie, daß ein Mensch, der vor dem eigenen Geschlecht so wenig Achtung haben mag, auch in anderen Fällen die heilige Scheu einer wohlgeschaffenen Veranlagung vermissen läßt und ebenso leichtfertig das andere Geschlecht zu erniedrigen trachten wird, wenn er gerade dazu in Stimmung ist.

In der Tat hatte Bastian sich soeben als klein und häßlich empfunden und durch ein ihm lästiges Ereignis vom Schaukelpferd, auf dem sonst sein rasendes Selbstwertgefühl sich wiegte, herunterzerren lassen. Wie schon erwähnt, hatte er zu Beginn von Valentinens Bekanntschaft die Braut eines Freundes mit dem Wagen nach Hause bringen müssen, wobei er in Abwesenheit der geziemenden Hemmung und von den schnippischen Antworten des Mädchens noch gereizt während der langen nächtlichen Fahrt zudringlich wurde, auf ihre Weigerung aber mit einem »Wenn nicht, dann nicht!« von ihr abließ und sie, anstatt sich allein die Schuld zuzuschreiben und gleichbleibend höflich zu verharren, mit einer betonten Absicht vernachlässigte, die sie erst recht in Erbitterung versetzte. Deren Bräutigam hatte sich, wie wir nach dem Hörensagen berichten, in jenen Wochen einer Dienstwohnung halber um Versetzung an einen bestimmten Ort beworben, worauf sie heiraten wollten, und hatte auch Bastian die Vakanz der betreffenden Stelle, welche jenem nicht bekannt war, mitgeteilt. Bastian, dem die Stelle die nämlichen Vorteile versprach, bewarb sich seinerseits, wie denn nach ihrer Ausschreibung noch einige Hundert weitere Bewerbungen einliefen. Sei es nun, daß Bastians Vorgesetzter sein Gesuch besonders warm unterstützte, oder daß man, wie es nachher durchsickerte, dem ersten Anwärter aus bestimmten Gründen sein Gesuch nicht bewilligen wollte, für Bastian traf jedenfalls das Unwahrscheinliche ein, daß er mit der Zuteilung ausgezeichnet wurde.

Die Brautleute, die ihre Hoffnung betrogen und die Eheschließung ins Unbestimmte hinausgerückt sahen – von dem Übergangenwerden schon im allgemeinen nicht sehr erbaut –, waren erst recht auf Bastian erbittert, um so mehr, als das Mädchen dem Verlobten gegenüber nicht länger mit ihrer Wissenschaft vor dem Berg hielt. So kam es, daß an einem Freitag Bastian außer alle Fassung gebracht und die Anzeichen jeder Verstörung im Gesicht um eine ungewöhnliche Zeit bei Ottilie erschien und einen Brief vorlas, in dem jener gewesene Freund mit Skandal und Anprangerung in einem damals vielgelesenen Blatt drohte, das mit Vorliebe dunkle Punkte im Leben seiner Mitmenschen aufstöberte und sich mit einer schrecklichen Beflissenheit zum Handlanger jener Erfahrung machte, daß die böse Tat fortzeugend Böses muß gebären.

Die besonnenere Ottilie, sich sofort dessen bewußt, daß hier alles darauf ankam, ob der Brief einer durch Tatsachen gekränkten Ehre, in welchem Falle der Schreiber vor keinen persönlichen Unannehmlichkeiten zurückschrecken durfte, oder vielmehr der momentanen Aufbauschung eines Haßgefühls entsprang, das vor bedeutenderen Schwierigkeiten klein beigeben mochte, fragte Bastian mit einiger Verlegenheit, ob denn das vorgefallen sei, was man auf dieser schlechten Welt und in solchen Fällen als die unzweideutige Wirklichkeit mißbrauchten Vertrauens zu betrachten pflege. »Nein, eben nicht!« bedeutete Bastian mit stiller Raserei und versicherte hoch und heilig, das Mädchen nach den ersten mißglückten Versuchen in Ruhe gelassen zu haben. »Nun, was fürchtest du denn?« fragte die erstaunte Ottilie. »So wird er sich doch nur ins eigene Fleisch schneiden, wenn er was unternimmt.«

Bastian aber, dem auf dem Herwege seine Missetaten allesamt eingefallen waren, befürchtete, daß beim ersten Anzeichen eines Bekanntwerdens die anderen leichtfertigen Streiche seiner Vergangenheit wie durch Zauberei aus ihren vergessenen Schlupfwinkeln vorgelockt würden, so daß er wenn nicht zuvor über dies Eine, dann zuguterletzt über anderes stolpern müsse. Auch schien ihm von schlimmer Vorbedeutung, daß er, soeben versetzt, noch keinen Rückhalt persönlicher Wertschätzung bei seinem Vorgesetzten gewonnen hatte. In der ersten Übertreibung wähnte er zum Spielball der Zufälle bestimmt zu sein, und Ottilie, die er mit unverwüstlichem Gleichmut jahrelang hingehalten hatte, ohne sie je ganz aufzugeben, erschien ihm plötzlich als Engel des Himmels, weil sie mit ihm zu jenem Vorgesetzten zu gehen versprach, den sie nunmehr mit ihm gemeinsam hatte und dessen Vertrauen sie besaß, auch die mißliche Angelegenheit zu einem so günstigen Ende führte, daß schließlich ausgerechnet das Mädchen sich bei Bastian schriftlich entschuldigte und erklärte, daß der Verlobte jenen Brief wider ihr Wissen und ihren Willen abgesandt habe – worauf es in dieser Sache totenstill wurde, allerdings bei dem weißgewaschenen Bastian eine unausgesprochene Unbehaglichkeit verblieb, so daß er es in der Folge sogar vermied, durch den Ort zu fahren, in dem das Mädchen wohnte.

Ottilie hatte sich als vollendete Diplomatin erwiesen und war aus der Zwickmühle als die eigentliche Siegerin hervorgegangen, indem nämlich jener Vorgesetzte nach Erörterung des sachlichen Teils sich die Frage gestattete, welchem Umstand der kürzlich hierher versetzte Beamte denn eigentlich ihren warmen persönlichen Einsatz verdanke, worauf Ottilie den wie vor das Hirn geschlagenen Bastian errötend angeschaut hatte und, da sie stumm blieb, eine so peinliche Stille entstand, daß endlich Bastian mit siedendheißen Backen ihre Heirat als bevorstehend bezeichnete. Der joviale Herr beglückwünschte ihn aufs wärmste zu seiner ebenso tüchtigen wie tapferen Frau. Bastian wurde augenblicklich fast toll vor Stolz und beteuerte auf dem Heimwege, daß er die Hochzeit als seine nächste Tat ohnehin im Sinn gehabt habe, worauf Ottilie bloß mir einem unendlich feinen Lächeln antwortete. Da kam Valentine mit der Absicht der unbestechlichen Erkenntnis und wollte dem Phantom, in das sie sich aus der Ferne verstrickt hatte, die Maske vom schillernden Antlitz reißen.

Auf halber Strecke holte sie Bastian mit dem Wagen ab. Er hatte eine Bahnsteigkarte gelöst, sich aber so unglücklich aufgestellt, daß er Valentine, die als eine der Ersten den Zug verließ, übersah und wurde zudem von einem Bekannten, der ihn anrief, aufgehalten. Valentine ging unschlüssig um den kleinen Bahnhof herum und glaubte schon, er habe sich genialisch verspätet, als sie in einem Nebengäßchen seinen Wagen stehen sah. Gerade da trat ihr ein fremder Herr, dessen Gesicht durch eine unförmige Autobrille unkenntlich gemacht war, in den Schritt. Er stutzte und sah sie so suchend an, daß sie in ihrer Verwirrung nahe daran war, diesem merkwürdig veränderten Bastian eine verlegene Hand zu reichen, während ihr gleichzeitig das Entsetzen darüber durch den Kopf schoß, daß sie von dem Mann, vor dem sie in manchem Betracht ihre Seele entblößt hatte, eine so falsche Erinnerung des Körpers behalten haben sollte – als der Fremde, noch rechtzeitig seinen Irrtum erkennend, den Kopf abwandte und der wirkliche Bastian mit bewegten Schritten und aufgeregtem Lächeln auf sie einstürmte.

Bastian hatte sich natürlich nicht im geringsten verspätet. Er war etwas blutiger im Gesicht, da die Märzensonne ihm bereits einen Hautbrand zugezogen hatte, und er sich Valentine zu Ehren auf den Hautbrand rasierte. Die blinzelnden Lider, die den wasserhellen Augenstern einschlossen, schienen sein Gegenüber zu streicheln. Wenn sie geglaubt hatte, Bastian sogleich mit dem Maße der Festigkeit gegenüberzutreten, in dem sie in anderen Zusammenhängen nicht ungeübt war, so sah sie sich darin mit Schrecken enttäuscht. Noch vermochte sies nicht. Noch sollte die Wirkung seiner leiblichen Gegenwart sich in ihr zu jener Mächtigkeit erheben, die ihre Empfindungen der letzten Monate ihm eingeräumt hatten; denn niemand begibt sich ungestraft in den Kreis fremder Wirkung und unsere vergangenen Wünsche kehren zurück und blicken uns an, alle Überwindung aber muß wachsen und ist schwach im Beginn. So schwieg sie, um nicht von dem zu tönen, wessen ihr Herz überging.

Bastian kündigte an, daß er in einem Dorfe altes Zinn kaufen müsse, das er bei einem früheren Besuch unter dem Speicherkram eines Töpfers entdeckte. Er log das Blaue vom Himmel herunter in der dunklen Stube, wo die zigeunerartig aussehende Frau und viele magere Kinder um die ausgesuchten Zinnstücke herumstanden, die von dem soeben abwesenden Töpfer im Preis schon abgeschätzt waren. Bastian sagte, daß das Zinn zu teuer sei, daß sein Geld nicht weiter reiche und er sonst vom Kaufe abstehen müsse, daß er andererseits das Zinn doch gerne mitnehmen wolle, weil er von auswärts sei und so schnell nicht mehr herkomme, er sagte noch mehr und wollte, der langen Rede kurzer Sinn, fünf Mark nachgelassen haben. Dabei war er so munter, daß die Frau, die seine schweifenden Worte mit engen Augen anhörte, doch immer wieder lachen mußte, in der Sache aber fest blieb, indem sie beharrte, ihr Mann wolle das Zinn nicht anders geben. Da Bastian aufstand und sich ärgerte, daß er unverrichteter Dinge abziehen mußte, kam die Frau, die an ihm Gefallen gefunden hatte, ihm an den Wagen nach und sagte, der Herr möge sich doch einmal blikken lassen, wenn ihr Mann da sei; sie dürfe nicht nachgeben, aber ihr Mann sei nur durch sich selbst gebunden. Bastian behauptete, doppelzüngig zu Valentine gewendet, er sei nicht einmal das.

Weil er nun schon merkte, daß er das Zinn doch noch zu seinem Preis bekommen würde, pfiff er sich ein Lied und wollte mit dem bestgelauntesten Gesicht abfahren, als noch der Dorflehrer dazwischenkam, der Bastian kannte und ihnen winkte. Der Lehrer, den Valentinens halber eine verzeihliche Neugier plagte, tat sehr wichtig mit einer barocken Madonna, von der früher schon einmal gesprochen war und die bei seinen Nachbarsleuten auf der Kommode stand. Bastian rief aus, er werde die Madonna, wenn sie ihm gefalle, schon darum kaufen, daß er nicht mit leeren Händen heimkehren müsse, machte der Figur, in jenes Haus geführt, auch gleich verliebte Augen und gab zu, daß sie ein Gesichtlein aus Milch und Blut habe, wenn sie auch nicht aus der Barockzeit stamme. Sie sei nicht älter denn höchstens fünfzig Jahre, aber er wolle sich, wenn ihn Valentine schlecht behandle, damit trösten, daß er die Madonna ansehe. Nachdem er noch eine Mark abgehandelt hatte, da er eigentlich, wie er dem Besitzer bedeutete, eine barocke Madonna suche, legte er die Figur wie ein Wiegenkind in seinen Arm, tänzelte mit ihr in schwärmerischer Weise die Hausstufen hinunter und tätschelte sie auf die roten Bäckchen, indem er sie sein Dockele nannte. Auch im Wagen warf er ihr die feurigsten Blicke hinüber, denn er hatte sie zwischen sich und Valentine gestellt, und war so verspielt, daß dieser plötzlich die Tränen in die Augen schossen, weil es ihr einkam, daß solchen spielenden Geschöpfen ihre Sünden leichter verziehen werden als den anderen, deren Seele sich zwischen den Menschen wie in einem starren selbsterworbenen Panzer bewegt.

Ottilie empfing sie mit dem Kopftüchlein auf dem Haar, denn sie hatte noch umgeräumt und die beiden so früh nicht erwartet. Sie lachte nicht wenig, als sie von der kleinen Störung des Wiedersehens erfuhr und bemerkte, sie begreife nun manches, da sie solche Kinder seien, daß sie einander die sehnsüchtigsten Briefe schrieben, um sich beim Wiedersehen nicht einmal zu erkennen. Valentine fragte erblassend und mit der jähen Eingebung, daß sie in ein Schlangennest geraten sei, ob sie denn ihre Briefe gelesen habe, sah dabei jedoch Bastian an, der sich eine lebemännische Miene gab und behauptete, es sei nichts dabei, wenn er Ottilien einige gezeigt habe, da schon immer eine große Vertrautheit zwischen ihnen bestand. Immer noch sah ihn Valentine mit ihrem Blick ferner Wetterleuchtens an, indes sein wortbrüchiges Gesicht sich langsam und nachträglich mit glühender Röte überzog.

Da in den Dreien etwas aufgestanden war, das sie nachdenklich stimmte, wußte Bastian nach dem Essen nichts anderes als die Musik, und weil sie vornehmlich Platten der modernen chaotischen Richtung im Hause hatten, ließen sie noch in einem anderen Sinne Neptun unter sich leben. Valentine, die sonst jene Musik instinktiv mied, fühlte sich auf einen Ozean verwirrender Empfindungen hinausgeschwemmt. Desto stechender brannte ihr Blick, als ob sie ihr Selbst einzig noch durch die Kraft des Auges behaupte, und Bastian machte darüber die Bemerkung, daß ihre Blicke glühende Dochte seien. Ottilie war sehr liebenswürdig zu Valentine und sah ihr vom Gesicht ab, was sie brauchte, daß diese wohl mit der Aufnahme zufrieden sein mußte, wenn sie es zuvor mit sich selber war, verriet aber dann beim Eintreten eines unvorhergesehenen Umstandes, welchen Nadelstichen ihre Empfindlichkeit ausgesetzt gewesen war. Ottilie hatte nämlich eine geringe Verdickung des Halses, die sie mit Kropf bezeichnete und deren zeitweiliges Verschwinden nach innen mit Atembeschwerden vor sich ging. Sie war von Bastian darin verwöhnt, daß er die kleinste Veränderung an ihr sofort mit dem Auge des Malers bemerkte, mußte aber diesmal erleben, daß es ihm nicht weiter auffiel, wie sie aufhörte, das Grammophon zu bedienen, er vielmehr unverwandt Valentine anstarrte und ganz übersah, daß seine bessere Hälfte seit geraumer Zeit und im entferntesten Winkel die Haltung von Lots Weib angenommen hatte.

Sie machte einen kleinen Weltuntergang aus seiner Unaufmerksamkeit und wollte in die Küche gehen, weil sie hier doch nur störe. Valentine wünschte sich vom Erdboden verschlungen, und Bastian mußte, um die Braut zu versöhnen, mit solcher Ausschließlichkeit auf sie einreden, als habe er jede Anwesenheit einer dritten Person vergessen. Ottilie, deren tiefere Unzufriedenheit freilich nicht auf die Beschwerden ging, die den Liebsten vielmehr für sich allein haben und ihre Macht erproben wollte, fand soviele Wenn und Aber, daß er sie eben nicht mehr liebe und er es sonst hätte sehen müssen, wie er es immer gesehen habe, bis Bastian aus schlechtem Gewissen und in der Absicht, ihr jede Wichtigkeit beizumessen, womit ihrem verwundeten Selbstgefühl gedient sei, sich in die Haltung des feurigen Liebhabers hineinsteigerte und im Eifer sie umschlingend und so, daß der Besuch es hören konnte, fragte, ob sie denn an ihm zweifle oder auch nur glauben könne, daß die sieben Jahre, deren Erinnerungen sie gemeinsam hätten, sich jemals auswischen ließen durch ein neues Gefühl. »Mehr kann ich dir nicht sagen, und es ist schon zuviel gesagt«, brach er verstört ab. Er führte Ottilie, deren glänzende Augen und schnell gerötete Lippen eine satte Zufriedenheit verrieten, zum Sofa und Valentinen nacheilend, die sofort aus dem Zimmer gegangen war, stöhnte er über die Psyche des Weibes anstatt über die eigene Verschwommenheit und weil er wie zuvor hier, so nun dort alle Künste aufbieten mußte. Denn er wollte beide behalten und auf keine verzichten.

Er wäre in den Mitteln bedenkenloser Überredung zweifelsohne auch dort sehr weit gegangen, wenn nicht Valentine ihm bleich und gefaßt bedeutete, er täte besser zu schweigen, denn sie habe genug gehört. »Genug, verstehen Sie!« wiederholte sie, wobei ihr gesammelter Blick ihn auf der Nasenwurzel traf und gleichsam wegschob. Nach dem Mantel greifend wankte sie. Sie mußte ins Wohnzimmer zurück und sich setzen, weil ihr durch die Aufregung übel geworden war. Später dachte sie oft an die lähmende Stille jener Minuten, wo das Ticken der Uhr mit der sonderbarsten Eindringlichkeit in ihren Ohren haftete und geheimnisvolle Ereignisse vorzubereiten schien. Auch die Betrunkenen, die lärmend draußen auf der Straße vorbeizogen, schienen nicht zufällig betrunkene Personen zu sein, sondern dämonisch Verwandelte, deren Trunkenheit zu ihnen in eine bestimmte Beziehung gesetzt war und deren Ausgelassenheit die Form einer Drohung für sie annehmen mußte. Die Zeit, die man sonst einteilen und beherrschen kann, stand in ihrem Rücken mit dem Warten eines gefährlichen Ungeheuers. Sie fühlten es alle drei, aber sie gaben es nicht zu.

Bastian, aus der Tasche den Strick holend und ihn Ottilie weisend, trieb sie mit furchtbaren Augenwinken an. Ottilie, von plötzlichen Tränen geschüttelt, zog Valentine in ihren Arm und begann, indem sie gleichzeitig Bastian herlockte, sie in der üppigsten Weise zu streicheln. Jene, die aus einem bösen Traum in die bösere Wirklichkeit erwachte, hielt ihre Hände mit eisernen Klammern nieder. Sie saß nun Stirn an Stirn mit Bastian. Sie sah die gelben Scheibchen seiner Pupillen dicht vor ihren Augen hin und her laufen und in unablässiger Wanderung begriffen, dem Züngeln einer Waage gleich, die von stets neuen Anstößen gestört, nicht zum Ausgleich kommen kann. Verdammte blicken so, dachte sie und, indem sie ein Gespräch anfing, das sie nie begonnen hätte, wenn sie wußte, wohin es führte, fragte sie, woher in Gottes Namen er den Mut genommen habe, sie auf diese Länge zu beunruhigen. Jetzt erst begriff Bastian, daß sie für ihn verloren war. Er wurde von rasender Gier erfüllt. War er denn taub und lahm, gestorben und begraben gewesen?

In Gottes Namen habe er diesen Mut ganz gewiß nicht genommen, bekannte er mit dem erstickten Schluchzen der Wut, sondern in seinem eigenen Namen, da er nicht glaube, daß ein Gott sei.

Wie es möglich wurde, daß ein Mann, der wie er die Beziehungen zur kirchlichen Kunst pflegte, nicht an Gott glaube?

Er sei zwar persönlich in Kunstwerke vernarrt, aber doch nur unter der Einschränkung, daß sie samt und sonders Lüge seien, erklärte Bastian aufsässig. Wenn sie es ganz genau wissen wolle, er glaube an keinen Gott, der nur für die Dummen sei. Und wenn es einen gebe, rief er lästerlichen Mundes und indem er mit einer Art Geheul von seinem Sitz aufsprang, so wundere er sich, warum er ungestraft seiner spotten lasse und ihm, Bastian Wagner, nicht längst den Garaus gemacht habe, er fordere ihn nämlich heraus.

Da stand er unflätig prunkend mit seinem Menschenleib, und das Wasserzeichen des gefallenen Engels glühte auf seiner Stirn. Sogleich aber, seiner schweifenden Unruhe gemäß, eröffnete er eine hastige Wanderung durch das Zimmer. Er wußte nicht, daß ein Höherer ihn jage, und wenn man es ihm gesagt hätte, hätte er es nicht geglaubt. Denn für die ewigen Mächte müssen auch jene Zeugnis ablegen, so des Zeugnisses unwillig sind.

Die erschauernde Valentine wünschte das Thema abgebrochen in der Erkenntnis, daß er wertblind war, als ihre Aufmerksamkeit auf einen anderen Umstand gelenkt wurde. Die Betrunkenen nämlich, unter denen sich, was die drinnen freilich nicht wußten, jener gewesene Freund und Bräutigam befand, kehrten wieder zurück und schienen unweit des Hauses irgendwelche Arbeit zu verrichten, die sie heidenmäßig freute. Bastian wollte schon hinausgehn, denn er hatte seinen Wagen vor dem Garten stehen, doch Ottilie hielt ihn zurück. Eben entfernte sich der Radau gegen den Anger der am unteren Ende wenig bebauten Straße hin, und Bastian blieb.

Da Valentine von dem Ausbruche Bastians immer noch fassungslos war, suchte Ottilie, sie zu beruhigen. Vor Schmerz mit dem Fuß stampfend, rief diese aus, ihr geschehe ganz recht, nachdem sie durch ihre Schwäche einen Aberwitz großgezogen habe, so daß jetzt das frech prahlend wider sie aufstehe, was sie zuvor mit dem kleinen Finger von sich abgehalten hätte. Und sie wisse nicht einmal, warum sie ihnen das sage und sich beklage. Bastian höhnte, ihr sei nicht zu helfen, da sie sich selbst das Leben schwer mache. Sie sehe ja, daß ihnen, den Weltkindern, sich alles zum Guten wende. Bastian, der sich aus der Niederschmetterung seines Gemüts aufgerafft hatte und es darauf anzulegen schien, Valentine zu ärgern, machte in der Folge die zweideutigsten Anstalten und begann damit, daß er sich zwei Zigaretten gleichzeitig in den Mundwinkel und Ottilien die Zündholzschachtel in den Busenausschnitt steckte. Ottilie lächelte kokett und nahm eine verführerische Fußstellung an, Bastian mimte den ob ihrer Reize Verzweifelnden, und es war nicht abzusehen, wohin die Liederlichkeit sie führen würde. Valentine hatte kurzerhand den Mantel angezogen und wartete vor der versperrten Wohnungstür darauf, daß man sie hinausließ.

Es war aber, als ob sie in der Nacht nicht wegkommen sollte. Schließlich schlüpfte Ottilie verlegen heraus und tuschelte, Valentine möge ihr doch das nicht antun, weil sie es nicht vor ihrer Mutter verbergen könne und große Unannehmlichkeiten darum haben werde. Bastian habe sich nicht gut benommen und müsse auch gleich fort. Valentine möge um Gotteswillen die Nacht noch bleiben. Morgen lasse sich dann leichter ein Vorwand für die plötzliche Abreise finden. Valentine, bedenkend, daß sie durch den brüsken Weggang mehr die abhängige Ottilie treffen werde als Bastian, der ja, um von Vorwürfen verschont zu bleiben, die Wohnung meiden konnte, gab die Nacht zu, und Bastian wurde gleich von Ottilie hinausgeleitet. Er durfte Valentinen nicht mehr gute Nacht sagen.

Ottilie blieb ziemlich lange aus. Als sie zum Aufbetten zurückkam, konnte sie vor Herzklopfen sowie Atemlosigkeit kaum reden und erzählte, sie hätten einen großen Schrecken gehabt, weil Bastians Wagen verschwunden war. Sie hätten ihn überall gesucht und dann mitten auf dem Anger gefunden, wo die Spitzbuben ihn hinuntergeschoben hätten. Das Heraufschaffen sei für sie beide sehr mühsam und Bastian wütend gewesen. Er habe ihr vorgeworfen, daß er besser gleich beim ersten Geschrei hinausgegangen wäre, jedoch habe sie ein so merkwürdiges Gefühl gehabt, und vielleicht wäre dann was passiert. Jetzt sitze er glücklich in seinem Wagen und sei in einer halben Stunde zu Haus. Bastian ließ sich übrigens bei Valentine entschuldigen, und Ottilie wollte ein gutes Wort einlegen und redete ihr ein, sie werde morgen bemerken, was für ein reizender und harmloser Bursche er sei. Bastian habe bloß seinen schlechten Tag gehabt. Ihr habe er auch schon die sonderbarsten Geschichten gemacht und sei danach stets doppelt nett und unwiderstehlich gewesen. Valentine ließ keinen Zweifel, daß sie morgen wegfahren mußte.

In beiden brannte die Scham, und es war ein elementares Nichtverstehen zwischen beiden Frauen. Ottilie warf sich im Wohnzimmer, wo sie des Besuchs halber schlief, noch lange hin und her. Sie konnte erst Schlaf finden, nachdem sie von dem Arzneivorrat ihrer Mutter ein Pulver genommen hatte. Valentine lag sehr ruhig und wartete nicht auf Schlaf. In einer seltsamen Vision kam ihr in ungezählter Wiederholung und durch einen sirenenhaften Ton angekündigt ein übermenschliches Augenpaar entgegen, das sich in gewisser Entfernung plötzlich aufglühend aus dem Dunkel ihr entgegenschraubte. Ihr schien, sie nahm dies körperlich wahr. Sie glaubte, so sei die halbe Nacht vergangen, da waren es noch keine vierzig Minuten her, daß sich Bastian verabschiedet hatte. Da wurde der Mann, der eine Viertelstunde von ihnen entfernt durch Versagen der Bremse an einen Baum rannte, freilich schon ins Krankenhaus getragen, wo er vierundzwanzig Stunden später, und Gott noch immer leugnend, sterben sollte.

Sie wußten beide nicht, daß der Mann Bastian Wagner war.

Die im Dunkeln

Ins Theater drang ich ein als ein frecher Wicht. Ich gehörte da nicht hin, ich zählte ja nicht. Zwanghaft schlüpfte ich ein und hatte einen lechzenden Durst, daß mich was tränkte, nur hatten sie es nicht im Becher. Ich saß da mit meiner Bestürzung.

Ungestillt ging ich zum Kreuztor hinaus, die Wüste begleitete mich. Die Straße war immer leer, ich hielt es für keinen Zufall. Immer ging ich auf meiner Straße der Verdammten allein.

Ich habe die Vermutung, im Theater führte ich mich sonderbar auf. Ich lachte an ganz unglaublichen Stellen. Wie sie es sagten, das verzerrte sich mir oder spaltete sich wunderlich auf, es lächierte mich. Ich wurde von meinem Gelächter erschüttert.

Ein Entsetzen schlich mir in den Rücken und war das Entsetzen derer, die hinter mir saßen, es wurde so dicht. Ich tat unverfroren und wieder lachte ich aus meiner Hölle herauf. Durfte ich etwa nicht fühlen, wenn ich schon drin war?

Die Gebärden der Schauspieler veränderten sich und fingen an sich auf mich zu beziehn. Sie stachen her mit dem Arm. Ich schaute ihnen ungläubig zu, denn der Arm verlängerte sich, ich wußte nicht, wie sie das machten. Sie heckten was gegen mich aus und alles brachten sie fertig im Text, als gehöre es zur Rolle. Sie stellten sich vorn an die Rampe, da waren sie näher bei mir. Kunstvoll holten sie Luft ein. Der Kopf schwoll ihnen an mir zum Hohn, die Anstrengung hob sie auf die Zehenspitzen hinauf. Sie sammelten soviel Luft in ihren Blasbalg, daß sie gerade nicht platzten, und dann bliesen sie aus dem Balg die Luft auf mich herunter, warum wußte ich nicht.

Ich saß auf meinem Stuhl wie gebannt. Ich hatte schon lang nicht mehr gelacht.

Das Blasen hörte ich zischen und wie es überging in einen pfeifenden Ton. Sie trafen mich so genau, als bliesen sie mich durch ein Schlüsselloch an. Und so hallend pfiffen sie wie ein Zug. Meine Haare stellten sich langsam auf.

Ich hatte nicht mit einem solchen Betragen gerechnet. Aus meiner kahlen Wüste war ich geflohn, in der es nichts gab als Zahlen mit dem Zwang auf die Zahlen zu achten. Aus der Verzweiflung nur war ich hier. Ich wollte ja nur aus meiner Wüste heraus. Jetzt duldeten das diese Hitler-Schauspieler nicht.

Ich rührte mich nicht von meinem Platz. Etwas Furchtbares drang auf mich ein, und ich konnte nichts tun, ich konnte mich dem nicht entziehn. In mir wuchs eine Schuld, an der ich nicht schuld war.

Mit allen anderen ging ich hinaus. Da stieß es mir auf, daß ich an ihrem Verhalten nichts Ungewöhnliches merkte, sie schnitten mich höchstens. Wie eine Unsichtbare schoben sie mich vor sich her. Sie brachten sich um die Schadenfreude, was ich nicht einmal glaubte.

Verstört stellte ich mich an den Randstein. Ich stand noch lang vor der Pforte, die brausend sich leerte. Die Schwärme teilten sich um mich herum. Ich war sehr niedergeschlagen. Ich grübelte an dem Rätsel, nur auf den Grund kam ich nicht.

Im Laden machte ich meine Sache wie immer, mir merkte keiner was an. Die Spielzeit lief nicht mehr lang. Ich mußte nicht unbedingt in ein Theater hinein, wenn es mich verstieß. Was ich wollte, spielten sie doch nicht. Aber lesen konnte ich auch nicht. Ich konnte mich nicht mehr füllen. Ein Gespenst sog es mir weg. Da hielt ich es nicht mit mir aus.

Ich war sehr umgetrieben im Frühjahr, vom Nickl sah ich nicht viel. Ich war schon vom Laden daheim, müd mußte ich sein, aber es jagte mich auf und hinunter. Auf der Straße wußte ich nicht einmal, was ich dort sollte. Ich lief mir nur immer davon.

»Ich schnappe bloß frische Luft«, sagte ich dafür. Ich ging auf der Reichsstraße 13 herum zwischen den fremden Wiesen und Gärten wie eine Versprengte. Feindselig standen die letzten Häuser nach Friedrichshofen hinaus, zögernd wurde gebaut. Ich war mir ganz überlassen, eine Ansprache hatte ich nicht. Aber ich hatte sonst auch keinen Menschen gebraucht.

Das ist nicht wahr, daß man einen Menschen überall hinstellen kann, ein falscher Platz bleibt immer falsch. Natürlich kann man den Widerstrebenden zwingen. Sehr lang sogar kann man ihn zwingen, da wird ein böser Schaden daraus. Unter wahren Foltern wird was verdorben.

In eine Öde starrte ich hinein ohne Trost. Einen Fehler mußte ich mästen mit meiner ganzen Person, ich wurde von einem mir aufgezwungenen Fehler gefressen.

Umsonst rannte ich dagegen an, ich mußte schrumpfen. Ich krümmte mich unter dem fremden Gesetz, das mich beschnitt. Mir war nichts von meinem eigentlichen Leben geblieben. Die ich liebte, waren im Ausland, alle waren sie fort. Von den Spruchbändern fiel das Leid auf mich herunter. Eine Schuld wuchs in mir, an der ich nicht schuld war.

Wenn einer empfänglich wird für das, was man sonst nicht empfängt, was man nicht mit rechten Dingen empfängt, hat er schon viel hinter sich, es geht immer noch weiter, fragt sich wie lang.

In einer Spalte der Verlorenen hauste ich, und es spielte sich vor dir ab und dir, seines Bruders Hüter war keiner. Die Stunden wurden ein Kapital, das mir nicht zustand. Mir waren meine bitter nötigen Stunden genommen. Ich mußte mich plündern lassen und schrumpfen. Ich kämpfte um einen ungenügenden Rest, daß er mir blieb.

Ich wollte nichts wahrhaben, einstweilen half ich mir immer noch selbst.

Und doch scheuchte mich viel, ich wurde niedergeschlagen. Ich weiß es noch gut, an dem Abend wehte ein sprunghafter Wind, als einer zwanzig Schritt hinter mir mit dem Stock über den Zaun fuhr. Es war ein unverkennbares Geräusch von einem, der schlendert, jemand machte sich einen Spaß. Ich schaute mich noch danach um, aber da war nur der Zaun und war keiner, der ging. Weit und breit war da keiner. Ich verzog mich verstört. Ich hatte was dicht im Nacken.

Am anderen Tag zuckte ich nur mit den Achseln, ich konnte so was nicht brauchen.

Ich schmiß es zum übrigen. Gewaltsam stieß ich es weg. Es suchte mich, ohne daß ich es suchte. Das Meiste habe ich schnell wieder vergessen. Wie Fetzen trieb es mir davon, ich nahm die Dinge nicht auf.

Ich war schon auf der Flucht, leicht mußte ich mich machen und dünn. In mir redete es, ich werde dich lehren, wie du dich schützt. In mir log es, ich werde dich lehren, wie du dich schützt. In mir versprach es, ich zeige dir was, das hast du noch nie erfahren. Da war es der Tod.

Der Nickl hatte davon keine Ahnung. Der Nickl kam spät heim und warf sich dem Schlaf in den Arm, das brachte schon sein Beruf. Ich beklagte mich da nicht. Wenn bei den anderen Feierabend war, fing es bei ihm erst recht wieder an und wurde eine zähe Verpflichtung, nach außen schaute es vielleicht nicht so aus.

Der Abend hatte nur sieben Stunden. Der Nickl war mit seinem persönlichen Magen allein. Er war angewiesen auf seine Leber und hatte nur die; mörderisch mußte er sie überfüttern. Drei Wirtschaften mußte er vertilgen von seiner Liste oder auch vier und überall sitzen. Nie wurde es das wahre Gespräch und schon gar nicht ein Spaß. Es lief hinaus auf ein stets wiederholtes Gefasel, und sie stanken sich an. Da durfte sich der Nickl nicht anmerken lassen, wie es ihn wegtrieb. Da wurde das Trinken zur Strafe. Da wurde das Trinken gefährlich, der Nickl war motorisiert.

Der Nickl zuckte nicht mit der Wimper und gab die Sitzfigur ab. Er verscherkte größenwahnsinnig die Zeit. Der Wirt merkte es sich kleinlich. Der Wirt schrieb den Verzehr genau in die Gegenleistung hinein, anders bestellte er nicht. Zu leicht befunden war schon vertan. Der Nickl war unverwüstlich, mit der Angabe lief er herum. Er war so lang unverwüstlich, bis es ihn knickte.

Der Nickl mußte schon Glück haben bei dem Beruf und tagaus und tagein. Einmal lag er die ganze Nacht in einem Graben und sein Motorrad auch, der Nickl war nicht bei Bewußtsein. Er hatte seinen Unfall, ich ahnte es nicht, weil ich schlief. Ein Mann hat ihn, als es schon hell war, im Graben entdeckt und geweckt. Er hat ihm noch aus dem Graben zu seinem Motorrad verholfen, der Nickl stellte sich an wie ein Klotz.

Sein schweres Rad drohte ihn an. Sein angewachsener Arm war ihm feind, die Technik unzugänglich wie durch ein Rätsel, er versuchte zu schieben. Der Mann hatte keine Zeit mehr, der Mann fuhr zur Arbeit und hatte schon mehr als ein anderer getan, er ließ ihn hinten. Da mußte der Nickl sich vergewaltigen und seinen Motor. Er bestieg ihn wie den Hengst, der bäumend ihm drohte. Ächzend schraubte er sich auf der Drohung davon, die Augen wie ein Frosch und geschnitten vom Sturm. Wie er heimkam, wußte er nicht. Dann wollte er einzig schlafen. Er legte sich samt dem Leder hinein.

Aus dem Bett zog ich den Nickl wie mit der Winde heraus, weil er anders nicht hochkam. Er glotzte mich als ein Schwachsinniger an, das erbitterte mich.

»Ich bin gestürzt«, erklärte er mir lallend, sein Gehirn war so erschüttert.

Für den Arzt hatte er keine Zeit, die Konkurrenz war am Sprung. In den Dörfern duldeten sie die Ausnahme nicht. Das war sein spanischer Stiefel. Die Kundschaft versetzen hieß soviel wie auf die Kundschaft verzichten. Abgehängt war einer gleich. In dem Beruf wird man nicht krank. Da trank der Nickl seinen Kaffee brühwarm aus, kaufte sich die Motorradbrille neu und fuhr wieder auf Tour. Ein paar Tage war er noch ganz benommen.

Ich konnte es schon dem Nickl nicht antun, daß ich meine Nerven verlor. Aber die Angst fackelte nicht. Mit keinem Gedanken zog ich sie her, da hatte sie mich schon gepackt, nicht einmal piep konnte ich sagen, und es schleuderte mich. Da war es schon schlimm. Ich trug es stumm. Zu nichts Gutem konnte es führen, ich konnte mich noch verletzen.

Ich setzte mich im Bett auf neben dem Nickl, auf einmal hatte mich was geweckt. Den Nickl starrte ich an, als er schlief, ich sah ihn zum erstenmal offenbar. Er lag da als ein Ungeheuer. Das konnte ich nicht brauchen, und ich legte mich schnell wieder hin. Ich grub mich ganz unter die Decke hinein, weil ich floh. Aber legte ich mich jedesmal hin?

Denn als Nächster war es der Nickl, der mich in das Meiste hineinzwang, was gegen die Abmachung war. Ich fühlte mich hintergangen.

Der Nickl war falsch geworden. Ich hatte ihm mit der Heirat vertraut, gleich danach wurde er falsch. In den ersten Wochen schon nahm er sein Versprechen zurück, er wollte es ja gar nicht halten.

Ich muß nichts zu tun haben mit seinem Geschäft, das machen schon die anderen, hatte er mir versprochen, als er sah, anders willige ich nicht ein und nie. Ich willigte ein, weil ich glaubte. Da hatte er mich, aber mich hatte der Schrecken. In allem Anfang schon fiel er um, er hielt es sogar für eine Erpressung.

Weil ich keinen Ausweg hatte, konnte er mich nur übertölpeln, und weil das Leid von den Spruchbändern fiel. Weil das Leid von den Spruchbändern fiel, mußte ich mich verlassen auf ein Versprechen, das leer war. Denn ich war nicht erwünscht, wenn ich schrieb.

Daß er falsch wurde, dazu wurde der Nickl durch seine Lage gezwungen, soviel sah ich dann selber. Es hatte uns beide gewürgt. Ich hatte das Nachsehn, ich fügte mich ja. Aber ich habe mich da übernommen.

Weil es lang dauerte, streckte es erst noch die wahren Krallen heraus, ich mochte mich noch so sehr winden. Da hatte es mich in den Fängen, davon wird einer bös. Leicht kennt er sich nicht mehr aus.

Der Nickl wußte es nicht, mit wem er sich einließ, auch ich

wußte das nicht. Es hatte tief in seinem Dunkel geschlafen. Zuvor mußte ich es spüren am eigenen Leib. Jahr nach Jahr mußte es mich verletzen. So nur wurde der große Schaden daraus. Ich spürte je länger, je mehr, ich wurde gefressen. Da war ein unwissender Nickl der Nächste dazu. Und pfui über mich, ich konnte die Krallen nicht lieben, ich derpackte es nicht.

Noch eine Nacht schlief ich neben dem Nickl, in dieser gnädigen Nacht erschreckte mich nichts. Um sechs Uhr dann in der Früh sprangen wir gefährlich aus unserem Bett, er auf der seinen Seite, ich auf der meinen. Wir prellten mit unseren beiden Füßen heraus, es jagte uns hoch aus dem Tiefschlaf. Im Tiefschlaf hatten wir es gehört alle zwei und standen im Hemd und schauten uns wie die Schuldigen an.

Denn mein eigener Vater hatte drunten auf der Straße ganz deutlich gerufen, kein Vogel weckt einen so laut.

»Das ist der Pappa«, sagte der Nickl sofort.

Da hatte mein Vater sich auf einen weiten Weg gemacht schon in aller Früh. Ich stürzte ans Fenster und ich fürchtete mich, mit dem Leib stand keiner drunten.

Der Nickl hätte ihn finden müssen, weil er den Mantel anzog und ihn suchte, der Nickl ging eigens hinunter, er hatte den Ton noch im Ohr. Mutlos kam der Nickl von der Straße herauf.

Zweimal hatte mein Vater mich bei meinem Namen gerufen, die kurze Silbe nur, wie er mich anrief als Kind.

Da war es merkwürdig, daß es den Nickl aus seinem gesunden Schlaf riß, bei mir wundert das einen ja nicht. Der Nickl war ganz schön derb, aber was soll ich sagen, es ging ihm durch und durch.

Es war ein so dringendes Rufen.

Aus großer Not rief mein Vater mich in aller Früh und war doch um die gleiche Stunde versenkt in einen finsteren Schlaf, kein Gedanke fiel da hinein oder heraus. Und doch fiel einer heraus.

Der Nickl rückte als erstes ihm auf den Hals. In der Stadt läutete er ihn aus seinen Federn herauf. Mein Vater wußte von nichts.

Mein Vater hat im Schlaf mehr gewußt als im Wachen, ganze Wochen hatte er mich nicht einmal gesehn. Daß es höchste Zeit ist, hat er gewußt und hat im Schlaf uns beide gewarnt. Da haben wir empfangen, was man sonst nicht empfängt, und mein eigener Vater, der hat gesendet.

An dem Tag traf den Nickl die kleine Tour, er schaute am Mittag zum Essen herein. Ich habe nicht eigens gekocht, dem Nickl verging das Essen. Das war das einzige Mal, da schmierte ich ihn aus.

Denn da hatte ich es schon angestellt, und da rollte es schon. Beim Kreisleiter mit seinen Mannen war ich da schon gewesen.

In der Anstalt warfen sie es mir vor, daß ich gleich bis zum Kreisleiter ging. Es war auch ein ziemliches Unterfangen für mich, zumal ich in der Vorstellung lebte, sie überwachen mich schon, jeder Brief wird gelesen.

In der Verzweiflung überfällt einen der Mut, da kam ich ihnen zuvor. Er sprang so jäh mich an wie ein Zorn, und so zwanghaft stieß mich der Mut, daß ich eben zum Kreisleiter trabte, den Mann habe ich nie anders als von weitem gesehn. Ich hatte da wohl nichts zu suchen. Die Sprengkraft trieb mich bis zu meinen Peinigern hin, hinterher erschreckte es mich.

Ich trabte wirklich, ich hatte kein Maß mehr für das, was ich tat. Noch höre ich mich stampfen, als schlüge ich Funken aus dem Pflaster heraus.

An der Oberen Pfarr packte ein fremder Mann mich am Arm, als ob er mich aufhalten wolle in meiner Zerstörtheit, und ich mäßigte mich, oh, ich sprach schon noch an.

In der Kreisleitung ließ ich mich nicht abspeisen, als sie mir einen anderen schickten, ich verlangte den Leiter. Den mußte ich überfahren mit meiner Not, weil er mir der Verantwortliche war, so schrie es aus mir herauf. Ich war da schon an der richtigen Stelle.

Er hatte einen mannsgroßen Hitler im Rücken und stand kleiner davor. Wer hereinkam, machte vor dem Bild seinen Arm lang, nicht vor ihm. Ich hatte so was in keinem Zimmer erlebt, und ich gaffte. Die Stiefel hörte ich knallen. Das Bild schaute mich absichtlich an und war so groß wie ein Mann. Ich hatte dafür keinen Arm.

Beim ersten Atemzug forderte ich es schon. »Sie müssen mich in Schutzhaft nehmen«, fuhr ich ihm hin, »mein Mann bringt mich um.«

Soviel hatte ich gewollt, ich gab nur die Rohform, es überwältigte mich.

»Das ist eine sehr schwere Beschuldigung«, sagte der Kreisleiter.

Mir zuckten die Lippen, alles war schon heraus, mochte es mich nun verschlucken.

»Wenn Ihr Mann Sie umbringt«, sagte er wieder, »müssen Sie zur Polizei gehn, das ist dafür die zuständige Stelle.«

»Zur Polizei kann ich eben nicht gehn«, stieß ich über die Lippen, kam die rauhe Verzweiflung aus ihrem Gatter hervor, ich zeigte meinen Mann doch nicht an.

Ich weinte jetzt schon vor der Macht, weinen passiert mir selten. Ich rupfte an meiner Mappe herum, darin hatte mein Taschentuch sich verschlupft; ich mußte mich bücken; Damit machte ich mich schon verdächtig, eine Waffe konnte ich zücken.

Mit dem Finger plagte er einen Knopf, der sich in Handhöhe anbot, das ging so schnell mit dem Knopf, eine Uniform prellte mir in den Rücken. Kein Wort wurde gesprochen. Hinten hatte ich Augen.

Ich machte mich nicht mehr verdächtig, seitdem ich in der Hand das weibliche Taschentuch knüllte. Die Uniform stiefelte schräg durchs Zimmer nach einer anderen Tür. Der Kreisleiter hat seine Leibwache, verstand ich.

Mich juckte die Gewalttätigkeit nicht, ich wischte an meinen unnützen Tränen herum, beides nützte nicht soviel.

Der Kreisleiter schaute aus seiner gedrängten Welt heraus, als erinnerte ich ihn an eine Erfahrung. Der Kreisleiter hatte so was schon einmal gesehn. Das Unerwartete schob er mir hin wie einen Stecken in reißende Flut.

»An Ihrer Stelle ließe ich mich von einem Arzt untersuchen.«
Ich stand wie ein Lamm. Vor mir blühte was auf.

Kein zweites Mal geht es gut. Es kann einmal sein wenn überhaupt. Unversehrt schlüpfte ich aus der schnappenden Zange der Macht.

Ich bin viele Spuren gelaufen in meinen Gedanken. Ich weiß nicht, was mich verschonte. Wer wollte, hätte mich auf der Stelle verhaftet, schon die Beschuldigung gegen meinen Mann war ein Grund.

Dabei war ich mehr als einmal im Völkischen Beobachter gestanden, dabei hatten mich die Studenten verbrannt, Feinde saßen mir auf in der Partei, man ließ es mich merken. Dabei verschlang mich die Fama schon, angst und bang mußte mir sein, der Blitz zucke aus dem Gewölk, das gegen mich anschob. Es war unberechenbar.

In der Anstalt mußten sie mich zusammenrichten, daß ich solche Sachen nicht machte. Auffallen war das Letzte für eine wie mich.

»Daß Sie mir das nie wieder tun!«

Sie senkten es in mich hinein und haben mir was genommen zu meinem Schutz, da hatten sie ihre Gründe dafür. Ich durfte die Zange ja nicht überfordern.

Damals teilte ich unerwartete Schläge aus, um mir zu helfen, ich wähnte die Hilfe nur. Der böse Feind schaute aus der Hilfe heraus, ich war schon gefährlich, ich verletzte mich schon. Magisch zog mich die Gefahr an. Über mir wischte der Tod, er beschattete mich.

Der Nickl mußte mich im Geschäftswagen nach München verfrachten, meine Brille war dick voll Staub, ich entdeckte es nicht. Ich nahm nicht daran teil.

Die »Aufnahme« im holzgetäfelten Sprechraum regte mich unsinnig auf, die »Aufnahme«, daran hingen Folgen.

Ich war freiwillig mitgegangen, denn es wuchs mir über den Kopf; ich hatte eine Behandlung erwartet, gewollt. Was wunderte mich?

Mit Worten tat man mir Gewalt an. Da verlangte ich nach dem »Haus der Kunst«, was einfach lächerlich war. Ich verlangte es aber, sie mußten mich halten. Ich mußte zur Kunst, als hätte es die dort gegeben!

Der Chefarzt hatte mich aber auch in die Enge getrieben, nichts anderes kam aus dem Schutt und aus der Drangsal herauf. In Worten zog er mit der Zange.

Es hat immer in mir um Hilfe geschrien, zog er aus mir heraus. Der Mann wollte mich gleich behalten, da half nur die Kunst!

»Ihre Frau ist schwerkrank«, versetzte der Chefarzt dem Nickl.

Woher konnte er es wissen, er hatte mich ja noch nicht untersucht? Es war wie beim Boxen, der Chefarzt machte es grob. Meinen Rauhpatz vor Augen hat er vielleicht was begriffen.

Der Nickl sträubte sich hart, woran hätte es ein Nickl erkannt? Das müßte schon Totschlag sein, seine Frau war verschlossen. Der Nickl konnte nicht daran glauben, der Nickl hatte ja gar nichts gemerkt. Da lieferte er mich doch nicht einer Anstalt aus, er war noch mit mir zufrieden.

Hineingemauert hatte er mich, ich hatte mich hineinmauern lassen, was konnte fehlen?

Da nahm der Arzt ihn in einen anderen Raum mit, wo er ihn zwang.

Dort brachte er Dinge aus ihm heraus, die glaubte der Nickl

verborgen wie Sünden, die man nie zugeben wird, Geld kosten sie, wenn man sie zugibt. Dem echten Forscher war er ein gefundenes Fressen.

Im Schock entriß man ihm, was sich sperrte. Da war der Nickl seiner gehüteten Perlen beraubt, da wurde er häßlich. Da wurde er nackt, ungeschützt. Ehebrüche waren auf einmal wahr. Dem Nickl paßte das nicht. Wohin war er ganz ohne sein Zutun geraten? Der Nickl hat es mir nie gestanden, ich kannte ihn gut. Aus seinem Verhalten zog ich meine Schlüsse.

Ein Ehemann ist ein potentieller Schuldiger für die Anstalt, seine Fehltritte kennen sie gern, wenigstens, was ihm bewußt wird, und das ist nur ein schmächtiger Teil. Sie zapfen ihn gleich beim ersten Mal ab, wenn da was geht, da hat der Schreck ihn noch erweicht. Da kann man ihn noch überrumpeln. Beim nächsten Mal hat er sich schon gefaßt.

Den Kopf reißen sie ihm nicht herunter, der Ehemann bringt die Mark, er wird schon aus dem Grund geschont. Aber wissen muß es der Arzt. Der Arzt versetzt sich auch in den leidenden Teil, juristisch geriet er in eine gefährliche Lage.

Zu mir sagte er: »Denken Sie daran, wie Ihr Mann jetzt heimfahren muß. Ihr Mann hat jetzt ein sehr schweres Erlebnis.«

Ich war da schon gebadet, ich habe den Nickl nicht mehr gesehn. Sie baden einen nämlich. Dann liegt das schon am Tisch, was man in den Taschen versteckte, vorausgesetzt da war was versteckt. Die Schwester vom Dienst legt alles säuberlich aus.

Nur das Taschentuch geben sie einem wieder. Das Geld nehmen sie einem weg. Die franziskanische Armut tun sie dir an, du hast es ja nicht unter der Zunge.

Sie haben recht, du hast unrecht, dafür bist du hier.

Für die Schwester bist du eine Kranke, du kennst dich die längste Zeit für gesund. Da mußt du nachsichtig sein. Sie hält dich für jemand, mit dem du dich nicht identifizierst. Denn du wirst wieder gesund. Du hast immer noch deinen Auftrieb.

In dieser ersten Nacht war ich nicht einmal erschüttert. Mein Geist war viel zu beschäftigt. Denkfetzen trug es wie eine Windsbraut daher. Ich war erleichtert, als das Phänomen sich entpuppte. Es zerschmetterte mich nicht mehr. Spezialisten fielen ihm in seinen erhobenen Arm, Schlimmstes verhüteten sie.

Die Zelle war kahl, das Fenster vergittert. Die Tür ließ sich nicht zusperren, es war eine Schwingtür.

Wer wollte, drang von den anderen Kranken herein und fuchtelte mir am Gesicht. Mit dem Busen stieß eine Sirene die Tür auf. Sie heulte mir aus einem gesehenen Theaterstück vor. Die Stimme war zu groß für die Zelle, der Kopf zu groß für die Person, und auch die Person war schon groß. Den Platz beengte, die Ohren erschütterte sie. Sie fiel durch die Tür nach vorn, stürzte aber nicht hin. War sie glücklich am Gang, schwenkte sie auf dem Absatz wieder herein, und ich seufzte.

Die Sirene heulte noch vom Büro her, wo sie einen lautstarken Anfall erlitt. Der Zusammenbruch jagte sie noch, eine Spritze hatte ihn noch nicht gedämpft. Sie war der vorläufige Geschmack von allem, worauf ich mich gefaßt machen mußte. In der Unterwelt lebte ich. Mit dem Leiden in den übrigen Zellen war ich wie durch kommunizierende Röhren verbunden.

Aus der geschlossenen Abteilung brach der Nickl mich schon nach zwei Tagen heraus.

Er war hergefahren vor der Zeit. Die Schwingtür riß er auf, sich zu überzeugen, noch im Schritt kehrte er um. Ich saß ihm zu verloren am Tisch. In eine kahle Hand hatte mein Blick sich geflüchtet, dem Nickl konnte das nicht gefallen. Schon draußen am Gang mußte er sehn; was ihm erst recht nicht gefiel.

»Meine Frau verdient das nicht«, beschwerte er sich beim Chef.

»Zur Behandlung gehört der Schock, daß die Kranke die schlimmeren Fälle sieht. Vierzehn Tage geschlossene Abteilung sind nötig.«

Der Nickl ließ es nicht zu und er drohte: »Ich nehme meine Frau aus der Anstalt heraus.«

»Sie können die Kranke nicht mitnehmen. Sie können die Kranke in dem Zustand nicht sich überlassen.«

»Es gibt andere Anstalten«, wußte der Nickl darauf. Da hatte er mit seinem Instinkt den Meister geschlagen, der Chef sparte die grobe Abschreckung aus. Ich wurde in die offene Abteilung versetzt, in den Park konnte ich laufen. Auf den Gängen war es nicht voll, das Zimmer freundlich.

Der Nickl trat an wie ein Rotzbub, der seine Mamma nicht hat. Er war völlig verwahrlost, sein eigener Zustand drückte sich darin aus.

Er hatte mir einen kleinen Ball mitgebracht, weil der Chef es ihm riet. Den Ball nahm ich an, das war ein gutes Zeichen. Ich hatte nichts gegen den Nickl, war er nicht der rauhe Patron, der mich fälschte.

Den Ball schnellte ich in die Wolkenlämmer hinauf und ging unter ihm durch, ich lachte ihn aus. Ich holte ihn mir, kehrte er nicht zurück. Den Ball brauchte ich, mein Arm blieb gelenkig. Eine Nase bekam ich wie ein Hund.

Nur die Beine rutschten unter mir fort und gewannen ihr eigenes Leben, als hätte ich einen Rausch. Ich bewegte mich wie auf Rollen dahin, meiner unteren Partie traute ich nicht. Mit heimtückischer Unregelmäßigkeit riß es mich vom Ort. Andere behaupteten von sich nicht weniger. Die Selbstbeobachtung wurde in dem Haus übertrieben.

Die Medizin tat ihre Arbeit. Ich lag unter der Glocke der Nacht. Als dem Zwerchfell glühte durchdringende Angst, in ihrer Reichweite blieb ich. Von den Plagen wurde ich solange geschüttelt, bis ich wieder hinausfand, wenn da noch eine Fähigkeit zum Hinausfinden war. Blutunterlaufene Quellaugen warf mir der Spiegel zurück.

»Das treibt die Medizin heraus«, sagte der Chef, wenn sich der Nickl entsetzte.

Die Schwester vom Dienst überwachte mich, ob ich die Medizin wirklich nahm. Manche weigerten sich. »Na«, sagte sie, »Sie schlucken ja prächtig.«

Sie war eine Gans. Natürlich schluckte ich prächtig. Ich sah der Medizin ja nicht an, welche folgenschwer war. Oft machte sie nichts, was ich direkt merkte. Sie liebte es mich zu überraschen. Ich lebte wie auf der Schaukel.

Jeder reagierte nicht gleich, der Chef probierte es aus. Der Chef konnte mir die Persönlichkeit so verändern, daß sie erlosch, meine Initiative mir rauben, meine schöpferische Potenz. Ich mußte mich da ganz auf den Chef verlassen, er füge mir nur das Notwendige zu. Ich hielt ihn für einen gerechten Mann.

Der Chef trug seine Unabhängigkeit vor sich her wie seinen leichten Bauch, mit Festigkeit und gelassen. »Wir haben im letzten Krieg eine Reihe von Leuten gehabt, die nicht krank geworden wären ohne den Krieg«, sagte er freiwillig; jeder durfte sich seinen Vers machen auf die große Zeit. Ich las in seinen Gedanken, daß er dem Hitler mißtraute.

Der Chef stellte mir manche Fallen, Denkfelder tastete er ab, meine Reaktion war in Ordnung. Er konnte mich nicht zu unnötigen Ausgaben verleiten. Ich half dem Nickl sparen, wenn es denn notwendig war. Der Chef legte mir seine Hand auf die Brust und er spähte. »Das dürfen Sie nicht tun«, entschied ich, ich hatte ein wenig gestutzt. Schnell nahm er die Hand weg und er lachte.

Es gab nur zwei Faktoren, die hatten mich in zu dichte Enge getrieben. Wenn er dort hinkam, wurde es heiß. Die Scheißpolitik und das Geschäft. Eigentlich war es dasselbe, das eine kam nur vom anderen.

»Wollen Sie sterben?« fragte er mich.

»Ich kann nicht sterben«, behauptete ich, »ich muß schreiben.« Ich hatte mich da gar nicht besonnen.

»Möglichkeit und Unmöglichkeit liegen bei Ihnen sehr nahe beisammen«, gab er mir zu.

Der Chef konnte noch unterscheiden, wen brachte das Unrecht herein. Mein Fall war nicht einzeln. Unrecht hielt er für Unrecht. In den Anstalten drängten die Menschen sich zusammen zur Traube, sie waren überbelegt.

Der Chef gehörte zu den Begabten, das war sein natürlicher Köder, er kaperte mich. Ich gehorchte mit fliegenden Fahnen, er mußte meinen Willen nicht brechen. Auf Begabung anzusprechen, danach verlangte mich sehr. Sie hatte mir in meiner Umgebung am meisten gefehlt.

Der Chef stellte sich auf eine erreichbare Stufe, das war sein Trick. »Ich leide an Gedankenflucht«, gab er zu, »ich bin so zerstreut.« Schon faßte man das Vertrauen. Man mußte ja nicht vollkommen sein.

Eine Scheinerfüllung schluckte ich, als wäre ich nicht aufs Trokkene geworfen, kam ich erst wieder heraus, als wäre ich nicht ausgesetzt wie zuvor.

»Vor dem Heimkommen fürchtet sie sich«, enthüllte der Chef. »Da ist nichts zu fürchten«, triumphierte der Nickl prompt. Nie sah er die Folgen.

Der Chef stellte sich vor seine Kranken. Er gab ihnen nicht recht im Prinzip. Er wußte aber, wo er sie verteidigen mußte.

In der Anstalt wohnten rassisch Verfolgte nach alten Verträgen, auf die sich der Chef berief. Sie hatten sich eingekauft in einer besseren Zeit, das blieb ein juristisches Faktum. Als Lebenslängliche wurden sie in der Anstalt gepflegt. Ihr Platz war kein erschlichener, er war ein bezahlter. Der Chef suchte sie zu behalten, sie mußten ihm ein einziges Zugeständnis machen: sie verließen die

Zimmer nicht. Ihre frische Luft holten sie, wenn andere schliefen.

Ich hörte sie rufen, hatten sie ihren schlechten Tag. Dann verlangten sie laut nach Personen, die schon gar nicht mehr lebten, als könnten die ihnen helfen. Die verschollenen Namen riefen sie stundenlang.

Am Sonntag wurden sie von wunderschönen jungen Mädchen getröstet, das waren die Töchter, die Nichten. Die wollten sich schmücken wie alle und konnten noch lachen, weil sie nichts wahrhaben wollten. Wie Rosen glühten ihre Bänder im Haar.

Wie lang kämpfte der Chef mit dem Rücken zur Mauer? Wie lang hielt er es durch, wann verließ ihn der Mut und die Kraft? Schon wurden Unheilbare aus den Häusern verschickt. Die Partei zog ihren strengen Kamm durch jede einzige Anstalt. Sie siebte die Krankenlisten, bedrohte die Ärzte. Rückfällige waren lebensunwert. Die Kranken wußten es nicht offiziell, aber sie hatten Antennen dafür. Das Gerücht flog sie an wie ein Geruch.

»Alle wird man sie holen. In Linz ist Sammelstation«, behauptete der abgemagerte Richter, der sich hinter seiner Krankheit verbarg. Seine Berufserfahrung ließ ihn nicht schlafen, und er fühlte sich als die Figur, der man nicht glaubt.

Er war der Mann, der mit Windmühlenflügeln kämpft, kann sie aber nicht halten. Sie schaufeln gespenstig über ihn weg, ohne daß er sie beeinflussen kann.

Man war ihm auf den Fersen. Er hatte Recht gesprochen, ohne daß er eine Hornhaut bekam. In der Ungnade war er. Krank nannte man, was anderwärts richtig war und lächerlich wurde, wer Kritik sich bewahrte.

»Wir sind zu vertrauensselig«, sprach es aus ihm heraus.

Er wußte zuviel und hatte davon einen Geschmack wie Galle. Sein Pessimismus hatte ihn an diesen Ort gebracht. In die deutsche Rechtsprechung schaute er wie ins Gestrüpp von Fangarmen, die auf den Unversichtigen lauern. Denn wen sie einmal streiften, den zogen sie auch schon hinein. Als ein Gebrochener kam er im besten Fall wieder heraus.

Der Richter schwieg von seinem Widerstand, er beschrieb nur die Leiden. Daß er den Mund halten mußte, war ihm in seine Glieder geschossen. Wie Vergiftung fuhr es in seinem Leib herum und manchmal spie er sie weg und suchte mit Sorgfalt seine menschlichen Speitöpfe aus. Er war ein erwachsener Mann, bücherwissend, das alles half ihm nicht mehr. Andere sollten ihm helfen.

Ich ließ mich kaum blicken im Park, da steuerte er mich zielbewußt an, als könne die soviel jüngere Person ihn befreien von seinem Zwang, als fände er bei mir, was seine Erfahrung nicht finden konnte, als schriebe er mir eine heilende Kraft zu.

»Ich kann nicht mehr schlucken«, verriet er mir ohne Scham, die Stimme gickste ihm vor Entsetzen.

»Natürlich können Sie schlucken.«

Ich verbreitete Optimismus, wie es die allgemeine Verabredung war. Er nahm es mir krumm, daß ich ihn nicht verstand, sein Zorn tanzte im Schuh, es hielt ihn nicht still. Der ganze Mann schwirrte vor mir wie die Libelle, so regte es ihn auf.

»Sie verstehn mich nicht«, krächzte er. »Ich will ja schlucken. Um jeden Preis will ich schlucken, ich versuche es ja, ich strenge mich an. Aber es geht nicht. Da ist ein Mechanismus kaputt. Wenn der Mensch nicht schlucken kann, muß er sterben, er ernährt sich nicht mehr. Begreifen Sie doch, ich ernähre mich nicht.«

»Man wird Sie künstlich ernähren.«

»Aber doch nicht immer. Dafür reicht mein Geld nicht.«

Er mußte verzweifeln, glaubte ich nicht daran. Dabei wollte er nichts lieber, als daß ich ihm sein jüngstes Leiden aus dem Hals riß wie eine Zangengeburt.

Ich konnte das nur, wußte ich, wenn ich nichts darauf gab. Er nahm sich zu wichtig, das war ein Teil seiner Krankheit. Es gab keine Erleichterung, wenn er sich nicht vergaß.

Morgen würde er wieder schlucken, in zwei Tagen oder in drei. Dann würde sein Leiden ersetzt sein durch ein anderes Leiden. Die gepeinigte Seele griff eine neue Stelle in seinem Organismus an.

Nie wäre er in die Anstalt gekommen ohne die braune Zeit. In einer anderen Zeit hätte er sich ertragen. Er wußte, was wir nicht wußten, und das hielt er nicht aus.

Jetzt wurde er abgelenkt, ein Rechtsanwalt war seinem Auto entstiegen und setzte einer entmündigten Durchlaucht den Kopf zurecht. Der Rechtsanwalt schritt durch den Kies, Erkennen zuckte in seinem Gesicht, der Richter war ihm vom Gericht her kein Fremder. Sofort versteifte er sich. Der Rechtsanwalt grüßte den Richter nicht. Gewohnheitsmäßig schnitt er einen Verfemten.

An diesem sicheren Ort war der Richter so wenig darauf gefaßt, es demütigte ihn. Er fuhr zusammen, sein Auge senkte sich scheu, er ließ sich nichts merken. Dann schaute er mich in hoffendem Einverständnis an, ich faßte den hoffenden Blick. Ich hätte ihm schon sagen können, wer hier ein Hammel war. Der Richter versuchte zu lächeln, im Gesicht wurde es nur ein Riß. Er hatte sogar seinen Kehlkopf vergessen. Verwirrt kehrte er auf sein Zimmer zurück, er wollte nicht, daß man ihn darauf ansprach. Er würde drinnen herumlaufen, die Empörung verwinden.

Wir alle trugen Optimismus vor uns her wie eine Attrappe und meinten es mit unserem Nächsten gut. Die Langeweile war der Beginn der Besserung. Bei jedem war es anders, bei keinem das gleiche.

»Ähnlich vielleicht, aber nie gleich«, sagten die Ärzte. »Das Krankheitsbild hat sich noch nie wiederholt.«

Ein Arzt, den seine Familie entmündigen wollte wegen hemmungslosem Egoismus, zeigte sich selten. Er kämpfte um seine Überlegenheit über uns, er war hochintelligent. Er frug mich aus, was ich an Heilmitteln bekam.

»Wie? Das wissen Sie nicht? Aber dafür müssen Sie sich interessieren. Sie können das doch nicht einfach schlucken. Sie können sich doch nicht einfach umbringen lassen. Also was bekommen Sie da herin? Bekommen Sie Paraldehyd? Solang Sie kein Paraldehyd bekommen, ist es nicht tragisch. Da müssen Sie aufpassen. Damit müssen Sie sich befassen.«

Er packte mich am Arm, als böte er mir eine Lebenshilfe an.

»Aber vergessen Sies nicht. Das können Sie leicht merken. Denken Sie bloß: paar alte Hüt! Sehen Sie, wie leicht Sie das merken.«

Raubvogelhaft fuhr er auf einen herunter, teilte unerbetene Ratschläge aus und gab sich den Anschein von Macht.

Er mängelte am eigenen Gangwerk.

»Haben Sie schon bemerkt, wie Sie da heringehn? Als rutschten Ihnen die Beine unter dem Rumpf weg, ganz infam weichen sie unter einem aus. Als ließen sie einen im Stich und wollten sich trennen. Das kommt nur von den Mitteln. Ist Ihnen aufgefallen, wie Sie erwachen? Von einem Augenblick zum anderen sind Sie schon da. Da ist nichts mehr zwischengeschaltet. Als ein Gesunder gleiten Sie ins Aufwachen hinüber durch verschiedene Schichten. Sie durchlaufen eine Reihe von Zuständen, selbst wenn der Ablauf verkürzt ist. Da ist die gewisse Bremse. Sie müssen über einen Widerstand weg. Hier ist das Aufwachen ganz unvermittelt, ein schnöder Ruck. Sie schlafen noch, Sie sind schon wach. Geheimnislos.«

»Na wenn schon.«

»Gar nicht wenn schon. Mit uns wird manipuliert. Es hat keine Würde.«

Die Opfer der Zeit gab es auch anders herum. Leidenschaftliche Mitläufer, die der Geltungsdrang verzehrte, wenn sie nicht herankamen ans fördernde Band.

Der Teufel saß im Gebirg und lachte und blies es einem heißspornigen Pater ein. Da predigte er von seiner katholischen Kanzel herunter: »Den Führer hat uns der Herrgott geschickt.« Sein Orden strafte ihn disziplinarisch.

Er drückte mir den spaltenlangen Ausschnitt seiner Heimatzeitung in die Hand. »Ich gebe Ihnen meine Leidensgeschichte zu lesen.«

Beim Eintritt ins Kloster hatte er das Gelübde der freiwilligen Armut ablegen müssen. Bei der Ausstoßung hatten sie ihn ausgezogen bis aufs nackte Hemd. Was er anhatte, gehörte alles dem Kloster.

Da ließen sie ihm nur, was seine Blöße bedeckte und warfen es ihm noch vor, daß das Hemd ihm auch nicht gehörte, man werde nur gnadenhalber ihm den Fetzen lassen.

»Ich habe jahrelang für den Orden gearbeitet«, beklagte er sich bei mir, »nicht einmal ein Hemd stand mir zu.« Es wäre nicht nötig gewesen. Man schuf nur neues Ärgernis. Die Kritik ging seltsame Wege.

»Im Hemd haben sie mich zu Fuß zum Bahnhof geführt, durch die ganze Stadt, wo mich ein jeder kannte. Nur weil ich Zeugnis gab. Hier lesen Sie alles nach!«

Er rannte offene Türen ein und hielt es für Zeugnis. Sein mittelalterlicher Bußgang ließ ihn nicht ruhn. Erst später wurde er untersucht von einem Arzt. Sein Orden wünschte ihn in der Anstalt verborgen.

An seinen guten Tagen merkte man nichts. Man hielt ihn für den Geistlichen, der die Besuche machte. Doch führte er ein doppeltes Leben. Am Morgen verschwand der Pater in die offene Stadt seine Messe zu lesen. Am Vormittag jagte er bei den Parteistellen seiner persönlichen Freiheit nach und zeigte die Zeitung herum, die ihn legitimierte. Man bot ihm eine Stelle an in der Partei. Aber da hätte er seine Priesterschaft ablegen müssen, das lehnte er ab. Er wurde nicht weltlich.

»Ich habe schon sämtliche Weihen, ich bin Priester«, erzählte er jedermann. »Ich werde doch nicht abtrünnig sein.«

Ich beobachtete ihn von fern. Er lechzte nach Anerkennung bei der Partei. Erdbebenhaft erlitt er den Einfluß, es teilte sich ihm mit wie der willenlosen Muschel die Stöße, er konnte dem nicht entflehn. Gleichzeitig fürchtete er seinen persönlichen Gott, die Berufung fühlte er an sich haften. Er konnte sich nie entschließen, daß er aus seiner Bahn sprang, den Hitler wollte er hineinzwingen in seine Bahn, was es nicht gab, wollte Unvereinbares vereinen. Möglichkeit und Unmöglichkeit stießen niemals zusammen.

Gern wäre er Protestant geworden, dann hätte er heiraten dürfen trotz einer Priesterschaft. Der Chef hatte seine eigene Auffassung vom Zölibat und was es aus Menschen machen kann.

Der Pater durfte sich auch nicht töten, es gab keinen Ausweg. Sein Gedanke klammerte sich an einen Krieg, bevor es zum Münchener Abkommen kam, er hoffte auf den englischen Widerstand.

»Wenn es zum Krieg kommt, melde ich mich am ersten Tag schon ins Feld. Wenn ich dann sterbe, hat Gott es gewollt.«

Am meisten beschäftigte sich jeder mit sich allein.

Ich erinnere mich an die ersten Wochen und eine gewaltige Wut, an einen Überdruck, als ob er mich umbringen müsse. Es wollte mich umbringen, gleichzeitig stand ich daneben, beobachtete meine Wut. An das Fallgitter dachte ich, das sie vor meinen Fenstern herunterließen in einer bestimmten Nacht, da fürchteten sie, daß ich sprang. Ich hatte ja nicht die Absicht. Da fing ich ernsthaft zu grübeln an, als wüßten es diese Erfahrenen besser, als könnte es mich im Schlaf überfallen.

Alles war anders geworden, ich war so verarmt. Ich fühlte mich einer Substanz beraubt, die ich ständig vermißte. Die Mittel waren aufs Herz gegangen. Mein Arm schlenkerte weiß, wenn ich durch den Park ging. Die innere Beuge des Ellbogens grinste vor Blässe. Ich war ein schwankendes Rohr geworden, das leicht erschrak. Sie fügen es einem zu, dachte ich.

Ich versuchte Männchen zu zeichnen, alle im Profil und alle sahen mir wie die Ziegen aus, sie machten einen reduzierten Eindruck. Ich zeichne Mangelerscheinungen, fuhr es mir durch den

Kopf, da hörte ich mit Zeichnen auf. Meine Männchen gefielen mir nicht.

Ich war so verarmt. Zwar gab ich nicht wirklich nach, das wußte ich immer. Im Wesentlichen gab ich nicht nach. Ich setzte nur aus.

Es gab rätselhafte Kontakte. Ich wußte zum Beispiel, am Staatstheater proben sie die Nibelungen. Ich hatte nirgends darüber gelesen, zu mir kam keine Zeitung. Mit keinem Wort hatte mir wer was gesagt. Ich wußte es aber und verriet es dem Chef, daß er stutzte. Es war eine Verwischung von Grenzen, die man als gesunder Mensch nicht erfuhr.

Nur weil die Grenze verwischt war, war mir im Park der fliegende Vogel vor die Brust geprallt. Wie ein Stein hatte er mich geschlagen mit der Wucht von seinem Flug und war an mir gestürzt und kannte sich flatternd nicht aus. Als ob er durch meinen Leib hindurchfliegen wolle, so zielstrebig war er gekommen.

Er hätte mich eher gespürt, hätte ich den Sperrkreis um mich gehabt, wie ihn der Gesunde sendet, ohne daß er es weiß, und dem ein Tier ausweicht, wenn es nicht angreifen will. Der Vogel wollte mich ja nicht angreifen, er flog einfach in mich hinein.

Die nächtliche Begegnung werde ich nie vergessen, viel später holte sie mich ein, da war sie mir schrecklich klar.

Ich hatte besondere Erlaubnis, daß ich Luft schnappte, bevor ich zu Bett ging, ich durfte spät in der Nacht noch hinaus in den Park. Unter den Bäumen schlug Finsternis über mir zusammen. Wie verschluckt und getarnt bewegte ich mich voran. Die Türen klappten nicht mehr. Ich hatte mich zu lang versäumt, die Leuchtuhr mahnte mich schon. Ich hastete dem Brunnen zu vor dem nachtdunklen Haus.

Da huschte einer vom Brunnen, fledermäusig, als hätte ich ihn über die Entfernung weg alarmiert. Er flüchtete vor mir wie ein Wisch, im Stillstand hatte ich ihn nicht unterschieden.

Den Wisch in Hosen sah ich zickzackig den Lichtschein spalten. Nah am Portal floh er doch ratlos. Ich stutzte, weil der Umnachtete sich an der Hausmauer verfing, sie hielt ihn rätselhaft auf.

An ihm vorbei trat ich Steinstufen hinauf, er klebte zitternd daneben. Er wäre so leicht durch die Glastür in seine Männerabteilung gewischt. Seine panische Verwirrung erlaubte das nicht, er stöhnte. Er ertrug nicht, daß es mich gab. Er krümmte sich von mir weg und schraubte sich in die unnachgiebige Mauer hinein, vor

Entsetzen jagten seine Arme den Stein hinauf. Die Angst wollte ich ihm nehmen.

»Aber lieber Mann«, versuchte ich, »ich tue Ihnen doch gar nichts. Vor mir müssen Sie sich nicht fürchten.«

Schabend wich er nur desto mehr, ich sah sein preisgegebenes dünnes Genick. Ich konnte für den Verstörten nichts tun als schleunigst verschwinden und drehte mich von ihm weg und ließ ihn der leeren Nacht. Blindlings rannte ich meine Stiege hinauf. Ich konnte mir nicht einmal denken, wen er an mir sah.

Für ihn war ich auch nur eine von diesen Deutschen, ich wußte es plötzlich. Ihm taten alle was, er fürchtete alle.

Es war der rassisch Verfolgte, entdeckte ich am anderen Tag, der Mann mit den vierzig Christusbildern in seiner Zelle, vor denen er sich anklagte, den Rock zerriß. Ihn hatte die Religion geschlagen.

Er lebte schon zwei Jahrzehnte hier mit seinen Bildern und war nicht heilbar. Täglich bereute er, als sei er nach zweitausend Jahren unmittelbar an der Kreuzschlagung schuld, und jetzt brach eine braune Zeit über ihn herein und holte den sich schuldig Fühlenden furchtbar ein.

Denn wenn der Richter recht bekam in seiner galligen Ahnung, wenn der Chef aufgeben mußte und wenn er der Gewalt wich an jenem Tag, wo nichts mehr retten kann, weil es dann heißt, entweder er oder ihr beide zusammen, er aber in jedem Fall – dann war dem Verfolgten nicht zu helfen, dann mußte er doch noch nach Linz.

Ich setzte mich auf mein Bett und verlor jede Fassung.

Nach der Behandlung ließ das Gehirn mich im Stich, ich konnte Zusammenhänge nicht bilden. Ratlos stand ich vor dem, was sich entzog, es mußte erst wieder wachsen. Nicht alles wuchs, das Gedächtnis hatte gelitten. Die Konzentration fiel mir schwer.

Du bist es und bist es doch nicht. Wenn einem ein Bein genommen wird, fehlt ihm das Bein, das Bein leugnet man ihm nicht ab. Wenn etwas sich verändern mußte in deinem Gehirn, ein Häutchen hineinwuchs, eine Vernarbung entstand, das hängt dir nach, man siehts nicht von außen. Alles schlägst du heraus aus einem Stein. Du hast dich verlangsamt, damit sollst du in der Manege bestehn.

Außerdem gab es den Nickl, um den ich nicht herumkam.

Wenn du was nicht aushalten kannst, aber aushalten mußt, stellt der Arzt dir die Weiche um, hast du deine Krankenkasse bezahlt, dein Fahrplan wird anders. So bildete der Nickl sich ein. Umkrempeln wollte er meine ganze Person. Da tat der Chef nicht mit, der Nickl begriff das nicht. Der Chef sprach ein vorläufiges Machtwort, der Nickl schwitzte. Er hatte zugegeben unter Männern, was am letzten die Ehefrau weiß, da war er seiner gehüteten Perlen beraubt. Da konnte der Chef ihm ein Versprechen entreißen, das Versprechen, das er vor der Ehe schon einmal gab. Diesmal wollte ich sorgen, daß er es hielt.

Der Nickl suchte dem Chef zu gefallen, solang er der wichtige Mann war. Das deckte sich nicht mit seinem natürlichen Verhalten. Es überforderte ihn. Unter Heilung hatte der Nickl verstanden, mir werden die Fähigkeiten umgestimmt, ein Geschäftstiger kehre ihm zurück. Jetzt mußte er hören, daß die Menschen nicht gleich sind. Das enttäuschte ihn tief.

Eine meilenlange Reaktion zeigte der Nickl darauf, es stellte sich erst auf die Länge heraus. So schön fing es an, der Nickl versuchte sein Bestes. Unwiderstehlich glitt er in sein Fahrwasser hinein. Er schimpfte auf diese Anstalt, sie gab ihm nicht recht.

Kopf hatte ich nur den einen. Jetzt war es am Nickl. Diesmal probierten wir es anders herum. Unwissender Nickl, einmal wollte er über sich hinaus, sein Widersinn hatte gekuppelt. Wo er B sagen sollte, das konnte er nicht. Essen mußte er, was er sich eingebrockt hatte. Ich fürchtete, was darin schlief.

Eine ganz gewöhnliche Vorhölle

Ich habe es nicht gewollt, daß ich für den Kriegseinsatz eingezogen wurde, das wollte niemand. Weil ich eine gefährliche Krankheit durchgemacht hatte mit Folgen und weil der Arzt mir eingeschärft hatte, ich müsse aufpassen, daß es nicht wieder passierte, mich nicht überarbeiten zum Beispiel, glaubte ich, ich habe einen hinreichenden Grund. Aber das Gesundheitsamt hat mir was gepfiffen.

Auf sich aufpassen kann man im Frieden. Sie hätten es vielleicht gemacht, wenn ich die Frau gewesen wäre von einem Arzt oder von einem Bonzen bei der Partei. Selbst dann war es gar nicht so leicht. Ich bekam nicht einmal Aufschub wegen dem Fuß.

Den Fuß hätte ich mir nicht so zurichten dürfen noch kurz vorher, damals paßte eben alles zusammen. Wie man schon kommt zum Malheur, ich wollte das alte Küchenfenster putzen neben dem Gasherd. Und weil nur eine Scheibe zugänglich und die andere Scheibe das Stiefkind war, habe ich mich vom Hocker aus über den Gasherd gestellt. Ich schaute auf die nahe Mauer hinaus, welche das Ende war vom Sack, weil der Hof nicht mehr als eine Sackgasse war, die Küche bekam keine Luft, und wieder schimpfte ich über den Murks, der den Abzug staute. Mit den Zehen balancierte ich auf den Ringen vom Herd. Ich war fertig, umdrehn konnte ich mich nicht, ich trat rücklings hinunter, hundertmal hatte ich das schon gemacht. Ich erwischte den Hocker zu weit an der Seite, er schnappte mir ab. Ich war mit dem Fuß schon innen hinein ins Gestell gefahren, der Fuß gehörte so nicht gedreht.

Es konnte nicht gutgehn mit dem Fuß und war nur ein Moment und war ein Knall, den ich spürte. Ich konnte den Fuß noch eben herausziehn und setzte mich geschwind auf den Stuhl, ich wäre sonst umgesunken. Ich hielt mich am Hocker ein, um mich herum wurde es schlagartig nacht. Dann konnte ich den Tag wieder sehn, das Merkwürdige war schon vorbei. Mir wurde heiß und kalt, ein Schmerz rannte durch den Fuß in wüsten Wellen.

Den muß ich mir ganz schön verstaucht haben, dachte ich bloß. Die Wasserleitung war gleich nebenan, ich half mir mit nassen Umschlägen aus, ich mußte kochen, der Mann hatte sonst nichts zum Essen. Nach acht Tagen war es noch immer nicht gut, die

Schmerzen groß, der Fuß am Abend unbändig geschwollen. Die Arbeit tat sich nicht von allein, das Anstehn in der Schlange soviel Stunden am Tag, damit man die Ration auf die Lebensmittelmarken bekam. Das Putzen und Waschen, die vielen Schritte daheim durch den endlosen Gang. Alles weit auseinander, die Räume fürs Lager, die Stapel fürs Finanzamt dazu, der Papierkrieg war grausam und ich mit allem allein. Die Riesenwohnung mit ihren Oberlichten an den vierzehn Türen, mit Winkeln und Rohren, alles unterteilt und nichts glatt, alles alt und eben nicht praktisch. Von Spinnen ein ganzes Heer, die liefen von der Holzlege herüber, aber Spinnen waren mir lieber wie Fliegen. Den langen Tag rannte ich der Arbeit hinterdrein. Ich konnte nicht soviel hermachen von meinem Fuß, ich mußte auftreten damit.

»Weil du nicht obacht gibst!« war alles, was der Mann zu mir sagte, er ließ mich nicht heraus aus der Pflicht. Wer sollte die Arbeit machen außer mir? Der Mann wollte es haben wie immer.

Es mußte mehr sein mit dem Fuß. Ob eine Zehe gebrochen war oder ein Band gerissen, er hätte in Behandlung gehört bei einem Arzt. Das Sprechzimmer konnte ich mir zeitlich nicht leisten. Der Fuß nahm es mir übel. Nach zehn Jahren noch wurde er, wenn das Wetter schwül war, ein Klumpen.

Den Mann bewegte es nicht, es war nicht sein Fuß. Nachts im Bett machte ich Umschläge und die Arbeit am Tag, ich erzählte nicht lang, ich kannte den Mann schon. Krankwerden, wann gibt es das schon, wenn kein anderer da ist? Das geht in einem Betrieb, bei uns daheim ging das nicht. Ich verbiß es mir lieber.

Dem Mann war so schon ganz übel vom Luftschutz am Vormittag und vom Brandeinsatz in der Nacht. Vom ersten Kriegstag an war er dabei und gehörte zur Luftschutzpolizei. Wenn es brannte, hatte er Einsatz. Die Flugzeuge kamen zu oft, es brannte zu oft, die Häuser barsten. Alle großen Städte gingen ihn was an auf drei Auto-Stunden Umkreis. Er schlief nur auf Abruf.

Sie gaben ihm am Nachmittag für seinen Laden frei. Als alter Hase hatte er das herausgeschunden. Der Mann sah es noch lang für kein Glück an. Der ganze Handel war ihm verhaßt, seitdem der Staat den Daumen drauf hatte bis zur letzten Schachtel. Er hatte die Marken so dick. Er hatte es dick, daß er es dem Kunden nicht recht machen konnte, weil alles erfaßt war. Ihm war zum Kotzen, wenn der Großkunde einen Druck auszuüben versuchte, als müsse man gerade ihn durchschlüpfen lassen, sonst aber keinen. Er konnte nicht hexen. Am liebsten hätte er von nichts was gewußt, denn wer badete es hinterher aus?

»Die jetzt kommen«, sagte er, »nach dem Krieg verliert man die alle.« Er fühlte sich unerträglich beschnitten. Da durfte nichts mehr dazukommen, aber schon gar nichts.

Mitten im Januar kam mein Kriegseinsatz auch noch daher, der Mann wollte es haben wie immer. Er wollte nichts hergeben von seinem vermeintlichen Recht und zog ein Theater auf droben im Amt. »Das ist die Frau nicht mehr, wie sie war. Der Arzt hat es mir eigens verboten. Wenn ich sie selber nicht in den Laden hineinnehmen darf, dann könnt ihr das auch nicht machen.« Der Mann lehnte sich auf, er ging bis hart an die Grenze, er machte sich nicht beliebt dort im Amt. Aber zuletzt mußte er schweigen, sonst riskierte er zuviel.

Es kam nicht darauf an, was ein Experte verbot und woran der Ehemann sich gehalten hatte, aber nicht gern. Es kam einzig und allein aufs Gesundheitsamt an, und der Vertrauensarzt scherte sich nicht um den Experten. Seine Position war heikel, der Vertrauensarzt verteidigte seinen eigenen Kopf.

Im Gesundheitsamt war nicht geheizt, wenn man wartete in den Räumen. Herzkranke waren dann weniger herzkrank. Bei der Kälte schienen alle gleich viel gesünder, die Symptome waren geringer. Es war besser, man legte solche, die einen Einspruch erhoben, erst einmal ein paar Stunden auf Eis.

Die Untersuchung war flüchtig, der Arzt tat schroff und sah keinem in sein Gesicht. Für ihn war das sein Potential, das er abliefern mußte. Seinen Eid konnte er hier nicht brauchen. Er hatte die unumstößliche Vorschrift im Kopf, erst lang danach kam der Mensch. Ich begriff es zur Not.

Wofür hat man seinen Mund? Die Entscheidung fiel hier, ich beschrieb die Symptome. Ich sagte bloß, was war, wovor der Arzt mich gewarnt hatte seinerzeit, wovor ich mich aber nicht fürchten durfte, sonst zog ich es herbei. Denn das hatte er mir eingeschärft, ich mußte kaltblütig sein, meine Abwehr hatte ich bewiesen, ich mußte auf meine Abwehrkräfte vertraun. Der Wahrheitsgehalt lag darin, man saugt es sich nicht aus dem Finger. Der Amtsarzt schaute vom Schreibtisch auf, er erkannte die Anordnung des Kollegen genau. Einen kurzen Augenblick lang bekam ich für ihn ein Gesicht. Er schrieb schon wieder, unter seine Vorschrift gepreßt, dann rief er den Nächsten. Für das Arbeitsamt gab er mir ein geschlossenes Couvert, lesen durfte ich nichts. Der Fuß wurde nicht einmal durchleuchtet.

Ich durfte nicht für schwere Arbeit eingesetzt werden, auf meiner Karteikarte stand es. Ich mußte nicht heraus aus der Stadt. Einiges blieb mir erspart, das Blasen aus der Lunge den ganzen Tag – andere mußten es machen im Zeugamt – schweres Schleppen und was sonst noch übermäßig anstrengend war. Desching blieb mir erspart, wohin nur ein Zug ging um fünf Uhr früh nach langem Fußmarsch zum Bahnhof, sodaß man um vier Uhr aufstehn mußte, vor elf am Abend kam man nicht in sein Bett, weil man bis dahin in der Wohnung die Arbeit machte, nachts um zwei war dann Alarm.

Den ganzen Tag Einsatz, die Arbeit leicht, so war die Entscheidung, wirksam im Anfang. Später konnte sich das durchaus verwischen. Im Werk wird man herumgeschoben, wie man einen braucht.

In Desching wäre es moderner gewesen und hell, besser eingerichtet, die Maschinen jünger und neu. Hier war es düster, kalt und veraltet. Das Werk stand seit dem Kronprinzen Luitpold so da. Die Möglichkeiten für leichten Einsatz waren begrenzt. Der Vorteil bestand in der Nähe zur Stadt.

Anfangen mußte ich sofort, weil eine Untersuchung beim Amtsarzt gelaufen war auf eine Beschwerde. Das war eine bewußte Härte und sollte für andere die Abschreckung sein. Die nach mir kamen im Alphabet, sollten gleich wissen, woran sie waren und wohin eine Beschwerde führte. Wer sich nicht beschwerte, bekam für zivile Vorbereitungen noch eine Frist und passierte in vierzehn Tagen erst ein, das war das System. Mir machte es schon nichts mehr aus, ich stürze mich lieber Hals über Kopf hinein, wenn es denn sein muß.

Weil ich verfrüht war, waren meine Papiere nicht gleich zur Hand. Der Major, bei dem ich mich vorstellte in der MG Kaserne, fragte mich nach meinen Schulen aus, Vorbildung wo und wie lang, mit welchem Abschluß? »Ich werde Sie führen als Angestellte«, versprach er, hängte sich zur Vorsicht nur noch ins Telefon. Ohne Übergang war er dann eisig, so gut war ich nicht angeschrieben bei der Partei. Es mußte eine Liste geben mit meinem Namen darauf, den Teufel in meinen Namen gemalt. Etwas anderes als Hilfsarbeiterin konnte ich hier nicht mehr werden, mich hatte man billig.

Er schickte mich über die Straße zum Vertrauensmann der Partei, der sehr viel jünger war, ein Gesicht wie ein Messer, mit einer genügenden Reichweite im Werk und dem Benehmen danach. Ein Blinder merkte, der hat hier am meisten zu sagen. Er telefonierte im ganzen Gelände herum, musterte mich aus harten Augen und war sich nicht schlüssig. Er hätte mich lieber an einem Platz gehabt, wo mir Hören und Sehen verging, er hätte mich gern »zur Bewährung« gehabt. Der »leichte« Einsatz stand ihm im Weg, er konnte sich nicht darüber wegsetzen für den Augenblick, noch war es ein tabu. Es paßte ihm immer weniger, je mehr er sich Zeit dafür nahm. Schließlich schickte er mich zum Alten in die UK.

In die UK schickte er mich nur, weil der Alte eine Person von einiger Intelligenz angefordert hatte, um vierzehn Tage zu früh, weil die Neuen noch nicht einpassiert waren, der Vertrauensmann hatte noch niemand. Ein Mann war plötzlich abgestellt worden ins Feld, zur Strafe abgestellt, und auch das war sein Werk. In der UK fehlte der Mann jetzt. Der Alte war grimmig. Eine kleine Revanche beim Alten mochte nicht schaden.

Der Alte nahm, was er kriegen konnte, unangeschaut wollte er mich behalten. Das ging dem Vertrauensmann auf den Nerv, inzwischen hatte er es sich überlegt, ich war ihm verdächtig. Er übernahm die Verantwortung nicht, er wollte einen Rückzieher machen. Ich hörte mit am Telefon, ich stand gleich daneben, er war gar nicht so leise. Der Alte verzog das Gesicht, als widerte es ihn an. Er streckte den Arm aus und räumte mich weg, er schob mich nach hinten. Ich wußte nicht, soll ich hinausgehn, und blieb.

»Die ganze Fabrik voll Fremdarbeiter«, schrie er in die Muschel hinein, »aber gegen mich wird man kleinlich.« Es hörte sich an, als ob er Verschiedenes verschluckte und noch ganz anders auspacken könnte, nähme er sich nicht zusammen.

Der Alte handelte es aus und ließ es sich nicht gefallen, er schrie immer wieder zurück. »Ich brauche sie aber, ich komme in der UK mit der Arbeit nicht nach – Da traue ich anderen noch weniger – Nein, so sieht sie nicht aus – Sehen Sie bloß nicht Gespenster.«

Der Widerstand erschöpfte sich drüben, und dann ließen sie es dabei. »Ich werde dahinter her sein, wenn ich es Ihnen doch sage.« Der Alte nahm es auf seine Kappe, an ihm blieb es hängen, er mußte dafür einstehn.

Das spielte sich alles vor mir ab, ich hatte das Gefühl, ich sei in ein Nest voll Wespen geraten. Es ist kein Verbrechen, hat einer Augen im Kopf. In der UK, wo man nicht jeden hineinläßt, kann es strafbar sein.

Der Alte hatte kaum eingehängt, da brach es aus ihm heraus. Er schlug grob auf die Platte vor sich ein, geradezu menschlich, er kümmerte sich nicht darum, daß ich noch da war. Dann sah er mich an und verhielt, er fuhr mit dem Finger auf der Platte herum, tief in seinen Gedanken. »Sie melden sich beim Feldwebel Viz«, sagte er völlig normal. »Ich komme dann noch hinüber.«

Der Alte sah wie ein Techniker aus und derb, irgendwie verwildert, Brustumfang wie eine Bracke. Er sollte in aller Verwilderung mein leibhaftiger Schutzengel sein.

Vielleicht hatte er bloß durchdrücken wollen, wer immer noch anschaffte in der UK und wer vom Werk was verstand, von Zeit zu Zeit war das nötig, seinen besten Mann hatte man ihm genommen. Der Alte hatte seine Verdienste, sie wurden nicht fertig ganz ohne ihn, bildete er sich wenigstens ein. Er war schon sehr lang auf seinem Platz und sündigte manchmal darauf. Irgendwo hatte er einen Bruder, ein hohes Tier. Einer wie er konnte nicht fallen, das redete er sich ein. Aber gegen Übermacht war einer nicht gefeit. Wer zu lang an seinem Platz war, für den wurde es schon wieder gefährlich. Anderwärts liebte man es nicht, kehrte einer den »Alten« heraus. Es konnte stündlich sich drehn und war vielleicht der Grund, warum er soff, aus Beständen, die dem Casino gehörten und von denen er was abzuzweigen verstand. Zwischen Feuerwerkern und Partei gab es ein heimliches Tauziehn im Werk, es gab Zellen. Aber der Druck ging nach unten.

Das alles holte ich aus dem Feldwebel Viz heraus, brauchte nicht einmal was dazu tun, er hielt es mir hin auf dem Teller. Der Feldwebel sah sich nicht vor, er kam frisch aus der Industrie, er brachte ein Klima mit, das war nicht militärisch. Nicht immer dachte er daran, daß die Wände Ohren hatten.

Ich mußte mich melden im Büro, wo ich meinen Ausweis mit dem Foto erhielt, ein Gesicht wie eine Beule aus Angst, auch die Karte für die Sonderzuteilung in der Fabrik. Das war der Zucker zur Peitsche, der Zucker fiel ins Gewicht. Ich bewegte mich ja nicht mehr frei, ich konnte nicht mehr anstehn fürs Essen. Die tägliche Schlange blieb mir versagt. Sie war einem leid, aber doch nützlich.

Die Sonderzuteilung gab der Mann mir nicht ganz, er gab sie

nur halb. Auf der Karte war zuviel weggeschnitten, den Abschnitt steckte einer sich ein. Ich hätte den Verteiler gleich darauf stoßen müssen, damit es was half. Ich kannte nicht meine Rechte, ich wußte nicht, was mir zustand in der Fabrik. Die Hörner waren mir noch nicht gewachsen. Dies wurde nur beim Einstand probiert und nicht an mir allein. Ich würde klüger sein beim nächsten Mal, man würde es lassen.

Es war eine Lehre am Anfang, jeder fand das ganz in der Ordnung. Das hieß: lerne beizeiten, kümmere dich um dich selber, du bist in einer Fabrik. Es war wie ein Ritus. Ich war eine Neue, das nützte man aus, ich beklagte mich nicht. Ich war mit daran schuld. Ich war einfach hingegangen, ich hatte zuvor zu wenig gefragt. Niemand hatte mich aufmerksam gemacht, auch nicht der Feldwebel Viz. Später würde ich mich revanchieren und auch niemand aufmerksam machen, der neu war und zu wenig fragte, die Hörner wuchsen mir schon. Der sollte sich dann auch nicht beklagen. Warum sollte er es besser haben wie ich? Bin ich der Hüter von meinem Bruder? Das war hier der Stil. Jeder wurde das nämliche Biest. Das kam von den Härten.

Ich hatte Pech mit dem Mann im Büro. Meinen Ausweis in der Hand studierte er zu lang an meinem Namen herum, dabei fiel es ihm auf, weil er meinen Geburtsnamen las. »Sie haben das Stück über Pioniere geschrieben.« Er schaute mich genau an, er hatte sich was vorgestellt unter mir. Man darf nicht auffallen beim Militär. Ich fiel schon am ersten Tag auf. Es würde durch sämtliche Abteilungen laufen. »Das ist lang her«, sagte ich spröd, was konnte ich sagen? Ich, der Wurm, durfte mich trollen, nützen würde es mir nicht. Man würde mir ein Bein zu stellen versuchen.

Der Mann hängte mir das ja nicht unter vier Augen an. Da waren die anderen, die hinter mir standen, die hörten alle mit, denen war es nicht gleich. Ich drehte mich um und ging durch den Schwarm hinaus. Sie machten mir Platz, als ob ich aussätzig wäre, in ihrem stumpfen Blick sprang was auf.

Sprengstoff lauert im Wort. Man steckte die Köpfe zusammen, um mich versuchsweise zu ächten. Ein Gerücht rannte durch die Fabrik. Kein ganzer Tag verging, da bekamen wir in der UK Besuch von einem Werkmeister, der nichts bei uns verloren hatte, sein Arbeitsplatz lag in einem völlig anderen Revier, eine halbe Stunde weit von uns weg. Es war dort schon bekannt. Man versuchte, ein Opfer aus mir zu machen.

Der Mann klopfte einfach an im Labor, da stand er festgemauert. Er fragte mich über meine Vergangenheit aus und ritt herum auf dem lang zurückliegenden Stück. Er stellte mir Fallen mit jedem Wort. Er war eigens vorgeschickt, um mich zu sondieren. Ich bestand darauf, es handle sich um einen Jugendversuch. Ich paßte genau auf, was ich sagte, ich, der Wurm, war entschlossen. Der Mann erreichte keine Aussage aus meinem Mund, mit der er mich hinhängen konnte. Ich leugnete nicht, ich verkündete aber auch kein Programm. Ich sah, worauf es gemünzt war.

Ein anderer soll nur erst einmal in der nämlichen Lage sein, dann wird er schon sehn, daß er für sich kämpft. Ich war ein Mensch, dem man an die Gurgel wollte und setzte mich nicht unnötig aus. Ich mag die leere Dreistigkeit nicht von solchen, bei denen es noch nicht brennt.

Der Feldwebel Viz war frostig, der Werkmeister hatte nichts zu suchen in diesem Teil der Fabrik. Er schickte den Mann aber nicht hinaus, solang er nicht wegging von allein. Er zog sich nichts auf den Hals bloß wegen mir. Es gab Zellen. Man konnte nie wissen, wie weit die Einflüsterung reichte und was daraus entstand.

Der Werkmeister steckte ein wenig zurück, als ich mich nicht verriet und auf der Hut war. Er war enttäuscht und verschwand. Das war ein erster Vorstoß. Meine Kennmarke hatte ich schon.

Der Feldwebel runzelte die Stirn hinter dem Mann her. »Das gefällt mir nicht«, sagte er. »Der Mann ist ein Spitzel. Er ist vorgeschickt aus einer Zelle.«

Unter Zellen konnte ich mir nichts vorstellen. Der Feldwebel behauptete, in den Zellen werde solange gewebt und Propaganda geflüstert, bis sich einer verfangen hatte im Gespinst von Unterstellungen und bösem Willen, bis einmal die Gelegenheit kam, wo es einen erwischte. Das hatte er kurz vorher an einem Kameraden erlebt, der Mann war über nacht abgestellt worden ins Feld, er hatte seinen Heimatposten verloren.

»Wenn sie es darauf abgesehen haben, dann erreichen sie es auch. Es sind Kleinigkeiten, über die man dann stolpert.«

Was würden sie mit mir machen? Ich versuchte kaltzubleiben und stellte mir nicht zuviel vor, ändern konnte ich doch nichts. Sie hatten mir eine Falle gestellt, ich hatte mich ganz gut gehalten, ich mußte eben vorsichtig sein.

Den Alten überraschte es nicht, als er es vom Feldwebel erfuhr. Er war die Pfeile aus dem Hinterhalt schon gewohnt und benutzte sie, um den Eifer seiner Leute zu schärfen. Er ließ es sich ankennen, daß ich fleißig sein mußte in der UK. Keiner durfte mir was nachsagen bei meiner Arbeit, nur dort ging es hinaus. Das war der einzige Weg, damit ich überlebte.

Der Feldwebel konnte mich fühlen lassen, daß ich was auswetzen mußte, und auf mir hocken. So einer war der Feldwebel Viz nicht. Er konnte bloß nicht hinaus über den Dienst. Er war sechsundzwanzig Jahre alt und kam frisch herein aus der Industrie, war von Jugend noch ein wenig trunken. Er machte gern Zauber und liebte Geschichten. Der Alte hielt ihn im Zaum, wenn er es merkte, dann hörte er auch einmal wieder zu. »Um ein Haar wäre ich Emigrant«, konnte der Feldwebel sagen. Er hatte in England seine Verwandten und war mit dem Fuß schon auf dem Trittbrett gestanden kurz vor dem Krieg, damit der Zug ihn nach England entführte. Im letzten Augenblick war er dann noch heruntergesprungen. Das hatte er dem Alten gestanden und es später bereut. Mit seinem Wissen konnte der Alte ihn schleifen. Der Alte zog einem die Würmer aus der Nase, und wenn es paßte, duckte er einen mit dem, was er wußte, und trieb einen an.

Der Alte gierte nach dem, was neu war. Er war schon zu lang von diesen eintönigen Mauern umstellt und konnte nicht aus. Die ganze Zeit über fehlte ihm was, in ihm steckte die Sucht. Er genoß den Wechsel in Dosen, zwischendurch und verpflichtet zu nichts. Er pflückte die Blume von Menschen, so wie er trank, lockte es aus ihnen heraus, es befriedigte ihn für den Augenblick. Und doch war er ein verlorener Mann, der keine Hoffnung hatte, er wußte zuviel.

Beim Feldwebel Viz wurde die Arbeit nicht überstürzt, der Alte mußte erst treiben. Im Anfang mußte ich fotokopieren, das machte ich den ganzen Tag, alles im Stehn. Es war nicht gut für den Fuß, tat weh, sechs Wochen stehn, es ließ sich nur nicht vermeiden. Dort stand im ganzen Raum kein einziger Stuhl. Ein geschwollener Fuß, das war überhaupt nichts. Sich hinsetzen müssen, niemand kam auf einen solchen Gedanken.

Ich wollte keine Ausnahme sein. Aber anderer Leute Füße waren gesund, es war nicht das Gleiche, es machte den Tag lang. Das ging durch die Wochen und freute mich nicht, die ganze Zeit war es hart, niemand gab mir was dafür. Ich setzte meinen Kopf auf, mir sah keiner was an, es hätte auch nichts geholfen. Da machte ich es lieber gleich mit mir aus und war davon still.

Ich hatte die Nase voll, es wollte nichts werden, ich bekam keine sitzende Arbeit zugeteilt in dieser Fabrik. Der Feldwebel wartete auf die anderen, die auf spätere Buchstaben einpassieren mußten, mit mir hätte es überhaupt nicht pressiert. Rein zum Behelf gab man mir die quälende Arbeit im Stehn.

Endlich hatte er in der UK seine drei Neuen beisammen, die er gemeinsam anlernen mußte, eine mit sechzehn, eine mit neunzehn und mich. Die Stühle waren auf einmal da, wir konnten uns setzen. Inzwischen hatte der Fuß sich versulzt, der Schmerz kam nicht mehr so oft, war nicht mehr so stark.

Unter dem Feldwebel Viz waren wir eine kleine Schule für sich. Die Frauen draußen im Vorraum kannten wir nicht. Sie kamen nie weg von ihrem langen Tisch, wo sie mit winzigen Prüfgeräten winzige Teile von Waffen nachmessen mußten, ob sie der Vorschrift genügten. Sie schafften davon ganze Waschkörbe weg, ihre Finger waren gelenkig. Sie gehörten zum Arbeiterstamm und hatten ihre gleichbleibende Arbeit im Griff. Sie erzählten sich ihre Geschichten, das war nicht verboten, die Arbeit wurde davon nicht gestört, sie lief unbewußt. Von ihren Schicksalen erfuhren wir nichts, wir liefen durch ihren Raum durch. Wir grüßten einmal am Tag, ihre Namen wußten wir nicht.

Mit uns im Labor war das anders. Ich redete sie mit einem Spitznamen an, der Ort war dann weniger grau. Ich nannte sie Hellas und ich nannte sie Zisch. Hellas mit ihren neunzehn Jahren war schön, der Atem blieb einem weg. Sie paßte in die Fabrik nicht hinein mit dem Schimmer der Haut, und wie machte sie das? Sachen mußte die jetzt noch haben, die hatte der Vater ihr zugesteckt, der von seiner erschobenen Million weg in ein KZ abgerutscht war. Man erfuhr es nur hintenherum. Sie war in Abwehr verschlossen wie ich. Ihr Vater war reich geworden am Krieg, aber er hatte sich nicht vorgesehen mit seinen Methoden.

Gerissene Einkäufer wird es immer geben, sie steigen auf den Köpfen von anderen hinauf und machen sich daran gesund, im Geschäftsleben gilt das als tüchtig. Es war aber nicht die von der Partei geduldete Art, auf die Köpfe der anderen zu steigen.

Seine Million blieb ihm nicht lang, weil ihn einer als Schädling hingehängt hatte. Das war auch schon wieder Monate her, sie hatten ihn abgeholt in der Nacht, seitdem war er wie vom Erdboden verschluckt. Seine Familie brauchte nicht nach ihm suchen, ging aber zum Anwalt, als könne ein Anwalt gegen eine Übermacht an. Die Tochter schwieg sich darüber aus.

Wir mußten beide uns fürchten, wenn der Alte nicht seine breite Hand über uns hielt. Man darf nicht glauben, daß uns das miteinander verband. Sie scheute eher an meinem Pech, sie wollte verschwinden im Haufen. Ich drängte mich keinem auf, zwanzig Jahre waren dazwischen oder mehr. Ich war abgebrüht, ich war ans Alleinsein gewöhnt. Sie war hoch droben bei alledem, für sie war es noch nicht wirklich.

Es speiste sich aus einem rätselhaften Kanal, am zweiten Tag wußten es schon die Franzosen, in der UK haben sie eine bildschöne Person, der Vater ist Millionär oder war es gewesen, jetzt sitzt er im KZ. Das war ein Ereignis, wofür die Franzosen schon einmal was riskierten. In ihrer Arbeitspause hatten wir sie auf dem Hals, es war gegen die Gewohnheit im Werk. In einer Traube wucherten sie vor unserem Fenster, genau vor der verbotenen UK, sie hängten sich schier in die geschlossenen Scheiben hinein. Sie wandten kein Auge weg von der Person, die so schön war und hatte einen solchen Vater dazu.

Hellas unterbrach ihre Arbeit, sie hatte die Augen voll Tränen. Sie legte die Hände flach und hielt still und war ihnen ein Ziel. Mit keinem Blick schaute sie da hinaus, sie wußte es nur, sie schien es nicht eben zu hassen. Das war besser als die Lampe, an der sie für zwei Hälften einer durchleuchteten Scheibe die Lichtgleichheit einstellen mußte und dann von der Skala den Wert dafür ablas. Den ganzen Nachmittag hatte sie das schon gemacht, die Lichtstärken aufeinander abgestimmt. Der blendende Kern hatte ihr das Wasser aus den Augen getrieben. Mir stand es nachher bevor, wenn sie halbblind von der Anstrengung war. Ich kannte die Lampe schon, sie machte einem die Sehkraft kaputt, es war »leichte« Arbeit.

Sie trug um das Auge herum einen breiten grünen Streif, weil sie den abschließenden Ring zu fest angedrückt hatte. Vom Tageslicht durfte nichts eindringen, das fälschte den Meßwert, man hatte es ihr drohend gesagt. Da sie es noch lernte, passierte es ihr, daß sie den Druck übertrieb, sie hatte es noch nicht heraus. Sie mußte sich fürchten, darum übertrieb sie den Druck, so wie ich ihn übertrieben hatte im Anfang.

Der grüne Streif machte den Franzosen nichts aus. Sie war jung und wie Milch und Blut und hatte einen solchen Vater dazu. Die Männer wichen die ganze Pause lang nicht von ihrem Platz. Ich ließ ihnen die Chance, zuletzt störte es mich.

Wenn uns einer was anhängen wollte, wurde es langsam gefährlich. Weil es Gefangene waren, der Kontakt verboten, und weil man das lange Anstehn, ließen wir es uns gefallen, für einen Kontakt auslegen konnte, stand ich eisern auf und ging zuguterletzt zu den Belagerern hin, sie hatten da schon zu lange geklebt. An mir blieb es hängen, weil ich die Ältere war. Ich mußte es ihnen wegnehmen und den Cerberus machen. Ich scheuchte sie mit den Armen weg, wie man Gänse vertreibt, etwas Besseres fiel mir nicht ein, das Glas war dazwischen.

Die jungen Männer brachen in ein Gelächter aus, ließen sich aber vertreiben. Sie durften da gar nicht stehn, das wußten sie gut. Sie lachten schallend noch auf der anderen Seite vom Hof, ich stand ziemlich verdutzt da. Ich wurde zornig, daß ich mich eingemischt hatte. Ich habe nichts gegen Franzosen. Ich durfte das bloß nicht zeigen, weil Krieg war.

Hellas konnte nicht mehr. An ihren Augen der grüne Streif war verheerend, als habe sie einer mißhandelt. Das war noch das Wenigste, der Streif. Das Schlimme war die Pupille. Sie sah sich nach mir um, ich mußte ihr helfen. Wir tauschten die Arbeit, ich löste sie ab an der quälenden Lampe.

Auch ich hätte die Lampe lieber vermieden. Meine Augen waren so schon schlecht genug, mit Gewalt mußte ich sie mir verderben. Ich mußte scharf hineinspähn wie in den Kern einer Sonne, mußte in den Lichtstärken auch noch suchen, ich mußte schrauben, bis ich die genaue Gleichheit fand. Man verlangte mir eine Zahl ab, die folgenschwer war. Die Zahl mußte stimmen. Der grelle Strahl faßte mir mitten in den Sehnerv hinein und verwundete ihn. Da suchte er zurückzuweichen, der Nerv, durfte aber nicht weichen, sonst mußte er es viel länger tun.

Das Auge trug seinen Schaden davon für immer, das gehörte zu meinem täglichen Brot. Dafür war ich dienstverpflichtet, ich konnte es mir nicht aussuchen da herinnen. Sich beschweren war sinnlos. »Die Arbeit muß gemacht werden. Ihr Auge wird schon nicht gleich leiden.« Der Alte machte seinen Spruch darüber, als wäre der Sehschaden dann weniger groß.

Das Gerücht kreiste Hellas ein. Der Alte hielt seine Hand über sie, er hatte den Vater gekannt. In der UK trug ihr keiner was nach. Sie konnte nichts dafür, man glaubte es ihr sogar, weil sie jung war. So war es mit Hellas.

Die Zisch, das halbe Kind, schaute wie ein Gassenbub aus, die

Nase von Sommersprossen verwüstet. In diese Nase regnete es ihr hinein, die Spitze sprang unerwartet nach oben. Es freute einen direkt. So vorlaut wie die Nase war die ganze Person Sie stellte sich unter einem Krieg nichts Besonderes vor, überhaupt nicht. Dazu ich, mit der Kennmarke gebrannt. Wir waren schon eine Mischung.

Insbesondere waren wir Laien. Der Feldwebel fing mit einer Art von theoretischem Unterricht an. Er sagte zum Alten, anders könne er das gar nicht machen. Sein erster Satz handelte vom Metermaß in Paris, was mir weit hergeholt schien.

Der Feldwebel war von der neuen Aufgabe verwirrt, er schwamm. Er tat, als ob er was täte. Er erinnerte sich an seine Studentenzeit nur schwach, er hatte seine Bücher nicht hier. Er stopfte Lehrsätze in uns hinein, wie sie noch dahingen in seinem Gehirn, schon überlagert. Kein Mensch wußte, warum wir die lernten. Die Apparate umstanden uns genau so fremd wie zuvor und so feindlich. Wir waren ohne Lehrsätze genau so gesund. Dabei glühten seine Augen wie Funken, er schaute uns der Reihe nach an. Er zeigte sein törichtes Wissen, überflüssig für uns. Es kam ja nicht darauf an, daß wir begriffen. Wir sollten wenige Prüfungsmethoden lernen und diese genau. Es war das Kickeriki von einem Hahn, herausgefordert durch unsere schöne, junge Person.

Dem Alten dauerte alles zu lang, er setzte seinen Beobachter herein. Der Alte fand es verfehlt, was uns da vorgesagt wurde. Er schaffte die Theorie ab, wir hörten nie wieder davon. »Dafür hat man die Weiber nicht. Das kann man sich nicht leisten in einer Fabrik.«

Der Feldwebel Viz zog alles anders auf. Er führte uns nur noch an die Apparate heran. Er schraubte uns was vor im physikalischen Labor, machte die Finger spitz und schüttelte dann seine Hand. »Mit euren Händen könnt ihr das viel besser.« Er zeigte uns, auf welche Haarstriche es bei den Messungen ankam. Im chemischen Labor drüben jenseits der Halle setzte er uns direkt vor die Säuren, Pipetten, den Bunsenbrenner. Er zeigte uns die Übungen praktisch. »So, macht das nach.«

Nur die UK hatte Zutritt zum chemischen Labor, wo die Säuren behelfsmäßig aufgestellt waren. Es war ein verbotener Raum, im Werk abergläubisch verschrieen. Hier konnte jederzeit was passieren. Der Feldwebel teilte nur noch die Arbeit ein, er gab sich nicht mehr stundenlang mit uns ab. Der Alte hatte ihn angeschissen.

Er ging weg und kam irgendwann wieder, in seiner Mappe die Eule, die er in ihrem Schlaf aufgegriffen hatte im alten Schloß. Dort war ein Lager vom Werk. Die Fensternischen turmhoch über der Stadt schnitten tief in eine dicke Mauer. Da faßte keiner hinein außer diesem ewigen Knaben, der hineinfassen mußte und konnte es nicht lassen und zog sich eine Eule heraus. Er trug sie fort von ihren Mäusen, fort vom Versteck, das sie für sicher gehalten hatte. Für ihn ging die Eule vom Krieg weg. Bald darauf ging sie ihm ein.

Seine Pflichten waren verteilt über den ganzen Komplex, er mußte bis hoch in den Norden hinauf. Wir unterdessen sogen die Pipetten an bis zum Mund, nicht weiter, damit die Lösung nicht über die Lippen drang. Und bis er einpassierte im Werk, hatten wir in unser Heft geschrieben, was durch ein eingeübtes Verfahren ermittelt war, wie sich der Stahl zusammensetzte zum Beispiel, mit welchen Spuren von Elementen darin, Chrom, Nickel, Mangan, wieviel davon genau, sieben Bruchstellen hinter dem Komma. Der Feldwebel sammelte das Heft und die Stahlspäne wieder ein und trug alles zum Alten hinüber, welcher der Mächtige war über den Stahl, dort liefen sämtliche Ergebnisse zusammen.

Das machten wir blind und das machten wir stur, wir brachten keine Voraussetzung mit. Wir sollten nicht einmal verstehn, was wir da machten, das war alles geheim, nichts durfte uns bleiben. Wir nahmen die Werte mechanisch ab, ganz ohne Einsicht in ihre Bedeutung, nur eben genau. Wir wußten nicht, was gut war für die Festigkeit, was schlecht, wir wußten nur, es kam auf die Spurenelemente an im Stahl, auf seine chemische Zusammensetzung, wodurch die Festigkeit bedingt war. Auf sein physikalisches Gefüge, den Grad der Feinheit im Korn, den wir mit anderen Verfahren bewiesen. Es gab soviele Prozeduren, sie ergänzten einander. Wir wußten nur, aus diesem Stahl wurden die Rohre hergestellt für die Geschütze.

Soviel wurde einem gezeigt, man machte es einmal und dann lange Zeit nicht mehr, man verlernte es wieder, zuviel anderes hatte sich dazwischengeschoben. In der Systemlosigkeit lag das System. Wir wußten nie im voraus, was es zu tun gab. Wir pendelten von der Physik zur Chemie, das war der Dienst.

Viel Kleinkram fiel dazwischen, Feinwiegen, Bestandsaufnahmen machen, Buchstabenmalen in winzigster Schrift wie das Vaterunser auf einem Pfennig, und alles mußte man vergessen. Es gab die Löcher, die man mit Zufallsarbeit überbrückte. Der Alte mußte sich eine Beschäftigung für mich einfallen lassen, irgendwas, mich brauchte man nicht wirklich, daheim ging mir die Zeit ab. Ich gehörte zum großen Vorrat, aus dem man mich herausfischen konnte mit einem Griff.

Im Ganzen bemerkte ich eine gewisse Verschwendung, übertriebenen Verschleiß und eine Mehrgleisigkeit, weil Befehle sich kreuzten. Menschen, die waren billig.

Wir kamen um sieben Uhr früh, was eine Erleichterung war für die UK, die Arbeiter waren schon da. Um siebzehn Uhr gingen wir wieder, die Arbeiter waren schon gegangen. In der Mittagspause liefen wir heim, wenn wir es schafften in der knappen Stunde. Ich schlang ein paar Löffel Linsen hinunter und war für den vierten Löffel schon wieder fort. Im frühen Nebel liefen wir her. Das ging alles im Laufschritt. Anspruch auf Essen hatten wir nicht und durften in keine Kantine hinein, wir klammerten uns an die paar Marken. Wir mußten es fertigbringen, uns am Samstagnachmittag zu versorgen für eine ganze Woche oder am Abend, wenn das Kontingent ausverkauft war, die Läden kahlgerupft, weil unterbeliefert. Das war die besondere Härte. Wem eine Familie nicht unter den Arm griff, der mußte halb verhungern.

Und immer mußten wir durch die große Halle hindurch mit schwingendem Schritt zwischen dem chemischen Labor und dem physikalischen Labor hin und her. Wir fühlten uns von gefangenen Männern an den Maschinen betrachtet und liefen wie auf dem Laufsteg.

Die Halle war nüchtern und kahl, nur von Maschinen verstellt, und immer schloß sie in sich ein Geschiebe von Wellen, die einen betasteten, was man tat, wieviel man tat. Unter mißgünstiger Beobachtung stand man hier immer. Ein aushorchendes Netz war hineingespannt, sich kreuzende Flüsterstimmen, indiskrete Gerüchte und über allem der Neid, der eine Haupttriebfeder war.

Unsere Laienhaftigkeit war unser sicherster Schutz. Nichts konnte durchsickern, das blieb alles geheim. Der Feind hörte mit. Wir hatten keine technische Ader. Wie blinde Hühner gingen wir aus dem Werk.

Der Alte schärfte uns bloß eine quälende Genauigkeit ein, dafür machte er uns wach und band es auf unser Gewissen, daß es uns brannte. »Denken Sie immer, Menschenleben hängen daran. Wenn die Zahlen nicht stimmen, wenn der Stahl nicht die notwendige Festigkeit hat, zerreißt es das Rohr, die Bedienungsmannschaft muß daran glauben. Ihre Zahlen sind lebenswichtig.« Wenn alles wahr war, was man mir sagte, saß ich am Faden, der anderer Menschen Leben hielt. Manchmal erwachte ich in der Nacht und war in Schweiß gebadet.

Natürlich verließ man sich nicht auf uns allein. Es mußte Prüfungen geben an einem anderen Ort mit anderen Verfahren von anderen Personen gemacht. Mit Sicherheit wurden unsere Angaben kontrolliert, und wir mit unseren Versuchen kontrollierten wieder die anderen. Das sagte ich mir vor. Aber ich durfte mich nicht vertun.

Der Alte machte einem die Hölle heiß und sah einem zwischen die Augen. Wir nahmen ihn ernst. Er mußte ja dick auftragen, er hatte es mit den hart Gesottenen zu tun, das war die Regel. Wir waren nicht hartgesotten, er schüchterte uns völlig ein. Hinter mir war er her wie der Teufel, so wie er es dem Vertrauensmann versprach. Ich konnte nichts leicht nehmen, mir blieb keine Wahl. Ich wollte nicht schuld sein an eines Menschen Tod. Und doch war es eine Maschine zum Töten, an der wir alle mitarbeiten mußten. Der Krieg hatte uns in der Zange.

Ich war im Land geblieben, das war meine Entscheidung. Ich hatte eine verzweifelte Liebe zu diesem Land, meine Wurzel war hier, ich fühlte mich an meine Sprache gebunden. Auf diese Sprache verzichten war absterben für mich.

Das hier war eine der Folgen. Ich zuckte die Achseln, wenn ich meinen Lohnzettel studierte und den von Hereingelaufenen, die mir den ihren hämisch unter die Augen hielten, bloß um mich zu ärgern. Der Alte mochte das nicht.

Am Samstag mußte ich als einzige putzen von der UK, ich hatte das schöne Privileg. Die anderen konnten lungern, sie hatten das Angestelltenverhältnis oder den Dienstgrad, der Paria war ich.

Dann zog es den Feldwebel Schmauß von der MG Kaserne herüber, ich durfte mir nichts verbitten. Er war ein Vorgesetzter, auch wenn ich ihm persönlich nicht unterstellt war. Ich wußte nicht, was sich abspielte in seinem Kopf, aber beim Putzen mußte ich mich bücken, manchmal rutschte ich auf den Knieen herum, und da stand er nun hinter mir und schwieg mich an, er beobachtete mich eine Viertelstunde lang und länger. Die ganze Zeit hatte er die Hand in seiner Tasche.

Ich wollte nicht wissen, was ich für eine Sensation in seiner Einöde war, langsam kam ich mir vor wie im Kino, nur daß ich selber das Kino war und er durfte mich abnagen mit seinen Augen, weil ich ihn nicht fortschicken konnte. Ich malte mir aus, ich haue ihm eine herunter, aber dann hatte ich einen Dienstgrad angegriffen und war schon auf der Rolltreppe, die mich erst im KZ wieder ausstieß, vielleicht wartete er nur darauf. Auf der Stufenleiter da herin war ich das Untere vom Unteren, wenn nicht gerade der Alte seine Hand über mich hielt. Aber zum Alten durfte ich damit nicht laufen, man hätte es mir abgestritten und dann hatte ich einen Dienstgrad zum Feind, der meinem anderen Feind unterstellt war, dem Major von der MG Kaserne, das war eine gefährliche Kombination. Ich baute eine eisige Verachtung in mir auf und brachte es fertig, daß ich den Mann nicht einmal bemerkte und daß er meilenweit weg war, und endlich trollte er sich.

Es mußte Wochen geben im Jahr, da lief es auf vollen Touren, Zerreißproben waren die Wochen. Schon jetzt wurde damit gedroht, sie hingen einem immer voraus. Die Arbeit mußte uns in Fleisch und Blut übergegangen sein, wenn erst einmal die Stoßzeit hereinbrach, der große Ansturm und der erdrückende Bedarf. Noch waren die Anforderungen normal, das würden wir dann schon merken, wenn wir die Stoßzeit erlebten, davon ging die Sage um in der UK. Die Stoßzeit wurde beschrieen, mit der Stoßzeit erschreckte man uns schon jetzt. Über den Häuptern mußte was hängen.

Die Arbeitsmoral rutschte ab. Zuviel Fremdarbeiter aus den besetzten Gebieten standen an den Maschinen und hatten die innere Abwehr, für sie waren es die Maschinen vom Feind. Sie hatten sich anwerben lassen oder man hatte nachgeholfen mit Druck. Hier waren sie fast geächtet als Angehörige einer feindlichen Nation, man durfte nicht fraternisieren. Sie rächten sich und wollten vielleicht von Anfang an sich rächen. Das Gespenst der Sabotage hing in der Luft, aber nicht greifbar. Es war nur soviel, daß man es gerade noch nicht nachweisen konnte und daß die Zurichtung weniger gut war.

Trunkenheit am Arbeitsplatz, Diebstahl, Zuspätkommen, Wegbleiben, Insubordination, Trödelei, verpfuschte Werkstücke verstecken, in verbotenen Zonen rauchen – mit allem was verpönt war, wehrten sie sich.

Es wurde unglaublich viel kaputtgemacht unter der Hand, die Meister brüllten und drohten. Die Fremdsprachigen taten, als hätten sie falsch verstanden, wenn sie angelernt wurden. Auch wer schon eingearbeitet war, wußte sich zu helfen, ohne daß man ihn darauf festnageln konnte. Sie zuckten die Achseln hinterher oder waren empört, sie stritten die böse Absicht ab. Die offene Sabotage wagte keiner. In den Kopf schaute man nicht hinein.

Wenn sie Pause hatten, schlenderten sie wohl einmal über den Hof, dann mußten wir mitten durch einen Trupp Fremdarbeiter hindurch, an der Fahrradeinstelle vorbei. Sie wichen ostentativ aus, sodaß sie einen Meter Zwischenraum ließen. Jeder durfte beobachten, daß uns keiner was zuzustecken versuchte, einen Kassiber zum Beispiel. Sie fühlten immer Augen auf sich.

Im Keller zog sich ein langer Waschraum hin, da kamen nach der Arbeit auch die Frauen herunter. Manchmal standen die Fremdarbeiter noch dort, wenn sie sich wuschen. Dann war die Höflichkeit groß und doch kein Kontakt, die Männer gaben sofort den Platz frei. Sie waren hier streng, die Sitten.

Die Arbeiterinnen von der Abnahme zogen wohl einmal einen einzelnen Franzosen auf, wenn er ihnen den Waschkorb mit den Werkstücken anschleppte und wenn kein Zeuge da war. Sie verleiteten ihn zu einem menschlichen Wort und einmal hatten sie ihm den Stoßseufzer entlockt, daß er gern wieder einen Wald sehen wollte. »Was tun im Wald?« hackten sie nach, und er entdeckte darin ein Kompliment, daß er sich nur so wand. »Oh! Was tun im Wald?« stöhnte er entzückt und wand sich seine ganze Länge hinauf, da lachten ihn alle aus. Die Luder wollten ihn bloß reizen.

Aber wie man dem dreizehnjährigen Russen mitspielte, das war böse. Er hatte seine Angehörigen verloren und war den Deutschen gefolgt. Er war schon stark wie ein Mann unter dem kurzen Stiftenkopf, ein Riese würde er werden, hatte aber die Gedanken von dreizehn Jahren. Die Kleiderkammer hatte ihm eine Jacke gegeben, die jeder Beschreibung spottete, er lief wie in einer Zwangsjacke herum.

Beim Punkt Null fing er an in einer Zeit, wo man sogar auf Punkte nur schwer was bekam, und fieberte seinem ersten Lohn entgegen, dem jungfräulichen Geld, das er zum erstenmal sich verdiente. Er freute sich kindlich darauf und hatte schon im voraus damit geprahlt. Die Deutschen wollten ihren Spott mit dem Lehrling treiben, weil er der Jüngste war und weil man es ungestraft mit ihm tat. Sie ließen ihn fühlen, daß sie die Macht über ihn hatten. Da zahlten sie ihm seinen ersten Lohn in lauter Pfennigen aus.

Er war ausgeliefert. Sie hatten ihm die Pfennige in seine breiten Hände geschüttet und schütteten immer noch nach, der Russe konnte sich nicht helfen. Die Pfennige quollen über und sprangen im Kassenraum herum, seine Hände waren blockiert. »Halt!« schrie er und keuchte. Er wußte nicht, wo er sein verdientes Geld unterbringen sollte, damit er es nicht verlor. In die Taschen konnte er es nicht stecken, weil sie Löcher hatten. Er ahnte, daß man ihn prellte um seinen Lohn. Er überblickte es noch gar nicht. Um sein Geld auszugeben, dafür hätte er es hinzählen müssen, seine Zeit war dafür doch zu knapp, er kam ja immer nur als allerletzter daran. Und wo bewahrte er die Pfennige überhaupt auf, daß man sie ihm nicht stahl? Es ging über seine Möglichkeit, es ging über seinen Verstand.

Er hatte sich Mühe gegeben bei der Arbeit, seine Arbeit warf man ihm weg, seinen Lohn warf man weg und erwartete noch, daß er sich bemühte als Lehrling, er mußte wohl auch. Er war dreizehn Jahre alt, nur mit dem Körper schon wie ein Mann, es kränkte ihn, aber er durfte nicht schlagen. Die starken Instinkte arbeiteten in seinem Gesicht und der Haß blitzte auf. Das würde er »den Deutschen« nie vergessen.

Die Niedrigen durften es mit ihm machen. Es waren niedrig denkende Menschen, die sich da verabredet hatten, ihn zu enttäuschen. Für ihn waren es »die Deutschen«. Es war so roh. Er war ihnen gefolgt. Er wurde erst hier zum Feind.

Eine Unruhe schwirrte im Werk, die durfte keinen wundern. Der Italiener im Süden hatte seine Schwenkung um hundertundachtzig Grad gemacht, er war jetzt der erklärte Feind. Der Russe rückte heran. Den Fremdarbeitern war das in die Glieder gefahren. Sie bekamen es mit der Angst, daß sie als Kollaborateure hingestellt wurden, wenn der Deutsche verlor. Ihre Arbeit wurde davon nicht besser. Die Meister spürten es durch die Bank, daß der Fremdarbeiter aufsässig wurde. Sie meldeten es beim Amtmann, sie wußten nicht aus noch ein. Immer mehr wurde kaputtgemacht unter der Hand. Der Meister konnte den Arbeiter anzeigen, dann verlor er seinen unersetzlichen Mann. Er mußte mit ihm auskommen, solang die Sabotage nicht ins Auge sprang.

Wann sprang sie schon ins Auge? Der Fremde leistete sich zwischendurch einmal was mit einem beiläufigen Blick. Leicht rutschte einem die Hand aus, wenn es um letzte Feinheiten ging. Ein Strich nur bei laufender Maschine, schon war so ein Ding überdreht. Der Schaden durfte nicht zu häufig passieren beim nämlichen Mann. Heute wagte es der und morgen ein anderer an einer ganz anderen Stelle. Eine Tendenz zum Schaden lag in der Luft, es mußte noch lang keine Verabredung sein. Die Meister tobten, die Fremdarbeiter zuckten die Achseln.

Sie arbeiteten wieder ganz ordentlich hinterher. Es wiederholte sich nicht, schaute man ihnen auf die Finger. Der Schaden schlug dann zu, wenn man nicht darauf gefaßt war und wo man die Augen nicht hatte. Man paßte den Schaden nicht ab. Die Meister konnten sich nicht davor schützen, trugen aber die Verantwortung dafür. Sie konnten nicht hinter jedem Mann stehn, sie waren zu wenig, die Fremdarbeiter erdrückten sie durch die Zahl. Eine Wolke von Niedergeschlagenheit breitete sich aus, wir bekamen sie dunkel mit.

Selbst große Geschützrohre wurden verdorben, indem man sie überdrehte. Umsonst legte der Alte sie auf den doppelten Bock und leuchtete mit seinem Fachwissen hinein und mit dem Licht. Er stand gebückt davor, weit die Beine gespreizt. Es war eben passiert.

Auf dem großen Tag in Grafenwöhr, zu dem die Rohre eingeschickt werden mußten aus allen Werken und wo die offizielle Abnahme war – kein Amtmann konnte sich drücken, er stand für seine Fabrik ein mit der persönlichen Gegenwart – da mußte der Alte Spießruten laufen, weil die Geschützrohre aus unserem Werk die schlechtesten waren, bei ihnen fehlte am meisten. Das war eine Schande für unser Werk und ein Zeichen der versteckten Rebellion. Der Alte setzte sich einen Tag zu früh in den Zug und kam vorzeitig zurück, er machte die Feier gar nicht mehr mit. Die Schande wurde noch unterstrichen.

Er brachte einen Orkan ins Werk heim, er nahm sich die Meister ganz fürchterlich vor, die Meister nahmen sich die Fremdarbeiter ganz fürchterlich vor. Es lag nicht am Stahl und wie er zusammengesetzt war, wir Prüfer wurden nicht angeschissen, wir waren das Auge in diesem Orkan, Windstille für uns. Ich sah einen Franzosen, wie er mit Händen und Füßen sich wehrte, als man ihn in den Sanitätsraum zerrte. Seine Fersen scharrten, er machte die Beine wie Stelzen steif, als man ihn zog. Das große Aufräumen fing an. Die Männer wurden ausgewechselt an den Maschinen, ein paar ganz entfernt. Das bedeutete soviel wie KZ.

Die Rebellion schwelte weiter. Die Fremdarbeiter wußten besser als wir, daß die Deutschen die Verlierer sein würden. Sie hatten Einzelheiten, niemand wußte woher. Sie suchten ein Alibi für den Fall, daß man sie als Kollaborateure verhörte.

Wir durften am Sieg nicht zweifeln. Wir sahen, wie die alten Jahrgänge eingezogen wurden. Die Städte wurden entmannt. Unbekannte Kisten wurden ausgeladen an kleinen Bahnhöfen, scharf bewacht, und es wurde ein Aufheben um die Kisten gemacht, von denen niemand wußte, in welchen Schlupfwinkeln man sie versteckte, in Jurahöhlen vielleicht. Eine Abschreckung mehr für den kleinen Mann. Die Führung sprengte eine gezielte Losung aus, wir hätten neue Waffen von einer so furchtbaren Wirkung, daß sie den Krieg für uns entschieden.

Dann wurde es stumm um die neuen Waffen, die nie zum Einsatz kamen. Und am Hauptbahnhof draußen stand auf einem Zug mit Kreide geschrieben, mit großen Buchstaben über die ganze Länge des Wagens hinweg: Die alten Affen – das sind die neuen Waffen. Alle Reisenden konnten es lesen.

An einem Vormittag geschah es, daß Hellas fehlte, weil ihr Vater am Amtsgericht seine Verhandlung hatte. Zuvor wußte sie nicht, ob sie es schaffte und da hineinkam, ob sie eine besondere Erlaubnis brauchte und durch wen, dann hatte sie die Erlaubnis. Sie wollte ihren Vater noch einmal sehn. Sie kam zurück, als habe sie einen Geist geschaut.

Ich erfuhr es nur über den Feldwebel Viz. Der Vater war völlig gebrochen, verändert, sie hatte ihn kaum erkannt. Auch das Gericht erniedrigte ihn, und sie hörte, wie er seine leisen Antworten gab. Ihn berührte es vielleicht schon nicht mehr, daß seine Tochter alles hörte, er war nur ein Rohr im Wind. Als die Nachricht von seinem Tod kam, sagte sie: »Dem können sie nichts mehr tun.« Sie ließ sich nicht darauf ertappen, daß sie den Vater beweinte. So war diese Zeit.

Eine Drohung brütete zwischen den Mauern, weil die Fremdarbeiter ein Alibi brauchten. Was an Deutschen herumlief im Werk, war alt oder hatte einen Stich ins Kranke, sogar Verrückte. Wer einen Koller gehabt hatte, der landete hier. Die Fremdarbeiter waren die Jungen und eine Auslese, wenn man sie mit diesen Zurückgebliebenen verglich.

Die Fremdarbeiter waren weit in der Überzahl. Sie hatten militärische Erfahrung, denn sie kamen aus besetzten Gebieten. Sie planten, im Werk die Macht an sich zu reißen. Ein Überraschungsschlag mußte es werden. Die einen sollten an die Gewehre heran, von denen sie wußten, wo sie aufbewahrt wurden. Die anderen sollten die Weiber als Geiseln nehmen, damit war der Angriff aus der MG Kaserne gegenüber blockiert.

Es war eine Idee mit kurzen Beinen, damit Sklaven sich als Sieger fühlten im Rausch. In der Tat bestand eine Verabredung über die Weiber, die sollten alle hergenommen werden. Die Fremdarbeiter wollten es ihnen schon zeigen, wer die Männer waren, aber nicht für Männer angesehen wurden bisher.

Nur um eine vorübergehende Zeit konnte es sich handeln, würde mit einem Blutbad enden, hatte keine Aussicht für lang. Aber was war inzwischen mit den Weibern passiert? Sie waren die Geiseln. Mitten im Werk würde der Krieg sein.

Das Vorhaben scheiterte an einem Verräter, der sein Wissen dem Amtmann verriet und persönliche Vergünstigungen dafür verlangte. Die Fremdarbeiter schlugen ihn halbtot hinterher.

Insgeheim wurden Gewehre mit scharfer Munition an die Deutschen verteilt, so weit war es gekommen. Wir Weiber wurden gesammelt in einem bestimmten Raum, zu dem man nur durch einen anderen Raum Zutritt hatte, den die Männer verteidigen mußten. Da war ein geballtes Schweigen, Spannung, Bereitschaft und Angst. Schließlich wurden wir Weiber an der Fahrradeinstelle vorbeigeführt, nicht durch die große Halle. Wir zerstreuten uns aus der Fabrik.

Es war nichts mit den Geiseln und der Gewalt. Die Fremdarbeiter sahen mit eigenen Augen, daß ihr Plan entdeckt war, sie hatten nicht mehr das Überraschungsmoment. Sie standen an den Apparaten wie sonst. Die Hauptverschwörer wurden von der Maschine geholt. Die Stimmung war bleiern, der Aufstand geköpft. Er wurde nie wieder versucht. Der allgemeine Argwohn blieb zurück, scharfe Vorsichtsmaßnahmen.

Drei Stunden Schlaf auf die lange Dauer waren für mich zu wenig, ich konnte nicht heraus aus der Pflicht. Die Doppelbelastung rieb mich auf, der Kampf mit dem Verschleiß, weil Socken, Strümpfe, Wäsche nicht ersetzt werden konnten. Die Wohnung war zeitraubend und eben nicht praktisch, es hing alles an mir. Die Hetze rieb mich auf.

Ich hatte schon einen Feldwebel angeschrieen im Werk, und das konnte mir jeden Tag wieder passieren, ich war eben fertig. Ich würde die Punkte nur so sammeln, die einen ins Lager brachten.

Alles lief mir durcheinander, ich konnte nicht mehr dagegen an. Aber zuvor holte mein Mann mich mit einem ruppigen Mittel heraus.

Den Feldwebel schrie ich an, weil ich geängstigt war, er hatte das Unmögliche von mir verlangt. »Das kann ich nicht«, schrie ich und verweigerte den Gehorsam, er starrte mich ungläubig an.

Der Feldwebel war nicht mein Freund, er vertuschte es trotzdem, weil er die Auseinandersetzung mit dem Alten scheute. Dann kam es nämlich auf, er hatte das Unmögliche verlangt. Ich konnte die schwere Maschine nicht stemmen über meinem Kopf, die er mir vom Hof aus hereinreichen wollte. »Nehmen Sie mir das ab«, befahl er zum hochgelegenen Fenster herein, für mich war er der Satan. Ich versuchte es nicht einmal, es versuchen hieß die Maschine zerstören, davor hatte ich Angst. Ich hätte zu hoch hinauflangen müssen, dafür war die Maschine zu schwer, unser Boden lag tief, und wie dann die Maschine herunterlassen, ohne daß ich sie fallen ließ? Da wehrte ich mich. Ich widersetzte mich aus Ohnmacht. Es war reine Gedankenlosigkeit von einem Mann, aber ich durfte mich nicht widersetzen, das war Insubordination. Fluchend schleppte er die Maschine, die ihm zu schwer geworden war, die nächsten vierzig Schritt weiter zur Tür.

Er war nicht mein Freund, der Feldwebel Hecht. Einmal hatte er eine Lupe ins Labor gebracht und die Haut der Weiberarme mit der Lupe getestet, welche Haut noch jung war, wir mußten ihm den Arm hinstrecken, weil er es befahl. Die Unverschämtheit richtete sich gegen mich, ich hatte die vierzig schon überschritten, er tat es aus reinem Hohn. Das war im Unterbewußtsein immer vorhanden: wir waren Weiberfleisch in der Fabrik, als wäre hier ein Markt. Die Älteren waren im Nachteil, sie bekamen die meiste Arbeit aufgeladen. Bei den jungen Lieblingen ging das weniger genau.

Er war nicht mein Freund. Er suchte mich auf im Labor, nachdem er seine Maschine losgeworden war, er drohte mit Meldung. Vielleicht mußte ich den Russenlokus putzen, damit wurde unsereinem gedroht. »Sagen Sie bloß nichts!« fuhr ich ihm hin und weinte. Das waren die Nerven, daß ich mich nicht mehr richtig benahm. Er meldete mich doch nicht, weil kein Zeuge da war, und vertuschte es lieber. Der Alte hätte mich ausgefragt, der Feldwebel wollte das vermeiden.

Ich war so fertig. Ich schrieb mir lächerlich auf einen Merkzettel auf, was ich links hinlegen mußte, was rechts bei meinen Versuchen. Ich wollte es nicht falsch machen, ich hatte es nicht mehr im Kopf, ich konnte die Gedanken nicht fassen, ich war so gehetzt. Der Krieg war wie Gummi, der nicht riß, auch wenn er sich überdehnte. Hoffnungslos schaute ich meine Experimente an. Ich dachte an den Franzosen, dem ich begegnet war im Hof. »C'est le diable!« hatte er von mir gerufen beim bloßen Ansehn, ausgerechnet von mir. Aber wenn man sich wehren muß, das prägt ein Gesicht, ich wehrte mich schon viel zu lang.

Dann wurde es erst noch grotesk. Ein sturer Meister nahm mich aufs Korn, den es nichts anging, was ein Mensch zu leisten vermag. Er brauchte für die Dollstraße einen Luftschutzwart, weil er in meiner Wohngegend der Blockwart war. Und weil er mich hatte laufen sehn im Werk und weil er bei der Partei war, wollte er aus mir den Luftschutzwart für eine ganze Straße machen. Das brachte zusätzlichen Abendkurs, wo es mich so schon erdrückte, nie vor Mitternacht fiel ich ins Bett nach dem Angriff auf den Verschleiß. Das bedeutete, daß ich nicht einmal für mein Luftschutzgepäck sorgen konnte oder für das von meinem Mann, ich war ja allein, aber dies Gepäck war unersetzlich. Der Blockwart erreichte es auch, daß ich dafür verpflichtet wurde. Als hätte der Tag dreißig Stunden, hatte ich meinen dritten Posten am Hals.

Aber da blieb ihnen der Schnabel sauber. Das war das auslösende Moment, weil ich da schon auf der Drehscheibe war. Sogar mein Mann merkte, daß ich einen Zusammenbruch hatte, dabei sah er mich selten, dabei brachte er nichts aus mir heraus. Er griff zum äußersten Mittel, wie es nur ein alter Hase im Luftschutz erfuhr.

Sogar der Vertrauensarzt für den Kriegseinsatz ließ sich von ihm abbringen von der gewohnten Tour, was im Werk für ein Wunder galt. Dabei wurde nicht etwa geschmiert. Viele hatten es schon über ihn versucht, sich vom Einsatz zu befreien, er stand unerschütterlich dagegen. Er haftete dem Staat für jeden Kopf und brachte sich nicht in Gefahr.

Für seine Unnachgiebigkeit war er verschrieen und mußte sich aufhängen nach dem Einmarsch der Amerikaner, so sehr fürchtete er sich, so allgemein war er verhaßt. Zufällig sah ich ihn zwei Stunden vor seinem Tod. Er kam mir in der Kupferstraße entgegen vor dem Café Alphons. Er starrte mich an mit einem unbeschreiblichen Blick, weil er das für mich getan hatte, was ihm jetzt auch, nicht half. Ich wußte es zwei Stunden später. Noch vor der Ausgangssperre entstand das Gerücht, was so einer mit sich tat.

Aber bei meinem Mann hatte es ihm die Sprache verschlagen. Da ließ er mich aus dem Einsatz heraus.

Die letzten Tage und die ersten

Weil unser Keller eine Mäusefalle war, darum lief ich weit herum mit meinem Luftschutzgepäck und landete im Keller einer alten Brauerei für gewöhnlich, bald in dem, bald in jenem, alte Bräukeller gibt es in der Stadt ja soviel. Da war aber immer der Eingang im Hof, mitten in einem Nest von alten Häusern, und setzte es Volltreffer, und stürzten die Häuser ein, war man unter Bergen von Schutt und Trümmern gefangen womöglich. Ich suchte einen Keller mit dem Notausstieg zum mindesten direkt auf die Straße hinaus. Er mußte nicht gar so weit weg sein, nach dem Kukuk blieb mir nicht viel Zeit. Ich suchte lang, und weil ich ganz in der Nachbarschaft war, durfte ich zuletzt ins Verwaltungsgebäude hinein, mit ein paar anderen Nachbarn, dem Hausmeister war es schon recht. Sie hatten da nach der Sauerstraße hinaus einen kleinen Keller für den besonderen Fall. Sie hatten noch einen tieferen Keller für die Akten, für Beamte im Haus, den Hausmeister nicht zuletzt. Aber unser Keller war auch gut mit der Gasschleuse, wenn man von der Treppe herunterkam, und seine Decke war gut, sie hatte viel enge Rippen. Man traute es ihr vielleicht nicht zu, aber die Decke war prima.

Wir schrieben schon den März, es war nur eine Frage der Zeit, ich war häufig da in der Nacht, und am Tag war ich da, ich war an den Keller schon ganz gewöhnt. Sie hatten ein paarmal was abgeworfen in den Randbezirken, in der Innenstadt nicht, man mußte immer darauf gefaßt sein natürlich, die Nervenprobe war jedes einzige Mal, wir wußten schon gar nicht mehr, was eine ruhige Nacht ist. Und doch ging es von Mund zu Mund, als gäbe es eine Verheißung dafür, Maria breitet einen Mantel aus über die Stadt, da kann der Stadt im Ernst nichts passieren. All das Gerede war ein Wunschtraum für schwache Gemüter, unser Luftschutzwart regte sich darüber auf. »Denen soll man Dreck um das Maul schmieren«, sagte er, »die solche Gerüchte vertreiben. Die Leute verlassen sich noch darauf und setzen sich noch den Angriffen aus.« Ein Munitionszug war in die Luft geflogen, das tat den Fensterscheiben nicht gut. Das war ein einzelner Flieger, wir hatten nicht einmal Alarm.

Die Front rückte näher, eine bestimmte Unruhe drang in die

Stadt, es war insektenhaft, schaute einer herunter aus sehr großer Höhe, und schon gar keine Menschlichkeit drin. Es gab Rätsel, neue Punkte zum Beispiel, die waren zuvor in den Straßen nicht da. Das waren die Autos überall, die da stundenlang standen, mit Vorliebe in der Nacht, die kleinen Wagen für die Kuriere mit besonderem Auftrag, und Todesboten waren es auch, sie waren das äußere Zeichen. Sie kamen auf dem kürzesten Weg von der Front oder gingen weg bis hart an die Front, und der Mann, der so einen Wagen bekam, hatte seinen geheimen Befehl, mit dem ging er am Ende zu Fuß, er mußte sich durchschlagen durch den Feind, ihn auf versteckten Wegen durchdringen, immer noch zu einem militärischen Zweck, aufgeben durfte man nicht, es kam noch auf den Versuch an.

Dabei waren die Weiden schon lange gefärbt, die Ruten weit auseinander und offen, sie knäulten sich nicht mehr zusammen im Krampf gegen die eisige Pein, der Saft trieb ihnen die grünen Knospen heraus, in der Schütt stellten die Märzenbecher sich auf im verblichen strohfarbigen Gras, das so fein war wie trockene Fäden, das Gras vom vorigen Jahr, und die Märzenbecher waren so kurz wie das Gras, sie siedelten dort in blauen Flecken, ich nahm mein unrastiges Wandern im Frühjahr auf, soweit war es wie immer, die Natur suchte ich auf, den Krieg suchte ich zu vergessen. Ich setzte bloß meinen Gängen ein kürzeres Ende und ging seltner parallel zur Donau hinauf; zur Donau kam ich gar nicht hinüber. Ich sprang über den Schützengraben hinüber, auch hier so ein Graben, wo einmal Rekruten lernten. Die Schütt war von Menschen verlassen, ich setzte das Ende nah, war aber doch weit genug weg vor der Stadt, um die Sirenen für den Feindanflug einmal ganz anders zu hören. Wer dort stand in der Schütt, bekam die Sirenen alle zusammen aus allen Ecken und Enden, weil keine die andere verdrängte, das tönte noch schauriger her, wie ein vielstimmiges Gewinsel von Hexen, mit Technik hatte das nichts mehr zu tun und winselte hohl hinauf und hinab. Und wer das hörte, der ging schon nicht weiter, er hatte seine sieben Sachen dahinten. Dabei soll es schlimm sein, kommen die Bäume falsch herunter, wo es kein Vernünftiger denkt, und werden dir mitten im Freien auf einmal die Bäume lebendig, ich habe das nicht selber erlebt.

Die Nächte beim Teufel, darin waren wir schon geübt, es kam Zug hinein auf einmal, der Feind flog öfter ein auch am hellichten Tag, er fürchtete das Abschießen nicht mehr, es bannte mich hinein in die Stadt. Wir waren hilflos da drunten, ich sah den Keller vom Verwaltungsgebäude zu oft. An jenem trüben Tag im April saßen wir schon drei Stunden im Keller beisammen und warteten auf die Entwarnung, der Luftschutzwart war schon ein paarmal vom tieferen Keller herüberspaziert und hatte nach dem Rechten gesehn, dann war er wieder gegangen, sein Loch war eben doch das tiefere Loch, und wie es sein will, war ich eben noch aufgestanden und hatte die innere Tür zur Gasschleuse zugemacht hinter ihm, es war das einzige Mal, daß er vergaß auf die Tür, und er schimpfte im Weggehn, die Fräulein hüten, besser hütest du einen Sack Flöhe, er meinte seine Angestellten damit, er war Beamter im Haus. Der Feindeinflug dauerte schon zu lang, die Disziplin hatte gelitten. Hauptsache, einer dachte daran, wir hätten es sonst anders erlebt, bei uns war die Tür zum guten Glück zu. Sie orgelten auf dem Rückflug heran, da war nichts, sie orgelten weiter, waren schon über unsere Köpfe hinweg, wir hörten es nicht anders, erst dann setzte es den gewaltigen Schlag, von unten her schlug es nach uns, es hatte einen Augenblick lang den Boden angehoben, aber die unscheinbare Decke hielt über unseren Köpfen zusammen, im gleichen Augenblick war um uns Nacht, wir hörten auch schon das Wasser plätschern im Raum unmittelbar nebenan, da waren Wasserrohre geborsten. Ich hörte nicht einmal, ob wer schrie, meine Sinne waren auf anderes gespannt, die beiden Koffer fest in der Hand, saß ich auf meiner Bank, als wolle ich reiten. Ich fühlte mich mutterseelenallein. Ein Besonnener zündete eine Kerze an und mahnte zur Ruhe, wenngleich keiner einen Ton sagte. Immerzu plätscherte Wasser, ich dachte nur, wie schnell ist es nebenan voll und drückt das Wasser herein, das muß nicht sein, daß es hereindrückt, vielleicht läuft es nach dem Hausinneren ab, wer sagt denn das, daß noch Wände sind im ganzen übrigen Haus, wir sind vielleicht bloß ausgespart hier draußen am Rand, so war es auch, wir klebten unversehrt da wie ein winziger Rest. Die Frau mir gegenüber stand auf, sie ging auf mich zu ganz allein und wisperte mir ein Geheimnis ins Ohr, bei uns im Keller sitzt eine Tote. Ich warf meinen Blick auf die dicke Frau gegenüber in der hinteren Ecke, die ganze Zeit hatte sie kleine Bissen gegessen von irgendwas, was sie verstohlen hineinstopfte in ihren Mund, das machte sie immer, die Frau mußte aus lauter Aufregung essen, sie war mit dem Kopf hintenüber an die Wand gesunken, unnatürlich in ihre Ecke gelehnt, nicht das kleinste bißchen rührte sie sich. Wieso soll es die erwischt haben, dachte ich, unser Raum ist intakt, die Decke hält noch, wie lang hält die Decke, wieviel Druck hat sie drauf? Ich beschäftigte mich nicht mit der Frau, war sie wirklich tot, half ihr nichts mehr, vielleicht war sie gar nicht tot. Ich folgte dem Mann mit den Augen, der sich langsam bewegte und mit ruhigem Griff die innere Tür aufmachte in die Gasschleuse hinein, einen Spalt machte er sie bloß auf, die äußere Tür der Gasschleuse war herausgerissen, ich sah es ihm an, er blickte in ein einziges Meer von brausenden Flammen. Er zog gelassen die Tür wieder zu, »da hinaus geht es also nicht«, sagte er langsam, der Mann nahm sich zusammen. Er ging quer durch den Raum nach der kompakten Stahlscheibe, die das Fenster verschloß, sie war kreisrund wie ein großes Bullauge von einem Schiff, der Mann langte hinauf nach dem strengen Verschluß, da fing die Frau neben mir an zu kreischen, »das Fenster zulassen!« zeterte sie, »die kommen wieder, in München war das immer, die kommen immer wieder zurück, die lassen einen nicht aus dem Keller heraus, die lassen einen nicht löschen und nichts, das Fenster muß zubleiben, ich will nicht aus dem Keller.« Der Mann tat ihr den Willen. »Wir müssen uns vergewissern, ob wir nach dieser Seite verschüttet sind«, gab er ihr zu bedenken. Aber immer, wenn er nach einer Weile hinauflangen wollte und drücken, führte die Frau sich auf und ließ es nicht zu, solang man Rücksicht nehmen wollte auf sie, der Mann nahm Rücksicht wie auf eine Kranke.

Der Rauch

Damals hatte ich nichts zu tun mit dem Laden, seit Jahren schon nicht, das hatte der Arzt dem Nickl verboten. Den ganzen Zauber habe ich nicht mitgekriegt mit den Punkten im Krieg und nicht das Gewinsel, wenn einen die Kunden bedrängten und wenn sie der Laus den Balg abschinden wollten.

Den Rauch verteilte ich nicht, Gott sei Dank, ich war selber auf schmale Ration gesetzt. Nach der schweren Krankheit hatte ich ganz aufgehört mit dem Rauchen, nur fing ich dann wieder an. Der Nickl gab mir zwei Zigaretten am Tag, ich gab ihm dafür meine Punkte, so habe ich was für meine Gesundheit getan. Aber entbehrt habe ich es auch, zumal wenn ich den Mann mir was vorrauchen sah, ich hatte es eben noch nicht überwunden.

»Du hast das Jahr vorher nicht geraucht, du hast überhaupt kein Kontingent«, sagte der Mann. Damit waren sie abgeschnitten, die Wünsche. Da trieb es mich um, heute würde mir das ja nichts mehr machen.

Nur hätte ich hin und wieder eine Schachtel Zigaretten für die Strickerin gebraucht, welche ich wußte in einem Dorf. Man hätte einen Pullover gehabt auf den Leib, wenn die Kohlen im Ofen nicht reichten.

»Gib doch die Zigaretten«, sagte ich, »sie werden verlangt.«

»Nein«, wußte er darauf, und ich gab ihm hinaus: »Du machst es einem nur schlecht.« – »Du arbeitest auch nicht im Laden«, sagte er, stur konnte er sein, und ich sah wieder, was ihn wurmte. Daß eine Frau krank werden muß, reimte sich für ihn nicht zusammen, denn sie wurde gebraucht. Nur konnte er gegen den Arzt nicht an.

Aber der Kriegseinsatz kümmerte sich nicht darum, es war nicht mehr akut. Was daraus wurde, war ihnen egal. Das wurmte ihn nochmal und »wehe, wird mir die Frau krank!« sagte er schon gleich, als sie mich holten.

So ging ich mit gemischten Gefühlen hinein, und von den Zigaretten trennte er sich nicht, auch wenn ein Pullover daraus geworden wäre für ihn. Er sagte: »Spar eben deine zwei Zigaretten zusammen!« Das konnte ich wieder nicht, so abhängig war ich davon, und wenns zwei Stück waren, es war eine Schande.

Da hat die Strickerin denn auch nichts getan, für ihn nicht, für mich auch nicht. Da waren wir beide gleich, und gleich eigensinnig waren wir auch.

Denn mit Stricken fing ich nicht an, was sollte ich machen? Ich flickte so schon bis Mitternacht jeden einzigen Tag, wenn ich aus dem Kriegseinsatz heimkam. Das Zeug war doch alles Ersatz, aber der Mann hätte was aus Eisen gebraucht. Todmüde war ich, ich hatte kein Gefühl mehr in den Fingern, die Nadel fiel mir aus der Hand.

»An dir hängt mehr Arbeit dran als an drei kleinen Kindern«, hatte schon seine Mutter gewußt. Um drei Uhr blies mich dann die Sirene heraus, und in aller Morgenfrüh mußte ich laufen, ich war nicht einmal eingeschlafen nach dem Hocken im Keller, das Lauern stundenlang hielt einen wach. Aber der Einsatz wartete nicht.

Das ganze Jahr bekam ich nur die Hälfte vom Schlaf. Ich dumme Kuh hielt meinen Mund. Es war verlangt, daß man nichts daraus machte.

Es gab andere, die prunkten mit den wärmenden Pullis. Der Nickl konnte nur mehr den Kopf schütteln und es mir hinreiben: »Andere Frauen bringen doch auch was her.« – »Ja«, sagte ich, »gegen Zigaretten!« Ich redete hin an einen Verstockten. Niemand tat einem was ohne Zigaretten, zaubern konnte ich nicht. Das war im Krieg eine Währung, die war mehr wert als ein schönes Geld.

Aber den Mann blies die Sirene noch ganz anders heraus, ich machte mir das nicht immer klar. Denn auch er hielt den Mund. Es war verlangt, daß man nichts daraus machte. Die Überforderung war allgemein.

Er war im Luftschutz, der Nickl. Er war vom ersten Tag an dabei. Da wurden sie hart gedrillt, was ihn um seine goldene Freiheit verdroß, dann nur am Vormittag noch gedrillt und standen danach in Bereitschaft, wie man es nannte. Das Stehn war ein Sitzen, im Feuerhaus spielten sie Karten.

Der Mann fand eine Masche und war dann in der Nacht wieder in seinem Bett, in der Wohnung durfte er schlafen. Mit dem Rad konnte er schnell im Feuerhaus sein, gab es Alarm, er war verbunden durch ein Telefon. Er bekam den Nachmittag frei für seinen Laden, weil er einen hohen Umsatz nachweisen konnte. Dafür mußte er verzichten auf seinen Sold.

Im ganzen waren es fünf, die die Vergünstigung hatten und auch den Grund, alle fünf hatten verzichtet. Es hieß nur spurten beim ersten scheußlichen Ton, den die Sirene heulte vom Dach, sonst war ihnen die Gunst genommen.

Unüberhörbar war dieser Ton, mit den Ängsten beladen. Er ging einem durch Mark und Bein, jedes einzige Mal sah ich dem Mann nach. Ankennen ließ ich mir nichts, es nahm einem den Atem bei jedem Alarm. Der Mann erzählte mir nichts, wenn er heimkam von Nürnberg, von Augsburg, von München.

»Wenn ich das noch erzählen müßte auch!« sagte er bloß.

Froh mußte man sein, wenn er heimkam, er fuhr ja immer mitten in die Katastrophe hinein. Wo sie am dicksten war, dort schmiß man den Luftschutz hin, und es war der Nickl, der hinterher die Kameraden heimfahren mußte, er konnte am besten fahren im Dunkel, die anderen hinten schliefen sich aus, die Scheinwerfer benützte man nicht.

Wir taten nie dergleichen, es gehörte sich nicht. Ich verstand ihn gut, daß er zum Schwimmen ging statt in seinen Laden, das richtete ihn halbwegs wieder zusammen. In den Laden ging er nur offiziell, er mußte sich blicken lassen, das schon.

In der Zeit machte er nicht viel Wesen mit seinem Geschäft, wir hatten Fräuleins dafür, der Mann lebte nur einmal. In der Zeit verkaufte sich die Ware von selbst. Der Kunde lief der Ware nach und nicht die Ware dem Kunden. Darum waren die Spesen wenig, die Welt war verkehrt; darum blieb auch was hängen. Das Kunststück war nur, die Ware haben.

Nur war, was da hängenblieb, hohl, hinterher stellte sich das ja heraus. Es ließ sich nicht verdienen am Krieg. Von vorn mußte man anfangen mit wenig Geld, als die Mark den Wert wieder hatte, und nicht einmal der Kunde blieb treu, er wollte den König spielen und wechseln. Denn jetzt war er frei.

Er zeigte es einem, was ihm verleidet war unter dem Zwang, aber wir hatten den Zwang nicht erfunden. Wohl oder übel mußte man seinen Kunden verärgern, man war an die Punkte gebunden und rechnete sie vor am Finanzamt, dort ging es genau.

Nur hätte der Kunde gern eine Extratour gehabt für sich speziell. Daß er die Extratour nicht bekam, merkte er sich. Darum kamen die Neuen auf nach der Währung, als der Handel losgelassen wurde und es von Heimkehrern schwirrte. Das wußte man damals noch nicht.

Der Mensch sieht ein kleines Stück und nicht mehr, der Mensch sieht nicht alles voraus. Der Nickl glaubte steif und fest, daß er nach dem Krieg reich werden würde, als risse man ihm die Ware immer so fort aus den Händen heraus. Nie ging es in seinen Kopf, daß es sich nach dem Krieg drehte.

Der Russe rückte an die deutsche Grenze heran, da stellten sie den Mann noch ins Feld ab, und von der Feldpost, die ich ihm schickte mit allem Rauchbaren darin, hat ihn nicht ein Päckchen erreicht, der Mann war immer schon weg.

Er war immer dicht hinter der Linie. Er kam bis Stettin; das war sein Osten, wie er es nannte. Von Stettin mußten sie wieder zurück, sie waren lauter ältere Männer auf einen Haufen. Er hat Holz geschlagen in einem Wald, da fetzte es her, und da passierte es nicht. Er geriet in einen großen Kessel hinein und aus dem Kessel noch einmal heraus, im Genick immer den Russen.

Er mußte zu Fuß nach Hamburg laufen oder nicht ganz so weit. Zuvor hat sie der Ami noch abgefangen in einem Lager, und der Nickl war der Letzte, der ihnen hineinging, sie schickten ihm einen einzelnen Ami heraus.

»Da sind wir Herr!« sagte der Nickl ganz frech, und wenn die reine Ohnmacht dahinterstand. Als könne er noch was wenden! Er setzte sich auf einen Stein, fest entschlossen, daß man ihn wie ein Schwein hineinschleifen mußte, weil da drin die verrufene Gefangenschaft war. Der Ami schaut ihn noch an und bricht sich nichts ab und setzt sich auf einen anderen Stein, er raucht an seinen Zigaretten so fort.

Der Mann hat es mir hinterher mit immer den gleichen Worten erzählt, und so ist's gewesen. Er hätte auch an einen anderen hinkommen können, insofern hatte er wie der Dumme das Glück.

Der Ami kam dann herüber und redete deutsch mit ihm, weil er in Hannover einen Großvater hatte. Der Nickl nannte den Ort, wo er her war und auch wieder hin wollte, wenn man ihn ließ, und eine Zigarette nahm er von ihm an. Nach einer ganzen Weile erst, sagt der Mann, und weil er sich wehrte, trieb der Ami ihn mit dem Revolver hinein.

Den Kopf hätte es ihn kosten können, wenn der Ami schlecht aufgelegt war.

Da lungerten ein paar Soldaten am Eingang, daß sie gleich nach seinem Handgelenk griffen, aber die gewünschte Armbanduhr war schon fort. Die Waffen hatten alle Gefangenen schon außerhalb zusammengestellt. Die Soldaten streifen den Nickl ab, was er sonst an sich hatte, aber nach dem, was er in den Stiefeln trug und worauf er lief, nach dem griffen sie nicht.

Vor dem Russen gelaufen, vom Ami gefangen, aber dem Engländer überstellt, blieben sie in dem Lager nur eine Nacht und kamen dann doch nach Hamburg hinein, wo es einen schreienden Mangel an Schutzleuten gab. Und weil der Nickl den ganzen Krieg im Luftschutz stand und hatte das auch vermerkt, mußte er Schutzmann machen in Hamburg.

Danach wog er hundertundvier Pfund und hatte soviel Pfund eingebüßt seit Stettin, und ich wog nicht viel mehr, aber so weit sind wir noch nicht.

Noch bevor er ins Feld ging, war ich aus dem Kriegseinsatz wieder heraus, weil ich krank wurde nach einem Jahr und der Mann ließ es sich nicht gefallen. Das alles hat er noch fertiggebracht, er hatte sie gleich schon gewarnt.

Er berief sich darauf, denn jetzt rückte er mit groben Drohungen daher, daß er die Frau dem Staat hinaufhängen wolle zur Invalidenversorgung, das war die überhaupt einzige Masche, wie ihm einer verriet. Ich hörte ihn selber bei seinen Drohungen am Telefon, ich wurde richtig bitter, er steigerte sich so hinein. Ich wußte nicht, wie weit es ihm damit ernst war. Aber hätte es sich nicht heilen lassen, war es schon ernst.

»Ich hab sie schon einmal gesund machen müssen und das bezahlt«, sagte er hart, »an einer kranken Frau habe ich kein Interesse.«

Genauso grob brachte er es an die richtige Stelle, und wenn ihm das auch nicht hinausging und es am Ehemann hängenblieb, er machte doch Eindruck bei den Stellen, weil er seine Frau für den Kriegseinsatz gleichsam strafte, stur konnte er sein, und er hatte die frühere Krankengeschichte, die er vorweisen konnte.

Da wollten sie mich verschicken auf eine Kur, vor dem Verschicken hatte ich einen Heidenrespekt. »Ich werde schon damit fertig«, sagte ich, »bin ich erst aus dem Einsatz heraus und hab wieder mehr als drei Stunden Schlaf.« Und als ich den Schlaf wieder hatte, wurde ich auch damit fertig.

Ich hab mich kuriert nach Doktor Eisenbarth. Aber der Mann ging fort in den Krieg und hat geglaubt, daß er mich nie wieder sieht, und das aus einem ganz andern Grund. Das war das Letzte, was er noch für mich tut, hat er geglaubt.

Nämlich er hat einen Wink bekommen von einem PG mit genau solchen Worten: »Dir wollen wir ja nichts, aber deiner Frau!« Das sollte eine Warnung sein, daß was im Gang war, oder was konnte es sonst sein? Ich wußte immer, es gab was zum Fürchten.

Da waren die Gewissen, denen ich ein Dorn blieb im Aug, es war mir auf der Stirne geschrieben. Jeder wußte, mit wem ich zusammensteckte früher einmal, ich galt für eine Linke, und daß ich frei herumlief, begriffen sie nicht.

Die Heirat hatte vorübergehend geholfen, nun sollte auch das nicht mehr helfen. Sie brachten den Nickl schon ganz durcheinander. Mit Fleiß haben sie in den Mann den Stachel gesenkt, es werde ihm noch was passieren mit mir, und wegen der Sippe hafte er mit.

Sie machten ihn wankend, aber er schreckte doch auch zurück. Wäre ich ihm fortgelaufen, das wäre besser gewesen für ihn, ich wußte bloß nicht wohin. Mehr wie einmal haben sie es mir gezeigt, aus den Wirtschaften mich verjagt, wenn die Herren beanstandeten, daß ich beim Kundschaftrinken saß mit dem Nickl und sie soffen am nächsten Tisch. Ich hätte zuviel beobachten können, da war ich nicht erwünscht. Der Mann hat sich mit Schwung hinausschmeißen lassen im Anfang und hat zu mir gehalten, das vergaß ich ihm nicht. Dann war eine Zeit Ruhe, und dann war ich krank von der Zeit.

Dann fing es wieder an, da war es ihm schon lästig, ich mußte büßen dafür. Ich sah was auf mich zukommen, und ich schaute dahinter. Ich wußte immer, es gab was zum Fürchten. Die hätten es gar zu gerne getan, mich nach Dachau gebracht noch vor Torschluß, die räumten schnell noch ab.

Bei der Dienstverpflichtung hatten sie mir nichts anhängen können, ich paßte schon auf. Aber daß ich aus dem Einsatz herausschlüpfen konnte, das allein war verdächtig, vergönnt war es mir nicht. Denen hat bloß der Krieg nicht lange genug gedauert, sonst bekamen sie es noch in den Griff.

Er sieht mich nicht wieder, der Mann hat es nicht anders geglaubt. Ihn stellen sie jetzt ins Feld ab, daß keiner mehr für mich was tut, und dann holen sie mich. Er hat es mir nur nicht gesagt beim Abschied am Bahnhof, was konnte es nützen? Viel später einmal hat er es mir gesagt.

Darum war keine Sturheit in ihm auf dem Bahnhof, er war nicht die Spur mehr verstockt. »Nimm dir heraus«, sagte er, »was du brauchst, Zigaretten meinetwegen, übertreib es nur nicht. Und das Geld holst du bei meiner Schwester.« Er hat mich nicht einmal gekürzt, was mich gewundert hat an dem Mann, ich wußte ja nichts.

Sein Laden war zugesperrt, der Nickl hat die Ware seiner Schwester überstellt und es ordentlich gemeldet, daß sie sein Geschäft weiterführte in ihrem Geschäft, sie kannte sich in der Branche aus. Er band es ihr auf die Seele, daß sie ihm seine Stammkunden erhielt.

Ich hab mir Mühe gegeben und seine Sachen geschleppt im Luftschutzgepäck, das Seine und auch das Meine, was eben notwendig war, und schwer war der Kram, ich hatte nicht mehr soviel Kraft. Ich mußte in einen Keller außer dem Haus, jeden Tag wieder und jede Nacht, davon wurde einem der Kram so teuer, man merkte es schon, was man dafür tat.

Ich verteilte noch geschwind seine eigenen Zigaretten hinein, von denen ich ihm schicken sollte ins Feld und konnte auch für mich manche nehmen, aber nur für mich selber.

»Das ist Schwund«, hatte er zu mir gesagt. Denn auf das Tausend waren sechs Stück gerechnet als Schwund, was ein Abkommen war. Die blieben dem Großhändler zugute, wenn sie nicht fehlten, die Spanne war so schon gering, passieren konnte viel mehr. Und diese Zigaretten wußte ich, die er mir gab, aber die anderen wußte ich nicht.

Auf der höchsten Stellage am Gang hielt er zwei Gebinde heimlich, die er mir nicht verriet. Er hatte sie gut versteckt gleich unter der Decke und hinter dem Werkzeug zum Basteln, an das ich nicht rührte. Ich kam da zweimal im Jahr hinauf, und diese Zigaretten wußte ich nicht.

Der Feind hatte schon abgeladen in den Randbezirken der Stadt, in der Stadtmitte noch nicht. Er flog nicht mehr meistens bei Nacht ein, die Sirene heulte schon mehrmals am Tag, sie kreisten über Würzburg.

Kleine Autos vom Stab standen plötzlich in den Hauptstraßen herum wie die Flöhe und waren leer und waren im Straßenbild neu, dann sprangen die Chargen mit den besonderen Aufträgen wieder hinein und weg waren sie, ich spürte eine schwirrende Unruhe in der Stadt. Jeder wurde zum Schluß noch gelenkig und turnte im Kopf, machte es so und dann doch wieder anders, als ließe sich mit Voraussicht was retten, rechnete sich alle Chancen aus und hatte hinterher sich verrechnet. Denn was da zuschlug, war blind.

Wer sich hinauswagte in die freie Schütt, der hörte von weither ein Wummern und Rollen, ganze Tage hörte man es schon. Das rückte ungeheuer heran und war die Front.

Es gab Leute, die waren hundertmal in den Keller gegangen, und weil es aufs Ganze ging, verloren sie das Vertrauen und wollten nicht mehr hinein, andere wieder gingen jetzt erst hinein.

Es gab Leute, die sagten: »Ich geh nur ins Freie, wenn Alarm ist, nicht anders.« In wahren Schwärmen zogen die Menschen über den Steg in das Wildwuchsgebiet an der Donau hinaus. Soviel Menschen sah man sonst nie mehr beisammen, ganze Familien liefen mit den Kindern davon, gab es Alarm. Dort war weit und breit nichts, wie sie meinten, da gab es kein lohnendes Ziel.

Andere wieder wußten: »Es ist schrecklich unter den Bäumen, wenn sich die Bäume bewegen und stürzen.« Und wer das einmal mitgemacht hatte, wagte sich nicht mehr unter die Bäume.

»Mir genügt ein Mauervorsprung«, hatte der Nickl immer gesagt, wenn er beim Löschen war in den Städten, er scheute vor Kellern. Einen echten Schutz gab es doch nicht. Selbst in das Wildwuchsgebiet schlug es Krater hinein, sinnlos aber zum Tod. Auch in den Kirchen hat der Oberteufel gehaust und half keine Weihe dafür und half kein Herrgott im Kelch. Der Schrecken war losgelassen. Keiner war sich schlau genug, daß es ihn nicht heraussuchte, wenn es wollte, und daß es ihn traf.

Als der Feind in der Innenstadt ablud, war es nach drei Stunden Warten ein einziger Schlag. Wir hatten schon geglaubt, wir kämen bald aus dem Keller heraus.

Der Feind nahm uns auf dem Rückflug noch mit, und mit dem einen Schlag war alles getan. Ich spürte ihn von unten herauf mit aller Wucht in die Sohlen hinein und in den Fuß, als spränge der Schlag unheimlich aus der Erde heraus. Und er kam doch von oben, wo aber die Decke noch hielt und wo uns über den Köpfen ein Meer von Flammen brannte, gleich ein paar Volltreffer faßte das städtische Haus. Nach dem einen Schlag, weil der Feind auf die Sekunde genau ausgeklinkt hatte, brannte die halbe Innenstadt an allen Ecken und Enden.

Und das Haus, wo ich wohnte, nicht aber im Keller saß, war das letzte Haus, durch das eine Bombe hindurchschnitt, jenseits der Straße war schon kein Krieg, wir waren das Ende vom Teppich.

Die Bombe raste schief durch das Dach, durchs Treppenhaus schief, den Kopf voran die Geschwänzte. Erst im Nachbarhaus schlug sie berstend auf und riß es hinunter in einen einzigen Brand.

Wir hatten Massel und schlüpften durch den Notausstieg auf die düstere Straße hinaus, die schwarz war vom wölkenden Rauch, von rotzüngelnden Bränden beleckt. Ich watete durch alle Scherben um unser Eck, war auf alles gefaßt und konnte schon sehn, ich hielt an den beiden Koffern mich ein.

Unser Dach brannte schon weg, die Wohnung im ersten Stock noch nicht. Vom Funkengestiebe aus dem Brand nebenan wollte die Haustür brennen und brannte noch nicht, sie rauchte. Das Gestiebe schlug hart her, ich schützte mich mit dem Arm, lief die Treppe hinauf, die schweren Koffer spürte ich nicht.

Das kopfgroße Loch in der Mauer hatte sich die Bombe gemacht, ich lief noch die halbe Treppe hinter der Wohnung hinauf, denn das mußte ich sehn. Mit dem Gesicht ging ich hin, bis es mich biß. Ich spähte dem Feuer in sein sperroffenes Maul, das fauchte her, als ob es mich meinte. Nur die Mauer faßte das Toben, wer konnte sagen, wie lange sie hielt? Der Brand schnellte hoch an der Trennwand, so daß ich wich, der Wind stand herüber.

Ein Soldat riß mich weg: »Angst haben Sie wohl überhaupt nicht?« Aber es war die Aufregung und nicht der Mut.

»Höchste Zeit, daß Sie kommen, die Wohnung müssen wir räumen.«

Der Soldat hatte seine Vorschriften, ich wußte nichts besser. Was sich tragen ließ, trugen wir in jenseitige Hausgänge hinein, wo der Krieg noch nicht war, in zuviel Hausgänge, es halfen zu Viele.

Fremde Helfer schwirrten heran, ich hatte keinen bestellt, und fremde Helfer halfen davon, wer schied von den Schafen den Bock? Sie halfen mir über den Kopf weg, trugen alles weit auseinander, vergebens schrie ich hinterher. Aus anderen Häusern trug man Sachen in die gleichen Hausgänge hinein, wir waren nicht der einzige Brand. Ich war allein, ich konnte nicht überall zugleich sein.

Am Abend trugen wir es wieder zurück, was noch da war, natürlich, denn es war eine Gelegenheit, aber im Erdgeschoß fehlte mehr. Dort waren die Helfer von der Straße aus einfach durch die Fensterläden gestiegen und hatten geholfen.

Ich wollte es richtig machen und machte es doch verkehrt, hinterher schimpft es sich leicht. Daß das Haus nicht herunter brannte, wußte man zuvor nicht, alle hielten es für verloren. Das Haus mußte schon triefen, dann erst wußte man, es brennt nicht mehr herunter. Wir waren mit Ausräumen fertig, da wurde Luftschutz eingesetzt für den großen Brand an der Ecke, der spritzte fleißig seine Güsse zum alten Kameraden herüber und rettete dem Hausherrn das Haus.

Die Türen zersprengt, alles Glas zerschellt, zog die Wohnung wie ein Kamin, der April schneite wieder, es war die kalte Hölle. Für mich gab es keinen Keller mehr, ich mußte vorlaufen bis zur Post. Ich schleppte an den Koffern, die Flugzeuge schossen schon im Tiefflug herunter. Sie jagten uns wie die Hasen, die Lunge kam einem heraus. Es ging auf den Schluß zu.

Plötzlich schickten die Lieferanten den Händlern die Ware haufenweise auf ihre Gefahr, schickten sie einfach los, die sie so lang zurückgehalten hatten, und wälzten das Risiko ab. Sie hatten ihren Beleg, der Kunde wurde schuldig dafür und konnte zusehn, wie er die Ware behielt. Es waren die Taten der Angst. Die Ware war regulär, gleich nach der Einnahme wurde sie heiß, das wußte man oben schon, das wußte man unten noch nicht.

Von einer Stunde zur anderen verlangte meine Schwägerin, daß ich den Großteil der Zigaretten zurücknehme, was gegen alle Abmachung war, sie wollte aus der Verantwortung für die Ware heraus. »Wie stellt sich mein Bruder das vor? Wenn was ist, rettet man doch das Eigene zuerst. Nimm die Zigaretten nur du«, sagte sie, »du bist die Frau.« Ich konnte es ja nicht verweigern.

Schlagartig war ich vor das schwere Rätsel gestellt, wo ich die Zigaretten versteckte, damit ich sie dem Nickl erhielt. Sie waren Satans liebster Köder geworden im langen Krieg, jetzt hatte ich sie als harte Pflicht auf dem Hals. Sie waren ein Anreiz zum Verbrechen für andere, kamen sie nur an Zigaretten heran. Ich wurde Zielscheibe und wußte nicht wie.

Meiner Schwägerin fuhr ein Metzger die Ware zugedeckt zum Apotheker hinüber. Ich hätte nur zu gern eine Apotheke für die Ware gehabt, Apotheken plündert man nicht. Aber ich hatte keine Beziehung. Den nächsten Handwagen fuhr er zugedeckt in die Milchstraße hinein, ich weiß nicht zu wem, nur nicht alles an einen Ort!

Es war sonderbar, »nur weg von hier!« dachte man unwillkürlich, als zöge der Ort, auf dem man stand, den Blitz an, und ein anderer Ort zöge ihn nicht.

Im Laden suchten die Plünderer zuerst, dort konnte ich mit der Ware nicht hin. Außerdem war er mit Brettern verschalt, durch die man einsteigen konnte, hier hatten Splitterbomben gehaust. Die Wohnung war vogelfrei. Mit dem Zug konnte ich so oft nicht mehr fahren, ich hätte sie ausgelagert in einem Dorf. Ein Risiko war es auch, man mochte jemand noch so gut kennen.

Mein Vater nahm den größeren Teil, aber nicht gern und nur, weil in der Werkstatt nicht gearbeitet wurde, seine Leute waren im Feld. An der Schmiedesse war ein Platz, wo ich sie unter rußigen Kisten versteckte. Solang es kein ganzes Lager war, fielen sie dort nicht auf.

Zwei Kartons fuhr ich in den Männerturnverein hinaus, wo im Kasemattenquartier unter den dicken Wällen die Kameraden vom Luftschutz schliefen. Dort waren die Mauern gewaltig, eine schwere Erdaufschüttung auf dem Gewölbe. Dort hatte der Nickl schon einen Kasten mit seinen Anzügen hinterstellt, also hatte er dort das Vertrauen. Man schickte mich auch nicht fort, ein Kamerad schob die Kartons unter sein Bett.

So ein Karton war sechshundert Mark wert regulär, Zigaretten liefen schon damals ins Geld. Es war lächerlich, dachte man an den Umsatz vorher. An den Umständen gemessen, war es ein Schatz. Ich wußte nicht, wo ich die Zigaretten besser aufheben konnte, seine Kameraden würden ihn nicht bestehlen. Bei allem stellte ich mir den Nickl vor, was er selber täte, ich hatte für mich nichts im Sinn. So weit dachte ich gar nicht.

Die Flugzeuge standen schon bereit, daß sie es uns machten wie Würzburg – da wurde die Stadt übergeben, und dazu gehörte Mut. Wir wären nicht mehr da ohne den Mann, der sein Leben riskierte, wir haben es nur vergessen.

Der Ami gab die Stadt drei Tage für die Plünderung frei, damit eine große Drangsal entstand, das war das Erste und gehörte zum Krieg. Bei der Schwägerin wurde am Nachmittag schon geplündert. Um zwei Uhr, als die Ersten ihr zusetzten, konnte sie sich noch behaupten. Sie war eine Mordsfrau, was das betrifft. Um drei Uhr war alles umsonst, und vor Entsetzen, als sie den Plünderern wich, schoß ihr das Wasser heraus. Wäre der Nickl dagewesen, wären die Plünderer gegangen an seinen Nerv, leicht hätte es Tote gegeben und ihn nicht zuletzt.

Die Plünderer hatten einen sechsten Sinn, wo es was zum holen gab, sie wußten Bescheid. Sie hatten sich lang drum gekümmert und sich nichts anmerken lassen, sie wohnten ja unter uns. Sie hatten nur noch gewartet auf jenen Tag X, den man ihnen vor der Nase herumzog. Für sie war er anders gekommen.

Die Besatzer legten uns den Maßstab an nach ihrem eigenen Land, da konnte nichts passen. Auch das gehörte zur Drangsal, und wir hatten die Schuld und hatten die Drangsal verdient, doch nicht alle, auch Opfer waren darunter.

Viele wunderten sich, was die Propaganda alles anrichten kann, ja waren sie blind? Man nannte ihnen die Greuel mit Namen, da war es erschreckend klar, da schlugen sie an die Brust. Zuvor hatte man es anders gehört. Und doch war ein panischer Schrecken vor dem Lager verbreitet, woher dann die Panik? Sie hatten es nur nicht wahr haben wollen. Ja, leuchtete es ihnen ein, aber jetzt passen wir auf, gleich im Anfang passen wir auf! Wie lang leuchtet ein Licht? Wann wird es Nacht? Woran erkennt man die Nacht? Wer streut Sand in den Blick?

Der Zahltag kommt immer. Auch um den Männerturnverein und sein Quartier lungerten die verdächtigen Gestalten. Das Quartier war noch unversehrt, weil der Ami dauernd durchs Eingangstor fuhr, auf dem Sportplatz wurden die gefangenen Soldaten gesammelt. Sie saßen im Regen am Boden, und als ich bloß hinschaute und dachte, die Männer werden so naß, brüllten schon die Amis mich an.

Das Quartier mußte geräumt werden, der ganze Luftschutz packte. Ich hätte es von niemand erfahren, lief ich nicht her und trieb mich nicht ein Instinkt. Seine Anzüge rettete ich zuerst, mit denen rannte ich durch das Tor, die Amis brüllten von Lastwägen auf mich herunter, ich nahm mir die Zeit nicht zum Hören, schon das war gefährlich, verhaftet war einer schnell. Ein Gedanke beherrschte mich, wie bringe ich seine Zigaretten aus dem Quartier, die ich doch fahren und zudecken muß?

Ich mußte mir einen Handwagen verschaffen und trieb keinen auf, ich hatte gar nicht soviel Zeit. Endlich kriegte ich was, eine Kiste auf Rädern. Bei jedem Zug voran beschrieb sie einen Halbkreis statt der Geraden und sperrte quälend den Weg, war doch besser wie nichts, auf dem Arm brachte ich die Kartons nicht fort. Und so quälte ich mich ins Quartier, traf die Männer noch an. Jeder klaubte, was er hier ausgelagert hatte, zusammen.

Die Kameraden hatten sich nicht vergriffen an den Zigaretten, insofern hatte ich richtig getippt. Aber sie hatten dem Rauch, der in ihrer Reichweite war, doch Augen gemacht, er war eine große Versuchung für sie. Als ich ihn wegholte, wollten sie nicht von ihm lassen und sie keilten mich ein, die ganzen Männer hatte ich um mich herum. Sie verlangten kurz und gut, daß ich die Kartons aufbreche, sie waren fabrikverschlossen.

Die ganzen Zigaretten sollte ich unter sie als die Kameraden verteilen, gegen Bezahlung natürlich, »sonst holt sie ja doch bloß der Ami«.

Eine summende Erwartung kam von ihnen wie ein Ring, der mich umschloß und mich drückte. Ich hörte was läuten in mir und weigerte mich instinktiv. Am liebsten wären sie hergefallen über den Rauch, und wenn ich ihn verweigerte, dann über mich, es fielen Worte.

Draußen war das Besatzungsrecht schon angeschlagen, so kleingedruckt und so lang über soviel Spalten hinweg, daß ein einsamer Rechtsanwalt, der sich seinen Stuhl mitgebracht hatte, den ganzen Tag vor dem Recht saß und las. Die Bevölkerung kriegte das Recht nur in den großen Zügen mit und tappte schon aus Unkenntnis hinein. Es sprach sich herum nach und nach, was alles verboten war, und immer das, was am dringendsten nottat, es gehörte zur Drangsal.

Ich handelte nur korrekt, zog mir den Haß und die üble Nachrede zu. Ich hatte einzig den Nickl im Sinn, die Zigaretten gehörten doch ihm. Er hatte sie mühsam auf Punkte, daran vergriff ich mich nicht. Ich konnte mir nicht einmal denken, daß ich sie aufriß. Ich blieb hart und steckte die Bemerkungen ein. Ich war von lauter Anständigkeit wie besessen. Vielleicht war es dumm von mir, aber nein, es konnte nicht dumm sein.

»Die Zigaretten muß ich dem Mann erhalten.«

»Wer weiß, ob der überhaupt noch kommt?«

»Nein, ich vergreife mich nicht.«

»Was bei der Schwägerin war, ist doch auch schon zum Teufel.«

»Um so schlimmer. Um so mehr kommt es auf das Wenige an.«

»Gehören sie ihm überhaupt? Das wird doch alles beschlagnahmt.«

»Mir jedenfalls gehören sie nicht.«

»Sie bringen die Zigaretten gar nicht heim. Das Gesindel wird Sie überfallen.«

»Das müssen wir sehn.«

Mit den Klauen hätte ich sie verteidigt, ich mußte dem Nickl die Zigaretten erhalten. Ich machte die Männer bitter, konnte ich was dafür? Es war mein Mann, der sich auf mich verließ.

Ungerührt zerrte ich die Kartons durch das Tor, und die Amis brüllten mich an. Ich ging nicht gern allein, und ich mußte es tun, lungernde Gestalten folgten mir schon. Die Ware hatte ich zugedeckt, daß man nicht den Inhalt erriet. Dann kamen neue Amis, sie waren mein Glück, dann kamen die Deutschen, lauter Frauen, sie schoben Räder hochbepackt. Sie hielten sich weislich auf einen Haufen zusammen, und ich hielt mich dazu mit meiner Rarität, die einen Halbkreis beschrieb statt der Geraden, ich hatte zu tun, daß ich mitkam, Blasen hatte ich schon an der Hand. Wir wurden nicht angegriffen, und an der Wohnung trennte ich mich, ich wäre nicht viel weiter gekommen.

Die Zigaretten hatte ich da, das war gar nicht so einfach. Weil man leicht einsteigen konnte und weil ich Angst haben mußte, man werde sie stehlen, versteckte ich die Zigaretten in einer Holzlege im Anbau, das Haus war seltsam gebaut, jede Wohnung lief in den Anbau hinaus. Ich legte die Zigaretten auf den Boden, den ich ausgeräumt hatte, alles Holz schüttete ich obendrauf. Ich hatte getan, was ich konnte.

Vor den Plünderern hatte ich die Ware gerettet, jetzt kam die Not amtlich, es begann mit einer Verfügung. Die Tabakwarenhändler mußten zum 19. Juni sämtliche Ware anmelden. Die Aufforderung ging bei der Schwägerin ein, auf deren Namen das Geschäft gemeldet war und die mir nichts sagte, ich wußte nicht einmal was davon. Die Schwägerin kannte meinen Bestand.

Den Stichtag warteten sie gar nicht ab, auf den Behörden brauchte man Zigaretten schon jetzt.

Den siebzehnten Juni habe ich mir gemerkt, an der Wohnung läutete ein Mann, der mir ins Gesicht wisperte, als lausche das ganze Haus, und der seinen Ausweis als Kriminaler herzeigte.

»Haben Sie Zigaretten in der Wohnung?« – »Ja, zwei Kartons«, sagte ich wie ein Kind, ich verheimlichte nichts, der Mann kam vom Staat. – »Wo sind sie?«

Der Mann hatte seinen Ausweis gezeigt, was konnte ich machen? Ich holte den Schlüssel, räumte unter seinen Augen das Holz und die Säcke weg, als feiner Mann stand er daneben. »Aha! Warum sind die versteckt?« – »Ich hab vor den Plünderern Angst, weil man in die Wohnung einsteigen kann.« Den Mann interessierte das nicht. »Tragen Sie sie nur vor ins Zimmer.«

Der Mann hatte einen Ton an sich, der sich für mich nicht reimte, mein Gewissen war rein. Er ging um die Kartons herum, prüfte den Firmenaufdruck und den Verschluß, der Mann zitterte direkt vor Gier. Ich kam nicht auf die Idee, daß er vor einer schwierigen Aufgabe stand, die er lösen mußte um jeden Preis, die Zigaretten ließ er nicht aus.

Da stand ich und hatte nicht einmal Angst. Froh war ich, daß ich mich geweigert hatte im Luftschutz und die Zigaretten nicht unberechtigt verteilte, einen Strick hätte man mir daraus gedreht.

Der Mann hatte die Beute schon vor der Nase, mußte sie doch erst ergattern, dazu mußte er mich straffällig machen, und wenn er es aus den Fingern sog. Zigaretten herbeizuschaffen, das war sein Auftrag, sie wurden weitergeleitet an die politisch Verfolgten, für die Polizei fiel was dabei ab.

»Haben Sie sonst noch wo Zigaretten?« – »Bei meinem Vater in der Werkstatt.« Aber das wußten sie schon, die Polizei wußte alles. Ich hatte wieder nicht geleugnet, der Mann tat sich hart.

»Haben Sie sonst noch wo Zigaretten?« – »Nur meine eigenen.« – »Was heißt Ihre eigenen?« – »Ein paar Schachteln auf meine Punkte, die habe ich gespart.« – »Wie kommen Sie darauf, daß die Ihnen gehören?« – »Was andere auf ihre Punkte haben, gehört ihnen auch.« – »Ihnen gehört überhaupt nichts privat.«

Das war eine Ungerechtigkeit, die mich aus der Fassung brachte, zum erstenmal war ich verwirrt. Ich mußte ihm die paar Schachteln bringen, ich verachtete ihn dafür. »Haben Sie sonst noch wo Zigaretten?« – »Ich habe sonst nichts.« Das war ein großes Wort für den Mann, damit fing es an. »So – jetzt führen Sie mich dahin, wo Ihre eigenen waren.«

Der Mann behandelte mich als Verbrecher, ich führte ihn mit gutem Gewissen, zu verbergen hatte ich nichts. Er stocherte ein wenig, und dann gab es mir einen Schlag. Im Kasten stand ein Luftschutzkoffer, ein paar Zigaretten noch vom Nickl darin, auf die hatte ich glatt vergessen, sie gehörten mir nicht. Wie es schon sein will, der Koffer klaffte mit einem Spalt, und oben auf der Wäsche, wie ich die Schachteln hineingeschmissen hatte, schier unbewußt zwischen Angriff und Angriff, lagen sie noch darauf und leuchteten, wenn man hinschaute, mit ihren Farben heraus.

Sie waren Schwund, sie waren gesetzlich, wenn auch nach dem alten Gesetz, aber von denen hatte ich nichts gesagt. Ich hatte soviel getan in den Wochen, aus Höhlen wieder Zimmer gemacht, der Koffer ging mich nichts an, solang der Nickl nicht da war, der hatte noch Zeit. Ich hatte die Schachteln einfach vergessen. Aber wer würde mir glauben? Wie war mir das bloß passiert? »Und hier?« Vor Entsetzen brachte ich kein Wort heraus.

»Da ist Wasch drin«, sagte er mir vor. Ich Närrin widersprach dem Mann nicht und glaubte, er habe eine menschliche Regung, ich schwieg. Flammend hätte ich widersprechen müssen, mein ganzes gutes Gewissen war weg und schützte nicht mehr, und jetzt machte er mich fertig.

Vom Koffer sagte er nichts, er war so raffiniert. Andere Dinge fragte er kreuz und quer, verwickeln sollte ich mich, er überfiel mich mit Behauptungen, die ich leidenschaftlich bestritt, quälte mich mit Unterstellungen, die Kartons z. B. hätte ich nur versteckt, weil ich sie am Stichtag nicht angeben wollte, und dann schlug er zu.

»Umsonst sind Sie nicht angezeigt worden. Gegen Sie liegt eine Anzeige vor.«

Das war ein Tiefschlag für mich. Eine Anzeige führte direkt ins Lager noch bis in die jüngste Zeit, eine Anzeige bedeutete, man war die verlorene Person, gegen die jedes Mittel erlaubt war, der man es schon besorgte, und da waren wir auf der gleichen Ebene wie zuvor.

Der Boden unter mir wurde plötzlich sehr schief, denn da war die Angst wieder, die alte, die mich nicht unter dem Hitler verließ. Es war nicht schwer, auf den Grund zu kommen, auf dem lauter bitterer Bodensatz lag, soviel lag nicht darüber. Es war der alte Schrecken, der mich untergrub, er hatte gegraben zu lang. Ich war in eine hoffnungslose Defensive gedrängt, ich verteidigte mich noch immer.

Ausgerechnet mit mir fingen die Haussuchungen an in der Stadt, ich war die erste Geschäftsfrau, die man zum Sündenbock machte, aber wofür? Ich verstand überhaupt nichts mehr, der Nickl war nicht bei der Partei.

Zwangsweise hatten sie ihn in die Waffen-SS gesteckt, als sie ihn im Februar nach Fürstenfeldbruck überstellten, anderen Kameraden vom Luftschutz ging es nicht anders. Es war nur ein Kunstgriff, um die wahre SS zu verschleiern, das Mal am Arm hatte er nicht. Einen Verhau wollten sie machen, in dem man sich nach dem Krieg nicht mehr auskennen sollte. Es war eine Riesengemeinheit, jedoch sie war bekannt.

Ich wurde zur Zielscheibe und wußte nicht wie. Gleich bei uns im Haus handelte eine mit Wein, auf die kamen sie nicht. Ich handelte mit gar nichts, mich holten sie, weil ich durch meinen Mann ein Scheinwerfer war. Sein Umsatz hatte das böse Blut gegen die Firma gemacht, wieso war die Firma ich? Es war ein Witz, aber ein schlechter, so wie ich in den zwölf Jahren lebte. Für den Mann hielt ich den Kopf hin.

Und weil ich niedergebrochen war durch zwölf Jahre Angst und mußte mich in Jahren erst wieder fangen, brachte der gewesene Sträfling oder was er nun war, aus mir heraus, daß ich einmal ein halbes Pfund Butter genommen hatte für meine eigenen Zigaretten, das war noch unter dem Hitler. Das hätte ich nie zugeben dürfen, weil das Subjekt den Hitler dabei unterschlug.

Das Subjekt hatte jetzt einen Griff und stellte es so hin, als hätte ich schwarzgehandelt unter dem Ami entgegen dem Besatzungsstatut. Das Subjekt beschlagnahmte alle Zigaretten, jemand würde kommen, sie holen.

Der Mann hatte keinen guten Leumund, wie ich später vom Nickl erfuhr, und gehörte zu den berüchtigten Brüdern, die sich nachts in den Anlagen versteckten, die Pärchen mit Taschenlampen aufscheuchten, sie dann erpreßten, wenn es ein Verheirateter war. Polizei durfte sich so was nennen. Der Auswurf war nach oben geschwemmt, Kriminelle gaben sich aus für politisch Verfolgte. Von den Elementen, die sich eingeschlichen hatten, mußte man die Polizei erst wieder säubern.

Die Wohnung wurde vielleicht beobachtet, ich wußte es nicht. Ich wartete stundenlang. Dann ging ich zu meinem Vater hinüber, dort waren die Zigaretten inzwischen geholt.

Ich war nicht daheim, als die Polizei den Gang untersuchte, die Untermieterin machte den Männern auf. Sie nahmen die Zigaretten mit von der Stellage, die der Nickl versteckt hatte vor mir, von denen ich jetzt erst erfuhr. Das war noch was, was mir kein Mensch glaubte. Mit groben Drohungen gingen sie fort, brühwarm wurde es mir berichtet. Ich war schon so weit, daß ich lachte.

Es kam mir so unerwartet, ich konnte es einfach nicht fassen.

Denn jetzt wurde es anders, die Hoffnung trug mich dahin, die Füße wurden mir leicht. Ich fühlte mich ja wieder sicher. Die Freiheit zog mir wie die Morgenröte herauf. Mensch durfte ich wieder werden, der Druck würde von mir genommen. Jetzt kam der Ausgleich, die Gerechtigkeit kam, es würde mich tragen. Der schöne Wahn läutete in mir wie Glocken. Ich hungerte gern, das alles machte mir nichts, ich sah mich wieder hinaus. Der Schock war so unverhältnismäßig, weil er mich auf dem Wendepunkt traf. Zum erstenmal fürchtete ich keine Gefahr.

Ich grübelte lang, wer mich so hinhängen konnte und wer so mein Feind war. Wem in aller Welt hatte ich was getan? Ich kam nicht darauf. Es war eine merkwürdige Zeit, hinhängen konnte einen jeder, auch wer nur neidig war und wer es einem nicht gönnte, daß der Wind sich doch einmal drehte. Jede Anzeige wurde genommen. Jeder konnte schießen auf jeden, der Abschaum nützte es aus.

Man benannte mir jemand später einmal, auch dann wußte ich nicht wofür, wenn es nicht um die Wohnung ging, die dann leerstehen würde, aus der man mich am liebsten vertrieb.

Es war noch anders, das Geschäft hat nach mir gebissen, ich war so konträr. Wo immer sich eine Gelegenheit bot, biß es nach mir, immer an den entscheidenden Punkten, daß es schon unheimlich war. Niederbrechen wollte es mich. Es verzieh mir nie, daß ich konträr war.

Der Nickl kam aus Hamburg zurück und konnte sich nicht hineindenken, wollte auch nicht. Er schimpfte auf seine Schwester und mich. Er hätte alles ganz anders gemacht.

Er war hergefahren, hatte von nichts was gewußt, ausradiert konnten wir sein. Seine Sorge, ob noch was stand, hatte im Nu sich gelegt, und jetzt hätte alles sein müssen wie zuvor, wir waren ihm die Verantwortlichen dafür.

»Ein Ton, daß der Sau graust«, sagte er von der Front, hier gefiel es ihm auch nicht. Er hatte immer noch was vor sich gehabt, zurück kam er als ein Enttäuschter. Man hatte ihm aufgepackt im Luftschutz, da galt er für einen guten Mann, und er hatte sich aufpacken lassen, so warm im Haufen.

Wie tapfer war so ein Mann? »Wenn einem die brennende Decke herunterkommt«, konnte er seinem Schützling erklären, »geht man deswegen noch lang nicht aus dem Zimmer, wer würde denn löschen? Natürlich will man hinaus, das muß man unterdrücken –« und der Schauder kam durch seine Stimme gekrochen. Denn das war einer, der wirklich drin war und der nicht weglief aus solchen Zimmern, das war dieser vergewaltigte Mann. Nun war er bitter enttäuscht. Wofür war alles gewesen?

Wie tapfer war so ein Mann? Er hatte nach den Höllen die anderen jedesmal noch heimgefahren von Nürnberg, von Augsburg, von München, als strenge es ihn nicht an, da war er im Haufen. Die Scheinwerfer mußten dunkel bleiben und zweimal strengte es an. Die anderen hatten geschlafen, ihr Leben in seiner Hand, er konnte den Arm kaum heben. Dann waren sie von Ost nach West durch das breite Deutschland gelaufen, und noch war er im Haufen und noch war er ein guter Mann.

Aber jetzt war er fertig und wog hundertundvier Pfund, normal hatte er fünfzig Pfund mehr, die ganze Überspannung kam jetzt heraus, er ging hoch beim geringsten Wort. Das Messer war schon an seine Kehle gesetzt, er mochte es dunkel spüren. Er wurde nie mehr, was er einmal war. Aber dann mußte er eine Frau haben, die ihn im Handel ersetzte. Die Kundschaft hatte was gegen mich. Das war sein Problem. Ich war so konträr.

Er war nicht mehr im Haufen. Er wollte sich heraushalten aus dem verlorenen Krieg. Er hatte einen sturen Standpunkt mitgebracht, er wollte nichts tragen, er wollte es einfach nicht, er hatte überhaupt keine Geduld mehr.

In Hamburg hatte es alles gegeben, er wunderte sich über hier, »ein paar Pfund Zucker hätte ich mitbringen sollen«. Und dann wunderte er sich immer mehr. Ich wurde zum Verhör geholt auf die Polizei und gleich dabehalten, das war sein Empfang. Der vernehmende Beamte hatte selber nicht an die Verhaftung geglaubt, im guten Glauben ging er zum Chef. Wie vor den Kopf gestoßen, kam er wieder herein. Es war unnatürlich.

Der Nickl beschwerte sich beim Bürgermeister, den der Ami eingesetzt hatte, der fuhr ihm über den Mund. »Wenn Sie nicht augenblicklich still sind, lasse ich Sie auch noch verhaften.« – »Das geht doch nicht gut«, sagte der Nickl störrisch, »ich war ja nicht einmal da in der fraglichen Zeit.«

Was konnte man wollen von einem Bürgermeister, aus dessen Mund schon der Ausspruch umlief: »An dem interessiert mich nur sein Ring.«

Noch gab es den Polizeichef. »Eine Klosterfrau ist eine Schwarzhändlerin gegen meine Frau«, suchte der Nickl ihm zu erklären,

»darum ist es ein Witz.« Der Polizeichef sah nicht den Witz. »Drücken Sie den Daumen auf Ihre Frau!« verlangte er rüde, als traue er mir für die Zukunft jedes Verbrechen zu und für die Vergangenheit auch.

Der Nickl schüttelte bloß mehr den Kopf. Aber wäre er dagewesen zuvor, sie hätten schon was aufgebracht gegen den Nickl, denen war es nur um den Zugriff zu tun. Er machte sich für sie bezahlt. Der Nickl überzeugte sich durch den Augenschein, es gab ein Mittel dafür.

Seine Schwester hatte die Zahlen wohl aufgeschrieben, als sie die Ware mir übergab, wußte nicht mehr, welches die Großpakkungen und welches die Kleinpackungen waren. Weil es so streng ging, als käme einem der Kopf herunter, und weil sie das für die Bestandsaufnahme angeben mußte, ersuchte sie auf der Polizei darum, daß man ihr die Ware einen Augenblick zeigte, damit sie ihre Zahlen verglich. Sie hatte zum Zeugen den Nickl dabei.

Da konnten beide gleich darauf aufmerksam machen, daß vom beschlagnahmten Gut ein ansehnlicher Teil bereits fehlte. »Da hat wer was herausgenommen. Die Kartons waren fabrikverschlossen, als die Polizei sie holte.« Sie rechneten den Beamten das inzwischen Fehlende vor, denen wurde das Gesicht so lang. »Das waren eben die Prämien«, schnitten sie ihnen das Wort ab.

Der Polizist, der die Kartons gezeigt hatte, bekam einen Mordsrüffel hinter der Tür. Der Nickl und seine Schwester grinsten sich an, sie hörten den Rüffel mit.

Das waren die beiden Deutschen, die darüber bestimmten, blieb nur noch der Ami. Und wenn an diesem einzigen Tag nach dem Krieg mein Bruder nicht von München gekommen wäre, ohne daß er was wußte, wenn er nicht ein Gesuch aufgesetzt hätte in seinem guten Englisch, meine Vorgeschichte erklärte, ich hätte mich fressen lassen müssen von den Wanzen des heiligen Sebastian. In der Sebastianstraße lag das Gefängnis, der Volksmund hängte es dem Heiligen hinauf als sein Hotel.

Das Gesuch überreichte der Nickl persönlich, er hielt sich damit für gefeit. Aber jeder Ami, der das Gesuch in die Hand nahm und was von angeblichem Schwarzhandel las, legte es auf der Seite wieder ab, als habe es ihn versengt. Ein gerüttelter Vormittag verstrich, ich war den zweiten Tag im Gefängnis. Der Nickl konnte in einer fremden Sprache nichts sagen, hielt nur jedem, der hereinkam, sein Papier unter die Nase, auf daß es wirke.

Weil er einfach nicht wich, so hartnäckig wie in Stummheit gebannt und auf die Zauberformel schwor in der zeigenden Hand, fand sich einer doch, der sich ihm stellte. Das Papier wanderte zur Bearbeitung hinaus. Das Gesuch wurde am gleichen Tag noch genehmigt.

Hinter den Gittern rechnete ich mit nichts. Ich richtete mich ein auf das halbe Jahr, das der Aufseher mir prophezeite. Die Nacht wurde lang.

Keine wollte zugeben, daß die Wanzen stachen in dem alten Gefängnis. »Aber nein«, widersprachen sie, »hier sind doch keine Wanzen«, dabei rieben sie die ganze Nacht und sie seufzten. »Seid ihr nicht noch blöder, daß ihr euch ziert«, nagelte ich sie fest, »also mich haben sie die ganze Nacht elend verstochen.«

»Es gibt keine, man hat desinfiziert«, behauptete eine große träge Person. Sie log sogar mit dem Kopf, den sie in ein Seidentuch einband, auch bei Nacht kam es nicht herunter. Man hatte ihr gleich am ersten Tag das Haar abgeschoren, um sie zu entstellen. »Aber jetzt wird einem das Haar nicht mehr geschoren«, versicherte sie. Soweit hatte ich noch nicht einmal gedacht.

Sie war am längsten da von allen, hatte eine kleine Völkerwanderung gesehn, zu erzählen wußte sie nichts. Sie schimpfte auf den Vater, den Säufer. »Der hat mich hereingebracht, daß er schlafen kann mit seinen Mädchen, dem bin ich im Weg.« Der eigene Vater hatte sie angezeigt am ersten Tag, der Mann war gelaufen.

Eine K-Zetlerin, welche die Sperrstunde übertreten hatte, nahm es gelassen und wußte, nach der Verhandlung kam sie wieder frei, man hatte ihr die Uhr weggenommen im KZ, das war ein gültiger Grund.

Das sechzehnjährige Mädchen, das zusammen mit der Mutter Holz holen wollte im Wald, wurde von der amerikanischen Streife geschnappt. Eine von beiden nahmen die Amis nur mit und stellten sie vor die Wahl, da war das Kind für seine Mutter gegangen. »Dabei hatten wir nicht einmal Holz, aber wir hatten ein Beil.«

Die junge Person war beinahe freiwillig hier. »Die Soldaten haben mir vorgeschlagen mit ihnen zu schlafen«, kam sie heraus mit dem Trumpf, »und das sage ich dem Gouverneur, dann läßt er mich frei.« Ich war skeptisch. »Der Gouverneur wird darauf nicht einmal hören, weil kein Deutscher einen Ami beschuldigen kann.«

»Der Gouverneur haßt die Deutschen«, wußte die mit dem eingebundenen Kopf, »ich hasse die Deutschen, hat er zu mir gesagt auf dem Gericht.« Er hatte dafür einen Grund, man hatte ihm die Familie durch den Schornstein gejagt.

Die Junge genoß die Umstände und war ein Lichtblick da herin. Sie war noch ein halbes Kind, zum erstenmal nahm man sie für voll, das war ihre Auffassung vom Eingesperrtsein. Sie konnte Luftsprünge machen auf ihrer Pritsche. Die Mutter schickte ihr einen Kuchen herein, das Gefängnis ließ ihr den Kuchen.

Der amerikanische Wachsoldat warf ihr durch die Klappe in der Tür eine Orange hin. »Fang!« – »You are lovely«, sagte sie dem Ami durch die Klappe hinaus. Sie fragte mich, was schön heißt auf englisch, sie wollte den Wachsoldaten durch das Guckloch so nennen. »Ich bin die Jüngste und die Schönste von euch allen«, sagte sie naiv.

Sie war auf der Kippe zwischen unverdorben und leicht. Sie war so lebhaft, alles schnappte sie auf. »Der Wachsoldat spitzt sich auf mich«, wußte sie schon, es ging ihr herum im Kopf. »Aber meinst du, ich tue so was!« rief sie entrüstet. Der Wachsoldat wollte sich mit ihr anfreunden, aber erst wenn sie draußen war aus dem Gefängnis. Wir sahen die Blüte, so wie jetzt würde sie nie wieder sein.

Die Neue, der man die Tür aufsperrte, mußte mit dem Arm in Gips schon zum zweitenmal herein. Ein Verschleppter wollte sie vergewaltigen in den drei Tagen, als die Stadt der Wut freigegeben war, da war sie vom ersten Stock aus dem Fenster gesprungen und brach sich den Arm.

Wegen einer Lappalie war sie zu drei Tagen Putzen auf der Polizeiwache verurteilt, die Polizei bekam keine Leute dafür. Sie hatte sich eingefunden zur schweren Arbeit auf der Wache, und als sie den Dreck in seiner Wirklichkeit sah, weigerte sie sich mit dem gebrochenen Arm. Sie wurde gleich wieder verhaftet, der Aufseher tippte auf ein halbes Jahr. Solche Offenbarungen entschlüpften ihm nur beim Empfang.

Eine einzige erkennbar Kriminelle saß in dem Raum, von ihr rückte man ab. Sie hatte geplündert und war deutsch. »Etwas haben sie doch nicht gefunden«, weihte sie uns alle ein, im Triumph stieg die Stimme, »etwas habe ich doch hinübergebracht!« Blitzgeschwind zog sie die langen schwarzen Spitzenhandschuhe über den Arm, genußvoll stellte sie die Hände in die Luft und krallte sich mit den Augen hinein. Diese mußte stehlen, es befriedigte sie. Sie hielt uns für Spießgesellen.

Die meisten hätten ohne das Besatzungsstatut das Gefängnis nicht von innen gesehn. Darum wirkte der Franziskaner, der auf seinem traditionellen Besuch im Gefängnis die Gewissen wachrütteln wollte, wie der Mann vom Mond. In uns rührte sich nichts, natürlich machten wir ernste Gesichter. Aber wir fühlten uns nicht kriminell. Er forderte uns zum Beichten auf, wir blieben hart. Er warnte uns vor der Negersyphilis, als stünde sie uns direkt bevor. Nichts als Kälte strömte ihm entgegen.

Aus der Untersuchungshaft konnte ich entlassen werden, aus dem Verfahren nicht. Und doch mußte ich nicht aufs Gericht. Daran war die Donau schuld, seine trüben Gedanken wollte der Nickl waschen. Wie immer schon ging er zum Schwimmen.

Noch war er am Ufer, die Gedanken ließen ihn nicht gleich ins Wasser hinein, vor ihm badeten die Deutschen. Weiter droben waren die Amerikaner im Fluß, er hatte eine schlechte Vorliebe für Amerikaner in dieser Zeit. Es nahm ihm schier die Lust, in den Fluß zu gehn, er schaute feindlich den Wellen entgegen. Etwas störte ihn daran, in seinem Unterbewußtsein rührte sich was.

Ein anderer hätte es vielleicht nicht bemerkt, bei dem alten Rettungsschwimmer zuckten alle Signale. Den Fluß herunter trieb eine gelbe Blase, die verschwand und im Hochtauchen sich wieder zeigte, still versank, still sich zeigte. Über eine ganze Strecke schaukelte sie hinweg, Verschiedene schauten gebannt. Das war ein Ami, nicht anders.

Die anderen Badenden ließen ihn durchschwimmen, keiner wagte sich hin. Schon die Amerikaner hatten ihn fortschwimmen lassen. Der Nickl warf sein Zeug weg, lief flußab und kam mit seinem Hechtsprung noch eben zurecht, als die gelbe Blase herantrieb, der Mann war schon wieder versunken. Der Nickl wußte den Platz und tauchte, fachmännisch zog er ihn heraus. Noch schnaufend fing er mit den Wiederbelebungsversuchen an am Hang, hundertmal hatte er es schon gemacht.

Die Amerikaner hatten es kaum bemerkt, kehrten sie die Besatzung heraus. Einen Landsmann vor ihm zu retten, stürzten sie im Laufschritt heran. Sie stießen den Nickl von dem Ertrunkenen weg, als wäre Körperverletzung das Nächste, was er ihm zufügen wolle. Der Nickl fand es ungezogen. Zuvor hatten sie sich nicht drum gekümmert.

Der Nickl hätte einen jeden herausgezogen, das gab es für ihn nicht anders. Der Ami war nicht einmal gefährlich, ein Bewußtloser umklammert einen nicht mehr, so daß es nur noch ein Mittel gibt, den Tritt in den Magen, wenn das überhaupt geht und wenn beide davon kommen sollen. Es war keine Notwehr, der Nickl hätte gar nichts daraus gemacht.

Aber dann wurde der Ertrunkene mit dem Jeep ins Krankenhaus gebracht, im letzten Moment kam ein Ami gelaufen und ließ sich seine Adresse geben. Da spielten bei ihm die Gedanken. Er war schon fast entschlossen, daraus einen Nutzen zu ziehn, vielleicht das einzige Mal, die Umstände waren ja auch danach.

Er suchte den Ami im Krankenhaus und wollte wissen, ob sie ihn durchgebracht hatten. »Den, der gestern ertrunken ist«, sagte er einfach, »ich habe ihn herausgezogen.« Es war keine begeisterte Aussprache, der Nickl konnte nicht englisch, der Ami nicht deutsch. Der Ami konnte sich nicht wirklich vorstellen, daß er ohne den Nickl nicht lebte, davon wußte er nichts.

Da schätzte der amerikanische Arzt, der den Ertrunkenen versorgt hatte, die Tat schon besser ab. Die Schwelle war schon überschritten, der Retter nur hatte den Mann zurückgezerrt dorthin, wo es den Atem noch gibt. Er versprach dem Nickl, er werde vom Gouverneur eine öffentliche Belobigung erhalten. »Ich will keine Belobigung«, sagte der Nickl geladen. »Die sollen meiner Frau nicht so übel mitspielen, wo sie gar nichts verbrochen hat.«

Da fragte der Arzt ihn aus und schrieb es sich auf die Manschette. Er machte ihn darauf aufmerksam, daß das Recht nicht verdreht werden konnte, und das meinte der Nickl eben, das Recht. Nur meinte er das deutsche Recht, so kamen sie nicht ganz zusammen.

Der Nickl bat sich als Gunst aus, daß er selber hinging zur Verhandlung und daß man der Frau die Verhandlung erließ. Er wollte die Schwester als Zeugin mitbringen. Wieviel Zigaretten es waren, wußte die Schwester besser als ich.

Der Nickl traute es sich zu, vor Gericht werde er damit fertig, mir traute er nicht. Aber durch die fremde Sprache war ihm alles vernagelt, damit hatte er nicht einmal gerechnet. Er sagte einen langen Satz zum Beispiel, der Dolmetsch tat den Satz mit zwei Worten ab, nie und nimmer konnte es stimmen, da brauste der Nickl auf. Er hätte beinahe alles verdorben.

Er hatte fleißig Unterschriften bei den Kameraden im Luftschutz gesammelt und legte eine eidesstattliche Erklärung vor, daß ich den Schwarzhandel verweigert hatte, das waren die Zeugen dafür. Die Männer hatten das gar nicht so gern unterschrieben. So was brachte der Nickl fertig, es war eine ganze Seite mit Namen. Von den Unterschriften hatte er sich alles versprochen. Das Gericht beachtete das Blatt nicht einmal beim Verhör, das regte ihn auf.

Sie konnten ganz und gar nichts mit ihm anfangen auf dem amerikanischen Gericht, schlecht wäre es ihm ergangen. Nur weil er den Ami gerettet hatte, erzeigte man ihm Geduld. Da traf seine Schwester schon eher den Ton, der Amerikaner wandte sich dann immer an sie.

Weil von den mir übergebenen Zigaretten nichts fehlte, konnte das Verfahren niedergeschlagen werden. »Ja, bitte tun Sie das!« sagte die Schwester erlöst, sie stieß den Bruder an, daß er sich einverstanden erklärte. Der Nickl gab seine Einwilligung nur, weil er sich fügen mußte ohne tausend Worte Englisch, er hätte sonst schon was erzählt.

Aber er hatte ja nicht die Niederschlagung des Verfahrens gewollt, sondern den Freispruch. Seine Zigaretten wollte er wieder. Es dämmerte ihm, daß er sie nie bekam. Sie blieben beschlagnahmt, wurden auch nicht bezahlt.

Es ließ sich an, als hätten die Deutschen Rache geheult, ich verstand kein Wort, sie mußten ihn ganz schön hingehängt haben. Der Bürgermeister ließ vom Möbelkommando Möbel abholen. Es waren die Deutschen, es waren immer die Deutschen.

Mit aller Aktivität hatte der Nickl nur erreicht, daß ich nicht eingesperrt wurde, das war ihm zu wenig. Er hatte schon auch auf seine Ware gezielt. Es freute ihn nicht, und es nahm überhand. Seine Einstellung kehrte sich um, ohne daß ich was dazu tat.

Er war so schwankend, auf einmal ließ er sich gehn. Im Anfang hat er es noch gewußt: »Das Ganze richtet sich nur gegen mich, weil die Konkurrenz ein- und ausgeht beim Bürgermeister, die mag mich ganz schön hingehängt haben.« In den Rücken gab er mir einen Freundschaftsstoß. Schier prahlte er damit. »Nur weil ich nicht da war, haben sie sich an dich gehalten.«

Nachher hatten verschiedene Händler Zigaretten zu verkaufen, wir aber nicht. Andere hatten was hinten und zogen die Kundschaft ab, wir hatten nichts hinten. Das verzieh er mir nicht, der ganze Groll entlud sich auf mich. Mit dem Schaden schwemmte es den Dreck hoch, er fütterte die Dummheit, es war so grotesk. Auf einmal wollte er es nicht mehr wahrhaben, daß ich für ihn der Sündenbock war. Er steigerte sich in eine richtige Strafaktion hinein und setzte mich aufs halbe Geld, er hatte einen herrlichen Grund, drei Jahre hielt er es durch.

Da war es blutwenig, das Geld, ich schwieg verstockt, ich war ehrlich verletzt. Er ließ mich den Strick fühlen, und ich spürte den Strick, mich grauste. Ich wäre gern abgekommen vom Strick.

Eine Frau mit allen Wassern gewaschen hätte er gebraucht für sein Geschäft, die war ich nie, darum kreisten seine Gedanken. Viel Geld hätte ich haben müssen, ihn schadlos zu halten, so war es jetzt, die liebliche Auffassung hatte sich in ihn gesetzt. Er lökte gegen den Schaden.

Ich hätte es ihm abgenommen, das konnte ich nur mit dem Schreiben, ich war aus dem lebendigen Schreiben heraus. Es ließ sich nicht zwingen. Ein Elefant lag auf mir und bannte mich fest.

Was war sie für ein gnadenloses Brot, diese Kunst! Sie verlangte einem die Jugend ab, die Chance war mir schon genommen. Frei mußte man sein für die Kunst, einen Bettel schmiß sie einem her, trug aber nicht. Und jetzt war man im Alter, jetzt mußte sie tragen.

Es war nicht anders, als hätte man mir die Flügel gebrochen und zu mir sagte man, flieg! Aber Zeit gehörte dazu und der Umgang mit Büchern, die die richtigen waren, sonst lag man verkehrt, und die Freiheit vom Zwang.

Ich kam nicht an die Bücher heran und nicht an die Zeit. Ich hatte Arbeit als Pflicht, kein Geld dafür. Viel Sammlung hätte ich nötig gehabt, sie war zerschnitten. Freude hätte ich nötig gehabt, sie war vergällt. Ich war echt getroffen, es hatte mich in der Tiefe versehrt. Im Kopf entstand es so schwer, so war mir nicht zu helfen. Mich hatte es eben erwischt.

Wir lebten von dem verfluchten Dreck und waren in den Entschlüssen nicht frei. Wäre ich gestorben am Krieg, die Wahl hätte er wieder gehabt. Er hätte gebleckt, noch unter Tränen gewählt, für den Laden eine, diesmal nur für den Laden. Die beiden Enden hätte er nicht mehr zusammengezwängt, sie schnellten doch auseinander, ein Leben lang ging es über die Kraft.

Ich sah es in seinem Aug, der Krieg hatte sein Problem nicht gelöst. Der Blitz hatte mich nicht weggefegt, das Erdbeben mich nicht genommen. Ein jeder konnte nicht aus seiner Haut.

Er war so schwankend, es mußte unbedingt was Höheres sein, was anderes konnte es nicht sein, und als er es hatte, riß er es herunter, als käme er zu kurz, und seine Engel weinten.

Ich hatte es mir zugezogen. Der Mann tilgte mich aus und half kein Schutzgeist dafür, nur die Hand schaute von mir noch heraus, und ich mußte versaufen. Keiner hatte es schuld, beide hatten es gleich schuld. Aber die Bestimmung war unausweichbar gesetzt, vielleicht starb ich darüber, dann starb ich auf dem Weg. Ach, Heinrich, es waren die eisernen Bande!

Er hätte besser alles verschlafen

Der Hofstetter Willy hatte viel Sommersprossen im Gesicht, sein Vater hatte sie auch. Beim Vater konnte man sie jetzt bloß nicht sehn, er war weit im Ural dahinten bei den Russen gefangen und kam so schnell auch nicht heim, ich bin noch gesund, schrieb er immer. Die fleckig grauen Augen hatte der Willy von ihm, von der Mutter hatte er äußerlich wenig. Es waren Augen wie von einem Tier, seltsam leer von innerem Licht, sie liefen und liefen, und alles trat von außen hinein mit schnellen wechselnden Schatten, das Nichts stand drinnen und saugte. Sein Schüppel Haar hing ihm ins Gesicht wie ein greller Strohwisch.

Der Willy war immer ein wenig geschreckt, wenn er gerade nicht schlief. Selbst aus dem Schlaf heraus fuhr er auf, einen rohen Laut schon im Mund. Die Mutter langte dann in sein Bett hinüber, damit er nicht losschrie, andere Menschen schliefen daneben, die Wohnung gehörte nicht ihr.

Seine Mutter war groß und warm, ein üppig gewährendes Fleisch, war eine Riesin von einer Frau, er war gleich gestillt, wenn ihre Hand kam. Die Kraft ging nur so von ihr weg, sie füllte ihn durch und durch aus.

Gescheit war er nicht, er verließ sich auf seine Mutter, der Willy. Sie war keine Strenge, außer wenn er die Schule schwänzte, dann bekam sie vom Lehrer einen mahnenden Brief. Sonst ging ihm viel bei ihr hinaus bis zum nächsten Gewitter. Dann war sie wieder ganz unbegreiflich mit ihm wie eine fremde Person, der er gleichgültig war. Sie wischte ihn einfach weg mit der Hand, und er war dann vergessen. Er mußte sich still und unbemerkt halten vor dem Besuch, der dann immer da war und der seine Mutter hofierte, er kam viel zu früh in sein Bett, das in der Kammer stand ganz am Ende vom Gang.

Immer dann bekam der Willy unbändig Durst und verlangte ein Wasser. Er bettelte um ein Wasser wohl an die siebenzigmal, daß man es den ganzen Gang hinauf hörte, stand aber nicht auf in seinem Hemd und holte es aus der Küche wie sonst am Tag. Die Mutter selber mußte es bringen.

Schließlich brachte sie es ihm voller Zorn oder sie kam bloß herein und drohte heftig mit Schlägen, schlug aber nicht zu, die verschwenderische Gestalt, sie konnte nicht schlagen. »Schäm dich vor den anderen!« schrie sie ein auf das Kind und verschwand auf ihrem schiefen Pfad, das Gewissen nicht rein, für sie rein genug, etwas zog sie hinüber mit Macht. Der Willy stellte die Augen und horchte. Scheinbar war sie im Recht, er begriff es nicht ganz, sie ließ sich von ihm nicht halten.

Nie war sie allein, wenn sie den Willy verbannte, immer stand da ein Mann herum, und ein großes Gelächter war. Der Willy wollte sie wegbringen aus der Gesellschaft, darum bekam er ja seinen Durst. Ihm war, als müsse er stören. Er war ihr aber keine Hilfe mit dem Gesicht, das an einen anderen mahnte.

Ohne Männer konnte sie einfach nicht sein. Schon frühzeitig hatte sie heiraten wollen und es dann auch getan. Sie war ja nicht schuld daran, wenn der Staat so was machte wie einen Krieg, wenn sie samt Kind und Heirat allein war.

Man hatte ihr den Mann genommen mit einem schönen Spruch, sie gab nichts mehr auf die Sprüche. Alles Schwindel am Volk, der Staat ist der Ärgste, alles Vorschrift bloß für die Dummen! Hätte sie ewig Trübsal blasen und einen armen Hund machen müssen? Von denen gab es genug. Lieber hielt sie sich schon an das Lachen, auf die Gefahr, daß es dabei nicht blieb. Solang eine mittat im Leichtsinn, der wurde von Männern noch immer geholfen.

Was würde der Mann sagen dahinten weit im Ural? Wer da fort war und kam so schnell auch nicht heim, der sagte besser nichts, wenn er gescheit war. Sie ließ sich mit vielen ein, bis zur gewissen Grenze vielleicht, gab jedem recht in sein Gesicht, anschaffen durfte ihr keiner.

Anschaffen durfte der Mann, wenn er heimkam aus dem Ural. Das gehörte sich dann, weil er mit ihr verheiratet war und weil er dann sie ernährte. Bis dahin lebte sie auch und lebte nicht gar so schlecht und besser gewiß als manche, die sich anhängen ließ am schönen, am gar einfältigen Band, sie bekam Zigaretten.

Ein Mann kam heim vom Ural, ging aber nicht sogleich zu seiner Frau. Er war auf einer kleinen Station der Strecke schon vorher ausgestiegen, nicht gar so weit von der Stadt. Zu Fuß konnte man hingehn in einem halben Tag, wenn man nur wollte, mit dem Fuhrwerk des Nachbarn hinfahren, von der Eisenbahn gar nicht zu reden. Der Verkehr schlief auf so kurzer Strecke nicht ein, man trug es wohl auch aufs Land mit Wort und Miene, was man in der Stadt drinnen hörte.

Geredet wurde gar leicht, von mancher Frau war es anstößig, wie sie es trieb. Das Wunder war nicht eben groß, wenn der Mann, der aus Gefangenschaft heimkam, sich beim Vater zuerst sehen ließ, bevor er zu seiner Frau ging, wenn er die nächste Zeit sogar im Dorf bei ihm blieb. Gewiß hatte der Alte ihm in den Ural geschrieben. Auch war der Mann zur Zeit nicht eben fein ausstaffiert. Die nackten Füße steckten in plumpen Holzschuhen drin, sein Herz schlug in Aufruhr und Scham gegen Flicken an Flicken, er zog am Schößchen hinten und vorn. Das tat er nur hier, wo nämlich die Menschen ihn kannten, im Ural hatte er nicht dran gezogen. Sein Blick war starr im Ural, man mochte immer ihn nehmen, wofür man ihn hielt, für das nämlich, was man aus ihm machte.

Fein war er nicht ausstaffiert. Auf dem kahlgeschorenen Kopf mußte sein Haar erst wieder wachsen, wenn er hintreten wollte vor eine Frau im Zorn, der den Mann schmückt. Wem denn träumte vom Schmücken? Und wem war sie noch immer nicht gleich, die Person, die so schwach war im Fleisch, ach, das war sie ja auch gegen ihn, einmal war es das Schöne dabei, damals hatte es ihm geschmeichelt. Es kam noch sehr darauf an und was daraus entstand, wußte niemand, aber verflucht noch einmal, man mußte doch wissen mit wem, mußte man wissen!

Vom Vater bekam er den alten Rock, der in der Speicherkammer noch dahing, vergessen wie durch ein Wunder oder so gut versteckt, daß ihn auch der Plünderer nicht fortzog, und der Mann war froh um den Rock. Der Rock war besser als manches, das er seit zwei Jahren am Leib trug.

Wer da schreien will: »Du aber daheim, was hast du indessen getan? Vielleicht in Freuden gelebt!« – soll der nicht besser im Sack vor der gottverlassenen Frau stehn, kahl am Kopf, Wasser noch in den Beinen, damit sie den Unterschied sieht, soll dem nicht alles gleich sein?

Einen Rock muß der Mensch haben, der mit seiner Frau ins Gericht geht, einen Rock und nicht einen Sack, damit sie merken kann, was sie getan hat und daß es ihr leid tut. Und das Haar muß ihm wachsen samt seiner Kraft und dem Zorn, der ein Weib überrennt, die Versuchung schon immer, die Versuchung noch jetzt. Sein jüngeres Ebenbild muß vor ihr stehn, damit sie in ihn verliebt wird und daß es ihr leid tut. Das ist das Mindeste, was er verlangt. Sie soll spüren, was sie verliert, das wäre noch schöner, gerade sie muß es spüren.

Grausam ist es auch für ihn, und er weiß noch nicht, was er tut, es kommt darauf an, was sie sagt. Auf den ersten Blick kommt es an, Aug in Aug ungelogen und auf das, was einen dann packt, und ob sie es zugibt. Aber das soll sie büßen, wenn sie es nicht trifft, wenn sie ganz zum Schluß ihn enttäuscht, der im stillen doch wartet auf rettende Reue, die manches wegschwemmt, was nun einmal war, und der noch hoffen kann, saudumm wie schon ein Mann ist, und der ein seltenes Mal in der Nacht nach ihr langt und sie gleich wieder fortstößt, als habe er in der Einbildung sich gebrannt. Und doch kann er und kann es nicht glauben, die Erinnerung steht in seinem Blut viel zu stark und sie macht, daß er flucht. Mit ihr ist er doch wer gewesen!

Zu wem denn, Herrgott, kam er zurück wenn nicht zu ihr und zum Kind, an wen denkt er denn wenn nicht an sie, Tag und Nacht, Stunde um Stunde, wenn die Schnaken tanzen am Busch, wenn das Wasser steigt wie sonst nie und wenn die Jungen ins Heu gehn. Das Luder, das muß sie ihm büßen. Er braucht sie für seinen Haß und die Wut, und er braucht sie so tief und so neu, satt will er werden. Was bitter ist, schmeckt darum noch nicht schal, wo denn sonst soll er suchen?

Wo anders hat es geregnet, das Wasser steigt, er steht vor dem Spiegel und kämmt sein Haar, kämmt die Ungeduld an seinem Haar, schon kann er was kämmen. Das ist sein geringster Triumph, den Kamm in der Hand starrt er und braut, bringt es nicht aus dem Kopf und nährt sich daran. Seinem eigenen Gesicht kann er drohn mit dem Blick zum Fürchten. Besser wäre ein anderes Gesicht, ein gar weites Gesicht, das ihn lockt, und das meint er gerade, wenn er dem Spiegel droht an der Wand und wenn ihm der Hals schwillt. Was wird er der Frau und wie wird er es sagen? Denn das nimmt ihm keiner ab. Wer er ist, muß sich zeigen.

Es war warm, Frühsommer kam und brachte ein Hochwasser mit, das war in dem Monat selten. Der Willy natürlich lief auf den Damm, er nahm sich die Zeit nicht zum Essen, damit nicht inzwischen das Hochwasser fiel. Erst wieder war ein Reh die lehmgelbe Flut heruntergeschwommen, bei ihm ganze Schwaden von Heu, die Schwaden schlossen sich für das Auge zum Teppich zusammen. Das Reh machte einen Buckel und war hilflos umflossen vom Heu. Von hier aus sah es so aus, als werde das Tier in seiner Not auf den Teppich treten.

Sie blieben aber nicht beisammen, das Reh und das Heu. Das

Heu hängte sich ein an den silbrigen Büschen und war bald in Fetzen verteilt, die züngelnd im eiligen Wasser spielten. Das Reh kam vorwärts. Jetzt war es mit seinem Buckel bei dem mächtigen Ast, der sich hüpfend bewegte, er hielt gewaltig die Gabel nach oben. Das Reh wollte den Kopf darauf legen, da kehrte der Ast sich um und tauchte weg unter dem Reh. Ganz aufgeregt wurde der Willy, er machte ein Pferd nach, das tänzelt in seinem Geschirr, trabte den Damm hinauf und hinunter in Sprüngen.

Dunklere Tönung trat in die Luft, der erste Anhauch der Nacht. Von hinten stieß den Laufenden etwas ins Haar, das schwirrte in dem Gespinst und dann wieder loskam, da wieder. Er zog den Hals ein und lachte, es wurden plötzlich soviel. In allen Büschen kochte es heiß von flügelbraunen Körpern, die an ihnen klirrten, erst hielt er für Bienen den Schwarm.

Wenig Junikäfer flogen draußen im Leeren, die Widerstände zogen sie an, auch der Mensch, der sich bewegte. Dicht hinter seinem Kopf surrten sie hitzig heran. Ihm war, als werde in seinem Haar manches kleine Feuer entzündet. Der Willy starrte verzückt in den blinden Tanz, er konnte all den harten braunen Funken mit den Augen nicht folgen, die Tollheit ging ihm ins Blut, es flammte spitzig unter der Haut. Nach den Käfern sprang er schnellend hinauf, er wußte nicht, daß er schrie. Er fing sie im Flug mit der Hand, schüttelte sie in der hohlen Faust, daß sie zornig erklangen, schleuderte sie ins Nachtblaue hinaus, immer mehr wollte er fangen. Er riß sich die Jacke vom Leib, schlug die Surrenden nieder wie toll mit geschwungener Jacke. Dann schaute die Nacht ihm mitten hinein in sein Gesicht, das erschrocken erwachte. Erschöpft warf er sich nieder am Hang, die Jacke fiel mit, die Beine zogen von ihm weg ins Leere. Ihm war schwindlig wie bei einem Sturz. Von der Siedlung bellte ein Hund her, man hörte am Bellen, daß Nacht war, und der Damm stieg mit ihm zum Himmel.

Wenn er nun einschlief am Damm, dann hätte er um ein Haar seinen Vater versäumt, der den Weg nahm zur Mutter, und lebte vielleicht noch, der Willy. Er kam aber noch recht für sein Geschick, dafür kommt man immer recht und wenn man es noch so wenig voraussieht.

Nicht daß der Vater sich vergangen hätte an dem unwissenden Kind. »Kann der Bub sich so spät in der Nacht noch herumtreiben?« fragte er scharf, fuhr ihm aber ins Haar mit so ausgehungerter Gebärde, daß dem Willy das Wasser in die Augen schoß und daß er spürte, der Vater war auf jeden anderen zornig, nur nicht auf ihn. Ganz stolz ging er in seine Kammer, wohin der Vater ihn gleich darauf schickte.

Es war eine Sache zwischen ihm und der Frau. Unvermutet stand er vor ihr, die darauf nicht gefaßt war, und sie zuckte zusammen, ein Nerv in ihm zuckte mit. Hatte er sich doch noch besonnen? Was aber dann geschah zwischen beiden, war ein dunkles Geheimnis, wo ein Zorniger unterlag und nicht froh war. Manchmal hörte der Sohn einen jähen Laut und spürte mehr, als daß er es hörte, wie seine Mutter weinte.

Und sie hatte so sonderbar auf den Vater geschaut im Gemisch von Bewunderung und Schrecken, und er sah ja auch aus wie der Mann, den sie einmal wollte, das Verfluchte war dieser Krieg. Hätte er sie nicht allein gelassen, wäre er niemals gegangen!

Und wer im Zimmer geblieben wäre bei dem Mann und der Frau, der hätte für wahr halten müssen, daß es verwirrend ihn labte. Und hätte er es nicht begriffen mit dem Verstand, so hätten es ihm die Augen gesagt, daß der Mann so leicht nicht loskam von dieser Frau, sie hatte Gewalt über ihn und gab ihm wohl, was er brauchte.

Und doch fiel er mit ihr eine Stufe hinab und spürte den Tropfen Gift und er schämte sich auch. Nicht wie sonst war es, wenn der Mann zu seiner Frau kommt, und es war gar nicht mehr seine Frau. Er gab sich her in dem dunklen Gefühl, als sei er in eine fremde Sünde gefallen. Das Trennende stand darin wie der Pilz, der plötzlich sich spaltet.

Vielleicht hatte sie zu satt sich gedehnt, alle Angst von sich abgestreift nach dem Sieg, und hatte die Zerknirschung, die ihn lustvoll verwirrte, verloren. Eine belohnte Frau lag ja hier, von der ein Alpdruck gewichen war, von ihm nicht, und das war das Verkehrte dabei, wofür sie belohnen? Sie lachte schon wieder, gut, daß er mit eigenen Ohren es hörte, an das Lachen wollte er denken. Sie lachte womöglich ihn aus, der ihr verziehen hatte vor dem Gesetz, viel zu schnell, wie ihm schien, und was hieß da verzeihn, es ließ sich nicht vergessen.

Jetzt wurde auch noch unten auf der Straße gepfiffen, es mochte irgendwem gelten in dem Haus, in dem mehr Menschen denn jemals wohnten, vielleicht galt es ihr. Mit einem Satz war er am Fenster und sah auch den Mann drunten stehn, der sich gar nicht verbarg. »Der will dir was«, sagte er ihr auf den Kopf zu.

Der Mann drunten hatte den Schatten gesehn ohne auszumachen, wer es eigentlich war. Er wähnte, die Frau habe heruntergeschaut, sperre ihm bloß aus einer Laune nicht auf, und weil der Betrunkene seine Stunde lieber erzwang, warf er, der nicht gleich einen Stein fand, sein Taschenmesser hinauf, gleich durch die geschlossene Scheibe, daß sie splitternd ins Zimmer rasselte, er hatte in seinem Schnaps den Wurf nicht gedrosselt.

Der Mann droben hielt der Frau das Messer unter die Augen, denn welcher Frau wirft man ein Messer durchs Fenster bei nachtschlafender Zeit, sie stritt es ab, und dann wurde es grob.

Dem Willy wäre besser gewesen, wenn er alles verschlief, er hörte es aber. Er rüttelte an der verschlossenen Tür, wo der Vater die Mutter umbrachte, wie sie schrie, und die Tür gab nicht nach, und der Kampf hörte drinnen nicht auf. Es war eine kräftige Frau, manchmal rannten sie gegen das dröhnende Holz, gegen das auch der Willy sich warf, der verzweifelt die Tür von draußen aufsprengen wollte. Sie hatten unmenschliche Stimmen, der Willy schrie mit wie am Spieß.

Wenn man später die Geschiedenen fragte, ob sie an das Kind gar nicht dachten, senkten beide den Kopf und horchten zurück, dort blieb ein versteintes Schweigen. Denn so sehr hatte er sich an ihnen entsetzt, daß er ihnen nicht blieb, lieber wollte er stundenweit in der Nacht zu seinem Großvater laufen, er kannte den Weg und die Straßen.

Um diese Zeit lief schon ein Pferd, das vom Willy nichts wußte, er auch nicht von ihm. Der Willy rannte wie ein Verstörter dem Frühlicht entgegen, die klopfende Angst immer mit. Als es hell wurde, ließ die Angst wieder nach, und die Sonne machte ihm Mut. Er ging aber weiter, ein wenig schadenfroh zuletzt, weil er ihnen auftrumpfte mit dem, was er tat, und sich plötzlich ganz wichtig vorkam. Dann fühlte er sich nur noch froh und gerettet. Dort vorne war es so frei und funkelnd vom Tau, etwas herrlich Nasses war in dem Glanz, jedes Haus im Dorf war gewaschen.

Der Willy war jetzt ziemlich weit weg von der Stadt, hatte sich auch schon einmal verlaufen, er kam aber doch hin, wo er sollte. Jetzt führte die Straße durch einen Wald, die Sonne stand hoch, da lag auf der Straße ein schnaufendes Pferd und kehrte die Hufe gegen den Graben.

Der Willy ging herum um das Pferd, das auf der Straße allein lag, vom Rücken aus trat er es an, und das Pferd hob elend den Kopf und drehte nach ihm ein qualvoll blitzendes Auge, man sah viel vom Weißen. Die Adern waren aufgetrieben am honigfarbenen Leib, ein Zittern lief durch das fiebrige Fell und schien es zu verdunkeln mit schwacher schwärzlicher Wolke. Das Tier rollte die Augen, in seinem Pferdeblick das merkwürdige Netz, das alle Dinge vergrößernd sieht und warum ein Pferd gern scheut, auch den Willy sah es viel größer. »Geh nicht so nah hin, er schlagt«, warnte eine Stimme vom Graben.

Der Bub, den der Willy von der grellen Straße aus zuerst nicht sah, stand schon lange drunten im schattigen Graben, in einen vorsichtigen Abstand gebannt. Er war froh, daß er einen anreden durfte. Wie unheimlich so ein verlassener Wald war, in dem ein Gaul starb.

Der Bub hatte lange Stiefel bis an den Leib, in der Hand eine Peitsche, um den Hals ein farbiges Tuch, er hatte sich abenteuerlich gemacht für die Fahrt in die Stadt, aus der nun nichts wurde. Er war drollig in seinen Stiefeln, die das Längste waren an ihm, stand aber schon da wie ein Alter und erzählte nüchtern den Schaden. Ob er hing am Gaul, sagte er nicht.

Der Gaul war schon länger krank gewesen, wollte auch nichts mehr fressen. In der Nacht nun, weil es schlimmer wurde, hatte der Vater entschieden, daß der Gaul heut früh selber zum Roßschlächter hineinlaufen mußte. Er wurde, damit er Schritt halten sollte, nur eben hinten ans Fuhrwerk gebunden.

Aber der kranke Gaul konnte ohne Ziehn hinten nicht so schnell laufen wie das gesunde Tier vorn an der Deichsel, weiter oben im Wald war er ihnen schon einmal gestürzt wie der Heiland unter dem Kreuz, sie hatten ihn dann wieder aufgetrieben. Jetzt hätten sie ihn auch aufs Fuhrwerk gelegt, wenn es denn nicht anders ging, damit er ihnen nicht vorher verreckte. Aber wer brachte ihn dahinauf, wenn er keinen herließ in seiner Bosheit und wenn er sich sträubte.

Er war ja, weil ihm nichts anderes übrig blieb, eine Zeitlang noch mitgestolpert, hier auf dem Fleck war er wieder gestürzt, und weil er durch keine Schläge mehr aufstand, fuhr der Vater allein in die Stadt und wollte, was zwar wieder teurer war, den Roßschlächter an Ort und Stelle herbringen, der Gaul wurde dann gleich auf der Straße geschlachtet. Er selber mußte aufpassen, daß der verlassene Gaul ihnen nicht wegkam. Sie hatten ihn, den Verkehr nicht zu stören, auf die Straßenseite gezogen.

Nun muß man wissen, der Willy war ein Narr für ein Pferd, er sah jedes Pferd schon von weitem, das Pferd spürte es auch und spitzte die Ohren nach dem, was verwandt war. Darum ließ sich der Willy nicht warnen, er glaubte an keinen boshaften Gaul, vielleicht an einen böse gemachten, Unterschiede kennt er dann auch.

Das Pferd indessen lag da und diente einem furchtbaren Gott, der unendlichen Straße, auf der es verbotenerweise jetzt lag, das Pferd wußte genau, daß es das nicht sollte. Auf so einer Straße mußte man laufen, auch wer da krank war auf den Tod, so furchtbar war nämlich die Straße. Das Pferd war preisgegeben wie nie und war ganz ohne Zuflucht, das todkranke Pferd, das sich selber nicht helfen konnte und auf der Welt keinem mehr nützte. Wer es die Straße hinuntertrieb, war sein Feind. Sein Feind war jeder, den sie ihm schickte.

Wie hätte es einen Unterschied machen sollen, das Pferd, es wußte genau, es durfte in Frieden nicht sterben, es mußte ja hören und hörte es schon in seinem Ohr, wie mit dem Huf auf der Straße das Verderben herankam, und es konnte sich nicht erheben und es wich ihm nicht aus, oh, es spürte seinen Schlächter genau, durch alle Luft das Messer, den Schlächter.

Die nackte Angst sprang aus seinem Blick. Nie noch hatte der Willy soviel Angst gesehen an einem Pferd, er trat ganz nah heran an das Pferd, das so Angst haben mußte und das ihn reute, er wollte ihm auf den Hals klopfen, helfen womöglich.

Das Pferd sah auch ihn jetzt ganz nah, riesengroß durch das spiegelnde Netz, das – und es kann nichts dafür – verrückend im Auge des Pferdes steht und mit geschliffenen Facetten die Größenmaße verzerrt, einen ungeheuren Feind sah das Pferd schon ganz nah. »Geh weg, er schlagt«, schrie es vom Graben.

Da war es aber zu spät. Da hatte das Pferd in seiner Qual sich schon aufgebäumt, ohnmächtig tobend, und wenn ein Pferd sich ohnmächtig aufbäumt, so hat der schwere Huf Wucht genug, einem Knaben, der nicht rechtzeitig wegspringt, in den Brustkasten zu treten, so was kann in seiner Ohnmacht das Pferd.

Als der Willy zu sich kam, lag er im Wald, Geschäftigkeit machte auf der Straße sich breit, ein Pferd wurde geschlachtet. Ihn hatte man, bis die Fuhre so weit war, unter die Bäume, wo das Moos stand, getragen. Ein Schmerz an der Bewußtseinsschwelle hatte ihn wieder geweckt, und so unerträglich war der Schmerz an der

Schwelle, daß es ein Schmerz zu sein schien der ganzen Welt, der draußen hart vor der Tür stand, wenn man ihn nur nicht einließ, und daß eine taube Gefühllosigkeit tief da drinnen die eigene Brust darüber täuschte, wo der Schmerz eigentlich saß, er durfte sich bloß nicht rühren, bei der geringsten Bewegung trat der Schmerz ihm zu nah.

Der Willy konnte nichts sagen, sonst mußte er brüllen, und zu wem hätte er es gesagt, wenn er nicht etwa sich darauf verließ, daß mit einem Auge Gott auf ihn schaute. Ein bittender, armer Ausdruck trat in sein Gesicht, er bettelte um ein Ende. Er schlief weg, er wachte auf, unendlich vorsichtig wachte er auf, daß er sich bloß nicht rührte, es regnete, schien es dem Willy.

Von allen Bäumen in diesem Wald sanken knisternd schwarze Nadeln herab, und alle Nadeln deckten ihn zu, bis sie ihn im Haufen, im Wald unter dem Haufen aus schwarzen Nadeln begruben.

Das Pferd und die Jungfer

»Du hättest das Pferd nicht kaufen sollen«, sagt mein Schwager, »das ist kein Pferd an einen Wagen.«

Ich sage kurz, ich wollte es haben.

»Warum machst du alles allein?« sagt mein Schwager, »ich wäre mit dir gegangen.«

Da kann ich nur lachen. Ich fühle mich nicht hereingelegt jedenfalls, ich hätte kein anderes genommen.

»Wer kauft eigentlich das Pferd?« fragte ich ihn.

»Du natürlich.«

»Schön. Dann ist es gekauft und jetzt Schluß.«

Mein Schwager sagt nichts mehr. Aber mich stößt der Bock, wenn mir alle hineinspucken dürfen, gewöhnen kann ich mich nie. Wovon lebt der Mensch, frage ich. Ich bin nicht mehr ich selber, man nimmt es mir stündlich.

Ich hätte große Lust, ich gehe auf und davon mit meinem Pferd, aber nichts ist wie früher, man bekommt keinen Zuzug. Man bekommt nicht einmal Futter fürs Pferd, wenn man nicht wie mein Schwager die Wirtschaft hat. An die Wirtschaft bin ich gebunden und wäre gern wie der Vogel so frei, man muß das ganz nüchtern anschaun. Man muß sich vertragen, auch wo man nicht hinpaßt, aber kriechen doch auch nicht.

Und doch bückt man sich unter Zwang, das kommt von den falschen Plätzen. Man sucht sich den Platz ja nicht mehr aus. Da ist es gut, wenn man glaubt an sein festes Kreuz, an das innere Rückgrat nämlich, möge einen der Glaube nicht täuschen. Man kann gleichgültig werden vom Bücken und innerlich tot, das ist die Gefahr, stumpf kann man werden. Man muß was suchen, daß man nicht abstirbt, man muß was haben, was man heftig verlangt, und sei's eine kurze Täuschung, ein Pferd zum Beispiel. Verlangen hält einen wach, sich täuschen ist besser als tot sein.

Das kann mein Schwager freilich nicht wissen, er sieht nicht hinein.

»Ihr sollt keine Last davon haben«, verspreche ich. »Ich mache alles mit dem Pferd ganz allein.«

Der Knecht schaut mich schief an.

»Und ich tue alles dafür«, wiederhole ich scharf, »denn es ist kein gewöhnliches Pferd, es ist ein Pferd von der Steppe.«
Der Knecht verbeißt sich ein Lachen.
»Es geht bloß krumm«, sagt er grob.
»Es geht nicht krumm«, fahre ich auf. Ach, ich habe selber gesehn, wie widerwillig es mir in den Stall ging, vor Widerwillen war es ganz linkisch.
»Es hat«, sagt der Knecht, »seit der Krieg aus ist, den Besitzer schon dreimal gewechselt, keiner hält es aus mit dem Pferd. Der Krieg hat an ihm was verdorben.«
»Das ist Schicksal«, sage ich und bin nicht zu belehren. »Denn es hat zu mir kommen müssen, und ich halte es aus.«
»Das ist Schicksal«, lacht der Knecht voller Hohn und geht mir aus den Augen. Später auf der Treppe hält er mich auf.
»Und wenn es ein Schieber ist?« grinst er.
»Was? Schiebt es?« frage ich erschreckt, »seit wann? Hast du selber gesehn, daß es schiebt?«
Der Knecht zuckt die Achseln.
»Da muß doch was schuld sein, wenn keiner es haben will«, sagt er verstockt.
Ich stürze hinaus in den Stall und mir graust. Ein Schieber, das wäre das Ende, weil man mit so einem Pferd nichts mehr anfangen kann, für den Menschen ist es verloren.
Es schiebt mit dem Hirn an jedem Ding, wogegen sich anschieben läßt, versteckt den Kopf unter der Futterraufe und schiebt, es scheuert und schiebt an der Wand und hört nicht mehr auf. Es würde dir die Mauer vom Stall durch Sonne und Mond schieben, wenn es nur könnte, hört nicht, sieht nicht, reagiert nicht, wird nie mehr normal, du kannst es gleich auf der Stelle zum Tierarzt bringen, was anderes bleibt dir nicht übrig.
Das Pferd natürlich steht im Stall wie jeder andere Gaul, schiebt jedenfalls nicht in dem Moment. Mir ist ganz elend, ich weiß nicht, soll ich ihm glauben? Vielleicht macht es eben jetzt eine Pause. Es kann doch nicht die reine Bosheit sein von dem Knecht, er hat was gesehen, bestimmt.
In meinem Unglück nehme ich mir selber das Pferd vor. Ich verstehe davon ja nicht viel, weiß aber, daß solche Tiere auf nichts reagieren, und ich mache die Probe darauf. Ich trete ihm gegen den Huf, da wo die Haare anfangen und wo der Huf aufhört, das Pferd schlägt aus, wie es soll, Gott sei Dank. Es läßt sich auch von mir in

die Ohren langen. Wäre es ein Schieber, täte es das nicht. Ich bin erleichtert, die Tränen brechen mir aus. Ich werde kindisch und bitte ihm ab. Dann kommt mir der Zorn. Man hat mir mein Pferd verleumdet.

Seitdem lebe ich nur für das Pferd, und es hat nichts gegen mich, es spitzt die Ohren und läßt sich was gefallen. Es spitzte die Ohren schon gleich beim ersten Mal, als ich darauf zuging und es aushandeln wollte. Es war ein Gaul, wie man ihn träumt. Als es Aug in Aug vor mir stand, fuhr es in mich hinein wie ein Blitz, als habe der Gaul mir schon einmal gehört Ich nahm ihn an auf der Stelle.

Eine Eigenheit hat das Pferd, daß es scharrt. Mitten in der Nacht schleiche ich mich an seinen Stall und horche von draußen. Das Pferd ist wie eine Uhr, es scharrt und scharrt, und ich horche darauf. Ich war auch drinnen im Anfang, ich habe zugeschaut, wie es das macht. Es zieht den einen Vorderfuß vorsichtig schürfend zurück, dann kommt die Pause, wo es den Fuß unbeeilt vorsetzt, und wieder scharrt es zurück, ohne Unterlaß, in einem Rhythmus, der gleich bleibt. Wenn es müde wird, nimmt es dafür den anderen Fuß, und so macht es die ganze Nacht, ob es schläft oder wach ist, und mißt seine Zeit, das Pferd kommt zu keiner wirklichen Ruhe.

»Mein Pferd«, sage ich, »schläft überhaupt nicht.«

Außer mir läßt es keinen heran und wird unberechenbar, wenn ein anderer im Stall ist, es schlägt nach dem Knecht, holt ihm solche Stücke Fleisch aus dem Arm.

Ich sage: »Bleibt um Gottes willen weg von dem Gaul.«

Jede Fuhr, die über Land geht, nehme ich mit Absicht auf mich, ich nehme ihn so oft wie möglich nach draußen. Darauf wartet er nur, und alles vibriert an dem Gaul. Mit den Vorderfüßen ist er hoch in der Luft, wenn er anzieht.

Auf freier Landstraße ist das Pferd ein ganz anderer Gaul, wer es nicht sieht, glaubt es nie. Die wilde Freiheit jagt ihn dahin, ich kann ihn fast nicht mehr halten. Paßt ihm was nicht, macht er sich steif und geht krumm auf einmal, er spricht mit dem Fuß und macht mich verrückt. Die Kinder wissen es schon, sie laufen neben mir her und deuten, wie krumm mein Gaul geht.

Den Stall mag er nicht und steht in seinem Eck, als sei ein Zauber auf ihn gelegt, er hat im Aug einen boshaften Schleier. Ich bürste ihn ab und rede in einem fort auf ihn ein, ich bilde mir ein, daß der Gaul mich versteht.

»Wir müssen schon dableiben«, sage ich voll Verstand, »denn wohin könnten wir laufen?«

Aber es kommt schon die Zeit, da gehen wir weg alle zwei, ich weiß es, das Pferd muß es wissen. Ich habe es ihm mehr wie einmal versprochen.

Manchmal zweifle ich, daß es mich mag. Ein schwerer Widerstand steckt drin in dem Pferd, es muß was erlebt haben, was wir nicht wissen. Die Natur war in ihm wohl zu stark, man hat sie verbogen in lauter Pein, jetzt macht sie in ihm was Verkehrtes. Das Pferd kann nichts dafür jedenfalls, von wem sonst weiß man das so genau?

Ich denke viel darüber nach, mein eigenes Leben zieht auf diesen einen Punkt sich zusammen. Denn das Pferd ist wie Feuer so schön und in der stürzenden Welt ein Wunder für mich. Ich will es bewundern, ich glaube, sonst müßte ich hassen, ich kann nichts mehr glauben, ich wäre verloren, glaube ich.

Auch wenn ich nicht im Stall bin, beschäftigt es meine Gedanken. Es läutet, ich gehe zur Gassenschenke und nehme den Krug an.

»Dunkel«, frage ich, »oder hell?«

»Wie immer.«

Ich bücke mich unter die Leiste vom Schiebefenster, ich sehe den Mann sonst nicht genau, der ein Stammkunde ist und darauf pocht. Da trifft mich sein zwinkerndes Auge.

»Na«, sagt er, »Amazonenfrau! Immer noch keinen Mann?«

»Ich mag keinen«, sage ich kalt, so was regt mich nicht auf.

Andere sagen zu mir noch ganz andere Sachen, und ich sitze einmal da an dem Tisch, einmal dort und sitze bei keinem zu lang. Über keinen denke ich nach, ich sehe jedes Glas, wenn es leer wird. Muß ich trinken, stelle ich mir Schaum hin und behaupte, der ist mir am liebsten.

Ich fühle mich unglaublich sicher, ich habe das Pferd jetzt, habe den Sperrkreis, in dem es wirkt. Wie eine Wand steht es zwischen mir und den anderen.

Zuviel Böses habe ich gesehn vor dem Krieg und darin und danach, das Böse von allen Seiten. Wie kann es das gleiche sein wie zuvor und wem soll man traun? Der spielt Fußball mit dir, dem du traust. Es sank in mir auf den Grund, geht seitdem nicht mehr weg, wie ein Stein blieb es liegen. Will ich zum Menschen, heißt es springen über den Stein. Es wühlt in mir, lohnt denn das Springen?

Bitter zuweilen stößt es mir auf, es müßte um Gottes willen sich lohnen. Ich erkenne, daß das mein Wunsch ist.

Die Erfahrung ist anders, die Menschen sind böse, sehe ich. Es gibt Gesichter, die gefallen einem vom Anschaun, man möchte hinzu wie die Motte ans Licht. Ich kanns übertäuben. Warum so nah? Daß er mich frißt? Ich bin auch nicht mehr so allein, ich habe das Pferd jetzt.

Und so schön ist mir keiner, daß mich nach ihm verlangt, in die sichere Hölle vielleicht, und so redet keiner mir nach dem Mund, über den Weg trau ich keinem. Ich weiß, wo die Roheit aufkommt mit der Gewohnheit, zuviel ist geschehn, die Welt wird nicht besser, sehe ich. Ich bin auch sicher, ich habe das Pferd jetzt.

Ein Zirkus kommt in die Stadt draußen vor dem Tor auf der Wiese. Ich gehe nicht hin, habe ich vor. In so einer Stadt natürlich tritt man auf die Leute vom Zirkus, sie schwirren in allen Winkeln. Unverwechselbar sehen sie aus. Viel Zeit haben sie nicht, sie kommen nur kurz herein zum Anschaun und Angeschautwerden, sie haben in ihrem Gang eine Uhr, soundsoviel Minuten. Sie blicken dir fest ins Gesicht, denn sie treffen dich nie mehr, ihr Blick wandert dann weiter.

Sie könnten mich neugierig machen, die mit einem Zirkus ziehn, aber ich würde mich vorsehn. Sie leben im Dschungel und bleiben nicht hängen. Sie biegen und brechen. Was sich nicht freiwillig gibt, fällt zurück.

Einer kommt in die Schenke manchmal, wenn die Vorstellung aus ist, so ein Schwarzer mit nach hinten gebürstetem Haar. Er sieht wie ein Dompteur aus, macht aber das andere auch. Seine Hautfarbe ist frisch und durchblutet.

Ein Zirkus hat zu wenig Leute gewöhnlich. Ein Mann muß dort für drei stehn. Mich wundert, wie oft dieser kommt, es wird ihm am Schlafen abgehn. Er hört sich herum, wie es scheint, und sucht was Bestimmtes.

Beim Austreten vorhin im Hof hat er mit dem Knecht gesprochen, nicht zum ersten Mal offenbar. Ich schnappte es zufällig auf, weil ich Fleisch aus dem Eisschrank brauchte. Jetzt sitzt er an seinem Tisch, ich mache mir in der Nähe zu schaffen. Ich weiß nicht, was ich habe an seinem Gesicht, ich schaue es forschend an und mache eine Reise darin. Das Gesicht ist sehr fest und setzt gern durch, was es vorhat. Da hineinsehn ist nicht anders wie einen tiefen Trunk tun für mich, und ich scheue den Trunk nicht, der

Mann geht ja wieder fort. Er unterscheidet sich durchaus von allen.

Er mißt mich mit prüfendem Blick, leert sein Glas, ich muß Frisches bringen.

»Habt ihr kein Pferd für einen Zirkus?« fragt er nebenbei, und ich höre ihn gehn, ich bin mißtrauisch auf der Stelle.

»Wir haben kein Pferd.«

»So? Ich dachte.«

»Wir haben nur mein Pferd, und das ist nicht feil.«

»Wer spricht von kaufen? Ich will das Pferd ja nur leihn. Ich zahle sehr gut für den Tag.«

»Mein Pferd«, sage ich, »muß nichts verdienen.«

»Aber vielleicht macht es ihm Spaß. Wir haben Pferde, die arbeiten gern für den Zirkus.«

Ich antworte nicht mehr darauf. Die Katze ist aus dem Sack und will mir nicht gefallen.

»Sie werfen Diskus?« fragt er mich auf den Kopf zu, bilde ich es mir ein und lauert sein Blick, oder hat es nichts zu bedeuten? Er würde dann aber nicht fragen.

Ich ärgere mich über den Knecht, der ihm was gesteckt haben muß. Soviel gebe ich zu, ich habe es einmal getrieben.

»Man sieht es am Arm«, sagt er und betrachtet mich haargenau, ich stehe am Pranger, vielleicht bilde ich mir das nur ein. »Fast ein Männerarm, wenn man so hinschaut! Der Handteller, unglaublich!«

Ich starre gefroren. Es kann eine Bemerkung aus reinem Unverstand sein. Nein, der Knecht hat den Mund nicht gehalten.

»Warum sind Sie bei dem Sport nicht geblieben?«

Der Kerl fragt mir zuviel.

»Halt! Wohin laufen Sie?«

Nun, das kann er sehen wohin. Ich muß ja kassieren, ich gehöre nicht ihm.

Ich habe keine Lust mehr und setze mich an einen anderen Tisch, das waren schon zwei Sachen, die mir an ihm nicht paßten. Ich winke der Schwester, daß sie drüben bedient statt meiner, sie macht das sehr unauffällig, sie kennt meine Sprünge.

Ich muß so sitzen, daß er mich anschaut, sein Blick liegt mir im Gesicht wie eine Hand. Das könnte schön sein von diesem Mann, jetzt aber nicht mehr. Außerdem geht es ihm bloß um das Pferd.

Man muß wissen, mit dem Diskuswerfen hatte ich schönen Erfolg in einer Zeit, die auffällig kurz war. Es war eine Leistung wie von einem Mann, noch dazu war ich neu, ich war gar nicht so lang im Training, man konnte sich das nicht erklären. Meine Neider haben dann aufgebracht, daß das nicht mit rechten Dingen zugehen kann, und ich sei in Frauenkleidern ein Mann, unglücklich schon von Geburt. Wie scharf so ein Neid sieht, wie plump kann er übertreiben.

Das weiß ich am besten, daß ich zuviel habe von einem Mann in meiner Art mich zu geben, in der Seele, wenn man so will. Das ist kein Grund mich zu verlästern. Unglück ist es genug und mein schlechter Stern, ich bin zur alten Jungfer geboren.

Der Verein verlangte von mir, daß ich ein ärztliches Zeugnis beibringe. Ich trat aus dem Verein aus, ging in einen anderen, dorthin folgte mir das Gerücht sehr schnell. Auch dieser Verein verlangte ein Zeugnis. Ich trat abermals aus, warf die Scheibe ins Eck, sie war mir verleidet.

Von einem gewissen Standpunkt war es ja falsch. Nun hieß es, sie hat die Untersuchung zu scheun, aber ich konnte nicht helfen. Allem Spott hielt ich stand und wich nicht davon ab. Heutzutage wissen die Menschen nicht mehr, was Keuschheit ist, dachte ich, Sport hat seine Grenzen. Natürlich ist es schlimm, daß der Meute der Mund nicht gestopft ist. Ich lasse mich aber denen zum Spott nicht untersuchen.

Seitdem lebe ich im Zwielicht, ein bißchen anrüchig vielleicht, aber auf meine Art stolz, zwischen den Geschlechtern ein Niemand. Wen geht es was an außer mir und wem falle ich zur Last? Ich bin da, keiner hat mich gefragt, ob ich will. Ich werde was machen aus meinem Leben, ich will schon was leisten.

Der Zirkusmensch steht zum Austreten auf, ich nütze seine Abwesenheit. Unter einem Vorwand rechne ich ab mit den Gästen. Dann ist für mich der Moment, wo ich ungesehen auf mein Zimmer verschwinde, ich lasse alle Arbeit der Schwester allein.

Bei halber Treppe hält es mich auf, das Pferd im Stall tut einen seltsamen Schrei, da wiehert es wieder wie eine Trompete. Was ist mit dem Pferd los? Hinunter die Treppe, hinein in den Stall, finde ich den Zirkusmenschen bei dem Knecht, und sie machen was mit meinem Pferd. Der Zirkusmensch macht es.

Was es ist, kann ich nicht sehn. »Weg von dem Pferd!« schreie ich viel zu spät. Ich hätte gern gewußt, was der Mann mit dem Pferd tat.

Der Knecht verteidigt sich, er hat das Pferd nur gezeigt, das wird kaum verboten sein, wenn sonst nichts passiert ist.

»Es ist aber was passiert«, behaupte ich unnötig laut, ich vergesse nie, wie es schrie. Beweisen konnte ich nichts. Es gibt von Zigeunern so Tricks.

»Na«, sagt der Knecht ganz ohne Scham, »gegen Sympathie läßt sich nichts machen.«

Denn der Zirkusmensch geht aus dem Stall und das Pferd ihm nach, als zöge er es mit einem Duft, es ist nicht an der Kette. Es reibt sich an ihm und sprüht dicke Flocken von Schaum, der Mann wird ganz naß übers Gesicht und zwickt die Augen lachend zusammen, er kann in lauter Liebe sich baden.

An mir ging es vorbei wie an einem Pfahl. Ich könnte weinen, denn das ist mein Pferd. Der Mann schüttelt sich ab, die Spritzer springen mir gegen den Mund und ich wische nichts weg. Ich gehe auf mein Pferd zu, will es am Zügel fassen, ihm, wer sein Herr ist, zeigen. Wie die Schlange fährt es herum, und ich springe weg mit einem Satz, der Satan wollte mich beißen. Ich bebe am ganzen Leib vor seinem unerklärlichen Haß, die Knie geben unter mir nach, und es ist die eindeutige Niederlage vor einem Mann, oh, es ist schändlich.

Habe ich es nicht verteidigt vor diesem Mann? Mein Pferd, habe ich gesagt, muß nichts verdienen. Jetzt bringe ich es nicht einmal mehr in den Stall, bis es der Zirkusmensch selber zurückführt, im Augenwinkel männlichen Spott.

Ich stehe im Hof ganz betäubt. Der Mann kommt heran mit dem Knecht, sagt, es ist eine Sünde an so einem Pferd, ich soll es ihm einen Tag wenigstens lassen.

»Dann wird es bloß fremd«, wehre ich ab.

Der Mann redet lange Zeit auf mich ein, auch der Knecht, der ihm alles gesteckt hat.

»Schieben Sie Ihren Satan doch ab«, schreit der geradeheraus, »man ist ja im Stall seines Lebens nicht sicher.«

Ich weigere mich die ganze Zeit, ich bin so böse auf den Mann, wie ich ihm gar nicht zeige, mich schüttelts von innen heraus. Mittendrin reiße ich alles ab und schlage die Tür hinter mir zu, ich bin im Stall, wo mich aber das Pferd nicht heranläßt, es ist aufsässig gegen mich wie gegen den Knecht. Ich rufe hinaus in den Hof, der Knecht muß mir auf der Stelle das Pferd an die Kette legen, das muß er sonst nicht.

Vielleicht hin ich verrückt, ich fürchte, daß es mir nicht mehr dableibt. Ich habe gelebt in dem Wahn, das Pferd und ich, wir gehören zusammen. So einer brauchte bloß kommen! Natürlich hat so ein Dompteur was im Griff, was ein Laie nicht in der Hand haben kann, es gibt von den Zigeunern so Tricks. Ich bin noch dazu eine Frau, aber das Pferd war mein höchstes Gut und in der stürzenden Welt ein Wunder für mich. Darum war es nicht fair von dem Mann. Da stehe ich und denke nach, ich schlucke und gehe nach oben.

Ich will den Schlüssel umdrehen zu meiner Tür, da warnt mich was, vielleicht ein Geräusch, das Herz schlägt mir bis in den Hals. Bis ich mich umdrehe, hat der Mann mir doch abgepaßt und nimmt mich noch in den Arm nach allem, was er mir antat. Ich mache mich steif, weiter nichts, ich wehre mich nicht so besonders.

Ich will nichts schmecken und schmecke auch nichts von dem Kuß, ohne Leben hänge ich in seinem Arm. Natürlich will er mich erpressen.

»So wach doch auf, Dummes«, sagt er und hält meine Brust in der Hand. »Du siehst doch, ich glaubs doch nicht«, sagt er und steht vor mir wie ein Dieb in der Nacht.

So können sie zu einem kommen, anders kommen sie nicht. Sie nehmen einem noch weg, was man hat. Ich kann nichts dafür, ich bin wachsendes Eis. Und der macht mich nicht schwach. Den kriege ich klein, denke ich langsam, ich kann nämlich denken. Ganz sacht dränge ich ihn von mir ab, ich rate ihm höhnisch, er muß das schon glauben. Hier bitte, ein Freibrief! Er läßt mich los wie gestochen, ich könnte ihm heut noch dafür eine Ohrfeige geben.

Die Nacht ist nicht schön, aber ich habe ein Kopfkissen, wenn ich losschreien möchte, und ich habe mich in einer Weise entschieden. Es ist doch gut, wenn man das tut, sonst vergißt man sich noch und glaubt an ein verfluchtes Glück.

Am anderen Tag habe ich eine eilige Fuhr, da holt mich beinahe der Teufel.

Ich könnte daran ja gewöhnt sein, immer wird es auf der Landstraße eine Jagd, das Pferd will mich messen. Es fordert mich immer heraus, das ist seine Lust, das war meine Lust, so waren wir beide ein Paar. Heut bin ich dem Pferd nicht gewachsen. Ich bin ganz woanders noch immer.

So schnell löst man sich nicht ab, auch wenn es entschieden ist und schon vorgezeichnet, bewältigt ist es noch nicht. Sichtrennenmüssen ist schwere Arbeit für mich, wo man gründlich sich loswühlen muß, ich bin noch am Wühlen.

Das Pferd spürt den Bruch zwischen mir und ihm. Es tut seinen Satz mittendrin, als ob es den Wagen abschütteln möchte, ich fange den Wagen nicht völlig ab, heute nicht. Dann geht es los mit allen Schikanen, ich habe Gott sei Dank keine Flaschen.

Im schleudernden Wagen stemme ich mich zurück mit aller Kraft, noch habe ich die Zügel, spüre aber, ich werde ihm nicht Herr, das Pferd wird mir den Arm noch auskegeln, spüre ich.

»So wart' doch«, schreie ich ganz sinnlos, ich gebe ihm keine Namen, das nicht.

Habe ich es nicht geliebt, dieses Pferd, schön wie Feuer, und in der stürzenden Welt ein Wunder für mich? Nimmst du mir das Leben, denke ich. Zur Angst habe ich keine Zeit, nur zu, denke ich, im Nu kann es aus sein. Ich habe einen kalten Mut in dem Moment und alles Leben im Arm, mir liegt soviel nicht am Leben, das hier geht schnell, weiß ich.

Einmal hat es mich schon vom Sitz heruntergezogen, ein paar Schritt bin ich mitgelaufen sogar in einer häßlichen Hast zwischen den Hinterbeinen von einem Pferd, die mein armseliges Laufen gefährlich umgriffen, da war nicht viel Platz für den Fuß, es war häßlich, immer den Wagen hinter mir her. Wenn er mich faßte, kam ich unter das Rad, nur mitkommen, nicht stolpern! Ich weiß nicht durch welchen Ruck bekam ich mit dem Hintern den Wagen zu fassen, ich stemmte und schob mich hinauf, ich war König, ich war wieder droben.

Das war aber eine Gunst, wie der Mensch sie nur einmal bekommt in seinem Leben, wiederholen möchte ich das nicht. Die Tour ist mir verleidet, überfahren werden möchte ich nicht, dann schon lieber erstürzen. Ich seh mich noch laufen zwischen den Hinterbeinen von einem Pferd, dann klopft mir das Herz bis hinauf in den Hals, das ist eine Erfahrung.

So oder so, das Pferd ist für mich verdorben.

Noch am gleichen Tag schreibe ich an den Zirkus, das Pferd ist mir feil. Ich mache alles schriftlich und durch den Knecht, ich kann den Mann bei dem Handel entbehren. Er hat das Pferd draußen zur Probe, schickt es aber noch einmal heim, vielleicht um den Preis zu drücken. Dann nimmt er es doch, was sage ich, bekommt es von mir so gut wie geschenkt gegen alte Währung in lumpigen Rentenmark, die Währungsumstellung ist kurz danach, keiner gibt Sachwerte aus der Hand. Wenn das knapp an der Umstellung kein Streich war!

Das Pferd wenigstens hat seine Freude und ist stolz abends in der Vorstellung, wie man mir sagt. Es soll in seinem Schmuck und all dem Glanz um sich herum nur so steigen.

Nach einer Zeit schreibt der Zirkusmensch mir eine Karte von Aachen, sie haben dort Winterquartier, der Gaul macht sich glänzend, wenn ich Lust habe, soll ich hinfahren und sie beide besuchen.

Ich hätte gern gesehn, was seitdem geworden ist aus meinem Pferd. Ich suche Aachen in meinem Atlas heraus und alle großen Stationen, an denen ich vorbeifahren müßte. Ich habe in Aachen mein zweites Ich, meine Gedanken sind dort. Ich müßte hinfahren, wenn ich täte, was einem so vorschwebt, natürlich tue ich das nicht. Ich wüßte gar nicht, wie es begründen.

Die Frau mit der Lampe

Eine Legende

Zu einer Zeit geschah es, daß ein Mann eine Frau nahm und eine Lampe in ihrer Hand entzündete, auf daß sie ewig brenne. Und nichts anderes machte er ihr zur Pflicht, als daß sie diese immer mit sich herumtrage, sie auch nicht fallen lasse und ihren Atem wohl in acht nehme, damit der Docht nicht erlösche. Beide begaben sich auf die große Wanderschaft, da ihnen ihr tägliches Brot nicht zugetragen wurde, sie es vielmehr auf den nicht allzu gesegneten Gründen des Landes erjagen mußten. Da die Lampe ihren Weg sternte, schien es ihnen, daß sie nicht mehr wie in der Fremde gingen. Vornehmlich bestrahlte die Lampe seine Gestalt und schloß sie in unwirklicher Schönheit zusammen. Nie noch hatte die Frau Menschengestalt so klar und voller Adel gesehen. Anfangs wurden sie satt vom Schauen und waren keineswegs ungeduldig, wenn sie nichts zu essen fanden. Dann gewöhnten sie sich an den täglichen Glanz, und als der Körper nichts mehr zuzusetzen hatte, drängten die niederen Triebe des Daseins, bisher verscheucht, sich vor und wuchsen ins Arge. Es zeigte sich nämlich, daß die Frau, die nur eine Hand frei hatte, im Jagen doch recht behindert war. Auch vertrieb sie das Getier mit der Flamme. »Sieh, wie geschickt dagegen andere sind«, warf ihr der Mann dann wohl vor, wenn sie ohne Beute am Ort der Zusammenkunft eintraf.

Ja, das waren solche, die keine Lampe hatten. Mit wissender Tiefe im Blick spähte sie den jungen Mädchen nach, die mit spöttischem Zuruf im Vorübergehen ihre Beute zeigten – schweifende Amazonen, wie sie selbst einmal gewesen. Kinderleicht schien es doch, eine Lampe zu halten. Auf die Länge drückte sie schwer. In ihren Armen nistete der Krampf und ohne Kette war sie gebunden. Zum Krüppel wurde sie noch daran. Zuweilen schämte sie sich der Behinderung, so daß sie darbend zurückkehrte und kurz sagte, sie habe das Ihre schon gegessen. Zuweilen auch setzte sie sich mit hartem Blick an der Beute des Mannes nieder und aß. Er wies sie nicht zurück. Fortan geriet er ohne sichtbaren Grund ins Schelten.

»Welche Mühsal, sich mit einer Lampenträgerin zu schleppen«, konnte er sagen, bis sie, die ihn wohl verstand und wie in einer Zange war, keine innere Ruhe mehr fand. »So war es nicht gemeint«, lehnte sie sich auf. »Aberwitz, so man nicht aufhören darf zu jagen, ist solche Lampe.« – »Du bist nicht die einzige Lampenträgerin in der Wildnis«, berichtigte der Mann. »Ihrer, die nicht weniger tun, gibt es viele und gibt sogar solche, die die Lampe in der Hand und obendrein einen siechen oder störrischen Mann auf dem Rücken schleppen.« – »Viele gibt es dagegen«, sprach sie, »die anderer Männer Lampen tragen und davon leben. Sie knien vor ihrem Licht behütet in einem Haus und werden doch einzig um des Knieens willen wie Königinnen gehalten. Ich Unselige habe nicht einmal die Hoffnung eines Daches über meinem Haupt.« Denn es liegt im Selbsterhaltungstrieb verborgen, daß der Mensch sich besonders mit denen vergleicht, die es besser haben. »Zum Teufel mit der Lampe«, schrie der Mann voll Zorn, »wirf sie doch weg, damit du frei bist wie vorher und geh deiner Wege.«

Die Pflicht indessen fragt nicht danach, ob eine Kraft auch ausreichend sei, sie zu tun. Wohl konnte es in den Stunden der Versuchung geschehen, daß eines von ihnen mit harten Fingern den glühenden Docht anpackte und sich daran verbrannte, niemals aber so, daß nicht ein Funke blieb, den sie, wenn ihnen die einfallende Finsternis rasche Besinnung schuf, gemeinsam groß bliesen zu reiner Flamme. Immer wieder zwischen den besseren Tagen, in denen sie vom Ihren abgab, mußte sie es leiden, daß sie dem Mann, den die ewige Lampe bestrahlte, um der Versorgung willen ein Stein des Anstoßes war und er ätzte die Wunde mit laugenden Worten. Ach, größer schien er ihr, als sie noch im schattenhaften Zwielicht lebten. Die Jagd in den unfruchtbaren Gründen wurde zum Fluch. Zuviel der Blößen waren gegeben. Versteinert wurden die Herzen. Ihre Adern wurden drosselnde Stricke dem Strömen des Blutes. Das Licht, das einmal weisend schien, wurde zum düsteren Schwelen, ermüdende Weglosigkeit ihr Schreiten, Asche ihr Blick.

Jahr nach Jahr zogen sie miteinander, bis es so weit war, daß die Frau nicht länger ohne ein Dach über dem Haus bleiben wollte. Sie begehrte das Dach mit solcher Wucht, daß nichts sie davon abbringen konnte. Er weigerte sich, niedrig für ein Haus zu trachten und war wie der Fels, der in sich gegründet steht. Denn er hielt nichts von Häusern, die den Menschen ins Enge sperren. Schweren Herzens trennte sie sich von ihm und nahm die Lampe mit.

Sie kehrte zurück, von wo sie ausgegangen war, in ein altes Haus, in dem ihre Brüder wohnten. Da sie die Wäsche versorgte, das Haus fegte und das Mahl bereitete, durfte sie bei ihnen bleiben. Ja, die Brüder fanden, daß es besser sei wie zuvor und schalten sie, daß sie nicht längst gekommen war. Nach einiger Zeit jedoch bemerkten sie, daß die Schwester ihren Befehlen nicht so schmiegsam war wie die Luft, die sich jedem Drucke bequemt, hatte sie doch eine Lampe, die sie nicht aus den Augen ließ. »Wirf das lästige Ding fort«, hieß es, »damit du wieder die bist, die wir von Kind an kennen.« Mit Bitten und Tränen und endlich mit stolzer Schärfe verteidigte sie die Lampe, die ihr nun über alle Häuser als das Pfand ihrer Ehre erschien. Zwar wohnte sie unter einem Dach, aber so, daß man sie um der Lampe willen von Winkel zu Winkel trieb.

»Deine Narrenlampe hat dich behext«, schalten die Brüder. »Seit sie hier ist, sind wir nicht mehr Herr in unseren Gemächern. Stündlich stoßen wir auf die Gewalt, die ein Fremder über dich hat. Darum entscheide dich zwischen uns oder dem Fremden.« Da erkannte sie, daß die ewige Lampe mit allzu grellem Schein in die Häuser der Seßhaften leuchtet. Nicht nur zeigte sie das Haus eng und verfallen und den Boden voll Risse, auch alles Wesen zwischen den Stuben war verbraucht, die Luft stickig. Die Brüder waren mit trüben Vorstellungen wie mit abwärtsziehenden Säcken beladen. Wie so ganz anders war doch die Wildnis rein bei allem Ungestüm und unverlogen nach der Kraft zuteilend bei aller Strenge! Süß verhaftet schienen ihr nun selbst die Stunden, in denen sie ihrem Manne zur Last gefallen war. Wenn sie von seiner Beute aß, war es nicht, als ob sie von seinem Leibe esse und von seiner Kraft? Noch sein Zorn war bittere Weihe. Ohne Schlaf saß sie viele Stunden bei der unerbittlichen Lampe und als sie alles bedacht hatte, fand sie sich abermals in der Zange, die den Faden der Handlungsfreiheit abzwickt. Ein Dach konnte der Ermatteten nichts gelten, wenn es nicht nach seinem Willen gebaut war und ein Frieden war nicht für sie, den er nicht bescherte. Ihre Seele mußte doch wandern mit dem, der nun ohne Lampe im Finstern ging.

»Also wird es mein karger Teil sein, daß ich friedlos vergehen muß«, sagte sie und indem sie solches sah, spannte sich ihr Mund wie strenger Sensenhieb, herbe Schatten sammelten sich rund um ihn wie stehendes Gewölk. Ihre Haut krümelte sich der Ackererde gleich, die unter Gottes grausamer Dürre sich aufwirft. So zog sie dem freundfeindlichen Manne nach, dessen Richtung sie wußte, um dem Hieb Ziel zu sein, bis der Tod sie von den Pflichten scheide. Fortan brannte die Lampe.

Nachwort

Günther Rühle
Die brennende Lampe
Ein Nachwort zu den Erzählungen der Marieluise Fleißer

Wir haben in diesem Buch aus dem erzählenden Leben der Marieluise Fleißer – geboren in Ingolstadt und dort auch nach einem wundgescheuerten Dasein gestorben – die schönsten und eigenwilligsten Erzählungen versammelt. Aus dem erzählenden Leben? Erzählte sie gern? Erzählte es nicht vielmehr aus ihr, was sie an erlittener Erfahrung in sich barg?

Versuchte man mit ihr ein Gespräch, kamen die Worte nur zögernd und schwer. Aus ihrem Mund strömten keine erlebten Geschichten, sie malte nichts aus. Im Zuhören spürte man auch nichts von der Lust des Erzählers am Erinnern, Ausschmücken und Zuspitzen. Man mußte sie durch Fragen zum Sprechen bringen. Ihre Antworten waren kurz und karg, gaben fast immer sachliche Details (so oft wiederholt, daß sie schon wie gestanzt wirkten). Die Geschichten, die sie in sich hatte, waren versteckt, und es brauchte Zeit, bis sie herauskamen. Wenn sie kamen, dann in der stummen Form des Schreibens. Meist schrieb sie sich etwas von der Seele. Seltener überließ sie sich dem Strom früher Erinnerungen; »Der Venusberg« ist so ein seliges Beispiel.

Wenn es nicht ging, war sie unglücklich, wie versperrt und fühlte sich lebendig begraben. Immer rief sie nach Zeit und Ruhe zum Schreiben, um die Worte zu setzen, die herauswollten. Sie verarbeitete das Erlebte tief drinnen. Und wiewohl ihr Lebenskreis beschränkt war in der Breite, hatte er doch außerordentliche Höhen und Tiefen. Ihr Leben bestand daraus, Spannungen unfreiwillig zu schaffen und dann schmerzhaft zu bestehen. Die aufstörende Sprache ihrer Berichte gibt Nachricht vom bewegten Grund dieses Daseins, von einem Frauenleben, das – versehrt von den Ereignissen des Jahrhunderts – dieses doch charakterisiert. Denen, die es durchlebten, erschien dieses Jahrhundert oft sehr modern, sehr frei, sehr zukunftsträchtig. Die möglichen Befreiungen erspürend, hing Marieluise Fleißer doch fest im Netz alter Strukturen. Davon handelt, was hier steht.

Mit Schreiben hat sie begonnen, als sie noch Studentin in München war. Das war Anfang der zwanziger Jahre im letzten Jahrhundert. Ihre ersten Geschichten hat sie Lion Feuchtwanger vorgelegt. Er verwarf sie als »expressionistisch«, da er, ein Historiker unter den Erzählern, selbst aus war auf Sachlichkeit und Klarheit. Fast gehorsam hat sie damals alles – oder: fast alles? – vernichtet. Erst vor wenigen Jahren hat man eine Erzählung wiedergefunden – »Zwischen Schlaf und Schlaf« –, die diesen Anfängen noch nah oder gar ein Rest ist aus dem Vernichteten. Man spürt hier, wie bestürmt sie war von den Lebensgewalten und wie Schlafen und Erschrecken, Träumen und Wachen den Lebenspuls bestimmten, ohne daß die soziale Welt sich schon ihrer Aufmerksamkeit bemächtigte. Sie hatte Gesichte und Gesichter.

Die erhaltenen Fotos zeigen sie traumverhangen da, wach und scharfäugig hier, offenbaren den Jungmädchenreiz und die ernüchternden Spuren des Alterns. Ihr Bild auf dem Ausweis: »ein Gesicht wie eine Beule aus Angst«. Ihr Schreibhunger war stark, der Leib mußte sich oft behaupten im Darben. Das Wort verhungern war ihr nicht fremd. Vom jähen Glück bald verlassen, wurde sie eine authentische Zeugin der Not.

Mit Erzählungen hat sie sich schon in den zwanziger Jahren in Berlin durchgeschlagen, als der junge Brecht sie vom Studium abgebracht, aufs Schreiben verwiesen und ihr den jungen Ruhm verschafft hatte, eine der wesentlichen Dramatikerinnen ihres Jahrhunderts zu sein. Ihr Debüt auf dem Theater machte sie mit ihrem »Jugendstück« »Fegefeuer in Ingolstadt«. Sie ahnte nicht, daß der Titel auch das Zeichen ihres Lebens setzen sollte. Mit Fegefeuern wurde sie vertraut. Damals schrieb sie für Zeitungen und viele bemühten sich um das junge Talent. Nie fiel es ihr leicht. Von den frühen Erzählungen hat sie manche zwei-, dreimal, oft unter verschiedenen Titeln, verkauft; manche Geschichten änderte sie immer wieder. Sie führte einen kritischen Kampf mit sich selbst.

Bertolt Brecht hat auch auf ihre Erzählungen gewirkt. Welch eine Herausforderung er für sie war, kann man noch spüren, wenn man ihre frühen Geschichten liest, »Die Dreizehnjährigen« oder »Ein Pfund Orangen« oder »Die Stunde der Magd«, und sie vergleicht mit dem »Abenteuer aus dem Englischen Garten«. Das ist ein Juwel deutscher Erzählkunst; geschrieben Pfingsten 1925 »aus spontaner Begeisterung für den jungen Brecht«.

Mit Erzählungen hat sich Marieluise Fleißer noch die Unerträglichkeiten der Kriegs- und Nachkriegszeit von der Seele zu schreiben und nach den Jahren des Schweigens auch ihr literarisches Talent wieder zu wecken versucht. Wenn sie auf die Sensationalisierung ihrer dramatischen Laufbahn durch das Aufsehen um ihre »Pioniere in Ingolstadt« von 1929 zurücksah, wollte sie sich lieber als Erzählerin verstehen. Aber sie war sich nie sicher, ob sie eine sei. Ihr fehlte es gewiß nicht an Wörtern und Sprache, wohl aber an Phantasie. Sie konnte nur schwer poetische Handlungen erfinden und sie kunstvoll verknüpfen. Versuche dazu hat sie immer wieder gemacht und einmal ein großes poetisches Projekt betrieben: »Das Schifflein Brüder« (nach Uhland), einen Novellenzyklus nach Art des Boccaccio.

»Novellen«, sagte sie einmal, »habe ich am liebsten geschrieben.« Aber schon der nächste Satz hieß: »Aber es ist sehr gefährlich, Novellen zu schreiben. Sie räubern einen aus und nehmen einem die dichterische Substanz weg.« Alle ihre Geschichten sind Stücke ihres Lebens. Viele davon sind voll von eigenem Lebensgeröll, und die wenigen, die sich dem eigenen Erleiden nicht verdanken, sind durch Beobachtung, durch Berichte aus nächster Nähe in den eigenen Lebenskreis aufgenommen. Es sind »wahre«, der Lebenswahrheit gewidmete Geschichten. Sie betonte diese Fixierung. »Die ›Dreizehnjährigen‹ gehen auf eine Bekanntschaft meiner Kinderzeit zurück«; »›Stunde der Magd‹ hat seinen Ursprung in einem Ereignis in meinem Vaterhaus«. »›Moritat vom Institutfräulein‹ behandelt die Scheuklappenerziehung der Internatsbildung«; dem »Abenteuer aus dem Englischen Garten« »liegt die Begegnung mit einem jungen Maurer im Sommer 1924 zugrunde«. In den späten Erzählungen ist der Bezug zur eigenen Biographie noch offensichtlicher. »Die im Dunkeln« (1965) greift zurück auf Erlebnisse ihres Nervenzusammenbruchs und Anstaltsaufenthalts 1938, »Er hätte besser alles verschlafen« (1949) auf den Umgang mit ihrer zwangseinquartierten Mieterin, die »meine Wohnung zur Absteige machte«. »Der Rauch« (1964) enthält Erlebnisse in und nach dem Krieg in Ingolstadt, als sie im Tabakgeschäft ihres Mannes Josef Haindl arbeitete, Zigaretten über Krieg und Zusammenbruch gewissenhaft rettete und nachher in die schäbigsten Konflikte gezogen wurde. Noch von der anscheinend sehr literarisierten und symbolträchtigen Erzählung »Das Pferd und die Jungfer« (1949) sagte sie: »Eine wahre Geschichte, die eine Bekannte von mir erlebte, und in die ich mein verzweifeltes Lebensgefühl nach dem Kriege einbaute.«

Seit jenen frühen Erzählungen, die sie 1929 in dem Band *Ein Pfund Orangen* gesammelt hat, haben sich Stoff und Schreibantrieb nie geändert. Es gibt nur wenige Erzählungen, in denen das Hauptwort nicht »Ich« heißt. »Ich stand wie ein Lamm«, »Ich wußte nicht, wie man klug ist«, »Ich war nicht erzogen, daß ich mich wehrte«, »Ich stieß nur so mit mir herum«, »Ich wurde Zielscheibe und wußte nicht wie«, »Ich galt für eine Linke«, »Ich war aus dem lebendigen Schreiben heraus«, »Mich hatte es eben erwischt«, »Der Paria war ich«. Das ist die Schmerzspur ihrer Geschichten; die Sätze, so gereiht, klingen wie eine Litanei. Dies immer wiederkehrende »Ich« heißt auch »Ich bin gemeint, ich bin Zeuge«. Aber was die Fleißer »mit ihren sehenden Augen« gesehen hat, ist doch nicht zu larmoyanten Geschichten geworden. Sie, das Subjekt der Erfahrung, hat sich als Objekt begriffen. Sie wurde sich selbst der gewisseste Stoff.

In ihren Erzählungen haust auch die Wirklichkeit ihrer Zeit: Inflation, Weltwirtschaftskrise, Hitlerreich und die Zeit nach dem Zweiten Weltkrieg. Ihre Geschichten sind reale Bruchstücke aus dem Leben einer Frau, die mit ihrer künstlerischen Begabung aus der engen Provinzstadt Ingolstadt nach Berlin bis in die forcierte, moderne Geistigkeit des Brechtkreises vorstößt, mit dem Skandal um ihr Stück »Pioniere in Ingolstadt« in eine Enttäuschungs- und Fremdheitskrise gerät, sich schließlich ins Heimische zurückzieht, hoffend – »Heimkehr« gibt davon Zeugnis –, die Heimat sei ein friedvolleres Feld als die Großstadt. Diese Heimat wartet aber nur mit neuen Bedrängnissen auf die wegen ihrem »Skandalstück« verworfene junge Frau. Der Mann, der unter dem Namen »Gustl« oder »Nickl« in ihren Erzählungen, besser: in diesen Lebensrapporten auftaucht, wird ihre Zuflucht. Sie erlebt den um ihre Liebe buhlenden Mann als ein »Ungeheuer«, vor dem sie wieder fliehen will und dem sie doch bis zur Erschöpfung, bis zum Aufstand ihrer Gefühle dient.

Was in all dem Auf und Ab Lebensrettung sein konnte, hat sie in »Die im Dunkeln« selbst benannt. »Es hat immer in mir um Hilfe geschrien... da half nur die Kunst«; »Mit Worten tat man mir Gewalt an. Da verlangte ich nach dem ›Haus der Kunst‹.« Die Kunst war für sie das Fluchtziel, die Wörter, die Sätze, die Erzählungen, die sie niederschrieb, wurden das bergende Gehäuse, der Selbstschutz. »Ich kann nicht sterben, ich muß schreiben«, sagt sie in »Die im Dunkeln« zu dem Arzt der Anstalt und fügt hinzu: »Ich hatte mich da gar nicht besonnen«, um zu bekunden, daß Schreiben das innerste Verlangen ihrer Natur war. Es klingt, als habe sie unter einem Auftrag gestanden. Sie hat ihn selbst nur vage definiert: als ein »Schreiben über Männer und Frauen«. Käme jemand, der aus den schmerzlichen Geschichten der Fleißer zum ersten Mal etwas über Menschen und ihr Verhältnis zueinander erfahren wollte, er müßte sich bald fragen, warum die menschlichen Beziehungen so schwierig seien, da sie doch offenbar auch auf das Bessere hin angelegt sind. Schon der Roman ihres ersten Freundes Alexander Weicker (›Jappes‹) trug einen verheißenden Titel: »Fetzen«. In ihr Schauspiel »Pioniere in Ingolstadt« hat sie Brechts Satz über die Weiber übernommen: »Einen Fetzen muß man aus Euch machen«. Die Vokabel hat sich wie ein Begleitwort in ihren Wortschatz gedrängt.

Die Erzählungen der Fleißer sind für das Nachdenken, für eine einfache, auf die Lebenswirklichkeit gerichtete Philosophie transparent. Marieluise Fleißer war eine ruhelose, tief beunruhigte Frau, getrieben von der Suche nach Möglichkeiten sich zu finden, zu erfahren, was sie können könnte. Sie führte in aller Aufregung doch ein einfaches, demütiges Leben, wiewohl sie stolz war auf ihre rebellische Widerstandskraft, ihre Entscheidungsfähigkeit, wenn die Krisen dazu drängten. So sehr ihr eigenes Ich, ihre eigene Hölle auch das Zentrum von allem ist, die Erzählungen sind doch nicht böse, blind, sie sind nicht als Vergeltung gegen Erlittenes geschrieben. Die Teilnahme an ihrem Ich oder an den wenigen Verkleidungen dieses Ichs bleibt intensiv und sachlich. Sie gehörte doch zu einem starken Stamm. Man spürt ihre Welt und Lebenstrauer, aber auch einen bizarren Humor.

Dieser Humor ist – auch da, wo er eine Erzählung ganz durchstrahlt wie das »Abenteuer aus dem Englischen Garten« – nie von der heiteren, versöhnend-verdeckenden Art. Er ist unfreiwillig, sperrig, er entspringt den Brüchen und Widersprüchen, den Schwierigkeiten, den Kompliziertheiten von Situation, von Psyche und der Natur ihrer Personen. Er kommt zum Vorschein als Anstrengung sich zu zeigen, etwas zu sagen, etwas herbeizuführen, sich auf eine Stufe zu heben, auf die man nicht gehört. Das heißt: er enthält immer Beobachtetes, Bemerktes, Ertapptes, Unfreiwilliges. »Mein Fräulein behauptete groß und klein, was sie für eine Schlechte ist, und sie hat sich wieder einmal wie so oft bei mir vergessen. Dahin war die Friedlichkeit, aber der Jammer, der war da, und was für ein Jammer.« So erzählt der Maurer Emil in »Abenteuer aus dem Englischen Garten« von seinem Fräulein, und die unbeholfen wirkende Anstrengung des Maurers, möglichst genau und ambitiös zu sprechen, wobei ihm die Vokabeln verrutschen, enthält so viel unbewußte Selbstgerechtigkeit, daß das entfachte Lächeln über die Divergenz von Anspruch und mißlingender Formulierung einem auch ein Gewissen daraus macht, warum man hier mit welchem Recht so heiter gestimmt wird. Denn der Mann ist doch das Opfer von eingeübten Vorstellungen, der ihm vermittelten Bildung und halbfertigen Sprechfähigkeiten die uns selber nicht fremd sind.

Das heißt: der Fleißer kam der Humor mit den Dingen selber. Hinterrücks stellte er sich ein. Er enthielt immer ein Staunen, ein Überraschtsein (auch in der elendesten Situation). Auch wo die Rührung sich regt, folgt ihr Selbsterkenntnis zugleich. »Wer bist du denn noch, fragte ich mich, wenn schon alle auf dich herabsehen? Wenn er dich so hineinreiten mag, bist du für deinen Ludwig auch nichts weiter gewesen. Du hast ihm geglaubt, dumme Geiß, ein Luder wird er aus dir machen, wenn du noch lang an ihn denkst«, heißt es in der »Moritat vom Institutfräulein«. Auch dieser dialogisch auf sich selbst bezogene Humor gehörte – so oft er ihr auch verlorenzugehen schien – doch zu ihrer Fähigkeit zu überleben. Er steckte unablösbar in ihrer Sprache. Deshalb war dieser Humor auch keine literarische Gebärde, kein »Stilmittel« für eine bestimmte erzählerische Haltung und Perspektive. Sie wußte kaum, was das war. Mit Marieluise Fleißer über literarische Probleme zu sprechen, war schwer. Sie lebte aus einer starken »ländlichen« Naivität, die mehrfach gebrochen war, durch ein Studium (das kaum Spuren, nur einen Anspruch an sich selbst zurückließ), aber mehr durch Hunger, durch Verlangen, durch Hoffnung auf erfüllende Lebenspartnerschaft und durch Enttäuschung, also durch Erfahrungen, daß die Welt der Hölle näher sei als dem Himmel.

Sie erzählt darum in einfachen Formen, die sich durch ihre Sprache und Bildhaftigkeit, durch die Verschlingung von Wahrnehmung und Gefühl mit der Anstrengung, dem stummen Leben Wörter abzuringen, komplizierten. Es ist Prosa eines ganz von der Wahrnehmung des Einfachen als eines komplexen Systems beanspruchten naiven Intellekts. Ein Beispiel: »Sie kannte in sich noch kein vielfältiges Leben der Liebe und meinte recht töricht, nach diesem würde ihr keiner mehr groß was sagen. Das war ihr wie eine Pflicht vor ihrem Leben der Seele, daß sie neben ihm aushielt. So leicht war es ihm gemacht. Alle ihre Bewegungen waren niedergehalten von der Gewißheit, daß sie sich nicht zu hoch hinausstellen durfte. Er spürte deutlich, was mit ihr vorging, gewalttätig brachte er sie sich wieder nah.« So beschreibt die junge Fleißer in »Ein Pfund Orangen« die wenigen Sekunden, in denen das junge, von ihrem Liebhaber betrogene Dienstmädchen diesem, der zurückkam, als wäre nichts geschehen, wieder gegenübertritt. Alles, was von ihrer Unerfahrenheit, ihrer Erziehung, den ihr eingesetzten Verhaltensnormen, ihren Ängsten, der mangelnden Selbsteinschätzung, aber auch ihrer ungewissen sozialen Situation in diesen Augenblick in dieses Dastehen des Mädchens einging, ist hier erfaßt. Es ist auch als Voraussetzung dafür gesehen, daß der Mann das nun verstummte Mädchen, dem gegenüber er im Unrecht war, gewaltsam wieder an sich heranbringen kann. Lähmung und Gewalt: ein schlimmer Zustand von Liebe ist da in einem alles erkennenden Blick benannt. Obwohl die Sprache die Situation auch zu deuten versucht, hält sie sich doch ganz in Wortwahl, Satzbau, in den Verrenkungen der Begriffe (›Pflicht vor ihrem Leben der Seele‹) im Denk-, Empfindungs- und Sprach-Horizont derer, die da einander weh gegenüberstehen. Das Erlittene sucht sich in der Erzählung seine Sprache, aber die Sprache sagt auch, daß sich die Personen – und zu ihnen zählt sich immer die Erzählerin – aus den Voraussetzungen dieses Leidens nicht werden befreien können. Sie erkennen selbst nicht, was in ihrer Sprache von ihnen zu erkennen ist.

Darum hob die Schreiberin ihre Erfahrung nie auf eine höhere Stufe der Reflexion: sie begnügte sich in dem, was im Berichten zutage tritt. Aber erzählend sprach sie unbewußt ins Bewußtsein anderer: So ist man auf der Suche nach Glück und so fällt man in die Gruben. Doch immer lebte und blieb sie in ihren Personen; den Personen eines kleinen, engen, aber für das Deutschland zwischen 1920 und 1950 typischen Lebens in der Schicht des Kleinen Bürgertums. Sie blieb dort, obwohl Bertolt Brecht sie 1925 nach Berlin rief und – im Kreis der Helene Weigel und Elisabeth Hauptmann – für ein paar Jahre herauszog aus ihrem Ingolstadt. Deshalb spielen etliche der frühen Erzählungen, die sie zuerst in dem Band *Ein Pfund Orangen* sammelte, in der Großstadt. Aber auch sie beschreiben die Situation der Mädchen, ihre Not, ihre Abhängigkeit, den Hunger, das Nichtwissenwohin.

Was da zutage tritt, ist wiederum das kleine Leben im großstädtischen Umfeld, die Abgeschiedenheit von der Lebensführung der herrschenden großstädtischen Schicht. In ihrer Erzählung über den Konflikt mit und den Abschied von Brecht, in »Avantgarde« (1962) – auch dies ist mehr ein Rapport als eine »Erzählung« – hat sie freilich dem Genie ins Auge gesehen. Es ist der Bericht vom harten Leben an der Front der Avantgarde. Sie schrieb ihn 1962, über vierzig Jahre nach der glück- und schmerzhaften Begegnung, sechs Jahre nach Brechts Tod; sie mußte ihn sich vergegenwärtigen. Anscheinend ist's eine Abrechnung, weil er ihr Talent, ihre Art und ihre Erwartungen brach, und doch versteckt noch eine Liebesgeschichte. Die Deutlichkeit und Hellsicht auf die Jahrhundertperson, die sie berührte, zeigt, wie nah und lebhaft er für sie blieb; in ihrem engen Wohnzimmer hütete sie bis zuletzt noch immer sein Bild: Ihre späte Freundin, die Schauspielerin Therese Giehse hat ihr spontan gesagt, daß es kaum ein wahreres Porträt des Bertolt Brecht gäbe als dieses, und andere, die Brecht kannten, haben ihr zugestimmt.

Sie schrieb es aus der Perspektive des Mädchens Olga, das sie auch alternd immer blieb. Wir begegnen ihm zum erstenmal in der Erzählung »Die Dreizehnjährigen«, dann in ihrem Drama »Fegefeuer in Ingolstadt«. Olga bekam später andere Namen. Valentine Maaß heißt sie in der »Versuchung des Neptun«, Vonficht in »Schlagschatten Kleist«, Therese in »Heimkehr«; sie sah sich gern in anderer Gestalt, um sich nicht selbst zu nahe zu sein. Als eine andere Olga zog sich die aufmüpfige Fleißer, die stolz von sich sagte, sie sei »für das Unbedingte geboren«, wieder nach Ingolstadt zurück, wo für das Unbedingte, wie sie es verstand, kein Raum war. Ingolstadt, das war fürs Leben wie fürs Schreiben das kleine Leben, die allgegenwärtige deutsche Provinz mit ihren horrenden Prägungen: Voreingenommenheiten, Reiz und Haßsystemen, ihren kleinen Hoffnungen, Geschäften, Ehrgeizen, spärlichen Erfüllungen und ihren Fegefeuern. Ihre größte Erzählung, der Roman »Mehlreisende Friede Geier« (später: »Eine Zierde für den Verein«) zeugt davon.

Obwohl die Fleißer mit ihren Schauspielen »Fegefeuer in Ingolstadt« und »Pioniere in Ingolstadt« in Berlin zwischen 1925 und 1929 berühmt wurde, hing sie an ihren Erzählungen. Sie waren das Persönlichste. Viele davon (wie »Die Stunde der Magd«, »Er hätte besser alles verschlafen« oder »Das Pferd und die Jungfer«)

haben die einfache Form der Kalendergeschichte, manche Art und Ton eines Märchens. Aber was wurde beim Schreiben daraus?

Die Erzählung von den »Dreizehnjährigen« behandelt das Verlangen des jungen Will Sandner nach dem Mädchen Olga, das sich dem zugereisten Vetter Pelja zuwendet. Aber das ist nur der Anlaß, um zu beschreiben, wie sich alle diese Jugendlichen voreinander spreizen, gegeneinanderstehen, Rollen spielen, sich quälen, martern, böse und gehässig, sogar tätlich werden und den jungen Sandner demütigen, bis er den Selbstmord wagt. Eine Studie über ein ganzes soziales Feld mit früh zutage tretenden inhumanen Zügen, in dem der rüde Willi Sandner schließlich nicht schlechter ist als alle anderen, die den Anschein von Wohlerzogenheit erwecken: Abbilder der Erwachsenen.

Die »Abenteuer aus dem Englischen Garten« sind eine ähnlich verquälte Geschichte einer vertrackten Beziehung, die wieder mit der Suche nach Liebe beginnt und in der Enttäuschung endet. Und ähnlich im Thema und Verlauf ist die Erzählung aus der armen Welt des Dienstmädchens in dem »Pfund Orangen«. Alle drei: Liebesgeschichten, aber negative. Zwei enden mit Selbstmord, die dritte in der Trennung und Leere; die Begegnung war jeweils ein großer Schmerz.

Die Erzählungen sind durchzogen vom Suchen nach einem Menschen, mit Rufen nach Hilfe und Stütze. Die Partner stellen sich ein, aber nicht als das, als was sie erwartet werden, sondern als Enttäuscher, als Männer, die ihre »Erlebnisse«, ihre »Freundschaften« suchen und sich ihre großen Erwartungen selbst erfüllen. Die Männer, die sie faszinierten, sind alle in ihren Erzählungen gegenwärtig, angefangen von dem Abenteurer Jappes (Alexander Weicker in »Kameraden«, »Moritat vom Institutfräulein« und »Die Ziege«) über den selbstbewußten und selbstbezogenen Lion Feuchtwanger (»Die Ziege«, »Avantgarde«), Brecht (»Avantgarde«), den exzentrischen Schriftsteller Hellmut Draws-Tychsen und den behutsam-sorgfältigen Richard Friedenthal (in »Das Erwachen der Penelope«) bis zu dem lebensfrohen, attraktiven Lehrer Georg Hetzelein (»Die Versuchung des Neptun«), bei dem sie eine letzte leidenschaftliche Zuflucht versuchte, bevor sie sich in ihre Ingolstädter Ehe mit dem einstigen Verlobten, Josef Haindl, zurückzog.

Wer ihre Briefe liest, findet viele der Personen aus ihren Erzählungen wieder. Die Erzählungen wie die Briefe sind wie einander gegenüberliegende Spiegel für die Autorin, aber nur in den Erzählungen sind die Personen geborgen.

Die junge Marieluise Fleißer betrachtet die Welt mit den Augen der Geängsteten. Sie weiß, wie ein kurzer Rock auf die Gefühle der Männer wirkt, wie man in der Armut seine Erscheinung aufbessert, um Eindruck zu machen, sie weiß, wie an kleinen äußerlichen Dingen, die man nicht ändern kann, weil das Geld dazu fehlt, Gefühle sterben. »So bereitwillig diese Männer im Anfang kamen und sich mit ihr unterhielten, bei einem jeden kam der Augenblick, wo er doch nach dem Ärmel hinschaute, und das war wahr, das Mädchen paßte nicht mehr recht hinein... So spürte sie immer die Grenze, die den andern von selber von ihr abhielt und immer blieben die anderen gleich weit weg von ihrem Herzen« (»Ein Pfund Orangen«). Immer werden die Trennwände sichtbar: es sind die des Verhaltens, der sozialen Bedingungen, der vergangenen Erlebnisse. Aus der umgekehrten Perspektive des Mannes (im »Abenteuer aus dem Englischen Garten«) liest sich das so: »Wie sie dem Leibe nach dicht bei mir steht, bleibt sie durch alles, was sie erlitten an eben dem Leib, durch Krankheit, durch die innere Einsamkeit der stets sich folgenden Stunden und durch das verratene Dasein und durch den ersten, den sie nicht vergessen hat, für immer von mir geschieden.« So verbogen diese Beschreibung in der »anspruchsvollen Beschreibung« des Maurers auch ist, die im kleinen Milieu eine große literarische Form nachahmt und parodiert: das Tagebuch oder den Monolog (was das gleiche ist) – so wahr ist das Grunderlebnis, daß Nacheinanderverlangen und Zusammenkommen zwei verschiedene Dinge sind. Doch es gibt in ihren Geschichten auch die kleinen Triumphe der Erkennens und Erwachens. »Die Stunde der Magd« erzählt davon. Vom »Erwachen«, dem ersten Schritt zum Sich-Behaupten, ist bei ihr oft die Rede. Auch das hatte sie von sich selbst.

Lieblos ist diese Welt der Fleißer nicht. Der junge Willi Sandner hält beim Selbstmord die abgeschnittenen Haare der Olga in der Hand, und das Mädchen im »Pfund Orangen« sucht zu dem gleichen Zweck nach dem Bild des Geliebten, damit er sehe, daß die Hand einer Toten noch von der Liebe sprechen kann. Liebessymbole der Verzweiflung, Erfüllungen in der Vernichtung. Möglichkeiten der Liebe sind da, aber – das ist ihre Frage – wo ist diese Erfüllung? Auch der Schrei nach einem Kind geht in die Erzählungen ein.

Bei ihren Beobachtungen hat die Fleißer immer gesehen, daß die Fähigkeiten, sich zu martern, größer sind, als sich zu lieben. Das war ihre Klage, darum hat sie immer auf Erlösungen gewartet. Daß die Frauen die zu Erlösenden waren, daß sie einen Anspruch auf Liebe haben, das wurde ihr wichtigstes Thema. Sie hat ihre eigene Sehnsucht nach Liebe als eine allgemeine Kraft dargestellt, durch die die Welt menschlicher werden kann. Sie hat auch die Hemmungen der Männer gesehen, sich den Frauen gegenüber anders als fordernd und gewalttätig zu verhalten. Schon in der ersten Erzählung sagt der junge Pelja, man dürfte die Frauen nicht fragen: »Wer fragt, ist schon verloren.« Das heißt, wem schon als junger Mann solche Sätze im Kopf sind, der wird das Los der Frauen nicht bessern; er festigt das bestehende Gewöhnliche und ist unfähig zum Gespräch und kein Helfer. In ihrem Bericht aus der Nachkriegszeit »Rauch« erzählt sie von ihrem sich aufopfernden, dienenden Leben. Doch das Fazit aus ihrer Ehe heißt: »daß ich für ihn (Nickl) der Sündenbock war«.

Die Erzählungen der Fleißer enthalten wohl darum keine Gespräche, mit denen sich Menschen zueinander öffnen können. Die Erzählungen sind monologische Berichte von Erfahrungen, Verstörungen und Trennungen. Durch die verzogene Sprache der Sprecher scheinen die sozialen Verhältnisse, der Zustand der Gefühle und die Beziehungen zwischen beiden selbst als verzogen.

Anscheinend ist der Raum, den die meisten ihrer Erzählungen beschreiben, sehr eng. Aber liest man sie zum zweiten Mal und verfolgt im einzelnen die Entwicklung der Gefühle, das Leben und Sterben der Beziehungen zueinander, das Wachsen der Erwartung, das Hin und Her, das Eindringen von Angst, Unsicherheit, Aversion, auch von Gewaltsamkeit, Leere und Tod, so dehnen sie sich plötzlich und erscheinen in der Abkürzung des Zeitraffers wie ganze Lebensläufe, die im einzelnen das Allgemeine, im Vorübergehenden das verfestigte Soziale durchblicken lassen. Sehr deutlich ist das in »Abenteuer aus dem Englischen Garten«. In der Geschichte von einem schwierigen Zusammenkommen und Scheitern ist eine lange Lebensreise beschrieben. Wenn man darauf gekommen ist, verändert sich einem der Inhalt des ganzen Vokabulars. Was eben noch eine direkte Äußerung zu einer konkreten Situation zu sein schien, gewinnt nun andere Dimensionen. In den irdischen Wörtern steckt und enthüllt sich ein biblischer Wortschatz, freilich sind die Wörter so weit getrennt von dieser Herkunft wie eine Person von einer anderen. Aber in der Trennung verweist noch das eine auf das andere. Höllische Welt, die auf eine andere himmlischere verweist. Die einfachen Erzählungen der Fleißer, diese negativen Liebesgeschichten, haben im Alltag den großen Verlust zu entziffern versucht. In ihrer schönsten, geschlossensten Erzählung, in »Das Pferd und die Jungfer« ist wie in einer Parabel dieses Bangen in Erwartung und Enttäuschung in ein dichterisches Bild verwandelt.

Dichterische Bildhaftigkeit, literarische Form hat sie wohl immer gesucht. Ihr Jugendstück »Fegefeuer in Ingolstadt« blieb stets der leuchtende Anfang dieses Suchens. Da war sie noch ganz bei sich selbst, noch nicht weggeleitet, irritiert (auch gebrochen, wie sie manchmal sagte) von den Ratschlägen und Forderungen anderer.

In den Jahren des Verstummens, nach 1933, hat sie sich an Kleist wiederzufinden und neu zu formen versucht. »Die Versuchung des Neptun«, aber auch »Das Erwachen der Penelope« zeugen davon.

Ihr Schicksalsweg, den die Erzählungen beschreiben, ist auch ein Weg literarischer Formung. Er beginnt mit den kurzen Zeitungsgeschichten, müht sich um höhere literarische Figuration, die dem Gesetz der Novelle entspricht (»Ein Schifflein Brüder« war ganz darauf angelegt) und endet in den harten Realitätsstücken der Nachkriegsjahre. Die Fleißer war illusionslos geworden in den Fährnissen dieses Lebens. Ihre Kriegs- und Nachkriegserzählungen, »Die im Dunkeln«, »Eine ganz gewöhnliche Vorhölle«, auch »Der Rauch« sind Zeitberichte, in denen die eigene Person als Beweis ihrer Wahrheit erscheint.

Unter den zahlreichen Fragmenten, die ihr Nachlaß enthielt, gibt es ein kurzes Stück aus den sechziger Jahren, »Die letzten Tage und die ersten«. Gemeint sind die letzten Kriegstage und die ersten Tage eines heraufdämmernden Friedens. Wir haben es unter die Erzählungen gerückt. Denn dieses breit angelegte, aber nur kurz vollbrachte Stück gibt eine Ahnung, was hier, aus diesem durchlebten Realismus hätte werden können, hätten die Kraft gereicht und die Zeit: nämlich das gewiß eindringlichste Bild von einem großen Augenblick, in dem die tödliche Gefahr für alle sich in Zuversicht auflöste und das Leben neu atmend begann. Von einem Augenblick, der sich historisch nennt, weil in ihm die Geschichte mutierte. Daß von den Bemühungen der Fleißer, den großen Stoff dieser Verwandlung zu fassen, so viele Fragmente blieben, wirft noch einmal ein Licht darauf, daß ihr Leben selbst sich aus Bruchstücken bildete. Aber aus Bruchstücken, die über ein ganzes Leben hinreichen und sagen: hier hat eine nicht aufgegeben, hat ihr gebrochenes Leben zusammengesetzt in der Gewißheit, daß es etwas bedeutet und nicht verlorengehen wird. Die Einheit dieses Werks liegt in ihrer Sprache. Aus ihr entspringt die Bewunderung für das, was sie schrieb. Das »Abenteuer aus dem Englischen Garten« habe er mit großem Ergötzen verschluckt. »Ich liebe diese Sprache«, schrieb schon Alfred Kerr Anfang 1927 an die junge Frau.

Als Marieluise Fleißer 1933 aus der großen Welt Berlins zurückgekehrt war ins enge Ingolstadt, schrieb sie ein kurzes Stück, das sie »Eine Legende« nannte: »Die Frau mit der Lampe«. Wir stellten es an den Schluß dieser Sammlung, weil sie sich in diesem Bild einer Lampenträgerin in verdunkelnder Zeit selbst begriff. »Also wird es mein karger Teil sein, daß ich friedlos vergehen muß, sagte sie und indem sie solches sah, spannte sich ihr Mund wie strenger Sensenhieb.« Das war ihre Gewißheit und ihre Reaktion. Aber als letzten Satz setzte sie hin: »Fortan brannte die Lampe.« Sie wirft noch jetzt ihr Licht auf ihre Geschichten.

Anmerkungen

Der Venusberg

Geschrieben 1966 in Ingolstadt. Auftragsarbeit für den *Donau-Kurier* Ingolstadt zur Eröffnung des neuen Ingolstädter Stadttheaters 1966. Eine Erinnerung an das alte, intime, im Krieg zerstörte Ingolstädter Theater mit eigenen Kindheitserlebnissen. Erste Veröffentlichung im *Donau-Kurier*.

Die Dreizehnjährigen

Geschrieben Anfang 1923 unter dem Titel *Meine Zwillingsschwester Olga*. Erste erhaltene und die erste gedruckte Erzählung der Fleißer. (Die gleichzeitig entstandene Erzählung *Meine Freundin, die Lange*, eine Geschichte aus dem Internat, ging als Manuskript verloren.) Erste von Lion Feuchtwanger anerkannte Arbeit, Grundlage des Arbeitskontakts mit ihm und über ihn mit Brecht. Erstveröffentlichung durch Stefan Großmann in *Das Tagebuch* vom 3. März 1923. Vorspann von Großmann: »Auf diese Erzählung einer hier zum erstenmal gedruckten Dichterin sei ausdrücklich hingewiesen. Hier ist im Erzählen ein Versuch gewagt, der an naive Kinderzeichnungen, aber auch an die gestörte Naivität von George Grosz erinnert.«
   Unter dem Titel *Die Dreizehnjährigen* aufgenommen in den ersten Erzählungsband *Ein Pfund Orangen*, Gustav Kiepenheuer Verlag Berlin 1929. 1971 überarbeitet und mit anderem Schluß versehen. Neu der letzte Absatz (Sandner überlebt und wird SA-Mann).
   »*Die Dreizehnjährigen* (früher *Meine Zwillingsschwester Olga*) gehen auf eine Bekanntschaft meiner Kinderzeit zurück. Ich wurde damals von dem Sohn einer Wirtschaftspächterin, der in der Kupferstraße und in dem meinem Vaterhaus gegenüberliegenden ›Bäckerhof‹ – der zu einer Brauerei hinüberführte – herumstreunte, geradezu verfolgt. Dreizehnjährig war allerdings nur der Knabe, ich selber ein gutes Jahr jünger. Von hier führt eine Spur zum Roelle im *Fegefeuer in Ingolstadt*, aber dort geht der Knabe in eine bessere Schule und die jungen Leute sind ein paar Jahre älter.« (M.F. a.d. Hrsg.)

Der Apfel

Geschrieben 1925 in Ingolstadt. Erste Erzählung für den *Berliner Börsen-Courier*, zu dem Brecht durch den Berliner Theaterkritiker Herbert Jhering Kontakt herstellte. Erstdruck dort 2. 8. 1925. Aufgenommen in den Erzählungsband *Ein Pfund Orangen*, Gustav Kiepenheuer Verlag Berlin 1929. Überarbeitet 1972.

»*Der Apfel* ist eine Geschichte über den ersten Mann in meinem Leben, einen Studenten mit abenteuerlichen Neigungen, der sich mit einem selbstgegebenen Namen Jappes nannte. Er war sieben Jahre älter als ich, und ich erfaßte seine internationale Reichweite zwischen Frankreich und Deutschland nicht. Er schrieb damals an einem – schlechten – Roman. Auch die *Moritat vom Institutfräulein* geht auf ihn zurück.« (M.F.)

Moritat vom Institutfräulein

Geschrieben 1926 in Ingolstadt. »In *Moritat vom Institutfräulein* zeigen sich bereits die Anfänge der Satire. Die Scheuklappenerziehung der Internatsbildung war seinerzeit, wo die Mädchen noch nicht in die vorhandenen Knabenschulen zum Studium zugelassen wurden, groß.« (M.F.)

Ursprünglicher Titel: *Die arme Lovise*; unter diesem Titel erste Veröffentlichungen in: *Die neue Bücherschau* 6. Jg. Heft 2, Februar 1928, Spaeth-Verlag Berlin, und in: *Blätter für alle*, Monatsschrift der Universum-Bücherei Berlin. Hrsg. Gerhart Pohl, 3. Jg. 1928, Heft 5 und 6. Aufgenommen in *Ein Pfund Orangen*, Gustav Kiepenheuer Verlag Berlin 1929.

Die Stunde der Magd

Geschrieben 1925 in Ingolstadt. Zweite Erzählung für den *Berliner Börsen-Courier*, dort Erstveröffentlichung 1925. Aufgenommen in den Erzählungsband *Ein Pfund Orangen*, Gustav Kiepenheuer Verlag Berlin 1929.

»*Stunde der Magd* hat zwar seinen Ursprung in einem Ereignis in meinem Vaterhaus, ist aber völlig literarisch gesehen.« (M.F.)

Ein Pfund Orangen
Die Ziege

Beide Erzählungen entstanden um 1926 in Ingolstadt; beide spiegeln Eindrücke aus der Studentenzeit der Autorin. »Ich war damals immer wieder fast am Verhungern.« (M.F.)

Ein Pfund Orangen: Erstveröffentlichung in: *Das Tagebuch* 7/1926. – Titelgeschichte im Sammelband *Ein Pfund Orangen*, Gustav Kiepenheuer Verlag Berlin 1929.

Die Ziege: Erstveröffentlichung in: *Berliner Tageblatt* 4. 3. 1928. Dann in *Ein Pfund Orangen*, 1929. Beide Erzählungen wurden 1972 für die *Gesammelten Werke* (Suhrkamp Verlag) überarbeitet.

Kameraden

Geschrieben 1926. Erstdruck in: *Magdeburgische Zeitung* vom 10. 8. 1926 (anderer Titel »Der Hund«).

Marieluise Fleißer greift hier auf Erlebnisse als Studentin in München, auf ihre Begegnung mit ›Jappes‹ zurück. Im Fragment *Schwabing* heißt es von ihm: »Die Nacht machte ihn erst lebendig, er streifte viel im Freien herum.«

Zwischen Schlaf und Schlaf

Geschrieben 1924. Erstdruck in: *Berliner Börsen-Courier* vom 2. 8. 1925, danach auch in: *Magdeburgische Zeitung* vom 29. 1. 1927 (Nr. 51), leicht verändert.

Stilistisch hebt sich der Text in auffälliger Weise von den anderen Geschichten jener Zeit ab. Gehört wohl zu jenen frühen Texten, die Marieluise Fleißer auf Lion Feuchtwangers Verdikt hin, sie seien »expressionistisch«, vernichtet hat.

Frigid

Geschrieben 1933 in Ingolstadt, nach der Erzählung eines Mädchens; eine der wenigen nicht selbst erlebten Geschichten.

Ursprünglicher Titel: *Das hochmütige Herz*. Unter diesem Titel erste Veröffentlichung im *Berliner Tageblatt* vom 9. und 10. November 1934. 1972 überarbeitet und neu betitelt. Anderer Titel »Bolder und Sylphide«.

Das Mädchen Yella

Geschrieben 1929. Erstdruck unter dem Titel *Yella, die Fallschirmakrobatin* in: *Berliner Tageblatt*, 18. April 1929. Überarbeitet für den Neudruck unter dem Titel *Das Mädchen Yella* in: *Vossische Zeitung*, Berlin, 19. September 1932. – Die Arbeit entstand auf Anregung der Redaktion des *Berliner Tageblatts*, über »Die Ungewöhnlichste der Klasse« zu schreiben. Unter der Überschrift »Rebellen der Schulzeit« wurde der Beitrag der Fleißer neben Texten von Hermann Ungar und Alice Behrend veröffentlicht.

Abenteuer aus dem Englischen Garten

Geschrieben an Pfingsten 1925 in Ingolstadt. Der Erzählung liegt die Begegnung mit einem jungen Maurer im Sommer 1924 zugrunde. »Sie wurde aus spontaner Begeisterung für den jungen Brecht geschrieben.« (M.F.)
Erstdruck im *Berliner Tageblatt* 17. 4. 1927. Aufgenommen in *Ein Pfund Orangen*, Gustav Kiepenheuer Verlag Berlin 1929.

Avantgarde

Geschrieben 1962 in Ingolstadt, angeregt durch den Plan, einen neuen Erzählungsband herauszubringen. Wiederaufnahme des Erzählens.
Ursprünglicher Titel: *Das Trauma*. »Die Brecht-Geschichte war das Erste, woran ich mich nach den Jahren der Unterbrechung versuchte; es ist eine Geschichte, aber ich habe mir damit ein Trauma von der Seele geschrieben.« – »Brecht war schon sechs Jahre tot, ich war allein, ich wollte ihn mir ins Leben zurückrufen und habe ihn im Schreiben sehr nahe an mich herangezogen, es war wie eine Beschwörung... Es ist eine für den frühen Brecht besonders charakteristische Geschichte. – Über Brecht wird viel und umfangreicher geschrieben, aber stets mit dem Blick von außen und im Hinblick auf sein späteres Leben oder seine politische Einstellung. Ich wollte einfach den frühen Brecht ins Leben rufen, wirklich ins Leben rufen, so wie er eben war und wie er sich als junger werdender Dichter benahm. Wie er sich als Mensch benahm und wie er sich jungen Frauen gegenüber verhielt. Ich wollte das Bezaubernde an ihm festhalten und seine Fehler nicht verschweigen. Ich wollte den ganzen Menschen, so wie er mir gegenwärtig war. In die Gestalt der Cilly sind auch Züge der Elisabeth Hauptmann hineinverwoben und meine eigenen. Trotzdem es eine Geschichte ist um die Brechtgestalt, weiß ich, daß sie vom Wesen des damaligen Brecht viel mehr aussagt als dicke Bände über ihn gesagt haben, er lebt darin. Ich habe mich gewundert, daß das in der deutschen Kritik zu wenig erkannt wurde. Aber die Leute kannten ihn eben nicht und wissen es darum nicht.« – »Es ist auch die Darstellung der Begegnung eines Mädchens aus der Provinz mit einem Genie.« (Aus Auskunftsbriefen der Fleißer auf Anfragen 1965/71).
»Ich bin unglücklich über das für mich groteske Mißverständnis, das mir aus manchen Rezensionen entgegentritt, als hätte ich B.B. angreifen wollen. Dies lag mir in jedem Augenblick fern. Ich habe über die Trübungen hinweg immer zu ihm gehalten. Er ist mir ein guter Freund, den ich noch ein halbes Jahr vor seinem Tode besucht habe. Soweit es sich um Kunst handelt ist er in meinem Leben die am nachhaltigsten strahlende Kraft, der ich innerhalb meiner Grenzen mich nur über lange Anstrengungen weg zu nähern vermag. viele Jahre lang habe ich ja nicht schreiben können. Für mich ist er nicht gestorben sondern gegenwärtig. Ich konnte nur über den

frühen Brecht schreiben, und bevor ich an meine Geschichte ging, habe ich mich sehr genau in den frühen Stücken umgesehen, um den damaligen Brecht in seinen Gegensätzlichkeiten zu packen. Ich kann mir nicht vorstellen, daß Brecht selber die Arbeit nicht hätte gelten lassen, von ihm habe ich ja gelernt, daß man Lebendiges nur in seinen Widersprüchlichkeiten zu erfassen vermag und daß man das Schwarze ohne Furcht schwarz machen muß, damit das Übrige um so schärfer strahlt. Ich habe nicht verletzen wollen, indem ich doch nur die ganze Lebendigkeit heraufbeschwor, in den Mängeln auch. Da ich immer verschlossen war, so daß er manches gar nicht gewußt hat, habe ich ihm in der Geschichte die Dinge gesagt, so wie man sie einem guten Freund sagt, damit er sie endlich weiß. Wenn ich schreibe, denke ich nicht daran, daß andere Menschen es lesen, ich könnte sonst nicht schreiben.

Wenn einiges nicht ganz glücklich herauskommt, möge man es dem Einsiedler zuschreiben, der mit Büchern umgeht als mit seinen eigentlichen Menschen und der vielleicht ein wenig verlernt hat, mit den realen Menschen umzugehn, so daß er ihre Reaktionen nicht im voraus abschätzen kann.« (Aus den Notizen von M. F.)

Avantgarde ist das erste große autobiographische Prosastück. Schlüssel zu den Figuren: Der Dichter: Bertolt Brecht. Der Jude: Lion Feuchtwanger. Nickl: der spätere Ehemann Josef Haindl. Polly: Helene Weigel. Der neue Mann am Theater: Ernst Josef Aufricht. Das Stück: *Pioniere in Ingolstadt*. Der Mann (am Schluß des Textes): Hellmut Draws-Tychsen.

Erstdruck von *Avantgarde* in: *Avantgarde*, Erzählungen, Carl Hanser Verlag München 1963.

Nach dem Erscheinen dieser Erzählung gab es eine Reihe von Mißverständnissen und Fehlinterpretationen. Um diese auszuräumen, schrieb Ml. Fl. 1964 einen kürzeren biographischen Bericht über ihre Erinnerungen an den jungen Brecht für Radio Zürich: *Frühe Begegnung*.

Das Erwachen der Penelope

Geschrieben 1935. Erstdruck in: *Die Dame*, 1936, Heft 2, mit dem Titel *Erwachen der Penelope*. Die Druckfassung ist stark redigiert – offenbar von der Redaktion in ein gutes Deutsch gebracht, wobei viele Eigenheiten der Fleißerschen Sprache verlorengingen. Deshalb folgt der Abdruck in diesem Band dem Typoskript, dem allerdings die letzte Seite fehlt; der Schluß also nach der Druckfassung, ab: »Von da an habe ich es anders gemacht...«

Bei Henriettes Mann handelt es sich um Hellmut Draws-Tychsen. Der Freund, der den Abschluß einer großen Arbeit feiert, ist Richard Friedenthal. Er schloß 1931 die Herausgabe von Knaurs Konversationslexikon ab.

Heimkehr

Geschrieben 1933. Erstdruck in: *Vossische Zeitung*, Berlin, 28. Mai 1933. Im Spätherbst 1932 kehrte Marieluise Fleißer nach Ingolstadt zurück, versuchte im Mai und Juni 1933 nochmals in Berlin Fuß zu fassen und blieb dann endgültig in ihrer Heimatstadt. *Heimkehr*, vermutlich in Ingolstadt geschrieben, spiegelt die Sehnsucht nach Geborgenheit und Heimat. Daraus entstand diese beschönigende Darstellung der heimatlichen Beziehung (in Tobias läßt sich unschwer Bepp Haindl, der spätere Ehemann, erkennen), ihrer Krise und ihrer – vorweggenommenen? – Versöhnung.

Des Staates gute Bürgerin

Geschrieben 1928. Ursprünglicher Titel: *Das kleine Leben*. Erstdruck: *Magdeburgische Zeitung* 25. 7. 1926. Veröffentlicht in *Ein Pfund Orangen*, Gustav Kiepenheuer Verlag Berlin 1929.
Neufassung 1949 in Ingolstadt. Veröffentlicht unter dem Titel *Die Wittfrau* im *Donau-Kurier* Ingolstadt vom 23. November 1961 ff. (3 Fortsetzungen). Unter dem Titel *Des Staates gute Bürgerin* in: *Avantgarde*, Carl Hanser Verlag München 1963.
»Es ist eine Geschichte über meine Familie, meine Großmutter mütterlicherseits.« (M. F.) Ort: das Vaterhaus in der Kupferstraße in Ingolstadt, in dem damals drei Generationen wohnten, zuvor das Haus der Großeltern, Große Rosengasse 6.

Schlagschatten Kleist

Geschrieben 1934 in Ingolstadt. Ursprünglicher Titel *Die Lawine*. Neufassung 1946 in Ingolstadt, Überarbeitung 1972. – »Die Erzählung hat autobiographische Züge. Sie geht zurück auf die kurze Bekanntschaft mit einem fränkischen Lehrer, der mich in der großen Verlassenheit der ersten Hitlerjahre beunruhigte und mir täglich Zeichnungen als Briefe ins Haus schickte. Ich nenne es *Schlagschatten Kleist*, weil ich damals fast ausschließlich Kleist las.« (M. F.) Siehe auch Marieluise Fleißer, Briefwechsel 1925-1974, Suhrkamp Verlag 2001.

Die Versuchung des Neptun

Geschrieben 1935. Bastian Wagner hat als Vorbild jenen fränkischen Lehrer und Maler Georg Hetzelein, der die Fleißer mit gezeichneten Briefen umwarb. Erstdruck: Gesammelte Werke Bd. 4. Suhrkamp Verlag 1971.

Die im Dunkeln

Geschrieben 1965 in Ingolstadt. Greift zurück auf die Erlebnisse der Autorin während ihres Nervenzusammenbruchs 1938.
Erste Veröffentlichung in: Jahresring 1965/66, Deutsche Verlagsanstalt Stuttgart.

Eine ganz gewöhnliche Vorhölle

Autobiographischer Bericht über den Kriegseinsatz 1943. Geschrieben zur Hälfte im Herbst 1963, beendet nach vorliegenden Notizen im Frühjahr 1972. Erstdruck: Gesammelte Werke Bd. 3. Suhrkamp Verlag 1972.

Die letzten Tage und die ersten

Bericht aus dem letzten Kriegsjahr, vom Leben unter den Luftbombardements auf Ingolstadt. Das Typoskript im Nachlaß enthält mehrere Entwürfe, von denen der hier aufgenommene der ausführlichste ist. Daneben existieren einige neue Anfänge, in denen die Kellerszene immer mehr verknappt wird und schon der Beginn der Besatzungszeit skizziert ist (in der Erzählung *Der Rauch* wird das ausgeführt). – Das hier gedruckte Fragment entstand also im Vorfeld jener Erzählung, 1963 oder 1964. – Der Satz »Kommen die Bäume falsch herunter« bezieht sich auf die »Christbäume« genannten Leuchtkaskaden, mit denen vorausfliegende Flugzeuge für die nachfliegenden Bomber das Zielgebiet markierten. Erstdruck: Gesammelte Werke Bd. 4. Suhrkamp Verlag.

Der Rauch

Geschrieben 1964 in Ingolstadt. Erlebnisse im und nach dem Krieg. Erste Veröffentlichung in: Jahresring 1964/65, Deutsche Verlagsanstalt Stuttgart.

Er hätte besser alles verschlafen

Geschrieben 1949 in Ingolstadt. »Eine Geschichte über eine Zwangsmieterin nach dem Krieg, die meine Wohnung zur Absteige machte, ohne daß ich was dagegen tun konnte. Sie ist sozusagen im Zorn entstanden.« (Ml. Fl.)
Erste Veröffentlichung in: *Avantgarde*, Carl Hanser Verlag München 1963.

Das Pferd und die Jungfer

Geschrieben 1949 in Ingolstadt: »Eine wahre Geschichte, die eine Bekannte von mir erlebte, und in die ich mein eigenes verzweifeltes Lebensgefühl nach dem Krieg hineinbaute.« (M.F.) Erste Veröffentlichung in: *Neue Literarische Welt* 1952, Nr. 11. Dann in: *Süddeutsche Zeitung* vom 28. September 1963. Aufgenommen in: *Avantgarde*, Carl Hanser Verlag München 1963.

Die Frau mit der Lampe. Eine Legende

Geschrieben 1933. Erstdruck in: *Vossische Zeitung*, Berlin, 24. Juni 1933. Vom biographischen Bezug her steht diese Geschichte kontrapunktisch zu *Heimkehr*. Sie schildert die Schwierigkeiten in der Heimatstadt und rechtfertigt die versuchte Rückkehr nach Berlin zu Draws-Tychsen.

Inhalt

Der Venusberg 7
Die Dreizehnjährigen 13
Der Apfel 22
Moritat vom Institutfräulein 28
Die Stunde der Magd 37
Ein Pfund Orangen 43
Kameraden 52
Zwischen Schlaf und Schlaf 56
Die Ziege 60
Frigid 66
Das Mädchen Yella 73
Abenteuer aus dem Englischen Garten 77
Avantgarde 95
Das Erwachen der Penelope 139
Heimkehr 197
Des Staates gute Bürgerin 154
Schlagschatten Kleist 171
Die Versuchung des Neptun 189
Die im Dunkeln 210
Eine ganz gewöhnliche Vorhölle 231
Die letzten Tage und die ersten 256
Der Rauch 260
Er hätte besser alles verschlafen 287
Das Pferd und die Jungfer 297
Die Frau mit der Lampe 308

Die brennende Lampe
Nachwort von Günther Rühle 315

Anmerkungen 328

Suhrkamp Verlag GmbH
Torstraße 44, 10119 Berlin
info@suhrkamp.de
www.suhrkamp.de